Fiete Kalscheuer
Autonomie als Grund und Grenze des Rechts

Kantstudien-Ergänzungshefte

Im Auftrag der Kant-Gesellschaft
herausgegeben von
Manfred Baum, Bernd Dörflinger
und Heiner F. Klemme

Band 179

Fiete Kalscheuer

Autonomie als Grund und Grenze des Rechts

Das Verhältnis zwischen dem kategorischen Imperativ und dem allgemeinen Rechtsgesetz Kants

DE GRUYTER

ISBN 978-3-11-055451-9
e-ISBN 978-3-11-036605-1
ISSN 0340-6059

Library of Congress Cataloging-in-Publication Data
A CIP catalog record for this book has been applied for at the Library of Congress.

Bibliografische Information der Deutschen Nationalbibliothek
Die Deutsche Nationalbibliothek verzeichnet diese Publikation in der Deutschen Nationalbibliografie; detaillierte bibliografische Daten sind im Internet über http://dnb.dnb.de abrufbar.

© 2017 Walter de Gruyter GmbH, Berlin/Boston
Dieser Band ist text- und seitenidentisch mit der 2014 erschienenen gebundenen Ausgabe.
Druck: Hubert & Co. GmbH & Co. KG, Göttingen

♾ Gedruckt auf säurefreiem Papier
Printed in Germany

www.degruyter.com

Für Maria, Nia und Ivo Gustav

Vorwort

Die vorliegende Arbeit hat im Jahre 2013 der Juristischen Fakultät der Christian-Albrechts-Universität zu Kiel als Dissertation vorgelegen. Ohne Förderer wäre sie nicht zustande gekommen.

Hervorzuheben ist dabei besonders der Betreuer dieser Arbeit, Professor Dr. Dr. h.c. mult. Robert Alexy. Dies hat zwei Gründe. Zum einen schlug er mir vor, das Thema dieser Arbeit im Rahmen einer Dissertation zu bearbeiten, da ich mich mit diesem Thema bereits in Grundzügen in meiner Schwerpunktarbeit befasst hatte. Zum anderen und vor allem ist mein Doktorvater aber ein wissenschaftliches Vorbild für mich. Es würde mich freuen, wenn dieses Vorbild in der vorliegenden Arbeit – vor allen Dingen in methodischer und stilistischer Hinsicht – erkennbar wäre. Professor Dr. Andreas Hoyer möchte ich für die zügige Erstellung des Zweitgutachtens danken.

Mein Dank gilt zudem der Friedrich-Ebert-Stiftung, die mir im Rahmen eines Promotionsstipendiums sowohl ideelle als auch finanzielle Unterstützung gewährte, und der Dr. Giesing-Stiftung, die die Druckkosten für diese Publikation übernahm. Den Herausgebern der Kantstudien-Ergänzungshefte ist in diesem Zusammenhang für die Aufnahme in die Schriftenreihe zu danken.

Dank gebührt ebenso der Kant-Gesellschaft e.V. und dem Graduiertenzentrum der Christian-Albrechts-Universität zu Kiel, die mir in Form eines Reisekostenstipendiums für einen Vortrag zu Kants Rechtsphilosophie auf dem 26. Weltkongress der Internationalen Vereinigung für Rechts- und Sozialphilosophie (IVR) 2013 in Belo Horizonte, Brasilien, finanzielle Unterstützung zukommen ließen. Zu dieser Reise nach Brasilien wäre es zudem nicht gekommen, wenn mich nicht die Deutsche Sektion der IVR im Rahmen eines Aufsatzwettbewerbes finanziell unterstützt hätte. Zu bedanken habe ich mich dafür namentlich bei Professor Dr. Stephan Kirste und bei Professorin Dr. Marietta Auer. Für anregende Diskussionen auf dem Weltkongress habe ich besonders Professor Dr. Jean-Christoph Merle, Professor Dr. Dr. Dietmar von der Pfordten und Professor Dr. Alexandre Trivisonno zu danken.

Für vielfältige Unterstützung bin ich weiterhin dem Direktor des Hermann Kantorowicz-Instituts für juristische Grundlagenforschung, Professor Dr. Meyer-Pritzl, ebenso dem Vors. Richter am OLG Olaf Klimke, Dr. Jonas B. Hennig, Rechtsanwalt David Krebs sowie Dörte Brogmus und Susanne Reck aus dem juristischen Dekanat in Kiel zu Dank verpflichtet.

Ferner möchte ich mich bei Gunnar Nissen bedanken. Er war und ist ein hochgeschätzter Gesprächspartner für das Thema dieser Arbeit und die Rechtsphilosophie überhaupt. Seine konstruktive Kritik und sein stetiges Einfordern von gedanklicher Klarheit und sprachlicher Genauigkeit haben die Qualität meiner Arbeit deutlich gesteigert. Für das Korrekturlesen dieser Arbeit ist Sören Müller zu danken.

Schließlich möchte ich mich bei meiner Familie bedanken. Besonderer Dank gebührt zum einen meinen Eltern, die mich stets in jeglicher Hinsicht unterstützt haben; und zum anderen meiner Frau Maria und unseren Kindern Nia und Ivo Gustav. Meine Frau und unsere Kinder bescheren mir ein erfülltes Privatleben, ohne das für mich ein produktives Arbeiten nicht möglich wäre. Ihnen ist meine Arbeit gewidmet.

Kiel, im März 2014   Fiete Kalscheuer

Inhalt

Siglenverzeichnis —— XV

1	**Einleitung** —— **1**	
1.1	Philosophisches Problem und praktische Relevanz —— 1	
1.2	Forschungsstand —— 3	
1.3	Methodenwahl —— 4	
1.4	Gang der Untersuchung —— 5	

Erster Teil:
Kategorischer Imperativ

1	**Begriff des Imperativs** —— **11**	
1.1	Objektives Prinzip —— 11	
1.2	Nötigung des Willens —— 12	
1.3	Unterscheidung hypothetisch/kategorisch —— 14	
1.4	Zusammenfassende tabellarische Darstellung —— 15	
2	**Formeln des kategorischen Imperativs** —— **16**	
2.1	Allgemeine-Gesetzes-Formel —— 18	
2.1.1	Handeln nach einer Maxime —— 18	
2.1.1.1	Begriff der Maxime —— 18	
2.1.1.1.1	Subjektivität —— 20	
2.1.1.1.2	Allgemeinheit —— 21	
2.1.1.1.3	Wollensbezug —— 23	
2.1.1.1.4	Zweckbezug —— 23	
2.1.1.1.5	Zwischenergebnis —— 25	
2.1.1.2	Formelle und materielle Maximen —— 25	
2.1.1.3	Exkurs: Handeln aus Pflicht und pflichtgemäßes Handeln —— 27	
2.1.1.4	Zwischenergebnis —— 30	
2.1.2	Allgemeines Gesetz —— 30	
2.1.3	Wollen können —— 31	
2.1.3.1	Logischer Widerspruch —— 32	
2.1.3.2	Praktischer Widerspruch —— 34	
2.1.3.3	Teleologischer Widerspruch —— 35	
2.1.3.4	Zwischenergebnis —— 38	

2.1.4	Anwendung des kategorischen Imperativs —— 38
2.1.4.1	Lehre von der Typik —— 38
2.1.4.2	Gebotene, verbotene und freigestellte Maximen —— 41
2.1.4.2.1	Begründung positiver Pflichten —— 42
2.1.4.2.2	Anwendungsstruktur für Maximen —— 45
2.1.4.3	Vollkommene und unvollkommene Pflichten —— 45
2.1.4.3.1	Subsumtion und Abwägung —— 47
2.1.4.3.2	Zwecke, die zugleich Pflichten sind —— 49
2.1.4.3.3	Verhältnis der beiden Zwecke zueinander —— 50
2.1.4.3.4	Anwendungsstruktur für Handlungen —— 51
2.1.5	Zusammenfassung —— 52
2.2	Autonomieformel —— 53
2.2.1	Autonomie des Willens —— 54
2.2.2	Gesetz, Gesetzgeber und Urheber —— 56
2.2.3	Freiheit und Autonomie —— 58
2.2.4	Autonomie und Menschenwürde —— 62
2.2.5	Zusammenfassung —— 64

Zweiter Teil:
Allgemeines Rechtsgesetz

1	**Äußerliche Handlung** —— 67
1.1	Anschauungsformen-These —— 68
1.2	Zwei-Welten-These —— 70
1.3	Triebfederthese —— 72

2	**Willkürvereinigung** —— 73
2.1	Wunsch und Willkür —— 74
2.1.1	Begriff des Wunsches —— 74
2.1.2	Exkurs: Liberalismus- oder Sozialstaats-These —— 76
2.1.3	Zwischenergebnis —— 79
2.2	Zweck und Willkür —— 80
2.3	Wille und Willkür —— 81
2.4	Freiheit und Willkür —— 83
2.4.1	Äußere Freiheit —— 85
2.4.1.1	Inneres Mein und Dein —— 85
2.4.1.2	Äußeres Mein und Dein —— 87
2.4.1.2.1	Sinnlicher und intelligibler Besitz —— 88
2.4.1.2.2	Rechtliches Postulat der praktischen Vernunft —— 89

2.4.1.2.3	Erlaubnisgesetz der praktischen Vernunft —— 92	
2.4.1.2.4	Äußere Gegenstände der Willkür und deren Erwerb —— 94	
2.4.1.2.5	Zwischenergebnis —— 96	
2.4.2	Freiheit und Zwang —— 97	
2.4.2.1	Striktes Recht —— 98	
2.4.2.2	Exkurs: Ist das allgemeine Rechtsgesetz ein Imperativ? —— 100	
2.4.2.3	Zweideutiges Recht —— 102	
2.4.2.3.1	Billigkeit —— 103	
2.4.2.3.2	Notrecht —— 105	
2.5	Zusammenfassung —— 105	
3	**Allgemeines Gesetz —— 107**	
3.1	Begriff des Gesetzes —— 107	
3.1.1	Innere und äußere Gesetze und Gesetzgebung —— 107	
3.1.2	Notwendigkeit positiven Rechts —— 108	
3.1.2.1	Postulat des öffentlichen Rechts —— 108	
3.1.2.2	Begründung der Notwendigkeit positiven Rechts —— 110	
3.1.2.3	Positives Recht und äußeres Mein und Dein —— 111	
3.1.2.3.1	Provisorisches und peremtorisches Besitzrecht —— 112	
3.1.2.3.2	Abhängigkeits- oder Unabhängigkeitsthese —— 114	
3.1.3	Verbindlichkeit positiven Rechts —— 118	
3.1.3.1	Grundnorm und Postulat des öffentlichen Rechts —— 119	
3.1.3.2	Widerstandsrecht gegen positives Recht —— 121	
3.1.3.3	Exkurs: Positivismus- oder Nichtpositivismus-These —— 123	
3.2	Begriff der Allgemeinheit —— 127	
3.2.1	Bedeutung im natürlichen Zustand —— 129	
3.2.2	Bedeutung im rechtlichen Zustand —— 131	
3.2.2.1	Ursprünglicher Vertrag —— 132	
3.2.2.2	Prinzipien des ursprünglichen Vertrages —— 134	
3.2.2.2.1	Freiheit —— 134	
3.2.2.2.2	Gleichheit —— 135	
3.2.2.2.3	Selbstständigkeit —— 137	
3.2.2.2.4	Zwischenergebnis —— 139	
3.2.2.3	Notwendigkeit eines ursprünglichen Vertrages —— 139	
3.3	Zusammenfassung —— 141	

Dritter Teil:
Verhältnis der beiden Grundbegriffe zueinander

1	Wirksamkeitszusammenhang —— 148	
1.1	Wirksamkeit des kategorischen Imperativs —— 149	
1.1.1	Allgemeines Rechtsgesetz als Wirksamkeitsbedingung —— 149	
1.1.2	Allgemeines Rechtsgesetz als Entwicklungsbedingung —— 150	
1.1.2.1	Wirkungsweise des kategorischen Imperativs —— 151	
1.1.2.1.1	Pflicht und Achtung —— 151	
1.1.2.1.2	Begriff der Achtung —— 153	
1.1.2.1.3	Exkurs: Achtung und höchstes Gut —— 155	
1.1.2.1.4	Zwischenergebnis —— 158	
1.1.2.2	Möglichkeit der Förderung —— 158	
1.1.2.2.1	Lehre vom radikal Bösen —— 158	
1.1.2.2.2	Revolution und Reform —— 160	
1.1.2.3	Art der Förderung —— 163	
1.1.2.4	Förderung durch das allgemeine Rechtsgesetz —— 166	
1.1.2.4.1	Meinungs- und Kunstfreiheit —— 167	
1.1.2.4.2	Durchsetzung von Pflichtmäßigkeit —— 170	
1.1.2.5	Zwischenergebnis —— 171	
1.2	Wirksamkeit des allgemeinen Rechtsgesetzes —— 171	
1.2.1	Unabhängigkeitsthese —— 172	
1.2.2	Vollständige-Abhängigkeitsthese —— 174	
1.2.3	Eingeschränkte-Abhängigkeitsthese —— 177	
1.2.3.1	Begriff des Volks von Teufeln —— 178	
1.2.3.2	Problem der Staatserrichtung —— 180	
1.2.3.3	Problem der Staatserhaltung —— 182	
1.2.4	Zwischenergebnis —— 184	
1.3	Zusammenfassung —— 184	
2	Begründungszusammenhang —— 185	
2.1	Unabhängigkeit vom kategorischen Imperativ —— 186	
2.1.1	Keine notwendige Bedingung? —— 186	
2.1.1.1	Analytizitätsargument —— 189	
2.1.1.2	Postulatsargument —— 192	
2.1.2	Keine hinreichende Bedingung? —— 194	
2.1.2.1	Zwangsargument —— 195	
2.1.2.2	Postulatsargument —— 197	
2.1.3	Zwischenergebnis —— 200	

2.2	Abhängigkeit vom kategorischen Imperativ —— 200	
2.2.1	Art der Abhängigkeit —— 200	
2.2.2	Grund der Abhängigkeit —— 202	
2.2.2.1	Förderungsthese —— 203	
2.2.2.2	Realisierungsthese —— 206	
2.2.2.2.1	Problem freigestellter Handlungen —— 207	
2.2.2.2.2	Problem der Zwangsbefugnis —— 213	
2.2.2.2.3	Problem der Rechtspflichtbestimmung —— 214	
2.2.2.2.4	Problem der Vollständigkeit —— 217	
2.2.2.2.5	Zwischenergebnis —— 219	
2.2.2.3	Einschlussthese —— 219	
2.2.2.3.1	Dreischrittsargument —— 221	
2.2.2.3.2	Zwei-Stufenargument —— 223	
2.2.2.3.3	Menschenwürde als Fundamentalnorm? —— 226	
2.2.2.3.4	Exkurs: Extensionsproblem —— 228	
2.2.2.3.5	Zwischenergebnis —— 231	
2.2.2.4	Zweck-an-sich-These —— 231	
2.3	Zusammenfassung —— 234	

Fazit —— 236

Literaturverzeichnis —— 238
1   Primärliteratur —— 238
2   Sekundärliteratur —— 239

Sachregister —— 253

Siglenverzeichnis

AGPh	Archiv für Geschichte der Philosophie
Anth	Anthropologie in pragmatischer Hinsicht
ARSP	Archiv für Rechts- und Sozialphilosophie
BVerfGE	Bundesverfassungsgerichtsentscheidung
GMS	Grundlegung zur Metaphysik der Sitten
IaG	Idee zu einer allgemeinen Geschichte in weltbürgerlicher Absicht
IJPS	International Journal of Philosophical Studies
JRE	Jahrbuch für Recht und Ethik
JWE	Jahrbuch für Wissenschaft und Ethik
JZ	Juristenzeitung
KdU	Kritik der Urteilskraft
KpV	Kritik der praktischen Vernunft
KrV	Kritik der reinen Vernunft
MdS	Metaphysik der Sitten
NHPh	Neue Hefte für Philosophie
Päd	Pädagogik
Prol	Prologomena zu einer jeden künftigen Metaphysik, die als Wissenschaft wird auftreten können
Refl	Reflexionen zur Rechtsphilosophie
Rel	Die Religion innerhalb der Grenzen der bloßen Vernunft
SdF	Streit der Fakultäten
TP	Über den Gemeinspruch: Das mag in der Theorie richtig sein, taugt aber nicht für die Praxis
Versuch	Versuch, den Begriff der negativen Größen in die Weltweisheit einzuführen
Vorarbeiten MS	Vorarbeiten zu Die Metaphysik der Sitten. Erster Teil: Metaphysische Anfangsgründe der Rechtslehre
Vorl. Collins	Vorlesungen zur Moralphilosophie Collins
Vorl. Menzer	Eine Vorlesung Kants über Ethik
Vorl. Mrongovius	Vorlesungen zur Moralphilosophie, Metaphysik der Sitten Mrongovius
Vorl. Vigilantius	Vorlesungen zur Moralphilosophie, Metaphysik der Sitten Vigilantius
VRML	Über ein vermeintes Recht, aus Menschenliebe zu lügen
WA	Beantwortung der Frage: Was ist Aufklärung?
ZeF	Zum ewigen Frieden
ZpF	Zeitschrift für philosophische Forschung

1 Einleitung

Das Verhältnis zwischen Kants *Rechtslehre* und seiner praktischen Philosophie insgesamt wirft noch immer eine Reihe ungeklärter Fragen auf. Die Probleme, mit denen sich Kant dabei konfrontiert sieht, sowie die Lösungen, die er dafür anbietet, ermöglichen tiefe Einblicke in seine Gesamtphilosophie und können auch heute noch wichtige Anregungen und Lösungsansätze geben für die Rechtsphilosophie und das Verfassungsrecht. Im Folgenden wird in der Einleitung das philosophische Problem und die praktische Relevanz der Arbeit näher dargestellt (1.1.), ein kurzer Überblick zum Forschungsgegenstand gegeben (1.2.) sowie die Methodenwahl (1.3.) und der Gang der Untersuchung erläutert (1.4.).

1.1 Philosophisches Problem und praktische Relevanz

Das allgemeine Rechtsgesetz ist das Kernstück der *Rechtslehre* Kants. Mit seiner Hilfe lässt sich bestimmen, ob eine Handlung rechtmäßig oder unrechtmäßig ist. Nach dem allgemeinen Rechtsgesetz ist eine Handlung genau dann rechtmäßig, wenn der Handelnde die Freiheit des anderen zu tun oder zu lassen, was er will, in größtmöglichem Maße achtet. Der Schutz der äußeren Freiheit des Einzelnen steht damit im Mittelpunkt des allgemeinen Rechtsgesetzes. Bedingung ihres Schutzes ist nach Kant lediglich, dass sich diese Freiheit mit der Freiheit von jedermann vereinbaren lässt.

Die Frage lautet: Welche Gründe haben Kant dazu veranlasst, der äußeren Freiheit einen derart großen Stellenwert in der *Rechtslehre* einzuräumen, dass, zumindest prima-facie, jede Handlung als rechtlich schützenswert anzusehen ist? Diese Frage formuliert nicht nur ein philosophisches Problem, sondern ist auch von großer praktischer Bedeutung. Exemplarisch lässt sich dies am Streit innerhalb des Bundesverfassungsgerichts zum Umfang des Schutzbereiches von Art. 2 I Grundgesetz (GG) belegen. Art. 2 I GG schützt „das Recht auf die freie Entfaltung seiner Persönlichkeit". In einem berühmten Sondervotum vertritt der Bundesverfassungsrichter Grimm die Auffassung, dass der Schutzbereich dieses Freiheitsrechts eng auszulegen ist. Schützenswert sei ausschließlich eine „gesteigerte, dem Schutzgut der übrigen Grundrechte vergleichbare Relevanz für die Persönlichkeitsentfaltung".[1] Nur nach dieser Interpretation von Art. 2 I GG lasse sich eine vom Grundgesetz nicht vorgesehene „Banalisierung der Grundrechte"

---

1 Sondervotum, *BVerfGE*, Bd. 80, 137 (165).

verhindern.² Das „Reiten im Walde" etwa sei deshalb nicht als verfassungsrechtlich geschützte Persönlichkeitsentfaltung anzuerkennen, so dass eine Verfassungsbeschwerde mangels möglicher Rechtsverletzung gar nicht erst zulässig sei.³ Die Mehrheit des Ersten Senats des Bundesverfassungsgerichts hingegen ist der Ansicht, dass bei jeder Handlung, unabhängig von ihrer vermeintlichen Banalität, der Schutzbereich von Art. 2 I GG zu eröffnen ist.⁴ Auch bei Gesetzen, die das Reiten im Walde einschränken, sei daher eine mögliche Rechtsverletzung zu bejahen, welche am Maßstab des Grundgesetzes zu prüfen sei. Das Recht auf freie Entfaltung seiner Persönlichkeit gemäß Art. 2 I GG wird demzufolge nach ständiger, jedoch nicht unumstrittener Rechtsprechung des Bundesverfassungsgerichts als allgemeine Handlungsfreiheit und damit als ein Auffanggrundrecht für jegliche Handlungen verstanden. In dieser Interpretation entspricht Art. 2 I GG damit dem allgemeinen Rechtsgesetz Kants.⁵

Ipsen bezeichnet den Streit, ob auch vermeintlich banale Handlungen rechtlichen Schutz genießen sollten, als „grundrechtsdogmatisches wie verfassungstheoretisches Problem ersten Ranges".⁶ Die herrschende Meinung beantwortet diese Frage vorwiegend mit dem Verweis auf den historischen Willen des Parlamentarischen Rates, der nachweislich von einem weiten Verständnis der allgemeinen Handlungsfreiheit ausgegangen ist.⁷

In dieser Arbeit soll mit Kant versucht werden, eine philosophisch fundierte Antwort auf diese Frage zu geben. Da nach Kant der kategorische Imperativ den „oberste[n] Grundsatz der Sittenlehre"⁸ darstellt und die *Rechtslehre* zum ersten Teil der Sittenlehre gehört,⁹ ist es naheliegend, dass die angemessene Beantwortung dieser Frage eng mit dem kategorischen Imperativ zusammenhängt. Anders als das allgemeine Rechtsgesetz bezieht sich der kategorische Imperativ aber nicht auf die äußere Freiheit des Einzelnen, sondern auf dessen innere Freiheit, worunter Kant die Fähigkeit zur Selbstgesetzgebung, d. h. die Fähigkeit zu autonomem Handeln, versteht. Der kategorische Imperativ gibt demnach jedenfalls keine direkte Antwort auf die Frage, ob eine Handlung *rechtmäßig* ist oder nicht; vielmehr beantwortet er, ob bestimmte Maximen, d. h. Handlungsgrund-

---

2 Sondervotum, *BVerfGE*, Bd. 80, 137 (168).
3 Sondervotum, *BVerfGE*, Bd. 80, 137 (165).
4 *BVerfGE*, Bd. 80, 137 (151 f.).
5 Generell zum Einfluss Kants auf das Grundgesetz siehe Lege, „Der Kategorische Imperativ im Lichte der Jurisprudenz", S. 270 ff.
6 Ipsen, *Staatsrecht II*, Rn. 771.
7 Epping, *Grundrechte*, Rn. 563 m.w.N.
8 MdS VI, 226.
9 MdS VI, 205.

sätze, *moralisch* gut sind oder nicht. Entscheidende Frage dieser Arbeit ist daher, ob die handlungsbezogene, äußere Freiheit des allgemeinen Rechtsgesetzes ihre Begründung in der auf Maximen bezogenen inneren, d. h. moralischen, Freiheit des kategorischen Imperativs findet.

Mit der Erörterung des Verhältnisses von allgemeinem Rechtsgesetz und kategorischem Imperativ behandelt die Arbeit somit eines der Hauptprobleme des Verhältnisses von Recht und Moral bei Kant.

1.2 Forschungsstand

Der kategorische Imperativ ist stets Gegenstand zahlreicher Arbeiten in der Kant-Forschung gewesen. Als Klassiker zum kategorischen Imperativ gilt Patons Buch *The Categorical Imperative. A Study in Kant's Moral Philosophy* aus dem Jahre 1947, das 1962 in deutscher Sprache erschienen ist. Weitere Arbeiten zu diesem Thema sind Köhls Dissertation *Kants Gesinnungsethik* aus dem Jahre 1990 sowie Brinkmanns 2003 erschienene Dissertation *Praktische Notwendigkeit. Eine Formalisierung von Kants Kategorischem Imperativ*, die sich mit den Mitteln der modernen Logik dem kategorischen Imperativ nähert. Zur Erörterung des Begriffs der Menschenwürde, der eng mit dem Begriff des kategorischen Imperativs verwoben ist, sind zudem Sensens verschiedene Aufsätze zu diesem Thema anregungsreich. Dies gilt ebenso für die im Jahre 2011 erschienene erweiterte Fassung seiner Dissertation *Kant on Human Dignity*.

Anders als der kategorische Imperativ führte das allgemeine Rechtsgesetz Kants hingegen lange Zeit nur ein Schattendasein.[10] Kants Zeitgenossen und die Philosophen des neunzehnten Jahrhunderts sahen die *Metaphysik der Sitten* aus dem Jahre 1797, und insbesondere deren ersten Teil, die *Rechtslehre*, in der das allgemeine Rechtsgesetz formuliert wird, als ein Werk von minderer Qualität an. Schopenhauer etwa urteilte:

> Kants Rechtslehre ist ein sehr schlechtes Buch: es gehört zu seinen spätesten Schriften und ist mir nur erklärlich aus seiner Altersschwäche. [...] Seine Rechts-Lehre ist durch und durch eine sonderbare Verflechtung einander herbeiziehender Irrthümer.[11]

Die herausragende Bedeutung der *Rechtslehre* Kants wurde erst in jüngerer Zeit erkannt. Maßgeblichen Anteil an der sprunghaft gestiegenen Wertschätzung der

---

10 Zur Rezeption der *Rechtslehre* Kants siehe Petersen, „Kants ‚Metaphysische Anfangsgründe der Rechtslehre'", S. 1243 ff.
11 Schopenhauer, *Metaphysik der Sitten*, S. 171.

Rechtslehre hatten Kerstings Habilitationsschrift *Wohlgeordnete Freiheit. Kants Rechts- und Staatsphilosophie* aus dem Jahre 1984 und B. Ludwigs 1988 erschienene Dissertation *Kants Rechtslehre*. Neben diesen beiden Werken ist zudem die im Jahre 2004 erschienene Dissertation *Eigentum und Staatsbegründung in Kants Metaphysik der Sitten* von Friedrich als besonders instruktiv zu erwähnen sowie Ripsteins Buch *Force and Freedom. Kant's Legal and Political Philosophy* und von der Pfordtens Aufsatzsatzsammlung *Menschenwürde, Recht und Staat bei Kant. Fünf Untersuchungen*, die beide im Jahre 2009 erschienen sind.

Zur Frage nach dem Verhältnis zwischen Kants allgemeinem Rechtsgesetz und kategorischem Imperativ hat es, besonders in den letzten Jahren,[12] eine Vielzahl unterschiedlicher Antworten gegeben. Zu diesem Thema sind Niesens Aufsatz „Volk-von-Teufeln-Republikanismus. Zur Frage nach den moralischen Ressourcen der liberalen Demokratie" und Bielefeldts Buch *Kants Symbolik* – beides aus dem Jahre 2001 – hervorzuheben.[13] Als ebenso anregungsreich erwies sich der 2006 veröffentlichte Aufsatz „Ralf Dreiers Interpretation der Kantischen Rechtsdefinition" von Alexy sowie Willascheks 2009 erschienener Aufsatz „Right and Coercion: Can Kant's Conception of Right be Derived from his Moral Theory?".

1.3 Methodenwahl

Auch wenn es also bereits eine Reihe von Arbeiten zum Verhältnis zwischen dem kategorischen Imperativ und dem allgemeinen Rechtsgesetz Kants gegeben hat, so ist doch bei Sichtung des Forschungsstandes zu diesem Thema auffallend, dass sich dazu noch keine klar vorherrschende Ansicht ausgebildet hat. Fulda spricht dementsprechend von einem „Fiasko der [...] Versuche" das allgemeine Rechtsgesetz vom kategorischen Imperativ abzuleiten.[14] Bei Avrigenau heißt es, dass die Erörterungen zum Verhältnis zwischen Kants allgemeinem Rechtsgesetz und ka-

---

12 Siehe dazu nur die Aufsätze von Wood, Guyer und Pogge in dem 2002 erschienenen Sammelband *Kant's Metaphysics of Morals. Interpretative Essays*, die Aufsätze von Fulda, Geismann, Harzer und Pawlik im *JRE*, Bd. 14 (2006), und Mosayebis Dissertation *Das Minimum der reinen praktischen Vernunft*, die im Jahre 2013 erschien.
13 An dieser Stelle sei zudem darauf hingewiesen, dass der Titel dieser Arbeit, *Autonomie als Grund und Grenze des Rechts*, in Anlehnung an einen Satz Bielefeldts formuliert wurde. In seiner Dissertation *Neuzeitliches Freiheitsrecht und politische Gerechtigkeit*, S. 109, schreibt Bielefeldt nämlich: „Die sittliche Autonomie muß eben gleichermaßen als tragender normativer *Grund* und als unüberschreitbare *Grenze* des Rechts anerkannt werden" (vgl. auch Bielefeldt, *Kants Symbolik*, S. 111: „Die Menschenwürde [...] bildet sowohl die unüberschreitbare normative Grenze als auch den tragenden Grund der Rechtsordnung").
14 Fulda, *JRE*, Bd. 14 (2006), S. 189.

tegorischem Imperativ geprägt seien von „Missverständnissen" der Interpreten untereinander.[15] Mit meiner Arbeit möchte ich, trotz und gerade wegen dieser pessimistischen Einschätzungen, erneut versuchen, das Verhältnis zwischen dem kategorischen Imperativ und dem allgemeinen Rechtsgesetz Kants zu bestimmen. Folgender Ratschlag Fuldas soll dabei berücksichtigt werden:

> Wenn die Suche nach einem Erkenntnis- und Seinsgrund für die Notwendigkeit des Rechts im Rahmen einer Kantisch konzipierten praktischen Philosophie überhaupt erfolgreich gemacht werden kann, so gewiß nur dadurch, daß man besser als alle erwähnten Autoren das argumentative Potential ausschöpft, das bereits im [Bestand] von diskussionsbedürftigen Rechtsbegründungsversuchen enthalten ist.[16]

Entgegen dem Vorgehen etwa von Deggau[17] wird in dieser Arbeit daher nicht versucht, allein oder zumindest weit überwiegend nach der Methode der immanenten Kritik eine stimmige Interpretation der Kantischen Texte zu erreichen. Neben einer eingehenden Analyse der Texte Kants soll stattdessen – wenn nötig – der philosophisch-historische Kontext einbezogen werden und eine explizite Auseinandersetzung mit den in der Literatur vertretenen Ansichten stattfinden. Hierbei ist es zumindest das Ziel, einerseits nicht nur die deutschsprachige, sondern auch die englischsprachige Literatur hinreichend zu berücksichtigen, und andererseits sowohl die rechtswissenschaftliche als auch die philosophische Literatur zu diesem Thema in angemessenem Maße zu verwerten. Diesem Ansatz entsprechend schreibt Unruh im Vorwort seiner 1993 erschienenen Dissertation zu Kants Staatsphilosophie, dass es „Ehre und Verpflichtung zugleich" sei, über Kants Philosophie zu schreiben; die Verpflichtung bestehe dabei nicht nur „gegenüber der Größe des Philosophen", sondern gegenüber *„allen,* die sich mit seinem Denken beschäftigt haben".[18]

1.4 Gang der Untersuchung

Meine Arbeit unterteilt sich in drei Abschnitte: Während sich der erste Teil mit dem kategorischen Imperativ befasst, hat der zweite Teil das allgemeine Rechtsgesetz zum Gegenstand. Im dritten Teil geht es um das Verhältnis zwischen kategorischem Imperativ und allgemeinem Rechtsgesetz.

---

15 Avrigenau, *Ambivalenz und Einheit*, S. 181 Fn. 511.
16 Fulda, *JRE*, Bd. 14 (2006), S. 189.
17 Deggau, *Die Aporien der Rechtslehre Kants*; siehe dazu die harsche Kritik von Kersting, *Kant-Studien*, Bd. 77 (1986), S. 242 ff.
18 Unruh, *Die Herrschaft der Vernunft*, S. 5 – Hervorhebung vom Verfasser.

Im *ersten* Teil, bei der Erörterung des kategorischen Imperativs, wird ausführlich auf den Begriff der Maxime eingegangen sowie auf die praktische Anwendung des kategorischen Imperativs. Der dadurch mögliche Rückgriff auf die einzeln herausgearbeiteten Merkmale des Begriffs der Maxime und auf die Lehre von der Typik, die Kant entwickelt, um die praktische Anwendung des kategorischen Imperativs zu erläutern, wird sich bei der späteren Erörterung des Verhältnisses der beiden Grundbegriffe zueinander als fruchtbar erweisen. Dasselbe gilt auch für die schon im ersten Teil herausgearbeitete Unterscheidung zwischen vollkommenen und unvollkommenen Pflichten, die aus dem kategorischen Imperativ folgen.

Bei Erörterung des allgemeinen Rechtsgesetzes, im *zweiten* Teil, kommen auch die beiden anderen Postulate der Kantischen *Rechtslehre*, das rechtliche Postulat der praktischen Vernunft und das Postulat des öffentlichen Rechts, zur Sprache. Der Leser erhält auf diese Weise zumindest einen Überblick über die gesamte *Rechtslehre* Kants. Ohne diesen kann die Frage nach dem Verhältnis zwischen kategorischem Imperativ und allgemeinem Rechtsgesetz nicht angemessen beantwortet werden.

Im *dritten* Teil, bei der Frage nach dem Verhältnis der beiden Grundbegriffe zueinander, wird zwischen einem Wirksamkeits- und einem Begründungszusammenhang unterschieden. Im Rahmen des Wirksamkeitszusammenhangs geht es um zwei Fragen:

Inwieweit fördert das allgemeine Rechtsgesetz und die darauf aufbauende Republik im Sinne Kants die Moralität der Bevölkerung, d. h. die Wirksamkeit des kategorischen Imperativs? Inwieweit trägt aber auch umgekehrt die Moralität der Bevölkerung zur Verwirklichung einer Republik im Sinne Kants, d. h. zur Wirksamkeit des allgemeinen Rechtsgesetzes, bei?

Bei der Frage nach dem Begründungszusammenhang zwischen allgemeinem Rechtsgesetz und kategorischem Imperativ geht es hingegen nicht um (empirische) Wirksamkeitsfragen, sondern darum, ob und wenn ja, inwieweit und warum der kategorische Imperativ das allgemeine Rechtsgesetz begründet. Diesbezüglich werden besonders vier Thesen erörtert:

- die *Förderungsthese*, die auf den Wirksamkeitszusammenhang verweist und das allgemeine Rechtsgesetz damit begründet, dass es die Wirksamkeit des kategorischen Imperativs unmittelbar fördere.
- die *Realisierungsthese*, wonach das allgemeine Rechtsgesetz seine Begründung nicht in der unmittelbaren Förderung der Wirksamkeit des kategorischen Imperativs finde, sondern in dem bloßen Schutz der verwirklichten Autonomie in der empirischen Welt,

- die *Einschlussthese*, wonach der Begriff der Menschenwürde den Schutz der allgemeinen Handlungsfreiheit einschließe und somit den kategorischen Imperativ mit dem allgemeinen Rechtsgesetz verknüpfe, und schließlich
- die *Zweck-an-sich-These*, die behauptet, dass sich das allgemeine Rechtsgesetz aus der zweiten Formel des kategorischen Imperativs, der Zweck-an-sich-Formel, ergebe.

Die Hauptthese dieser Arbeit lautet, dass der *Realisierungsthese* zuzustimmen ist und sowohl die *Einschluss-* als auch die *Zweck-an-sich-These* Unterfälle dieser These darstellen.

Erster Teil: **Kategorischer Imperativ**

Zur Erörterung des kategorischen Imperativs ist es sinnvoll, zunächst auf den Begriff des Imperativs selbst einzugehen (1.). Sodann sollen die verschiedenen Formeln des kategorischen Imperativs zur Sprache kommen (2.) und danach zwei von ihnen, die Allgemeine-Gesetzes-Formel (2.1.) und die Autonomieformel (2.2.), gesondert analysiert werden.

1 Begriff des Imperativs

Kants Definition eines Imperativs lautet:

> Die Vorstellung eines objectiven Princips, sofern es für einen Willen nöthigend ist, heißt ein Gebot (der Vernunft) und die Formel des Gebots heißt *Imperativ*.[19]

Erläuterungsbedürftig sind der Begriff des objektiven Prinzips (1.1.) und der der Nötigung des Willens (1.2.). Die Unterscheidung zwischen Gebot und Imperativ kann außer Acht gelassen werden, da Kant im Weiteren diesbezüglich selbst nicht konsequent unterscheidet.[20] Erörterungswert ist vielmehr zusätzlich die in dieser Textstelle noch nicht zum Ausdruck kommende Unterscheidung Kants zwischen hypothetischen und kategorischen Imperativen (1.3.). In einer zusammenfassenden tabellarischen Darstellung sollen abschließend die begrifflichen Unterscheidungen noch einmal vor Augen geführt werden (1.4.).

1.1 Objektives Prinzip

Objektive Prinzipien sind Prinzipien, nach denen ein vernünftiges Wesen notwendig handeln würde, wenn „die Vernunft volle Gewalt über das Begehrungsvermögen hätte".[21] Nach Kant gibt es drei objektive Prinzipien: das Prinzip der Geschicklichkeit, das der Klugheit und das der Sittlichkeit.[22]

Das Prinzip der Geschicklichkeit komme zur Anwendung, wenn es um die Erreichung irgendeines beliebigen Zweckes gehe:

> Ob der Zweck vernünftig und gut sei, davon ist hier gar nicht die Frage, sondern nur was man thun müsse, um ihn zu erreichen.[23]

---

[19] GMS IV, 413 – Hervorhebung im Original fett gedruckt.
[20] Paton, *Der Kategorische Imperativ*, S. 131.
[21] GMS IV, 400 Fn.
[22] GMS IV, 415 f.
[23] GMS IV, 415.

Als Beispiele für das Prinzip der Geschicklichkeit führt Kant einerseits einen „Arzt" an, der Vorschriften befolge, „um seinen Mann auf gründliche Art gesund zu machen", und andererseits „einen Giftmischer", der ebenfalls Vorschriften beachte, allerdings nicht um ihn zu heilen, sondern „um ihn sicher zu töten".[24] Vom Standpunkt des Prinzips der Geschicklichkeit aus, seien beide Vorschriften „von gleichem Werth, als eine jede dazu dient, ihre Absicht vollkommen zu bewirken".[25] Das Prinzip der Klugheit dagegen sei einschlägig, wenn die „Wahl der Mittel zur eigenen Glückseligkeit" in Frage stehe.[26] Kant definiert dabei den Begriff der Glückseligkeit als ein „Maximum des Wohlbefindens, in meinem gegenwärtigen und jedem zukünftigen Zustande".[27] Das Prinzip der Sittlichkeit sei schließlich betroffen, „[w]enn nun die Handlung [...] als *an sich* gut vorgestellt" werde, „mithin als nothwendig in einem an sich der Vernunft gemäßen Willen".[28]

1.2 Nötigung des Willens

Das zweite Merkmal eines Imperativs, die Nötigung des Willens, liegt nach Kant dann vor, wenn etwas aufgrund der oben genannten objektiven Prinzipien gesollt ist, obwohl der Wille „seiner subjectiven Beschaffenheit nach dadurch nicht nothwendig bestimmt wird".[29]

Entscheidend ist demnach die Unterscheidung zwischen Notwendigkeit und Nötigung:

> Ein vollkommen guter Wille würde also eben sowohl unter objectiven Gesetzen (des Guten) stehen, aber nicht dadurch als zu gesetzmäßigen Handlungen *genöthigt* vorgestellt werden können, weil er von selbst nach seiner subjectiven Beschaffenheit nur durch die Vorstellung des Guten bestimmt werden kann.[30]

Eine Nötigung des Willens sei folglich nur möglich bei „der subjectiven Unvollkommenheit des Willens dieses oder jenes vernünftigen Wesens, z.B. des

---

24 GMS IV, 415.
25 GMS IV, 415.
26 GMS IV, 416.
27 GMS IV, 418; vgl. MdS VI, 387. Der Begriff der Glückseligkeit ist nach Kant allerdings ein „unbestimmter Begriff", da der Mensch „doch niemals bestimmt und mit sich selbst einstimmig sagen kann, was er eigentlich wünsche und wolle" (GMS IV, 418; vgl. MdS VI, 387).
28 GMS IV, 414 – Hervorhebung im Original gesperrt.
29 GMS IV, 413.
30 GMS IV, 414 – Hervorhebung im Original gesperrt.

menschlichen Willens".³¹ Das Element der Nötigung grenze einen Imperativ von einem bloß praktischen Gesetze ab:

> Der Imperativ ist eine praktische Regel, wodurch die an sich zufällige Handlung nothwendig *gemacht* wird. Er unterscheidet sich darin von einem praktischen Gesetze, daß dieses zwar die Nothwendigkeit einer Handlung vorstellig macht, aber ohne Rücksicht darauf zu nehmen, ob diese an sich schon dem handelnden Subjecte (etwa einem heiligen Wesen) *innerlich* nothwendig beiwohne, oder (wie dem Menschen zufällig) sei; denn wo das erste ist, da findet kein Imperativ statt.³²

Die verschiedenen Arten von objektiven Prinzipien üben, so Kant, verschiedene Arten von Nötigung aus.³³

Kant berücksichtigt dies in seiner Terminologie. Es gebe „*Regeln* der Geschicklichkeit", „*Rathschläge* der Klugheit" und „*Gebote (Gesetze)* der Sittlichkeit".³⁴ Der Gesetzesbegriff ist demnach dem Prinzip der Sittlichkeit vorbehalten. Nur dieses Prinzip führe „den Begriff einer unbedingten und zwar objectiven und mithin allgemein gültigen Nothwendigkeit bei sich".³⁵ Nur dem Gesetz müsse auch „wider Neigung Folge geleistet werden".³⁶

Die Ratschläge der Klugheit enthielten zwar ebenfalls „Nothwendigkeit, die aber bloß unter subjectiver gefälliger Bedingung" gelten könne, „ob dieser oder jener Mensch dieses oder jenes zu seiner Glückseligkeit zähle".³⁷ Die Notwendigkeit eines Ratschlages der Klugheit bestehe darin, dass man deren Zweck – das Streben nach Glückseligkeit – „bei allen vernünftigen Wesen [...] als wirklich voraussetzen" könne.³⁸ Alle Menschen hätten „schon von selbst die mächtigste und innigste Neigung zur Glückseligkeit, weil sich gerade in dieser Idee alle Neigungen zu einer Summe vereinigen".³⁹

Die Regeln der Geschicklichkeit hingegen dienten lediglich „beliebigen Zwecken", bei denen es bloß „möglich" sei, dass vernünftige Wesen diesen Zweck verfolgten.⁴⁰

---

31 GMS IV, 414.
32 MdS VI, 222.
33 „Das Wollen nach diesen dreierlei Principien wird [...] durch die *Ungleichheit* der Nöthigung des Willens deutlich unterschieden" (GMS IV, 416 – Hervorhebung im Original gesperrt).
34 GMS IV, 416 – Hervorhebung im Original gesperrt.
35 GMS IV, 416.
36 GMS IV, 416.
37 GMS IV, 416.
38 GMS IV, 415.
39 GMS IV, 399.
40 GMS IV, 415.

Der Ungleichheit der Nötigung ist eine weitere, nur aus Gründen der Vollständigkeit zu erwähnende Unterscheidung Kants geschuldet: Das Prinzip der Geschicklichkeit ist ein „*problematisch*-[...] praktisches Princip"; das der Klugheit ein „*assertorisch*-praktisches Princip" und das Prinzip der Sittlichkeit „gilt als ein *apodiktisch*-praktisches Princip".[41]

1.3 Unterscheidung hypothetisch/kategorisch

Kants Unterscheidung zwischen den verschiedenen Arten von objektiven Prinzipien und den damit korrespondierenden Arten von Nötigung wird durch die zusätzliche Unterscheidung zwischen hypothetischen und kategorischen Imperativen noch weiter verdeutlicht:

> Alle Imperativen nun gebieten entweder hypothetisch, oder kategorisch.[42]

Hypothetisch gebiete ein Imperativ, wenn dieser „nicht schlechthin, sondern nur als Mittel zu einer anderen Absicht geboten" sei.[43] Ein kategorischer Imperativ hingegen liege dann vor, wenn dieser, „ohne irgend eine andere durch ein gewisses Verhalten zu erreichende Absicht als Bedingung zum Grunde zu legen, dieses Verhalten unmittelbar" gebiete.[44]

Auf den ersten Blick unterscheiden sich kategorische Imperative mithin von hypothetischen Imperativen darin, dass in hypothetischen, anders als in kategorischen Imperativen, eine „wenn-so"–Verknüpfung von Sachverhalten ausgedrückt wird. Dieser Eindruck aber täuscht: An der sprachlichen oder logischen Form lässt sich nicht ablesen, ob ein kategorischer oder hypothetischer Imperativ vorliegt.[45] Ein kategorischer Imperativ im Sinne Kants vermag hypothetisch in seiner Form zu sein und ein hypothetischer Imperativ kategorisch. Zum einen liegt dies daran, dass hypothetische Imperative unvollständig (elliptisch) formuliert werden können (z. B.: „Du musst den Schlüssel benutzen", wobei der Zweck oder

---

41 GMS IV, 414 f. – Hervorhebung im Original fett gedruckt. Vgl. zu den drei Termini „problematisch", „assertorisch", „apodiktisch" im Kontext von Kants theoretischer Philosophie KrV III, 95.
42 GMS IV, 414 – Hervorhebung im Original gesperrt.
43 GMS IV, 416.
44 GMS IV, 416.
45 Siehe dazu Brinkmann, *Praktische Notwendigkeit*, S. 37; Hill, „The Hypothetical Imperative", S. 28; Horn/Mieth/Scarano, *Grundlegung*, S. 211 ff.; Kim, *Kant-Studien*, Bd. 59 (1968), S. 299; Körner, *Kant*, S. 112; Patzig, „Die logischen Formen praktischer Sätze", S. 211 ff.; Singer, *Verallgemeinerung*, S. 257 ff.; Wimmer, *Universalisierung*, S. 170 f.

die Bedingung „wenn Du die Tür öffnen willst" im Satz nicht explizit auftaucht). Zum anderen können auch kategorische Imperative eine Bedingungsklausel enthalten (z. B.: „Wenn Menschen in Not sind, sollst Du ihnen helfen"). Worauf es ankommt, ist daher nicht die Form des Satzes, sondern vielmehr der Grund, den man für die Handlung angibt, die getan werden soll. Imperative sind genau dann hypothetisch, so lässt sich mit Patzig feststellen,

> wenn sie Forderungen aussprechen, von denen es sinnvoll ist anzunehmen, dass sie nur im Hinblick auf mögliche, wirkliche oder sogar notwendige Interessen und Wünsche des Adressaten ergehen. [...] Wo diese Rückbezogenheit auf Interessen und Wünsche des Adressaten nicht besteht, da sind die Imperative kategorisch.[46]

Hypothetische Imperative folgen dementsprechend aus den objektiven Prinzipien der Geschicklichkeit und Klugheit, kategorische Imperative hingegen aus dem objektiven Prinzip der Sittlichkeit.[47]

> Man könnte die ersteren Imperative auch *technisch* (zur Kunst gehörig), die zweiten *pragmatisch* (zur Wohlfahrt), die dritten *moralisch* (zum freien Verhalten überhaupt, d.i. zu den Sitten gehörig) nennen.[48]

1.4 Zusammenfassende tabellarische Darstellung

Objektives Prinzip der Geschicklichkeit	Objektives Prinzip der Klugheit	Objektives Prinzip der Sittlichkeit
Regeln der Geschicklichkeit	Ratschläge der Klugheit	Gebote der Sittlichkeit
Problematisch-praktisches Prinzip	Assertorisch-praktisches Prinzip	Apodiktisch-praktisches Prinzip
Hypothetischer Imperativ	Hypothetischer Imperativ	Kategorischer Imperativ
Technischer Imperativ	Pragmatischer Imperativ	Moralischer Imperativ

---

46 Patzig, „Die logischen Formen praktischer Sätze", S. 217 f.
47 GMS IV, 415 f.
48 GMS IV, 416 f. – Hervorhebung im Original gesperrt.

2 Formeln des kategorischen Imperativs

Die Identifizierung der verschiedenen „Formeln"[49] des kategorischen Imperativs, die Kant im Zweiten Abschnitt der *Grundlegung* benennt, sowie die Bestimmung ihres Verhältnisses zueinander, gehören zu den umstrittensten Gebieten in der Kant-Forschung.[50] Unter einer Formel versteht Kant eine Regel, „deren Ausdruck zum Muster der Nachahmung dient".[51] Für den „Mathematiker" bestimmt dabei eine Formel, „was zu thun sei, um eine Aufgabe zu befolgen".[52] Auch in der Moralphilosophie bringt eine Formel kein „neues Princip der Moralität" zum Ausdruck, sondern sie besagt ebenfalls, was zu tun ist, allerdings nicht in Bezug auf eine beliebige Aufgabe, sondern „in Ansehung aller Pflicht überhaupt".[53] Formeln im Sinne Kants sind also „Bewertungs- und damit auch Handlungsregeln".[54]

An dieser Stelle wird die von Paton[55] entwickelte Standardinterpretation zu Grunde gelegt, wonach Kant im Zweiten Abschnitt der *Grundlegung* zwischen drei Hauptformeln des kategorischen Imperativs unterscheidet sowie zwischen zwei Unterformeln:

Formel I – die Allgemeine-Gesetzes-Formel:

> Handle nur nach derjenigen Maxime, durch die du zugleich wollen kannst, daß sie ein allgemeines Gesetz werde.[56]

Formel Ia – die Naturgesetzformel:

> [H]andle so, als ob die Maxime deiner Handlung durch deinen Willen zum allgemeinen Naturgesetze werden sollte.[57]

---

49 GMS IV, 436.
50 Siehe dazu etwa Brinkmann, *Praktische Notwendigkeit*, S. 279 ff.; Geismann, *Kant-Studien*, Bd. 93 (2002), S. 374 ff.; Paton, *Der Kategorische Imperativ*, S. 152 ff.; Wimmer, *Universalisierung*, S. 174 ff.; Wood, *Kantian Ethics*, S. 79 ff.
51 Logik IX, 77.
52 KpV V, 8 Fn.
53 KpV V, 8 Fn.
54 Horn/Mieth/Scarano, *Grundlegung*, S. 219.
55 Paton, *Der Kategorische Imperativ*, S. 152 f.
56 GMS IV, 421.
57 GMS IV, 421.

Formel II – die Zweck-an-sich-Formel:

> [H]andle so, daß du die Menschheit, sowohl in deiner Person, als in der Person eines jeden andern jederzeit zugleich als Zweck, niemals bloß als Mittel brauchst.[58]

Formel III – die Autonomieformel:

> [Handle so], daß der Wille durch seine Maxime sich selbst zugleich als allgemein gesetzgebend betrachten könne.[59]

Formel IIIa – die Reich-der-Zwecke-Formel:

> [Handle so, als ob du durch deine] Maximen jederzeit ein gesetzgebendes Glied im allgemeinen Reiche der Zwecke wäre[st].[60]

Die von Paton vorgenommene Dreiteilung wird durch die Aussage Kants bestätigt, wonach es „drei Arten" gebe, „das Prinzip der Sittlichkeit" vorzustellen.[61] „Im Grunde" seien diese drei Arten aber „nur so viele Formen ebendesselben Gesetzes, deren die eine die anderen zwei von selbst in sich vereinigt".[62] Die Verschiedenheit in ihnen sei deshalb eher „subjectiv als objectiv-praktisch".[63] Es erscheint jedoch berechtigt, die *Formel I*, die Allgemeine-Gesetzes-Formel, als Grundformel anzusehen: Kant sieht in der Allgemeinen-Gesetzes-Formel die Anwendung des kategorischen Imperativs „nach der strengen Methode", die man „in der sittlichen Beurtheilung immer [...] zum Grunde" legen solle.[64] Die anderen Formeln sollen demgegenüber der Allgemeinen-Gesetzes-Formel lediglich „Eingang verschaffen", um „sie dadurch, so viel sich thun läßt, der Anschauung zu nähern".[65] Nicht zu übersehen ist dennoch, dass Kant auch der *Formel III*, der Autonomieformel, große Bedeutung zumisst.[66] Dies zeigt sich schon daran, dass in der *Kritik der praktischen Vernunft* nicht der Allgemeinen-Gesetzes-Formel, sondern der Autonomieformel die höchste Stellung zugeordnet ist. Kant bezeichnet die Autono-

---

58 GMS IV, 429.
59 GMS IV, 434.
60 GMS IV, 438.
61 GMS IV, 436.
62 GMS IV, 436.
63 GMS IV, 436.
64 GMS IV, 436.
65 GMS IV, 437.
66 Siehe dazu Paton, *Der Kategorische Imperativ*, S. 153; Williams, *The Concept of the Categorical Imperative*, S. 135.

mieformel darin als das „Grundgesetz der reinen praktischen Vernunft".[67] Nach Erörterung der Allgemeinen-Gesetzes-Formel (2.1.) ist daher bereits in diesem ersten Teil, der nur dem kategorischen Imperativ gewidmet ist, auf die Autonomieformel näher einzugehen (2.2.). Zur Erörterung der *Formel II*, der Zweck-an-sich-Formel, kommt es hingegen erst im dritten Teil dieser Arbeit, in dem es nicht mehr allein um den kategorischen Imperativ geht, sondern um dessen Verhältnis zum allgemeinen Rechtsgesetz.

2.1 Allgemeine-Gesetzes-Formel

Die Allgemeine-Gesetzes-Formel, wonach „nur nach derjenigen Maxime" gehandelt werden soll, „durch die du zugleich wollen kannst, daß sie ein allgemeines Gesetz werde",[68] besteht im Wesentlichen aus drei Definitionsmerkmalen: dem Handeln nach einer Maxime (2.1.1.), dem allgemeinen Gesetz (2.1.2.) und dem Ausdruck „wollen können" (2.1.3.). Der Reihe nach sollen diese drei Definitionsmerkmale im Folgenden erörtert werden. Im Anschluss daran wird es um die praktische Anwendung des kategorischen Imperativs gehen (2.1.4.).

2.1.1 Handeln nach einer Maxime

Das erste Definitionsmerkmal, das Handeln nach einer Maxime, ist hinsichtlich des Begriffes der Maxime zu erläutern (2.1.1.1.). Um den Begriff des kategorischen Imperativs weiter zu verdeutlichen, sind sodann die Maximen in formelle und materielle Maximen einzuteilen (2.1.1.2.). Mit Hilfe dieser Einteilung lässt sich abschließend in einem Exkurs auf Kants Unterscheidung zwischen einer Handlung aus Pflicht und bloß pflichtmäßigem Handeln eingehen (2.1.1.3.).

2.1.1.1 Begriff der Maxime
Der Begriff der Maxime ist einer der zentralen Begriffe in Kants praktischer Philosophie. In fast allen Formulierungen des kategorischen Imperativs sind Maximen dessen Gegenstand.[69] Kants Ethik wird von einigen Autoren deshalb auch als „Maximenethik" bezeichnet.[70] Zur Erläuterung des Begriffs der Maxime ist es

---

67 KpV V, 30.
68 GMS IV, 421.
69 Siehe dazu die Analyse von Schwemmer, *Philosophie der Praxis*, S. 134 ff.
70 Höffe, *Immanuel Kant*, S. 193; Albrecht, *Kant-Studien*, Bd. 85 (1994), S. 129.

sinnvoll, von den fünf maßgeblichen Definitionen einer Maxime auszugehen, die Kant an verschiedenen Stellen in seinem Werk gibt:

1. *Praktische Grundsätze* sind Sätze, welche eine allgemeine Bestimmung des Willens enthalten, die mehrere praktische Regeln unter sich hat. Sie sind subjectiv oder *Maximen*, wenn die Bedingung nur als für den Willen des Subjects gültig von ihm angesehen wird, objectiv aber oder praktische *Gesetze*, wenn jene als objectiv, d.i. für den Willen jedes vernünftigen Wesens gültig, erkannt wird.[71]

2. Maxime ist das subjective Princip des Wollens; das objective Princip (d.i. dasjenige, was allen vernünftigen Wesen auch subjectiv zum praktischen Princip dienen würde, wenn Vernunft volle Gewalt über das Begehrungsvermögen hätte) ist das praktische Gesetz.[72]

3. Maxime ist das subjective Princip zu handeln und muss vom objectiven Princip, nämlich dem praktischen Gesetze, unterschieden werden. Jene enthält die praktische Regel, die die Vernunft den Bedingungen des Subjects gemäß (öfters der Unwissenheit oder auch den Neigungen desselben) bestimmt, und ist also der Grundsatz nach dem es handeln soll, d.i. ein Imperativ.[73]

4. Maxime aber ist das subjective Princip zu handeln, was sich das Subject selbst zur Regel macht (wie es nämlich handeln will).[74]

5. Alle Maximen haben [...] eine Materie, nämlich einen Zweck.[75]

Gemeinsam ist diesen Definitionen, dass Maximen im Gegensatz zu praktischen Gesetzen subjektiv sind (2.1.1.1.1.), als Prinzipien oder Grundsätze eine gewisse Allgemeinheit besitzen (2.1.1.1.2.) und das Wollen oder Handeln betreffen.[76] Zu beachten ist dabei, dass die Begriffe des Wollens und des Handelns bei Kant in einem engen Verhältnis zueinander stehen. Der Wille wird bei Kant nämlich „als die Aufbietung aller Mittel, soweit sie in unserer Gewalt sind" definiert.[77] Etwas zu wollen bedeutet somit, dass eine Person entweder handelt oder zumindest versucht zu handeln.[78] Die Unterscheidung zwischen Wollen und Handeln kann aus diesem Grund zumindest an dieser Stelle vernachlässigt und nur der Begriff des

---

71 KpV V, 19 – Hervorhebung im Original gesperrt.
72 GMS IV, 400 Fn.
73 GMS IV, 420.
74 MdS VI, 225.
75 GMS IV, 436.
76 Diese drei Definitionsmerkmale sehen etwa auch Brinkmann, *Praktische Notwendigkeit*, S. 97, und Köhl, *Kants Gesinnungsethik*, S. 47, als wesentlich an.
77 GMS IV, 394.
78 Willaschek, *Praktische Vernunft*, S. 55.

Wollens in den Blick genommen werden (2.1.1.1.3.).[79] Da „alles Wollen auch einen Gegenstand, mithin eine Materie haben müsse",[80] folgt aus dem Wollensbezug einer Maxime zugleich deren Zweckbezug, so dass man diesen Aspekt auch als Teilaspekt des Wollensbezugs erörtern könnte.[81] Auf Grund der großen Bedeutung die Kant dem Begriff des Zweckes zumisst,[82] erscheint es jedoch angebracht, auch dem Zweckbezug einen eigenen Abschnitt zu widmen (2.1.1.1.4.). Aus der oben angeführten fünften Definition, wonach die „Materie" einer Maxime der „Zweck" ist, lässt sich zudem folgern, dass Maximen nicht nur mittelbar, über den Begriff des Wollens, einen Zweckbezug aufweisen, sondern auch unmittelbar.

2.1.1.1.1 Subjektivität
Nach der ersten Definition sind Maximen und praktische Gesetze praktische Grundsätze. Praktische Gesetze sind als objektive Prinzipien im Gegensatz zu Maximen für jedes vernünftige Wesen gültig. Subjektivität im Sinne eines begrenzten Geltungsbereichs könnte demnach die *differentia specifica* von Maximen gegenüber praktischen Gesetzen unter dem *genus proximum* praktischer Grundsätze sein.[83] Dagegen ist jedoch einzuwenden, dass alle vernünftigen Wesen, „wenn Vernunft volle Gewalt über das Begehrungsvermögen hätte",[84] nach dem gleichen Prinzip handelten. Dieses Prinzip hätte dann nicht nur objektive, sondern auch subjektive Gültigkeit für jedes vernünftige Wesen. Subjektivität im Sinne eines begrenzten Geltungsbereichs kann demnach kein hinreichendes Kriterium sein, um Maximen von praktischen Gesetzen zu unterscheiden: Sowohl bei Maximen als auch bei praktischen Gesetzen ist es zwar möglich, aber nicht notwendig, dass sie intersubjektive Gültigkeit besitzen, d. h. von mehreren vernünftigen Wesen als für sich gültig betrachtet werden.[85]

Um Subjektivität als hinreichendes Unterscheidungskriterium zwischen einer Maxime und einem praktischen Gesetz betrachten zu können, ist daher ein anderer Aspekt von Subjektivität hinzuzuziehen. Zur Ermittlung dieses Aspekts kann die vierte oben angegebene Definition behilflich sein. Aus ihr folgt, dass eine

---

79 So etwa auch Brinkmann, *Praktische Notwendigkeit*, S. 99; Köhl, *Kants Gesinnungsethik*, S. 47 Fn. 1; Schwemmer, *Philosophie der Praxis*, S. 136 f.; Timmermann, *Sittengesetz und Freiheit*, S. 150 Fn. 1; Willaschek, *Praktische Vernunft*, S. 55.
80 KpV V, 34.
81 So etwa Brinkmann, *Praktische Notwendigkeit*, S. 102 ff.
82 Dies wird sich besonders in den Ausführungen zu den unvollkommenen Pflichten zeigen. Siehe dazu unten Erster Teil 2.1.4.3.
83 So Brinkmann, *Praktische Notwendigkeit*, S. 97.
84 GMS IV, 400.
85 Brinkmann, *Praktische Notwendigkeit*, S. 97.

Maxime ein Prinzip ist, „was sich das Subject selbst zur Regel macht (wie es nämlich handeln will)".[86] Maximen beschreiben daher nicht nur ein regelmäßiges Verhalten, sondern sie sind die Regeln selbst, die eine Handlung zu einer regelgeleiteten machen.[87] Eine Person *hat* nicht nur eine Maxime, sondern sie *macht* sich eine Regel zur Maxime, indem sie die Regel akzeptiert und nach ihr handeln will. Nach Maximen zu handeln, bedeutet, nach „selbst auferlegten Regeln"[88] zu handeln. Der zweite Aspekt der Subjektivität von Maximen ist daher der der Selbstverpflichtung.[89] Dieser Aspekt ist zugleich ein hinreichendes Kriterium, um Maximen von praktischen Gesetzen zu unterscheiden: Der entscheidende Unterschied besteht im *Anspruch* auf intersubjektive Gültigkeit.[90] Maximen erheben *niemals* einen Anspruch auf intersubjektive Gültigkeit. Sie verpflichten stets nur die eigene Person. Eine Maxime ist das subjektive Prinzip zu handeln, „*was sich das Subject selbst* zur Regel macht".[91] Praktische Gesetze hingegen erheben *stets* einen Anspruch auf intersubjektive Gültigkeit; sie würden „*allen* vernünftigen Wesen auch subjectiv zum praktischen Princip dienen [...], wenn Vernunft volle Gewalt über das Begehrungsvermögen hätte".[92]

Die Subjektivität von Maximen zeigt sich nach alldem also in zweierlei Hinsicht: Zum einen im potentiell begrenzten Geltungsbereich und zum anderen im Element der bloßen Selbstverpflichtung.[93]

2.1.1.1.2 Allgemeinheit

Maximen sind Grundsätze, „welche eine *allgemeine* Bestimmung des Willens enthalten".[94] Umstritten ist, was genau unter dem Begriff der Allgemeinheit zu verstehen ist. Aus der Unterscheidung zwischen einem praktischen Gesetz, das einen intersubjektiven Gültigkeitsanspruch, und einer Maxime, die *keinen* intersubjektiven Gültigkeitsanspruch erhebt, geht hervor, dass Allgemeinheit nicht im Sinne eines allgemeinen Gültigkeitsanspruchs für alle Personen zu verstehen ist:

---

86 MdS VI, 225.
87 Bittner, „Maximen", S. 491ff.; Brinkmann, *Praktische Notwendigkeit*, S. 97ff.; Köhl, *Kants Gesinnungsethik*, S. 47f.; Mosayebi, *Das Minimum der reinen praktischen Vernunft*, S. 156.
88 GMS IV, 438.
89 Bittner, „Maximen", S. 491f.; Brinkmann, *Praktische Notwendigkeit*, S. 97ff.; Köhl, *Kants Gesinnungsethik*, S. 47.
90 So explizit auch Köhl, *Kants Gesinnungsethik*, S. 47.
91 MdS VI, 225 – Hervorhebung vom Verfasser.
92 GMS IV, 400 – Hervorhebung vom Verfasser.
93 So etwa auch Albrecht, *Kant-Studien*, Bd. 85 (1994), S. 131f.; Bittner, „Maximen", S. 486f.; Brinkmann, *Praktische Notwendigkeit*, S. 97; Köhl, *Kants Gesinnungsethik*, S. 47.
94 KpV V, 19 – Hervorhebung vom Verfasser.

> In Maximen wird nicht über Variablen für Personen quantifiziert.[95]

Man könnte aber aus der ersten Definition, wonach ein praktischer Grundsatz „mehrere praktische Regeln unter sich hat",[96] schließen, dass Maximen insofern allgemein seien, als sie zwar nicht für eine Vielzahl von Personen allgemein gültig sind, dafür aber für eine Vielzahl von Situationen. Bittner[97] und Höffe[98] deuten Maximen dementsprechend als „Lebensregeln". Maximen, so Höffe, „stellen für einen ganzen Lebensbereich, etwa für alle Arten von Notsituationen, das leitende Beurteilungsprinzip auf".[99] Kants eigene Beispiele für Maximen lassen allerdings Zweifel an dieser Auslegung aufkommen. Wenn sie ernsthaft befolgt wird, kann etwa die Selbsttötungs-Maxime, die Kant in der *Grundlegung* als Beispiel anführt,[100] lediglich für genau eine Situation das „handlungsleitende Prinzip" sein.[101] Ohne auf weitere Beispiele eingehen zu müssen,[102] lässt sich daher schon an dieser Stelle feststellen, dass sich Maximen nicht dadurch auszeichnen, dass in ihnen über Variablen für Situationen quantifiziert wird. Maximen unterscheiden sich vielmehr in der situativen Allgemeinheit, d. h. sie sind – je nach Maxime – für verschieden viele Situationen handlungsleitend.[103] Unter einer Maxime ist deshalb keine Lebensregel zu verstehen, die notwendigerweise auf eine Vielzahl von Situationen Anwendung findet.[104]

Der von Bittner und Höffe verwendete Begriff der Lebensregel lässt sich jedoch auch in einem begrenzteren Sinne deuten. Er lässt sich als ein Grundsatz deuten, den man *zu jeder Zeit* des Lebens befolgen würde. Maximen würden demnach über Zeitpunkte quantifiziert. Nachdem eine Quantifizierung über Personen und Situationen aus den genannten Gründen abzulehnen ist, scheint allein diese Auf-

---

95 Brinkmann, *Praktische Notwendigkeit*, S. 110.
96 KpV V, 19.
97 Bittner, „Maximen", S. 489 ff.
98 Höffe, *ZpF*, Bd. 31 (1977), S. 360 f.; Höffe, *Immanuel Kant*, S. 191 ff.
99 Höffe, *Immanuel Kant*, S. 191.
100 „[I]ch mache es mir aus Selbstliebe zum Princip, wenn das Leben bei seiner längern Frist mehr Übel droht, als es Annehmlichkeit verspricht, es mir abzukürzen" (GMS IV, 422); siehe dazu unten Erster Teil 2.1.3.3.
101 Brinkmann, *Praktische Notwendigkeit*, S. 113.
102 Siehe ausführlich zu den Beispielen Brinkmann, *Praktische Notwendigkeit*, S. 113.
103 Allison, *Kant's Theory of Freedom*, S. 93: „Kantian maxims come in various degrees of generality and [...] some, but by no means all, may be characterized as *Lebensregeln*"; siehe auch Brinkmann, *Praktische Notwendigkeit*, S. 110 ff.; Willaschek, *Praktische Vernunft*, S. 66.
104 Später, bei Erörterung des Zweckbezugs, wird noch zu sehen sein, dass dies nicht der Aussage Kants widerspricht, wonach ein praktischer Grundsatz „mehrere praktische Regeln unter sich hat" (KpV V, 19).

fassung vertretbar zu sein. Maximen sind nach hier vertretener Ansicht folglich *der Zeit nach* allgemein.[105]

2.1.1.1.3 Wollensbezug

Maximen sind Wollenssätze. Sie sind „das subjective Princip des *Wollens*".[106] Sie drücken aus, was für eine Handlung oder was für eine Art von Handlung eine Person in einer bestimmten Situation ausführen will. Maximen sind demnach weder wahr noch falsch. Handelt eine Person nicht so, wie es ihrer Maxime entspricht, so hat sich die Person nicht in ihrer Maxime „geirrt", sondern sich nicht an sie „gehalten".[107]

Maximen sind in den Worten Köhls „keine Selbst*beschreibungen*, sondern Versuche der Selbst*bestimmung*; sie sind keine Selbst*erfassungen*, sondern das *Fassen* eines *Entschlusses*".[108] Nach einer Maxime zu handeln heißt demnach, mit Vorsatz zu handeln. Eine Person, die nach einer Maxime handelt, weiß und will, was sie tut. Das Handeln nach Maximen ist damit zwar nicht notwendigerweise ein Handeln nach objektiv vernünftigen Gründen, aber jedenfalls ein Handeln nach subjektiv vernünftigen, d. h. es ist nicht notwendigerweise ein geschicktes, kluges oder sittliches Handeln, aber zumindest ein überlegtes:

> Handeln nach Maximen grenzt sich so von bloßem Verhalten und sogar von gewohnheitsmäßigem Handeln ab.[109]

2.1.1.1.4 Zweckbezug

Kant ordnet allen Maximen schließlich eine „Materie" zu, „nämlich einen Zweck".[110] Unter dem Begriff des „Zweckes" versteht Kant einen „Gegenstand der freien Willkür, dessen Vorstellung diese zu einer Handlung bestimmt (wodurch jener hervorgebracht wird)".[111] Maximen besagen demnach nicht nur, man beabsichtige sich in einer bestimmten Situation so oder so zu verhalten, sondern

---

105 So auch Brinkmann, *Praktische Notwendigkeit*, S. 113 f.; Enskat, *Universalität*, S. 51; Rohs, *Die Zeit des Handelns*, S. 30.
106 GMS IV, 400 – Hervorhebung vom Verfasser.
107 Köhl, *Kants Gesinnungsethik*, S. 49.
108 Köhl, *Kants Gesinnungsethik*, S. 49.
109 Brinkmann, *Praktische Notwendigkeit*, S. 100. Der Wollensbezug in Maximen deckt sich demnach weitgehend mit dem zweiten Aspekt der Subjektivität: dem der Selbstverpflichtung; siehe dazu Köhl, *Kants Gesinnungsethik*, S. 50 Fn. 4.
110 GMS IV, 436.
111 MdS VI, 384.

enthalten neben dieser konkreten Handlungsabsicht noch einen allgemeineren Zweck, d. h. ein Ziel.[112] Ein Zweck ist demnach das, „was man mit der Handlung erreichen will".[113] Maximen, bei denen der Zweckbezug besonders deutlich wird, finden sich in der *Tugendlehre* unter der Überschrift „Vom Geize":

> Die Maxime des *habsüchtigen* Geizes (als Verschwenders) ist: alle Mittel des Wohllebens in der Absicht auf den Genuß anzuschaffen und zu erhalten. – Die des *kargen* Geizes ist hingegen der Erwerb sowohl als die Erhaltung aller Mittel des Wohllebens, aber ohne Absicht auf den Genuß (d.i. ohne daß dieser, sondern nur der Besitz der Zweck sei).[114]

Der habsüchtige und der karge Geiz unterscheiden sich folglich nicht in ihren konkreten Handlungsabsichten, die jeweils die Anschaffung und Erhaltung von Geld betreffen, sondern in den Zwecken, die Teil ihrer Maxime sind: dem Genuss einerseits und der Vermögenshortung als Selbstzweck andererseits.[115]

Der Zweckbezug unterscheidet eine Maxime von einer bloßen Regel.[116] So lässt sich Kants erste oben angegebene Definition erklären, wonach eine Maxime „mehrere praktische Regeln unter sich hat":[117] Eine Regel bestimmt, auf welche Weise eine Maxime tatsächlich verfolgt werden soll. Sie enthält keinen Zweck, sondern ist ein bloßes „Mittel", das „bloß den Grund der Möglichkeit der Handlung enthält, deren Wirkung Zweck ist".[118] Kant legt großen Wert auf diese Unterscheidung und warnt davor, ein Mittel zum Zweck, d. h. eine bloße Regel zur Maxime zu erheben:

> Wir müssen daher bloß des Zwecks wegen ein Mittel zum Wohlgefallen haben, und thun wir das nicht, so handeln wir thörigt, z.E. wer am Gelde an sich selbst ein Wohlgefallen hat, ohne es als Mittel zu einem Zweck anzusehen, und es daher immer in seinen Kisten verschließt, ist ein Geizhals.[119]

---

112 Einen Zweckbezug in Maximen vertreten auch Brinkmann, *Praktische Notwendigkeit*, S. 102f.; Hoerster, „Kants kategorischer Imperativ als Test unserer sittlichen Pflichten", S. 471f.; Köhl, *Kants Gesinnungsethik*, S. 81; Schwemmer, *Philosophie der Praxis*, S. 137; Singer, *Verallgemeinerung*, S. 283f.; Timmermann, *Sittengesetz und Freiheit*, S. 159.
113 Willaschek, *Praktische Vernunft*, S. 53.
114 MdS VI, 432 – Hervorhebung im Original gesperrt.
115 Dieses Beispiel findet sich auch bei Timmermann, *Sittengesetz und Freiheit*, S. 162.
116 Timmermann, *Sittengesetz und Freiheit*, S. 159ff.; vgl. auch Höffe, *ZpF*, 31 (1977), S. 360ff.; Singer, *Verallgemeinerung*, S. 282ff., und Beck, *Kommentar*, S. 82f., der allerdings zu Recht darauf hinweist, dass Kant keine formale Definition einer Regel angibt und dem Begriff der Regel zum Teil unterschiedliche Bedeutungen zumisst.
117 KpV V, 19.
118 GMS IV, 427.
119 Vorl. Mrongovius XXIX, 891.

2.1.1.1.5 Zwischenergebnis

Nach alldem wurden also vier entscheidende Merkmale einer Maxime herausgearbeitet: die Subjektivität, die Allgemeinheit, der Wollensbezug und der Zweckbezug. Im Folgenden kann daher auf die zusätzliche Unterscheidungsmöglichkeit zwischen formellen und materiellen Maximen eingegangen werden.

2.1.1.2 Formelle und materielle Maximen

Nach Ansicht von Paton[120] gibt es bei Kant zwei Arten von Maximen: formelle und materielle. Kant selbst hat zwar nicht ausdrücklich zwischen einer formellen und materiellen Maxime unterschieden, es lassen sich aber zwei Textstellen in Kants *Grundlegung* finden, aus denen sich mit guten Gründen diese Unterscheidung herleiten lässt. Vollständig ausgeführt lauten die beiden Textstellen:

1. Praktische Principien sind *formal*, wenn sie von allen subjectiven Zwecken abstrahiren; sie sind aber *material*, wenn sie diese, mithin gewisse Triebfedern zum Grunde legen.[121]

2. Worin kann also dieser Werth liegen, wenn er nicht im Willen in Beziehung auf deren verhoffte Wirkung bestehen *soll*? Er kann nirgend anders liegen *als im Princip des Willens* unangesehen der Zwecke, die durch solche Handlung bewirkt werden können; denn der Wille ist mitten inne zwischen seinem Princip a priori, welches formell ist, und zwischen seiner Triebfeder a posteriori, welche materiell ist, gleichsam auf einem Scheidewege, und da er doch irgend wodurch muß bestimmt werden, so wird er durch das formelle Princip des Wollens überhaupt bestimmt werden müssen, wenn eine Handlung aus Pflicht geschieht, da ihm alles materielle Princip entzogen worden.[122]

In der ersten Textstelle teilt Kant ganz allgemein praktische Prinzipien in formelle und materielle ein. Da aber auch Maximen Prinzipien sind, gilt diese Unterscheidung ebenso für Maximen. In der zweiten Textstelle sagt Kant über Handlungen, die „aus Pflicht" geschehen, dass sie durch das „formelle Princip des Wollens überhaupt bestimmt" sind. Auch in dieser Textstelle lässt sich demnach über den Begriff des Prinzips ein Bezug zur Maxime herstellen. Erkennt man also an, dass sich zwischen formellen und materiellen Maximen unterscheiden lässt, so fragt sich, was genau darunter zu verstehen ist.

Paton folgert aus den beiden genannten Textstellen, dass sich eine materielle Maxime „auf die begehrten Zwecke" bezieht, „die die Handlung zu verwirklichen

---

120 Paton, *Der Kategorische Imperativ*, S. 60 ff.
121 GMS IV, 427 – Hervorhebung im Original gesperrt.
122 GMS IV, 400 – Hervorhebung im Original gesperrt.

sucht, und diese Zwecke sind der Gegenstand der Maxime".[123] Eine formelle Maxime „bezieht" sich nach Paton hingegen *nicht* auf die begehrten Zwecke, die mit der Handlung verwirklicht werden sollen.[124] Anders ausgedrückt: Nach Paton beinhaltet eine materielle Maxime einen Zweck; eine formelle Maxime hingegen nicht.

Auch wenn diese Auffassung zumindest dem ersten Eindruck nach plausibel erscheint, so widerspricht sie doch der Aussage Kants, dass „[a]lle Maximen" eine „Materie" haben, „nämlich einen Zweck".[125] Fraglich ist daher, ob die beiden Textstellen auch eine andere Interpretation zulassen. Köhl und Weiper gehen etwa davon aus, dass man bei formellen Maximen nicht von allen subjektiven Zwecken schlechthin abstrahiert, sondern lediglich von deren motivationalen Komponente.[126] Oder in den Worten Kants: Es wird von ihnen als „Triebfedern" abgesehen.

Diese Deutung lässt sich zunächst mit der ersten Textstelle vereinbaren, wonach bei materiellen Maximen die Zwecke als (empirische) „Triebfedern zum Grunde" gelegt werden. Dementsprechend lässt sich aber auch die zweite Textstelle verstehen: Wenn Kant sagt, der moralische Wert einer Handlung liege „im Princip des Willens unangesehen der Zwecke, die durch solche Handlung bewirkt werden können", dann heißt dies nicht notwendigerweise, dass diese moralischen Handlungen und entsprechenden formalen Maximen keinen Zweck enthielten. Vielmehr lässt sich daraus auch ableiten, dass bei moralischen Handlungen und entsprechenden Maximen vom Zweck als *Motiv* für das Handeln nach dieser Maxime abgesehen werden muss. Bestätigung findet diese Interpretation in einer weiteren Textstelle aus der *Grundlegung*, in der Kant darlegt, wann eine Maxime, die die Förderung fremder Glückseligkeit bezweckt, als moralisch (und damit als formell) anzusehen ist:

> So soll ich z.B. fremde Glückseligkeit zu befördern suchen, nicht als wenn mir an deren Existenz was gelegen wäre (es sei durch unmittelbare Neigung, oder irgend ein Wohlgefallen indirect durch Vernunft), sondern bloß deswegen, weil die Maxime, die sie ausschließt, nicht in einem und demselben Wollen, als allgemeinen Gesetz, begriffen werden kann.[127]

---

123 Paton, *Der Kategorische Imperativ*, S. 60 f.; vgl. Timmermann, *Sittengesetz und Freiheit*, S. 162.
124 Paton, *Der Kategorische Imperativ*, S. 60 f.; vgl. Timmermann, *Sittengesetz und Freiheit*, S. 162.
125 GMS IV, 436.
126 Köhl, *Kants Gesinnungsethik*, S. 82; Weiper, *Triebfeder und höchstes Gut*, S. 47 Fn. 66.
127 GMS IV, 441.

Kant verlangt danach von einer moralischen, d. h. formellen, Maxime nicht, dass sie vom Zweck schlechthin abstrahiert, also in diesem Beispiel von der Förderung fremder Glückseligkeit, sondern er fordert lediglich, dass dieser Zweck nicht die „eigentliche" Motivation der Handlung darstellt. In der *Kritik der praktischen Vernunft* schreibt Kant demgemäß:

> Also kann zwar die Materie der Maxime [d. h. der Zweck, F.K.] bleiben, sie muß aber nicht die Bedingung derselben sein, denn sonst würde diese nicht zum Gesetze taugen.[128]

Der Auffassung Köhls und Weipers, wonach bei formellen Maximen nicht von allen subjektiven Zwecken schlechthin zu abstrahieren ist, sondern lediglich von deren motivationalen Komponente, ist danach zu folgen. Eine materielle Maxime befolgt eine Person demnach um ihrer Materie, d. h. ihres Zwecks, willen; eine formelle Maxime hingegen um ihrer Moralität willen.

2.1.1.3 Exkurs: Handeln aus Pflicht und pflichtgemäßes Handeln

Eine Handlung nach einer formellen Maxime ist eine „Handlung aus Pflicht"[129] und hat deshalb einen „moralischen Werth".[130] Handlungen hingegen, die eine Person auf Grund einer materiellen Maxime, d. h. um ihres Zweckes willen, begeht, sind entweder „pflichtwidrig" oder bloß „pflichtmäßig". Eine bloß pflichtmäßige (und erst recht eine pflichtwidrige) Handlung hat nach Kant keinen moralischen Wert. Die Pflichtmäßigkeit einer Handlung betrifft nur die „Gesetzmäßigkeit" einer Handlung, nicht aber deren „Sittlichkeit".[131] Eine bloß pflichtmäßige Handlung verdient daher lediglich „Lob und Aufmunterung, aber nicht Hochschätzung".[132]

In der Literatur ist umstritten, ob Kant die *schwache* Pflichtthese vertritt, nach der eine Handlung dann moralisch gut ist, wenn sie *auch* aus Pflicht geschehen ist; oder aber die *starke* Pflichtthese, wonach eine Handlung dann moralisch gut ist, wenn sie *nur* aus Pflicht und *nicht* aus Neigung geschehen ist.

In oft zitierten Distichen behauptet Schiller, dass Kant die starke Pflichtthese vertrete. Schiller überspitzt die starke Pflichtthese, indem er folgert, man dürfe nicht nur nicht aus Neigung handeln, sondern *gegen widerstrebende* Neigungen erst gewinne eine Handlung moralischen Wert:

---

[128] KpV V, 34.
[129] GMS IV, 400.
[130] GMS IV, 398 f.
[131] MdS VI, 225.
[132] GMS IV, 398.

> *Gewissensskrupel*
> Gerne dien ich den Freunden, doch tu ich es leider mit Neigung,
> Und so wurmt es mir oft, daß ich nicht tugendhaft bin.
> *Decisum*
> Da ist kein anderer Rat, du mußt suchen, sie zu verachten,
> Und mit Abscheu alsdann tun, wie die Pflicht dir gebeut.[133]

Die ausführliche Erörterung des Streits, ob Kant die starke oder schwache Pflichtthese vertritt, ist in dieser Arbeit nicht erforderlich.[134] Festzuhalten ist jedoch zumindest, dass Kant an keiner Stelle auch nur ein einziges Beispiel erwähnt, an dem eine Person aus beiden Motiven, „aus Pflicht" und „aus Neigung", handelt. Dies erschwert einen angemessenen Streitentscheid.[135] Eine Reihe von Textstellen lässt aber dennoch den Schluss zu, dass Kant Handlungen zugleich *aus* Pflicht und *aus* Neigung für möglich hält und sich für die starke Pflichtthese entscheidet, d.h. diesen Handlungen keinen moralischen Wert zuerkennt.[136] Zur Unterstützung dieser Ansicht ist besonders folgende Textstelle aus der *Religionsschrift* hervorzuheben:

> [D]ie Unlauterkeit [...] des menschlichen Herzens besteht darin: daß die Maxime dem Objecte nach (der beabsichtigten Befolgung des Gesetzes) zwar gut und vielleicht auch zur Ausübung kräftig genug, aber nicht rein moralisch ist, d.i. nicht, wie es sein sollte, das Gesetz *allein* zur *hinreichenden* Triebfeder, in sich aufgenommen hat: sondern mehrteils (vielleicht jederzeit) noch anderer Triebfeder außer derselben bedarf, um dadurch die Willkür zu dem, was Pflicht fordert, zu bestimmen. Mit anderen Worten, daß pflichtmäßige Handlungen nicht rein aus Pflicht getan werden.[137]

Diese Textstelle belegt zum einen, dass Kant den „Hang zur Vermischung unmoralischer Triebfedern mit den moralischen"[138] kennt und ein Handeln zugleich aus Pflicht und aus Neigung für möglich erachtet. Zum anderen bestätigt diese Stelle, dass nach Kant „das Gesetz *allein* zur *hinreichenden* Triebfeder" in sich aufgenommen werden „sollte". Ein wenig später spricht Kant in der *Religions-*

---

133 Schiller, „Gewissensskrupel", S. 341.
134 Siehe dazu Allison, *Kant's Theory of Freedom*, S. 180 ff.; Baron, „Handeln aus Pflicht", S. 80 ff.; Fischer, *Moralität und Sinn*, S. 197 ff.; Köhl, *Kants Gesinnungsethik*, S. 84 ff.; Paton, *Der Kategorische Imperativ*, S. 41 ff.; Patzig, „Der Kategorische Imperativ in der Ethik-Diskussion der Gegenwart", S. 248 f.; Prauss, *Kant über Freiheit als Autonomie*, S. 240 ff.; Reiner, *Grundlagen der Sittlichkeit*, S. 26 ff.; Wood, *Kantian Ethics*, S. 27 ff.
135 Vgl. Köhl, *Kants Gesinnungsethik*, S. 86.
136 Siehe dazu Köhl, *Kants Gesinnungsethik* S. 84 ff.; Reiner, *Grundlagen der Sittlichkeit*, S. 26 ff.
137 Rel VI, 29 f. – Hervorhebung im Original gesperrt.
138 Rel VI, 29.

schrift dementsprechend davon, dass ein sittlich guter Mensch „das Gesetz [...] zur *alleinigen* [...] Triebfeder" habe.[139] Als letztes Argument zugunsten der starken Pflichtthese sei schließlich eine Textstelle aus der *Grundlegung* angeführt, in der Kant folgende Frage stellt:

> [W]enn die Natur einen [...] Mann [...] nicht eigentlich zum Menschenfreund gebildet hätte, würde er denn nicht noch in sich einen Quell finden, sich selbst einen weit höheren Werth zu geben, als der eines gutartigen Temperatments sein mag?

Nach Kant ist die Antwort eindeutig:

> Allerdings! gerade da hebt der Werth des Charakters an, der moralisch und ohne alle Vergleichung der höchste ist, nämlich daß er wohlthue, *nicht* aus Neigung, sondern aus Pflicht.[140]

Jedenfalls aus diesen Textstellen lässt sich demnach folgern, dass Kant die starke Pflichtthese vertritt, wonach eine Handlung nur dann moralisch gut ist, wenn sie *nur* aus Pflicht und *nicht* aus Neigung geschieht.[141] Patons Aussage, dass es sich bei Schillers Distichen um „dürftige Dichtung und noch dürftigere Kritik"[142] handele, erscheint demgemäß zumindest überzogen in Bezug auf die in der Kritik enthaltene Analyse.

Die Frage aber, was Kant genau unter einer Handlung aus Pflicht versteht, d. h. auf welche Art das moralische Gesetz zur Triebfeder wird, ist später, im dritten Teil,[143] noch näher zu erörtern. Bemerkt sei aber schon an dieser Stelle, dass sich nach Kant – entgegen der Parodie Schillers – keineswegs nur negative Gefühle einstellen, wenn eine Person lediglich aufgrund des Sittengesetzes handelt.[144] In einer Replik auf Schiller schreibt Kant in der *Religionsschrift* vielmehr, dass „das fröhliche Herz in Befolgung seiner Pflicht [...] ein Zeichen der Echtheit tugendhafter Gesinnung" sei; „selbst in der Frömmigkeit, die nicht in der Selbstpeinigung des reuigen Sünders" bestehe, „sondern im festen Vorsatz, es künftig besser zu

---

139 Rel VI, 30 – Hervorhebung vom Verfasser.
140 GMS IV, 398 f. – Hervorhebung vom Verfasser.
141 Zur ebenfalls vertretbar erscheinenden Gegenansicht siehe bes. Fischer, *Moralität und Sinn*, S. 197 f., Paton, *Der Kategorische Imperativ*, S. 41 ff., und Patzig, „Der Kategorische Imperativ in der Ethik-Diskussion der Gegenwart", S. 248 f., die Kants Ansicht differenzierend dahingehend bestimmen, dass eine Handlung schon dann moralischen Wert hat, wenn das Pflichtmotiv auch ohne Neigung hinreichend ist, die Handlung zu motivieren. Ob aber noch andere Triebfedern hinzukommen, sei dann ohne Belang.
142 Paton, *Der Kategorische Imperativ*, S. 41.
143 Siehe unten Dritter Teil 1.1.2.1.
144 Siehe dazu Beck, *Kommentar*, S. 216 f.

machen", müsse „eine fröhliche Gemüthsstimmung" bewirkt werden, „ohne welche man nie gewiß" sei, „das Gute auch lieb gewonnen, d.i. es in seine Maxime aufgenommen zu haben".[145]

2.1.1.4 Zwischenergebnis

Mit diesem Exkurs zu den Kantischen Begriffen eines Handelns aus Pflicht und bloß pflichtgemäßen Handelns ist die Erörterung des ersten Definitionsmerkmals der Allgemeinen-Gesetzes-Formel, dem Handeln nach einer Maxime, abgeschlossen. Im Folgenden soll es daher um das zweite Merkmal dieser Formel gehen, dem des allgemeinen Gesetzes.

2.1.2 Allgemeines Gesetz

Kant zufolge soll man nach einer Maxime handeln, durch die man wollen könne, „daß sie ein *allgemeines Gesetz* werde".[146]

Im Rahmen des Begriffs des allgemeinen Gesetzes wird Allgemeinheit – anders als in Maximen[147] – über Variablen für Personen quantifiziert. Zur Veranschaulichung kann Kants Beispiel des lügenhaften Versprechens dienen. Die Maxime, nach der in diesem Fall eine Person handelt, lautet:

> [W]enn ich mich in Geldnoth zu sein glaube, so will ich Geld borgen und versprechen es zu bezahlen, ob ich gleich weiß, es werde niemals geschehen.[148]

Allgemein wird diese Maxime nach Kant dann, wenn „*jeder*, nachdem er in Noth zu sein glaubt, versprechen könne, was ihm einfällt, mit dem Vorsatz, es nicht zu halten".[149] Das Merkmal „allgemein" führt also dazu, dass einer Maxime ihre Subjektivität entzogen wird, indem sie für alle Personen als allgemein gültig betrachtet wird. Unter Personen, die nach Kant in die Verallgemeinerung einbezogen werden, sind jedenfalls[150] „alle vernünftige Wesen" zu verstehen.[151]

---

145 Rel VI, 23 f. Anm.
146 GMS IV, 421 – Hervorhebung vom Verfasser.
147 Siehe oben Erster Teil 2.1.1.1.2.
148 GMS IV, 422.
149 GMS IV, 422 – Hervorhebung vom Verfasser.
150 Die Frage, ob auch nicht-zurechnungsfähige Personen, etwa geistig Behinderte oder Säuglinge, nach Kant in die Verallgemeinerung einbezogen werden, wird im dritten Teil erörtert (Dritter Teil 2.2.2.3.4.).

Der Begriff des Gesetzes kam schon oben bei der Erörterung des Begriffs des Imperativs zur Sprache.[152] Das wesentliche Merkmal eines Gesetzes ist seine Universalität. Es muss für alle Fälle gelten und „führt den Begriff einer *unbedingten* und zwar objectiven und mithin allgemein gültigen Nothwendigkeit bei sich".[153] Kein vernünftiges Wesen ist dazu berechtigt, zu Gunsten seiner selbst oder auch zu Gunsten seiner Freunde Ausnahmen von diesem Gesetz zu machen. Dem Gesetz muss vielmehr „auch wider Neigung Folge geleistet werden".[154]

2.1.3 Wollen können

Das dritte und letzte wesentliche Definitionsmerkmal der Allgemeinen-Gesetzes-Formel ist der Ausdruck „wollen können". Dieser Ausdruck bedeutet so viel wie „wollen können ohne Widerspruch".[155] Eine Person muss ohne Widerspruch wollen können, dass die Maxime, durch die sie handelt, ein allgemeines Gesetz werde. Kant schreibt etwa in der *Grundlegung:*

> Wenn wir nun auf uns selbst bei jeder Übertretung einer Pflicht Acht haben, [...] alles aus einem und demselben Gesichtspunkte, nämlich der Vernunft, erwögen, so würden wir einen *Widerspruch in unserem eigenen Willen* antreffen, nämlich, daß ein gewisses Princip objectiv als allgemeines Gesetz nothwendig sei und doch subjectiv nicht allgemein gelten, sondern Ausnahmen verstatten sollte.[156]

Umstritten und nicht abschließend geklärt ist, was Kant genau unter einem Widerspruch versteht. Zum Zwecke dieser Arbeit ist es jedoch nicht notwendig, ausführlich diesen Streit zu erörtern. Es erscheint ausreichend, lediglich die in der Literatur vertretenen Standardinterpretationen darzulegen. Hauptsächlich werden drei verschiedene Möglichkeiten eines Widerspruchs diskutiert: der logische (2.1.3.1.), der pragmatische (2.1.3.2.) und der teleologische (2.1.3.3.) Widerspruch.[157]

---

151 GMS IV, 425: „Denn Pflicht soll practisch-unbedingte Nothwendigkeit der Handlung sein, sie muß also für alle vernünftige Wesen und *allein darum* auch für allen menschlichen Willen ein Gesetz sein"; vgl. auch MdS VI, 223: „*Person* ist dasjenige Subjekt, dessen Handlungen einer *Zurechnung* fähig sind" (Hervorhebungen im Original gesperrt).
152 Siehe oben Erster Teil 1.2.
153 GMS IV, 416.
154 GMS IV, 416 – Hervorhebung im Original gesperrt.
155 Paton, *Der Kategorische Imperativ*, S. 164.
156 GMS IV, 424 – Hervorhebung vom Verfasser.
157 So etwa auch die Grobeinteilung von Korsgaard, „Kant's Formula of Universal Law", S. 78.

2.1.3.1 Logischer Widerspruch

Um den Widerspruch jedenfalls zum Teil als einen logischen Widerspruch zu deuten, lässt sich eine Textstelle aus der *Grundlegung* zum Ausgangspunkt nehmen, in der Kant zwischen einem Nichtdenkenkönnen und einem Nichtwollenkönnen unterscheidet:

> Einige Handlungen sind so beschaffen, daß ihre Maxime nicht einmal als allgemeines Naturgesetz *gedacht* werden kann; weit gefehlt, daß man noch *wollen* könne, es *sollte* ein solches werden.[158]

Es liegt die Interpretation nahe, dass etwas, das nicht gedacht werden kann, etwas logisch Unmögliches ist.[159] Überprüfen lässt sich diese Interpretation am Beispiel des lügenhaften Versprechens, das einen Fall des Nichtdenkenkönnens darstellt.[160] Nach Kant würde

> die Allgemeinheit des Gesetzes, daß jeder, nachdem er in der Noth zu sein glaubt, versprechen könne, was ihm einfällt, mit dem Vorsatz es nicht zu halten, [...] Versprechen und den Zweck, den man damit haben mag, selbst unmöglich machen, indem niemand glauben würde, daß ihm was versprochen sei, sondern über alle solche Äußerung als eitles Vorgeben lachen würde.[161]

Wenn also *jede* Person falsche Versprechen abgeben würde, dann würde, so Kant, einem Versprechen nicht mehr getraut werden und dieses daher auch nicht zum gewünschten Erfolg führen. Man könnte meinen, dass in diesem Fall das Abgeben eines Versprechens lediglich außer Gebrauch käme, da es sich als unzweckmäßig erwiese. Auf den ersten Blick liegt demnach keine logische Unmöglichkeit vor. Zu bedenken ist indes Folgendes: Die gegenwärtige Bedeutung des Wortes „Versprechen" setzt voraus, dass die Sprachgenossen von einem grundsätzlichen Halten eines Versprechens ausgehen. Der Zusammenbruch der sozialen Institution des Versprechens würde daher notwendigerweise die Bedeutung des Wortes „Versprechen" verändern.[162] Setzt man also einen allgemeinen Vertrauensverlust

---

158 GMS IV, 424 – Hervorhebung im Original gesperrt.
159 Hoerster, „Kants kategorischer Imperativ als Test unserer sittlichen Pflichten", S. 458; vgl. auch Wimmer, *Universalisierung*, S. 339; Hoerster, *Kant-Studien*, Bd. 73 (1982), S. 308.
160 Dies geht aus GMS IV 422 und 424 hervor, in der Kant das Beispiel des lügenhaften Versprechens zunächst der Gruppe von „strengeren oder engeren Pflichten" zuordnet und diese Pflichten später als Fälle des Nichtdenkenkönnens einordnet. Siehe dazu Hoerster, „Kants kategorischer Imperativ als Test unserer sittlichen Pflichten", S. 459.
161 GMS IV, 422.
162 Zum Begriff der sozialen Institution siehe Hoerster, „Kants kategorischer Imperativ als Test unserer sittlichen Pflichten", S. 464 m.w.N.

voraus und spricht A in diesem Fall die Wörter „ich verspreche" aus, so gibt A kein Versprechen mehr in der gegenwärtigen Bedeutung des Wortes ab. Wenn die Maxime eines lügenhaften Versprechens ein allgemeines Gesetz wäre, so wäre es dem A folglich logisch unmöglich, ein Versprechen in seiner gegenwärtigen Bedeutung abzugeben.[163]

Diese logische Unmöglichkeit ergibt sich auch, wenn man den kategorischen Imperativ auf weitere soziale Institutionen anwendet. Sie besteht etwa auch bei der Maxime, bei jeder Gelegenheit einen Diebstahl begehen zu wollen.[164] Stiehlt nämlich jeder bei jeder Gelegenheit, so bricht die soziale Institution des Eigentums zusammen. Etwas zu stehlen bedeutet aber nach gegenwärtiger Bedeutung nicht nur, eine Sache wegzunehmen, sondern eine *fremde* Sache wegzunehmen, mit dem Vorsatz, den Anderen aus seiner Eigentumsposition zu verdrängen, um sich oder einem Dritten eine eigentumsähnliche Herrschaft zu ermöglichen. Es könnte demgemäß zwar logisch möglich sein, eine Gesellschaft ohne Eigentumsordnung zu errichten; auch dann wäre es jedoch logisch unmöglich, in einer solchen Gesellschaft einen Diebstahl in seiner gegenwärtigen Bedeutung zu begehen.[165]

Aus diesen Erörterungen zur logischen Unmöglichkeit von Maximen folgt zugleich, dass es sich bei Kants Ethik, entgegen der Auffassung Hegels, nicht um „leeren Formalismus"[166] handelt. Kants Ethik ist vielmehr nur in dem Sinne formal und leer, dass sie nicht stets *bestimmte* soziale Institutionen voraussetzt. Sie ist aber nicht formal und leer in dem Sinne, dass sie auf soziale Institutionen überhaupt keinen Bezug nimmt.[167] Der kategorische Imperativ kann vielmehr überhaupt erst angewendet werden, wenn die einzelne Person ihre Maxime unter

---

163 Hoerster, „Kants kategorischer Imperativ als Test unserer sittlichen Pflichten", S. 464; vgl. Schönecker/Wood, *Grundlegung*, S. 136 f.; kritisch zu diesem Argument Brinkmann, *Praktische Notwendigkeit*, S. 195. Zu den zahlreichen Möglichkeiten der Interpretation zum Verbot des lügenhaften Versprechens siehe Klemme, „Perspektiven der Interpretation: Kant und das Verbot der Lüge", S. 89 ff.
164 Dieses Beispiel findet sich auch bei Hoerster, „Kants kategorischer Imperativ als Test unserer sittlichen Pflichten", S. 465. O'Neill, *Constructions of Reason*, S. 96, diskutiert in diesem Zusammenhang die Maxime eines Sklaven und eines Sklavenhalters; siehe dazu auch Galvin, *Kant-Studien*, Bd. 90 (1999), S. 192 ff.
165 Hoerster, „Kants kategorischer Imperativ als Test unserer sittlichen Pflichten", S. 465; Singer, *Verallgemeinerung*, S. 290 ff.; Patzig, „Der Kategorische Imperativ in der Ethik-Diskussion der Gegenwart", S. 241 f.
166 Hegel, „Philosophie des Rechts", § 135, S. 253.
167 Zu den Vorwürfen Hegels siehe auch Hoerster, „Kants kategorischer Imperativ als Test unserer sittlichen Pflichten", S. 467 f.; Patzig, „Der Kategorische Imperativ in der Ethik-Diskussion", S. 240 ff.; Singer, *Verallgemeinerung*, S. 290 ff.

Berücksichtigung der in ihrer Gesellschaft verwirklichten sozialen Institutionen betrachtet.

2.1.3.2 Praktischer Widerspruch

Sieht man den praktischen Widerspruch als einen Fall des Nichtwollenkönnens an, so impliziert der logische Widerspruch den praktischen.[168] Deshalb lässt sich auch der praktische Widerspruch am Beispiel des lügenhaften Versprechens veranschaulichen.[169] Bei Erörterung des logischen Widerspruchs wurde bereits erwähnt, dass einem Versprechen nicht mehr getraut werden würde, wenn *jede* Person falsche Versprechen abgäbe. Ihren Zweck, Geld zu bekommen, könnte eine Person unter diesen Umständen daher nicht mehr erreichen. Insofern kann eine Person *nicht wollen*, dass jeder nach dieser Maxime handelte.

Für die Richtigkeit dieses Verständnisses von Nichtwollenkönnen spricht der Umstand, dass Kant vom Nichtwollenkönnen einer *Maxime* spricht. Denn – anders als eine bloße Regel[170] – enthält der Begriff der Maxime einen Zweckbezug und es erscheint daher zulässig und sinnvoll, auf die mögliche Erreichbarkeit des Zwecks abzustellen, um die aus dem kategorischen Imperativ folgenden Pflichten zu bestimmen.[171]

Als Beispiel für einen praktischen Widerspruch lässt sich Kants viertes Beispiel aus der *Grundlegung* zur Anwendung des kategorischen Imperativs anführen:

> Noch denkt ein vierter, dem es wohl geht, indessen er sieht, daß andere mit großen Mühseligkeiten zu kämpfen haben (denen er auch wohl helfen könnte): was geht's mich an? mag doch ein jeder so glücklich sein, als der Himmel will, oder er sich selbst machen kann, ich werde ihm nichts entziehen, ja nicht einmal beneiden; nur zu seinem Wohlbefinden oder seinem Beistande in der Noth habe ich nicht Lust etwas beizutragen![172]

Der Zweck der Maxime wird an dieser Stelle nicht ganz deutlich. Bei der Erörterung der *Formel II* des kategorischen Imperativs, der Zweck-an-sich-Formel, sagt Kant

---

168 Vgl. GMS IV, 72. Zum praktischen Widerspruch siehe Hoerster, „Kants kategorischer Imperativ als Test unserer sittlichen Pflichten", S. 469; Korsgaard, „Kant's Formula of Universal Law", S. 92 ff.; Singer, *Verallgemeinerung*, S. 292 ff.; Wimmer, *Universalisierung*, S. 356 f.; Wimmer, *Kant-Studien*, Bd. 73 (1982), S. 320; kritisch dazu Herman, „Moral Deliberation and the Derivation of Duties", S. 139 ff.
169 So auch Hoerster, „Kants kategorischer Imperativ als Test unserer sittlichen Pflichten", S. 468.
170 Siehe dazu oben Erster Teil 2.1.1.1.4.
171 Hoerster, „Kants kategorischer Imperativ als Test unserer sittlichen Pflichten", S. 469.
172 GMS IV, 423.

jedoch in Bezug auf dieses vierte Beispiel, dass „der Naturzweck, den alle Menschen haben, ihre eigene Glückseligkeit" sei.¹⁷³ Die vollständige Maxime, nach der eine Person im vierten Beispiel handelt, lautet daher: Da ich nur meine eigene Glückseligkeit fördern will, helfe ich anderen in der Not auch dann nicht, wenn ich dazu in der Lage bin.¹⁷⁴

Nach Kant kann eine solche Maxime zwar ohne Widerspruch gedacht werden; es sei jedoch „unmöglich zu *wollen*, daß ein solches Princip als Naturgesetz allenthalben gelte":¹⁷⁵

> Denn ein Wille, der dieses beschlösse, würde sich selbst widerstreiten, indem der Fälle sich doch manche eräugnen können, wo er anderer Liebe und Theilnehmung bedarf, und wo er durch ein solches aus seinem eigenen Willen entsprungenes Naturgesetz sich selbst alle Hoffnung des Beistandes, den er sich wünscht, rauben würde.¹⁷⁶

Eine Person kann nach Kant demnach unmöglich wollen, dass *jede Person* nach dieser Maxime handelte, da der Mensch als ein „bedürftiges Natur- und Vernunftwesen"¹⁷⁷ zur Förderung des eigenen Wohlbefindens stets im gewissen Maße auf die Hilfe anderer angewiesen ist und diese ihm jedenfalls in der Not versagt bliebe.¹⁷⁸ Auch nach diesem Beispiel wäre also die Erreichbarkeit des Zwecks der Maxime gefährdet. Die Maxime kann deshalb (praktisch) nicht gewollt werden.

2.1.3.3 Teleologischer Widerspruch

Interpreten, die den Widerspruch im Denken oder Wollen hingegen teleologisch deuten, nehmen einen Widerspruch dann an, wenn eine Maxime den Natur-

---

173 GMS IV, 430.
174 Vgl. Hoerster, „Kants kategorischer Imperativ als Test unserer sittlichen Pflichten", S. 471; Singer, *Verallgemeinerung*, S. 308 f.; Wimmer, *Universalisierung*, S. 353 und Wimmer, *Kant-Studien*, Bd. 73 (1982), S. 317.
175 GSM VI, 423.
176 GMS IV, 423.
177 Wimmer, *Universalisierung*, S. 354; siehe auch Ebbinghaus, „Deutung und Mißdeutung", S. 288 ff., und Höffe, *ZpF*, Bd. 31 (1977), S. 381 f., die ebenfalls betonen, dass *jeder* Mensch potentiell hilfsbedürftig ist und die Interpretation eines praktischen Widerspruchs daher zu keinen relativistischen Konsequenzen führe (so aber Brandt, *Ethical Theory*, S. 31 ff.; Hoerster, „Kants kategorischer Imperativ als Test unserer sittlichen Pflichten", S. 472).
178 Siehe dazu den daran anknüpfenden Egoismus-Vorwurf von Ross, *Kant's Ethical Theory*, S. 47 und Schopenhauer, „Über die Grundlagen der Moral", § 7, S. 683 ff., und dessen Entkräftung durch Beck, *Kommentar*, 156; Ebbinghaus, „Deutung und Mißdeutung", S. 289 ff., und Wimmer, *Universalisierung*, S. 355.

zwecken widerspricht oder nicht in ein natürliches, vorgegebenes System von Zwecken integrierbar ist.[179] Auch wenn diese Interpretation an Bedeutung verloren hat und viel kritisiert worden ist,[180] so ermöglicht sie zumindest, Kants problematische Beispiele in der *Grundlegung*, das Verbot der Selbsttötung und das Gebot, seine Talente zu kultivieren, sinnvoll zu deuten.[181] Die Maxime des Suizidenten lautet nach Kant:

> [I]ch mache es mir aus Selbstliebe zum Princip, wenn das Leben bei seiner längern Frist mehr Übel droht, als es Annehmlichkeit verspricht, es mir abzukürzen.[182]

Kant behauptet, dass sich diese Maxime nicht verallgemeinern lässt:

> Da sieht man aber bald, daß eine Natur, deren Gesetz es wäre, durch dieselbe Empfindung, deren Bestimmung es ist, zur Beförderung des Lebens anzutreiben, das Leben selbst zu zerstören, ihr selbst widersprechen und also nicht als Natur bestehen würde, mithin jene Maxime unmöglich als allgemeines Naturgesetz stattfinden könne und folglich dem obersten Princip aller Pflicht gänzlich widerstreite.[183]

Kants Argument lautet also, dass es die natürliche Bestimmung der Selbstliebe sei, uns „zur Beförderung des Lebens anzutreiben" und die verallgemeinerte Empfindung der Selbstliebe sich daher selbst widerspreche, wenn man sie zur Selbsttötung nutze. Der Ausdruck „Bestimmung" legt eine teleologische Interpretation des Widerspruchs in diesem Beispiel nahe.[184]

Auch Kants drittes Beispiel in der *Grundlegung*, das Gebot, seine Talente zu kultivieren, lässt sich teleologisch deuten.[185] Kant schreibt:

> Ein dritter findet in sich ein Talent, welches vermittelst einiger Kultur ihn zu einem in allerlei Absicht brauchbaren Menschen machen könnte. Er sieht sich aber in bequemen Umständen

---

179 Als Hauptvertreter der teleologischen Interpretation gelten Beck, *Kommentar*, S. 155 ff.; Ebbinghaus, „Formeln des kategorischen Imperativs", S. 211 ff., und Paton, *Der Kategorische Imperativ*, S. 178 ff.
180 Siehe etwa Brinkmann, *Praktische Notwendigkeit*, S. 197 f.; Horn/Mieth/Scorano, *Grundlegung*, S. 238 f.; Korsgaard, „Kant's Formula of Universal Law", S. 87 ff.; Potter, *Kant-Studien*, Bd. 64 (1973), S. 418 ff.; Tugendhat, *Vorlesungen über Ethik*, S. 153 Fn. 11; Wimmer, *Universalisierung*, 355 f.
181 So auch Brinkmann, *Praktische Notwendigkeit*, S. 198.
182 GMS IV, 421.
183 GMS IV, 421 f.
184 Höffe, *ZpF*, Bd. 31 (1977), S. 374; Wimmer, *Universalisierung*, S. 341.
185 Hoerster, „Kants kategorischer Imperativ als Test unserer sittlichen Pflichten", S. 473; Wimmer, *Universalisierung*, S. 351; Wolff, *The Autonomy of Reason*, S. 169. Ablehnend Höffe, *ZpF*, Bd. 31 (1977), S. 380 f.

und zieht vor, lieber dem Vergnügen nachzuhängen, als sich mit Erweiterung und Verbesserung seiner glücklichen Naturanlagen zu bemühen.[186]

Die Maxime lautet in diesem Beispiel also: Da ich lieber mein Leben genießen möchte, lasse ich, wenn möglich, mein „Talent rosten".[187] Ein Mensch könne aber nach Kant unmöglich wollen, dass diese „Maxime der Verwahrlosung seiner Naturgaben"[188] ein allgemeines Gesetz werde.

> Denn als ein vernünftiges Wesen will er nothwendig, daß alle Vermögen in ihm entwickelt werden, weil sie ihm doch zu allerlei möglichen Absichten dienlich und gegeben sind.[189]

Besonders der Zusatz „und gegeben" lässt annehmen, dass Kant von einem der menschlichen Natur innewohnenden Zweck ausgeht, seine Talente zu entwickeln.

Legt nach alldem also eine Reihe von Textstellen eine teleologische Interpretation nahe, so gibt es jedoch auch gewichtige Einwände gegen diese Interpretation. Zum einen ist nicht zu sehen, wozu man nach der teleologischen Interpretation überhaupt das Verallgemeinerungsverfahren benötigt.[190] Die Selbsttötung aus Selbstliebe etwa widerspricht als Maxime schon vor ihrer Universalisierung der „Bestimmung" der Selbstliebe, die „Beförderung des Lebens anzutreiben". Die anspruchsvollere Version einer teleologischen Interpretation, die den Widerspruch einer Maxime in Bezug auf die „systematische Harmonie"[191] menschlicher Zwecke gründet, mag zwar diesem Einwand entgehen, aber auch diese Version muss zum anderen von normativen Annahmen ausgehen, die ihrerseits einer bei Kant nicht zu findenden Rechtfertigung bedürfen.[192] Kant schreibt in der *Friedensschrift* vielmehr:

> Wenn ich von der Natur sage: *sie will*, daß dieses oder jenes geschehe, so heißt das nicht soviel als: sie legt uns eine Pflicht auf, es zu thun (denn das kann nur die zwangsfreie praktische Vernunft), sondern *sie thut* es selbst, wir mögen es wollen oder nicht.[193]

---

[186] GMS IV, 422f.
[187] GMS IV, 423.
[188] GMS IV, 423.
[189] GMS IV, 423.
[190] Brinkmann, *Praktische Notwendigkeit*, S. 198; Korsgaard, „Kant's Formula of Universal Law", S. 87; Horn/Mieth/Scorano, *Grundlegung*, S. 239; Wimmer, *Universalisierung*, S. 338.
[191] Paton, *Der Kategorische Imperativ*, S. 179.
[192] Horn/Mieth/Scorano, *Grundlegung*, S. 239; vgl. Brinkmann, *Praktische Notwendigkeit*, S. 198; Wimmer, *Universalisierung*, S. 356.
[193] ZeF VIII, 365 – Hervorhebung im Original gesperrt.

Auch wenn Kant daher zum Teil selbst auf (natur-)teleologische Annahmen zurückzugreifen scheint, so sollte es aus den genannten Gründen zumindest das Ziel sein, bei Anwendung des kategorischen Imperativs ohne derartige Annahmen auszukommen.[194]

2.1.3.4 Zwischenergebnis

Die drei Standardinterpretationen in Bezug auf das Merkmal „wollen können" wurden nach alldem hinreichend erörtert. Somit ist die begriffliche Analyse der *Formel I*, der Allgemeinen-Gesetzes-Formel, beendet. Im Folgenden soll es daher um die praktische Anwendung des kategorischen Imperativs gehen, die sich am besten anhand der besprochenen Allgemeinen-Gesetzes-Formel verdeutlichen lässt.

2.1.4 Anwendung des kategorischen Imperativs

Die Anwendung des kategorischen Imperativs ist zum Teil schon aus den vorangegangenen Ausführungen zum Merkmal „wollen können" deutlich geworden. Zum besseren Verständnis ist jedoch auf drei Fragen bei der Anwendung des kategorischen Imperativs näher einzugehen. Das Verhältnis von gebotenen, verbotenen und freigestellten Maximen ist zu untersuchen (2.1.4.2.) und Kants System der vollkommenen und unvollkommenen Pflichten ist darzulegen (2.1.4.3.). Um aber überhaupt verstehen zu können, wie der kategorische Imperativ vom Menschen praktisch anzuwenden ist und zu Geboten, Verboten oder Erlaubnissen führt, ist es notwendig, zunächst auf Kants Lehre von der Typik einzugehen (2.1.4.1.).

2.1.4.1 Lehre von der Typik

In der *Kritik der praktischen Vernunft* beschreibt Kant folgende Regel als „Typus des Sittengesetzes":

> Die Regel der Urtheilskraft unter Gesetzen der reinen praktischen Vernunft ist diese: Frage dich selbst, ob die Handlung, die du vorhast, wenn Sie nach einem Gesetze der Natur, von der du selbst ein Theil wärest, geschehen sollte, sie du wohl als durch deinen Willen möglich

---

[194] Vgl. Wimmer, *Universalisierung*, S. 356.

ansehen könntest. Nach dieser Regel beurtheilt in der That jedermann Handlungen, ob sie sittlich gut oder böse sind.[195]

Kants „Typus des Sittengesetzes" aus der *Kritik der praktischen Vernunft* entspricht damit der Naturgesetz-Formel[196] der *Grundlegung*. Weshalb ist nach Kant aber eine derartige Typusbildung notwendig, um den kategorischen Imperativ anzuwenden?[197] – Der Grund dafür ist in der Intelligibilität des kategorischen Imperativs zu sehen, der keine Anschauung in der Erfahrungswelt korrespondiert. Der kategorische Imperativ kann niemals direkt, d. h. *schematisch*, auf die empirische Welt angewendet werden, sondern bedarf stets einer indirekten, d. h. *symbolischen*, Darstellung.[198] Schwartländer erläutert demgemäß Kants Typusbegriff wie folgt:

> Typus meint Muster, Modell, als ein Denkmodell, das uns seiner Funktion nach aus der sinnlich konkreten Erfahrung bekannt ist, das uns aber auch zur Verdeutlichung von sinnlich nicht wahrnehmbaren Gegebenheiten dienen kann, weil diese den gleichen Funktionszusammenhang haben.[199]

Das Naturgesetz als Typus des Sittengesetzes entspricht folglich „nur seiner Form nach" dem kategorischen Imperativ. Sowohl das Naturgesetz als auch der kategorische Imperativ haben die „Struktur" von Gesetzen, sind also diesbezüglich vergleichbar.[200] Anders ausgedrückt: Es besteht lediglich eine „Analogie" zwischen dem Naturgesetz und dem kategorischen Imperativ, „in welcher die Urtheilskraft ein doppeltes Geschäft" verrichte, nämlich „erstlich den Begriff auf den Gegenstand einer sinnlichen Anschauung und dann zweitens die bloße Regel der Reflexion über jene Anschauung auf einen ganz andern Gegenstand, von dem der erstere nur das Symbol ist, anzuwenden".[201] Unter einer Analogie versteht Kant deshalb „nicht etwa, wie man das Wort gemeiniglich nimmt, eine unvollkommene

---

195 KpV V, 69.
196 „Handle so, als ob die Maxime deiner Handlung durch deinen Willen zum allgemeinen Naturgesetze werden sollte" (GMS IV, 421).
197 Siehe dazu Bielefeldt, *Kants Symbolik*, S. 54 ff; Klein, *Kant-Studien*, Bd. 60 (1969), S. 183 ff.; Luf, „Die ‚Typik der reinen praktischen Urteilskraft'", S. 133 ff.; Paton, *Der Kategorische Imperativ*, S. 189 ff.; Schwartländer, *Der Mensch ist Person*, S. 154 ff.
198 Siehe dazu Kant, KdU V, 352: „Alle Anschauungen, die man Begriffen a priori unterlegt, sind also entweder *Schemate* oder *Symbole*, wovon die erstern directe, die zweiten indirecte Darstellungen des Begriffs enthalten" – Hervorhebung im Original gesperrt.
199 Schwartländer, *Der Mensch ist Person*, S. 155.
200 Luf, „Die ‚Typik der reinen praktischen Urteilskraft'", S. 138.
201 KdU V, 352.

Ähnlichkeit zweener Dinge, sondern eine vollkommene Ähnlichkeit zweener Verhältnisse zwischen ganz unähnlichen Dingen".[202]

Aus Kants Lehre von der Typik ergeben sich wichtige Folgerungen für die Qualität des konkreten moralischen Urteils. Die wichtigste lautet: Der kategorische Imperativ kann sich nicht irren; wohl aber der Mensch bei der Anwendung des kategorischen Imperativs. Luf umschreibt diesen Umstand auf folgende Weise:

> Der Typus ist kein Schema, gibt daher keine endgültigen Lösungen, sondern hilft, Probleme zu formulieren, die die wertende Abwägung in Bezug auf die autonome Bestimmung des Handelns ermöglichen.[203]

Durch die Lehre von der Typik ist Kant somit in der Lage seine Ethik einerseits vom *„Empirismus* der praktischen Vernunft" abzugrenzen, „der die praktischen Begriffe des Guten und Bösen bloß in Erfahrungsfolgen (der sogenannten Glückseligkeit) setzt", also nicht hinreichend vom Naturgesetz abstrahiert, so dass lediglich seine Form bestehen bleibt.[204] Andererseits kann aber die Lehre von der Typik auch die Unterschiede zum *„Mystizismus* der praktischen Vernunft" verdeutlichen, „welcher das, was nur zum *Symbol* diente, zum *Schema* macht, d.i. wirkliche und doch nicht sinnliche Anschauungen [...] der Anwendung der moralische Begriffe unterlegt und ins Überschwengliche hinausschweift".[205] Die Lehre von der Typik ermöglicht Kant also, die Ethik nicht der Beliebigkeit und Zufälligkeit der empirischen Erfahrungswelt zu überlassen und dennoch nicht moralisch engstirnig und fortschrittsfeindlich zu sein. Sie „bezeichnet damit geradezu die spannungsvolle Mitte zwischen dem in der allgemeinen Regel sich manifestierenden unbedingten Anspruch des intelligiblen Gesetzes und der im Sinnlichen begründeten *endlichen* Form seiner möglichen Verwirklichung".[206] Wenn es deshalb im Folgenden um das Herleiten gebotener, verbotener und freigestellter Maximen geht sowie um Kants Theorie vollkommener und unvollkommener Pflichten, so ist stets Kants epistemische Bescheidenheit zu berücksichtigen, die in der Lehre von der Typik zum Ausdruck kommt: Ein deduktiv begründeter Katalog für eine Vielzahl ethischer Pflichten, der zeitlos gültig ist, kann und darf vom Menschen nicht erstellt werden.[207]

---

202 Prol IV, 75.
203 Luf, „Die ‚Typik der reinen praktischen Urteilskraft'", S. 139; vgl. auch Klein, *Kant-Studien*, Bd. 60 (1969), S. 186: „Das Urteil vermittels des Typus kann irren, der kategorische Imperativ jedoch nicht".
204 KpV V, 70 – Hervorhebung im Original gesperrt.
205 KpV V, 70 f. – Hervorhebung im Original gesperrt.
206 Luf, „Die ‚Typik der reinen praktischen Urteilskraft'", S. 139.
207 Vgl. Klein, *Kant-Studien*, Bd. 60 (1969), S. 186.

2.1.4.2 Gebotene, verbotene und freigestellte Maximen

Einige Textstellen bei Kant deuten darauf hin, dass der kategorische Imperativ in erster Linie ein negativ-ausschließendes Kriterium ist. Kant schreibt etwa von der „Allgemeingültigkeit unserer Maxime als eines Gesetzes, die *einschränkende* Bedingung unserer Handlungen sein müsse".[208] Auch der in der Allgemeinen-Gesetzes-Formel sich befindliche Ausdruck „Handle *nur* nach einer Maxime"[209] deutet darauf hin, dass es überwiegend darum geht, Maximen aufgrund des kategorischen Imperativs auszuschließen, d. h. negative und nicht positive Pflichten zu begründen.[210] Aus diesen Textstellen lässt sich daher schließen, dass es nach Kant nicht positiv geboten ist, nach einer Maxime (p) zu handeln, wenn sie als allgemeines Gesetz gewollt werden *kann*. Auch folgt aus einer derartigen Maxime nicht, dass es geboten ist, dies nicht zu tun. Es lässt sich daraus nur schlussfolgern, dass es erlaubt ist, nach ihr zu handeln oder nicht nach ihr zu handeln.[211] Kant sagt demgemäß:

> Die Handlung, die mit der Autonomie des Willens zusammen bestehen kann, ist *erlaubt*; die nicht damit stimmt, ist *unerlaubt*.[212]

Das Handeln nach einer Maxime, die man wollen *kann*, ist also moralisch *freigestellt*[213] oder, wie Kant sagen würde, „weder geboten noch verboten" und damit „bloß erlaubt", d. h. „sittlich-gleichgültig".[214] Eine Person kann daher nach Kant auch „allzu tugendhaft sein"[215]. Kant schreibt etwa in der *Metaphysik der Sitten*:

> Phantastisch-tugendhaft aber kann doch der genannt werden, der keine in Ansehung der Moralität *gleichgültigen Dinge* [...] einräumt und sich alle seine Schritte und Tritte mit Pflichten als mit Fußangeln bestreut und es nicht gleichgültig findet, ob ich mich mit Fleisch oder Fisch, mit Bier oder Wein, wenn mir beides bekömmt, nähre: eine Mikrologie, welche,

---

208 GMS IV, 449 – Hervorhebung vom Verfasser.
209 GMS IV, 421 – Hervorhebung vom Verfasser.
210 So Paton, *Der Kategorische Imperativ*, S. 168.
211 ($\neg O \neg p \land \neg O p$) $\leftrightarrow$ ($Pp \land P \neg p$). So auch Ebert, *Kant-Studien*, Bd. 67 (1976), S. 574 ff.; Paton, *Der Kategorische Imperativ*, S. 168; Singer, *Verallgemeinerung*, S. 279 f.
212 GMS IV, 439 – Hervorhebung im Original gesperrt.
213 Das moralisch Freigestellte oder das sittlich Gleichgültige lässt sich als „Lp" darstellen. Lp $\leftrightarrow$ ($Pp \land P \neg p$). Zum Begriff der Freistellung siehe Alexy, *Theorie der Grundrechte*, S. 185.
214 MdS VI, 223. Kant war demnach bereits die Unterscheidung bekannt zwischen etwas Erlaubtem, das lediglich nicht verboten ist, aber womöglich geboten ist, und etwas „bloß" Erlaubtem, das weder verboten noch geboten ist. Siehe dazu Byrd/Hruschka, *Kant's Doctrine of Right*, S. 97, und Friedrich, *Eigentum und Staatsbegründung*, S. 113, die beide darauf hinweisen, dass Kant diese Unterscheidung von Achenwall übernommen hat.
215 MdS VI, 409.

wenn man sie in der Lehre der Tugend aufnähme, die Herrschaft derselben zur Tyrannei machen würde.[216]

2.1.4.2.1 Begründung positiver Pflichten

Kants drittes[217] und viertes[218] Beispiel aus der *Grundlegung* zur Anwendung des kategorischen Imperativs lassen jedoch vermuten, dass der kategorische Imperativ nicht stets ein bloß negativ-ausschließendes Kriterium ist, sondern auch positive Pflichten gebieten kann. Kant begründet die positiven Pflichten über den Begriff des Gegenteils.[219] In der *Grundlegung* schreibt Kant etwa:

> Wenn wir nun auf uns selbst bei jeder Übertretung einer Pflicht achthaben, so finden wir, daß wir wirklich nicht wollen, es solle unsere Maxime ein allgemeines Gesetz werden, denn das ist uns unmöglich, sondern das *Gegentheil* derselben soll vielmehr allgemein ein Gesetz bleiben.[220]

Verstünde man nun aber den Begriff des Gegenteils als die logische Kontradiktion einer Maxime, so käme man lediglich zu dem Ergebnis, dass es geboten ist, sich eine bestimmte Maxime nicht anzueignen. Diese bloß äußere Negation einer Maxime würde daher nicht zu dem Gebot führen, sich eine andere bestimmte Maxime anzueignen. Der Begriff des Gegenteils könnte damit keine positiven Pflichten begründen und zu keinen sonstigen inhaltlichen Veränderungen führen.

Möchte man dem Begriff des Gegenteils daher Sinn verleihen, so ist darunter folglich nicht die logische Kontradiktion einer Maxime zu verstehen, sondern es ist vielmehr der *propositionale* Gehalt der Maxime zu negieren.[221] In diesem Fall gäbe es nämlich nicht nur das Gebot, sich eine bestimmte Maxime nicht anzueignen. Geboten wäre es stattdessen, sich eine andere, entgegengesetzte Maxime anzueignen.[222]

---

216 MdS VI, 409 – Hervorhebung im Original gesperrt.
217 Das Gebot, seine Talente zu kultivieren (GMS IV, 422 f.).
218 Das Gebot, Anderen in der Not zu helfen (GMS IV, 423).
219 Siehe dazu Brinkmann, *Praktische Notwendigkeit*, S. 140 ff.; Ebert, *Kant-Studien*, Bd. 67 (1976), S. 577 f.; Nell, *Acting on Principle*, S. 75 ff.; Paton, *Der Kategorische Imperativ*, S. 169.
220 GMS IV, 424 – Hervorhebung im Original gesperrt.
221 Ausführlich dazu Brinkmann, *Praktische Notwendigkeit*, S. 140 ff.
222 Obzwar Kant den Ausdruck „Gegentheil" häufig im Sinne einer logischen Kontradiktion versteht, so kennt und verwendet er auch den Begriff „der realen Entgegensetzung" (Versuch II, 182). In der vorkritischen Schrift „Versuch, den Begriff der negativen Größen in die Weltweisheit einzuführen" setzt Kant etwa dem Begriff der „Verabscheuung" die „Begierde" entgegen, dem „Haß" die „Liebe", der „Häßlichkeit" die „Schönheit" und dem „Nehmen" das „Geben" (Versuch

Dass Kant in der *Grundlegung* den Begriff des Gegenteils nicht als eine logische Kontradiktion, d. h. als bloß äußere Negation, einer Maxime versteht, sondern auf den propositionalen Gehalt einer Maxime bezieht, lässt sich am vierten Anwendungsbeispiel aus der *Grundlegung* verdeutlichen. Ausgangspunkt dieses Beispiels ist folgende Maxime: Da ich nur meine eigene Glückseligkeit fördern will, helfe ich anderen in der Not auch dann nicht, wenn ich dazu in der Lage bin.[223] Kant schreibt dazu:

[E]in Wille, der dieses beschlösse, würde sich selbst widerstreiten.[224]

Demnach ist diese Maxime verboten und „das Gegentheil derselben soll vielmehr allgemein ein Gesetz bleiben".[225]

Verwendet man den Begriff des (positiven) Gegenteils nun in Bezug auf die konkrete Handlungsabsicht der Maxime,[226] so wird aus der Erlaubnis, anderen in der Not nicht zu helfen, das Gebot, anderen in der Not zu helfen.[227] Der kategorische Imperativ ist dann also ein Kriterium, das eine bestimmte Handlung positiv gebietet.[228] Nach Kant handelt es sich bei diesem vierten Anwendungsbeispiel jedoch um einen Fall des Nichtwollenkönnens und damit um eine unvollkommene Pflicht. Wie später noch genauer zu sehen sein wird,[229] betreffen unvollkommene Pflichten die Zwecke einer Handlung. Naheliegend ist es daher, den Begriff des Gegenteils jedenfalls nicht nur auf die konkrete Handlungsabsicht zu beziehen, sondern auch auf den allgemeinen Zweck der Maxime. Der Zweck der Maxime aus

---

II, 182). Auch noch in den nachkritischen Schriften, etwa in der „Kritik der Urteilskraft", spricht Kant von einem „positive[m] Gegentheil" als einem „Etwas" im Unterschied zu der bloßen Negation eines Sachverhalts, der „sich [...] in Nichts verwandeln müsse" (KdU V, 333).
223 Siehe oben Erster Teil 2.1.3.2.
224 GMS IV, 423.
225 GMS IV, 424.
226 So etwa Brinkmann, *Praktische Notwendigkeit*, S. 143 f.
227 Die Negation von P¬p ist ¬P¬p und ¬P¬p ist mit Op äquivalent.
228 Dieses Abstellen auf die konkrete Handlungsabsicht stimmt etwa mit einer Textstelle aus der *Metaphysik der Sitten* überein, in der Kant ebenfalls über den Begriff des Gegenteils eine notwendige *Handlung* herleitet: „Auf diesem [...] positiven Begriffe der Freiheit gründen sich unbedingte praktische Gesetze, welche moralisch heißen, die in Ansehung unser, deren Willkür afficirt und so dem reinen Willen nicht von selbst angemessen, sondern oft widerstrebend ist, Imperative (Gebote oder Verbote) und zwar kategorische (unbedingte) Imperative sind, [...] nach denen gewisse *Handlungen* erlaubt oder unerlaubt, d.i. moralisch möglich oder unmöglich, einige derselben aber, oder ihr *Gegentheil* moralisch nothwendig, d.i. verbindlich sind, woraus dann für jene der Begriff einer Pflicht entspringt" (MdS VI, 221 – Hervorhebungen vom Verfasser).
229 Siehe dazu unten Erster Teil 2.1.4.3.

dem vierten Beispiel ist die alleinige Förderung der eigenen Glückseligkeit. Was das (positive) Gegenteil der Förderung der eigenen Glückseligkeit ist, deutet sich an, wenn Kant dieses vierte Beispiel auf die *Formel II* des kategorischen Imperativs, die Zweck-an-sich-Formel, anwendet. Kant schreibt an dieser Stelle:

> Viertens, in Betreff der verdienstlichen Pflicht gegen andere ist der Naturzweck, den alle Menschen haben, ihre eigene Glückseligkeit. Nun würde zwar die Menschheit bestehen können, wenn niemand zu des andern Glückseligkeit was beiträge, dabei aber ihr nichts vorsätzliches entzöge; allein es ist dieses doch nur eine *negative* und nicht *positive* Übereinstimmung zur Menschheit als Zweck an sich selbst, wenn jedermann auch nicht die Zwecke anderer, soviel an ihm ist, zu befördern trachtete.[230]

Die Förderung *fremder* Glückseligkeit stellt demnach im *Gegensatz* zur alleinigen Förderung der *eigenen* Glückseligkeit die *positive* Übereinstimmung zur Menschheit als Zweck an sich selbst dar. Wenn aber im Rahmen der *Formel II* die Förderung der fremden und der eigenen Glückseligkeit Gegensätze darstellen, so ist zu vermuten, dass dies auch in Bezug auf die *Formel I*, die Allgemeine-Gesetzes-Formel, gilt. Schließlich sind die verschiedenen Formeln des kategorischen Imperativs „im Grunde nur so viele Formeln ebendesselben Gesetzes".[231] Verkehrt man daher sowohl die konkrete Handlungsabsicht als auch den allgemeinen Zweck in ihre Gegenteile, so lautet die gebotene Maxime des vierten Beispiels: Wenn ich dazu in der Lage bin, will ich zur Förderung fremder Glückseligkeit anderen in der Not helfen.

Obwohl, soweit ersichtlich,[232] in der Literatur bislang noch nicht ernsthaft erwogen wurde, auch den allgemeinen Zweck einer Maxime in sein Gegenteil zu verkehren, erscheint es dennoch plausibel, über den Begriff des Gegenteils die konkrete Handlungsabsicht, aber auch den allgemeinen Zweck der Maxime positiv zu begründen (*Doppelnegationsthese*).[233]

---

230 GMS IV, 430 – Hervorhebung vom Verfasser.
231 GMS IV, 436.
232 Brinkmann, *Praktische Notwendigkeit*, S. 141 ff., der den Begriff des Gegenteils bei Kant am genauesten untersucht hat, sieht zwar ebenfalls, dass Kant auch den Gegenteil eines Zwecks kennt, stellt dann aber letzthin nur auf das Gegenteil der Handlungsabsicht ab.
233 Dass Kant das positive Gegenteil eines Zweckes kannte, zeigt sich etwa auch an folgender Textstelle aus der *Metaphysik der Sitten:* „Sich selber gütlich thun, so weit als nöthig ist, um nur am Leben ein Vergnügen zu finden, [...], gehört zu den Pflichten gegen sich selbst; – deren *Gegentheil* ist: sich aus Geiz (sklavisch) des zum frohen Genuß des Lebens nothwendigen oder aus übertriebender Disciplin seiner natürlichen Neigung (schwärmerisch) sich des Genusses der Lebensfreuden zu berauben, welches beides der Pflicht gegen sich selbst widerstreitet" (MdS VI, 452 – Hervorhebung vom Verfasser). Nach dieser Textstelle kommen als *Gegenteile* der gebotenen Ausgangsmaxime, nach der man sich etwas Gutes tun solle, um am Leben Vergnügen zu

2.1.4.2.2 Anwendungsstruktur für Maximen

Nach alldem versteht Kant also unter dem Gegenteil einer Maxime eine real entgegengesetzte Maxime und nicht etwa das bloße Nichthaben eine Maxime. Im Gegensatz zu einem logisch kontradiktorischen Gegenteil einer Maxime lässt sich demgemäß mit Brinkmann[234] und Ebert[235] von einem „praktischen Gegenteil" einer Maxime sprechen. Bei der Erörterung des Unterschieds zwischen unvollkommenen Pflichten und vollkommenen Pflichten wird abschließend zu klären sein, wann genau die konkrete Handlungsabsicht und der allgemeine Zweck einer Maxime in ihre Gegenteile zu verkehren sind und diese dann definitiv geboten sind. Als Zwischenergebnis lässt sich aber schon an dieser Stelle eine auf Maximen bezogene Anwendungsstruktur für den kategorischen Imperativ erstellen:

- *Geboten* ist eine Maxime, die ohne Widerspruch gewollt werden *kann* und deren praktisches Gegenteil *nicht* ohne Widerspruch gewollt werden kann.
- *Verboten* ist eine Maxime, die *nicht* ohne Widerspruch gewollt werden kann.
- *Freigestellt* ist eine Maxime, die ohne Widerspruch gewollt werden *kann* und deren praktisches Gegenteil ebenfalls ohne Widerspruch gewollt werden *kann.*

2.1.4.3 Vollkommene und unvollkommene Pflichten

Bei der Anwendung des kategorischen Imperativs unterscheidet Kant zwischen vollkommenen und unvollkommenen Pflichten.[236] In der *Grundlegung* versteht Kant „unter einer vollkommenen Pflicht diejenige, die keine Ausnahme zum Vortheil der Neigung verstattet".[237] Im Gegenschluss, so könnte man annehmen, lässt eine unvollkommene Pflicht Ausnahmen zu Gunsten der Neigung zu.[238]

Gegen diese Interpretation spricht jedoch eine Textstelle in der *Grundlegung,* in der es Kant als „Übertretung einer Pflicht" ansieht „zum Vortheil unserer

---

finden, die Maxime eines Geizigen und eines schwärmerisch Disziplinierten in Betracht. Beide Maximen unterscheiden sich nicht in der Handlungsabsicht, der Genussversagung. Der Unterschied zwischen diesen beiden Maximen liegt vielmehr in dem Zweck der Handlung: Geiz auf der einen Seite und schwärmerische Disziplin auf der anderen.
234 Brinkmann, *Praktische Notwendigkeit,* S. 144.
235 Ebert, *Kant-Studien,* Bd. 67 (1976), S. 577.
236 Um die Anwendung des kategorischen Imperativs angemessen verstehen zu können, ist es notwendig, auf diese Unterscheidung bei Kant einzugehen; a.A. allerdings Nell, *Acting on principle,* S. 48 ff., die Kants Unterteilung in vollkommene und unvollkommene Pflichten für verzichtbar hält.
237 GMS IV, 421 Fn.
238 So etwa Gregor, „Kants System der Pflichten", S. LVII f.; Gregor, *Laws of Freedom,* S. 96 ff.; Hill, „Imperfect Duty and Supererogation", S. 148 ff.; Horn/Mieth/Scorano, *Grundlegung,* S. 240.

Neigung [...] eine *Ausnahme* zu machen".²³⁹ Kurz zuvor bezieht sich Kant hierbei auch auf die „weiteren (verdienstlichen) Pflicht[en]"²⁴⁰, so dass deutlich wird, dass Kant auch bei unvollkommenen Pflichten davon ausgeht, dass eine Ausnahme zu Gunsten der Neigung eine Pflichtübertretung darstellt.²⁴¹ Demnach erscheint die Interpretation, man könne bei unvollkommenen Pflichten Ausnahmen zu Gunsten der Neigung machen, nicht haltbar.²⁴² Widerlegen ließe sich dieses Argument lediglich dann, wenn nicht *jede* Pflichtübertretung eine moralische Verfehlung bedeutete.²⁴³

Ob dies der Fall ist oder nicht, erscheint bei Kant, zumindest auf den ersten Blick, nicht ganz eindeutig. Kant schreibt zur Übertretung einer unvollkommenen Pflicht in der *Metaphysik der Sitten* Folgendes:

> Die Erfüllung derselben ist *Verdienst* [...] = + a; ihre Übertretung aber [...] nicht sofort *Verschuldung* [...] = - a, sondern blos moralischer *Unwerth* = 0, außer wenn es dem Subject Grundsatz wäre, sich jenen Pflichten nicht zu fügen.²⁴⁴

Allein die „vorsetzliche" Übertretung einer unvollkommenen Pflicht, „die zum Grundsatz geworden ist", bezeichnet Kant unmittelbar nach dieser Textstelle als „Laster"; alles andere ist für Kant nur eine „Untugend", ein „Mangel an moralischer Stärke".²⁴⁵

Kant ist folglich der Ansicht, dass es keinen moralischen Unwert darstellt, eine unvollkommene Pflicht zu übertreten, solange man diese Pflicht grundsätzlich anerkennt.²⁴⁶ Dies scheint die Auffassung zu stützen, wonach man bei unvollkommenen Pflichten (ab und an) Ausnahmen zu Gunsten der Neigung machen dürfe.²⁴⁷

Einige Zeilen vor den soeben genannten Textstellen aus der *Tugendlehre* schreibt Kant jedoch, dass eine unvollkommene Pflicht „nur die Maxime der Handlungen, nicht die Handlungen selbst, gebieten kann".²⁴⁸ Wenn Kant von der

---

239 GMS IV, 424 – Hervorhebung im Original gesperrt.
240 GMS IV, 424.
241 Timmermann, *Groundwork*, S. 80.
242 So die Auffassung von R. Ludwig, *Kategorischer Imperativ und Metaphysik der Sitten*, S. 105; Paton, *Der Kategorische Imperativ*, S. 175; Timmermann, *Groundwork*, S. 80.
243 Kalscheuer, *ARSP*, Bd. 99 (2013), S. 502.
244 MdS VI, 390 – Hervorhebung im Original gesperrt.
245 MdS VI, 390.
246 Kalscheuer, *ARSP*, Bd. 99 (2013), S. 502.
247 Mit dieser Argumentation Hill, „Imperfect Duty and Supererogation", S. 152, und Gregor, *Laws of Freedom*, S. 152; zu dieser Argumentation siehe Kalscheuer, *ARSP*, Bd. 99 (2013), S. 502.
248 MdS VI, 390.

Maxime der Handlungen spricht, welche die unvollkommene Pflicht gebiete, so ist darunter, mangels sinnvoller Alternative, der Zweck der Handlung zu verstehen, der im Gegensatz zur konkreten Handlung, geboten ist.[249] Es ist bei den unvollkommenen Pflichten nach Kant dementsprechend „ein Zeichen, daß es der Befolgung [...] einen Spielraum [...] für die freie Willkür überlasse, d. i. nicht bestimmt angeben könne, *wie* und *wie viel* durch die Handlung zu dem Zweck, der zugleich Pflicht ist, gewirkt werden solle".[250]

Diese Textstelle zeigt damit zwar zum einen, dass bei einer unvollkommenen Pflicht nur der *Zweck* einer Handlung definitiv geboten sein kann; es belegt zum anderen aber auch, dass bei Handlungen, die diesen Zweck verwirklichen, grundsätzlich nicht das „ob" freigestellt ist, sondern nur das „wie und wie viel". „Unter einer weiten Pflicht" ist daher „nicht eine Erlaubnis zu Ausnahmen von der Maxime der Handlungen, sondern nur die der Einschränkung einer Pflichtmaxime durch die andere (z. B. die allgemeine Nächstenliebe durch die Elternliebe)"[251] zu verstehen.

2.1.4.3.1 Subsumtion und Abwägung

Bei unvollkommenen Pflichten ist damit nicht lediglich eine Subsumtion vorzunehmen. Es ist vielmehr zwischen den gegenläufigen Pflichtmaximen abzuwägen.[252] Nach Kant ist deshalb gerade bei der Anwendung der unvollkommenen Pflichten besondere „Urtheilskraft" und „Übung"[253] erforderlich. Bei vollkommenen Pflichten hingegen wird Kant zufolge stets eine *bestimmte* Handlung ge-

---

249 Kalscheuer, *ARSP*, Bd. 99 (2013), S. 502.
250 MdS VI, 390 – Hervorhebung vom Verfasser; vgl. auch MdS VI, 446.
251 MdS VI, 390.
252 In seiner Gesamtheit fügen sich damit die Aussagen Kants zu den unvollkommenen Pflichten zu ersten Ansätzen einer Theorie der Abwägung. Dieser Befund wird vor allen Dingen durch die folgende Textstelle aus der *Tugendlehre* bestärkt: „Je weiter die Pflicht, je unvollkommener also die Verbindlichkeit des Menschen zur Handlung ist, je näher er gleichwohl die Maxime der Observanz derselben (in seiner Gesinnung) der engen Pflicht (des Rechts) bringt, desto vollkommener ist seine Tugendhandlung" (MdS VI, 390). Diese „Je-desto-Formel" Kants lässt sich so interpretieren, dass sie eine aus der zeitgenössischen Abwägungstheorie (siehe dazu vor allen Dingen Alexy, *Theorie der Grundrechte*, S. 143 ff.) bekannte *Gewichtsdimension* zum Ausdruck bringt: „Je weniger gewichtig eine Pflicht ist, desto weniger zwingend ist sie geboten und desto tugendhafter ist damit die Handlung". Wie bereits gesehen (siehe oben Erster Teil 2.1.4.2.), kann eine Person aber auch „allzutugendhaft sein" (MdS VI, 409), nämlich dann, wenn sie moralisch Erlaubtes zur Pflicht erhebt, also sich Etwas, das überhaupt kein moralisches Gewicht hat, zur moralisch-gewichtigen Pflicht macht. Zu Kants Theorie der Abwägung siehe ausführlich Kalscheuer, *ARSP*, Bd. 99 (2013), S. 499 ff.
253 MdS VI, 411.

fordert. Es bedarf lediglich der Subsumtion und grundsätzlich keiner weiteren „Casuistik"[254].

Nur unter der Berücksichtigung des zuvor Gesagten lässt sich Kants Aussage deuten, wonach es gar keinen „Widerstreit der Pflichten" gebe, sondern lediglich einen Widerstreit zwischen „zwei Gründe[n] der Verbindlichkeit".[255] Denn diese Aussage wird erst dann verständlich, wenn man beachtet, dass unvollkommene Pflichten konkrete Handlungen lediglich prima-facie gebieten und zunächst nur Gründe für eine (definitive) Verbindlichkeit von Handlungen sind.[256]

Da bei vollkommenen Pflichten nach Kant aber konkrete Handlungen (definitiv) geboten werden, lehnt er bei diesen Pflichten folgerichtig die Möglichkeit einer Kollision ab. Kant behauptet in seinem Aufsatz *Über ein vermeintes Recht aus Menschenliebe zu lügen*[257] sogar, dass es selbst dann verboten sei zu lügen, wenn es darum gehe, einem Mörder den Aufenthalt seines unschuldigen Opfers zu verheimlichen.[258] In diesem Fall käme es nicht nur zu einem Widerstreit zwischen den Gründen einer definitiven Verbindlichkeit, sondern zu einem Widerstreit zwischen den definitiv gebotenen Handlungspflichten selbst. Dies aber ist nach Kant nicht „denkbar":

> Da aber Pflicht und Verbindlichkeit überhaupt Begriffe sind, welche die objective praktische *Nothwendigkeit* gewisser Handlungen ausdrücken und zwei einander entgegengesetzte Regeln nicht zugleich nothwendig sein können, sondern, wenn nach einer derselben zu handeln es Pflicht ist: so ist nach der entgegengesetzten zu handeln nicht allein keine Pflicht, sondern sogar pflichtwidrig.[259]

---

254 MdS VI, 411. Diese Aussage scheint indes Kants Feststellung zu widersprechen, wonach auch bei den vollkommenen Pflichten (gegen sich selbst) „casuistische Fragen" möglich sind (siehe MdS VI, 426). Unter Berücksichtigung des zur Lehre von der Typik Gesagten (siehe oben Erster Teil 2.1.4.1.) stellt dieser Widerspruch jedoch nur ein Scheinproblem dar: Der kategorische Imperativ kann nach Kant nicht direkt, d. h. schematisch, auf die empirische Welt angewendet werden, sondern nur indirekt, d. h. symbolisch. Auch wenn sich demnach der kategorische Imperativ selbst nicht irren kann und stets eine richtige Antwort zu geben vermag, so kann nach Kant der kategorischen Imperativ aber durch den Menschen fehlerhaft angewendet werden und aus diesem Grund selbst bei den vollkommenen Pflichten zu kasuistischen Fragen führen. Siehe dazu auch Kalscheuer, *ARSP*, Bd. 99 (2013), S. 503 Fn. 36.
255 MdS VI, 224; siehe dazu Joerden, *JRE*, Bd. 5 (1997), S. 43 ff.
256 Kalscheuer *ARSP*, Bd. 99 (2013), S. 503.
257 VRML VIII, 423 ff.
258 Siehe dazu Höffe, *Kant*, S. 199 f.; Kalscheuer, *ARSP*, Bd. 99 (2013), S. 504; Patzig, „Der Kategorische Imperativ in der Ethik-Diskussion der Gegenwart", S. 243 ff.; Singer, *Verallgemeinerung*, S. 270 ff.; Tugendhat, *Vorlesungen über Ethik*, S. 149 Fn. 8.
259 MdS VI, 224 – Hervorhebung im Original gesperrt.

Kant hat demnach monistische Vorstellungen, wonach die Möglichkeit unlösbarer Konflikte nicht besteht.[260] Das Eingehen auf die Zwecke bei Kant, die zugleich Pflichten sind, wird eine weitere Klärung der Begriffe der vollkommenen und unvollkommenen Pflichten ergeben.

2.1.4.3.2 Zwecke, die zugleich Pflichten sind

Die zwei Zwecke, die nach Kant zugleich Pflichten sind, lauten:

> Eigene Vollkommenheit – fremde Glückseligkeit.[261]

Ob und wie diese beiden Zwecke aus dem kategorischen Imperativ ableitbar sind, ist umstritten.[262] Die angestellten Überlegungen zur Anwendung des kategorischen Imperativs legen jedoch nahe, dass dies möglich ist und zwar über den Begriff des Gegenteils. Bei der Untersuchung des vierten Beispiels zur Anwendung des kategorischen Imperativs wurde über den Begriff des Gegenteils der Zweck der Förderung fremder Glückseligkeit als Pflicht hergeleitet.[263]

Fraglich ist daher nur noch, ob sich auch der Zweck der eigenen Vollkommenheit aus dem kategorischen Imperativ ableiten lässt. In Betracht kommen hierfür Kants erstes und drittes Beispiel zur Anwendung des kategorischen Imperativs. Der Zweck des ersten Beispiels, bei dem es um die Selbsttötung geht, ist das Prinzip der „Selbstliebe"[264] und im dritten Beispiel, das von der Vernachlässigung der eigenen Talente handelt, ist der Zweck der Maxime der Genuss des Lebens.[265] Zumindest dem ersten Anschein nach ist auch bei diesen Beispielen zu vermuten, dass als Gegenteil dieser Zwecke wiederum die Förderung fremder Glückseligkeit anzusehen ist. Wie beim zweiten und vierten Beispiel,[266] geht es doch letzthin auch hier um das praktische Gegenteil der Förderung eigener Glückseligkeit.

---

260 Der Streit zwischen einer monistischen und einer pluralistischen Moralkonzeption wird exemplarisch von Dworkin, „Moral Pluralism", S. 105 ff., und Berlin, „Two Concepts of Liberty", S. 167 ff., geführt; siehe dazu auch Kalscheuer, *ARSP*, Bd. 99 (2013), S. 504.
261 MdS VI, 385.
262 Eine plausible Ableitung der beiden Zwecke aus dem in der *Grundlegung* dargestellten kategorischen Imperativ verneinen etwa Kersting, *ZpF*, Bd. 37 (1983), S. 414; Kersting, *Wohlgeordnete Freiheit*, S. 48, und Schnoor, *Kants Kategorischer Imperativ*, S. 46; bejahend hingegen Gregor, *Laws of Freedom*, S. 76 und 80.
263 Siehe oben Erster Teil 2.1.4.2.1.
264 GMS IV, 421.
265 GMS IV, 423.
266 Siehe oben Erster Teil 2.1.4.2.1.

Anders als bei dem zweiten und vierten Beispiel illustriert Kant mit diesen beiden Beispielen jedoch nicht vollkommene und unvollkommene Pflichten *gegen andere*, sondern vollkommene und unvollkommene Pflichten *gegen sich selbst*.[267] Beachtet man diesen Umstand, so erscheint es sinnvoll, dieses Mal nicht die Förderung fremder Glückseligkeit als das Gegenteil der Förderung eigener Glückseligkeit anzusehen, sondern die Förderung der eigenen Vollkommenheit. Denn als „Vernunftwesen" ist es sich der Mensch nach Kant selbst „schuldig, die Naturanlage und Vermögen, von denen seine Vernunft dereinst Gebrauch machen kann, nicht unbenutzt und gleichsam rosten zu lassen".[268] Ein Vernunftwesen hat im *Gegenteil* diese Naturanlagen und Vermögen zu nutzen und zu vervollkommnen. Das eigene Wohlbefinden als Sinneswesen ist demnach dem eigenen Wohlbefinden als Vernunftwesen entgegengesetzt und dem Wohlbefinden als Vernunftwesen entspricht es, sich zu vervollkommnen, d.h. sich nicht selbst zu töten (vollkommene Pflicht) und seine Talente zu entwickeln (unvollkommene Pflicht).[269] Auch der Zweck der eigenen Vollkommenheit ist daher über den Begriff des Gegenteils aus dem kategorischen Imperativ ableitbar.

2.1.4.3.3 Verhältnis der beiden Zwecke zueinander

Kant entwickelt damit zwei (positive) Gegenteile aus dem Zweck der alleinigen Förderung des eigenen Wohlbefindens: die Förderung fremder Glückseligkeit und die Förderung der eigenen Vollkommenheit. Dass nach Kant das Lügen nicht nur eine vollkommene Pflicht gegen andere verletzt, sondern auch eine vollkommene Pflicht gegen sich selbst,[270] bestätigt diese These. Die Verknüpfung zwischen den beiden Zwecken der Förderung eigener Vollkommenheit und fremder Glückseligkeit wird verständlich, wenn man Folgendes berücksichtigt: Die Förderung der eigenen Vollkommenheit beinhaltet, sich auch in „sittlicher Absicht"[271] zu vervollkommnen. Jede Pflicht gegen andere ist damit zugleich eine Pflicht gegen sich selbst, d.h. der Zweck der Förderung fremder Glückseligkeit impliziert den Zweck der Förderung der eigenen Vollkommenheit.

---

267 GMS IV, 421 und 424.
268 MdS VI, 444.
269 Vgl. die Interpretation von Gregor, „Kants System der Pflichten", XLVIII f.; Kant selbst würde dies womöglich etwas anders formulieren. Jedenfalls lehnt er es in der *Tugendlehre* ab, „einen Unterschied zwischen einer moralischen und einer physischen Glückseligkeit" zu machen, da „die erste Art zu empfinden allein zum vorigen Titel, nämlich dem der Vollkommenheit, gehöre" (MdS VI, 387f.).
270 MdS VI, 429.
271 MdS VI, 429.

Daraus folgt allerdings nicht, dass eine Pflicht gegen sich selbst notwendig zu einer Pflicht gegen andere führt. Dies ist erst dann der Fall, „wenn sie anderer Recht verletzt".[272] Die Selbsttötung kann nach Kant etwa „als Übertretung seiner Pflicht gegen andere Menschen (Eheleute, Eltern gegen Kinder, des Untertans gegen seine Obrigkeit oder seine Mitbürger, endlich auch gegen Gott, dessen uns anvertrauten Posten in der Welt der Mensch verlässt, ohne davon abgerufen zu sein) betrachtet werden".[273]

Das Implikationsverhältnis zwischen den Zwecken der Förderung fremder Glückseligkeit und der eigenen Vollkommenheit erklärt, weshalb Kant etwas missverständlich bei Erörterung der unvollkommenen Pflichten gegen sich selbst schreibt, dass „[d]iese Pflicht gegen sich selbst [...] eine der Qualität nach enge und vollkommene [...] Pflicht, obgleich dem Grade nach weite und unvollkommene Pflicht"[274] ist. Denn jede denkbare Pflichtmaxime dient zugleich zumindest mittelbar dem Zweck der Förderung der eigenen Vollkommenheit, so dass dieser Zweck niemals der Einschränkung bedarf und daher stets definitiv geboten ist.

Der Zweck der Förderung fremder Glückseligkeit kann nach Kant hingegen auch indefinitiv geboten sein. Wie bereits erörtert,[275] besteht bei unvollkommenen Pflichten zwar regelmäßig kein Spielraum im „Ob", sondern nur darin, „*wie* und *wie viel*" man dem anderen in der Not hilft, d. h. *welche* Handlungen man in der konkreten Situation ergreift. Eine Ausnahme dazu besteht aber dann, wenn die Pflichtmaxime im Wege der Abwägung in der konkreten Situation durch eine andere Pflichtmaxime einzuschränken ist. In diesem Fall tritt dann sogar die Maxime insgesamt zurück und damit auch der Zweck der Förderung fremder Glückseligkeit. Dieser kann nämlich durch den Zweck der Förderung eigener Vollkommenheit verdrängt werden, ohne dass dieser Zweck notwendigerweise die Förderung fremder Glückseligkeit impliziert.[276]

2.1.4.3.4 Anwendungsstruktur für Handlungen

Zusammenfassend ist damit festzustellen, dass bei vollkommenen Pflichten gegen sich selbst und gegen andere sowohl die Handlungsabsicht als auch der Zweck definitiv geboten sind. Bei unvollkommenen Pflichten gegen sich selbst ist demgegenüber zwar der Zweck ebenfalls definitiv geboten, die konkrete Handlungsabsicht jedoch indefinitiv. Bei unvollkommenen Pflichten gegen andere schließ-

---

272 MdS VI, 429.
273 MdS VI, 422.
274 MdS VI, 390.
275 Siehe oben Erster Teil 2.1.4.3.
276 Umgekehrt ist dies nach dem zuvor Gesagten nicht möglich.

lich ist sowohl der Zweck als auch die Handlungsabsicht indefinitiv geboten. Ausgehend von dieser Interpretation der vollkommenen und unvollkommenen Pflichten lässt sich folgende auf Handlungen bezogene Anwendungsstruktur des kategorischen Imperativs erstellen:
- Definitiv geboten und eine vollkommene Pflicht ist eine Handlung genau dann, wenn ihre Maxime ohne Widerspruch gewollt werden *kann* und deren praktisches Gegenteil *nicht* ohne Widerspruch *gedacht* werden kann.
- Definitiv verboten und eine vollkommene Pflicht ist eine Handlung genau dann, wenn ihre Maxime *nicht* ohne Widerspruch *gedacht* werden kann.
- Indefinitiv geboten und eine unvollkommene Pflicht ist eine Handlung genau dann, wenn ihre Maxime ohne Widerspruch gewollt werden kann und deren praktisches Gegenteil nicht ohne Widerspruch *gewollt* werden kann.
- Indefinitiv verboten und eine unvollkommene Pflicht ist eine Handlung genau dann, wenn ihre Maxime *nicht* ohne Widerspruch *gewollt* werden kann.
- Moralisch freigestellt ist eine Handlung, deren Maxime ohne Widerspruch gewollt werden *kann* und deren praktisches Gegenteil ebenfalls ohne Widerspruch gewollt werden *kann*.

2.1.5 Zusammenfassung

Nach alldem ist also festzuhalten, dass die Allgemeine-Gesetzes-Formel, und damit der kategorische Imperativ als moralisches Kriterium für richtig und falsch, nicht unmittelbar Handlungen zum Gegenstand hat, sondern Maximen. Diese zeichnen sich durch vier Merkmale aus: erstens, durch *Subjektivität*, einerseits im Sinne eines potentiell begrenzten Geltungsbereichs und andererseits im Sinne einer bloßen Selbstverpflichtung. Zweitens, durch *Allgemeinheit* in Bezug auf den zeitlichen Geltungsbereich. Drittens, durch *Wollensbezug* im Sinne subjektiver Vernünftigkeit und schließlich, viertens, durch einen *Zweckbezug*.

Stellt zudem der Zweck der Maxime zugleich die Motivation, d.h. die Triebfeder, der Handlung dar, so liegt eine materielle Maxime vor. Besteht die Triebfeder der Handlung hingegen in der Moralität der Maxime, d.h. in ihrer Form, so handelt es sich um eine formelle Maxime. Das Handeln nach einer formellen Maxime, so wurde sodann in einem Exkurs festgestellt, ist eine Handlung aus Pflicht. Das Handeln nach einer materiellen Maxime kann dagegen entweder pflichtwidrig oder aber bloß pflichtmäßig sein. Eine Handlung aus Pflicht liegt im Weiteren nur dann vor, wenn die Moralität der Maxime die alleinige Triebfeder der Handlung ist.

Anhand der Merkmale „allgemeines Gesetz" und „wollen können" wurde danach erörtert, wann nach Kant eine Maxime überhaupt als unmoralisch oder moralisch einzustufen ist. Kant zufolge ist eine Maxime dann unmoralisch, wenn nicht gedacht oder gewollt werden kann, dass diese Maxime für jedes vernünftige Wesen unbedingte Notwendigkeit bei sich führe. Ein Nichtdenkenkönnen ist im Falle eines logischen Widerspruchs gegeben. Ein Nichtwollenkönnen im Falle eines praktischen Widerspruchs. Auch wenn Kant zum Teil auf teleologische Überlegungen zurückzugreifen scheint, so sollte es aufgrund der dabei verwendeten, normativen Prämissen, die bei Kant keine Begründung erfahren, zumindest das Ziel sein, den kategorischen Imperativ ohne teleologische Annahmen anzuwenden.

Bei Erörterung der Anwendung des kategorischen Imperativs verdeutlichte schließlich die Kantischen Lehre von der Typik, dass sich der kategorische Imperativ nicht ohne Weiteres auf die empirische Welt übertragen lässt. Die Übertragung ist vielmehr allein durch analogisches, d. h. symbolisches, Denken möglich. Dies hat zur Konsequenz, dass dem Menschen bei der Anwendung des kategorischen Imperativs auf die empirische Welt stets Fehler unterlaufen können und dessen Anwendung stets eine Annäherung an die absolute Richtigkeit darstellt.

Aus diesem Grund ist es nach Kant auch nicht zulässig, einen zeitlos gültigen Katalog einer Vielzahl ethischer Pflichten aufstellen zu wollen. Dennoch hält es Kant für möglich, zumindest zu versuchen, auch positive Pflichten aus dem kategorischen Imperativ abzuleiten. Dreh- und Angelpunkt dieses Versuchs ist der Begriff des Gegenteils. Gemäß der hier vertretenen *Doppelnegationsthese* bezieht sich dabei dieser Begriff sowohl auf die konkrete Handlungsabsicht als auch auf den allgemeinen Zweck einer Maxime. Das Gebot einer vollkommenen Pflicht ergibt sich dabei aus dem Gegenteil einer logisch widersprüchlichen Maxime; das Gebot einer unvollkommenen Pflicht hingegen aus dem Gegenteil einer allein praktisch widersprüchlichen Maxime. Bei vollkommenen Pflichten sind sowohl die Handlungsabsicht als auch der Zweck definitiv geboten. Bei unvollkommenen Pflichten gegen sich selbst ist der Zweck definitiv geboten, die Handlungsabsicht hingegen indefinitiv und bei unvollkommenen Pflichten gegen andere schließlich sind sowohl der Zweck als auch die Handlungsabsicht indefinitiv geboten.

2.2 Autonomieformel

Die Erörterung der Anwendung des kategorischen Imperativs anhand der Allgemeine-Gesetzes-Formel hat verdeutlicht, dass der kategorische Imperativ ein subjektives Wollen in ein objektives Sollen transformiert. Diese Transformation findet aufgrund der Frage statt, ob es gedacht oder zumindest gewollt werden kann, dass die Maxime des eigenen Handelns ein allgemeines Gesetz werde. Wer aber diese Frage stellt, versetzt sich in die Rolle eines Gesetzgebers.[277] Der Mensch ist damit zwar einerseits dem kategorischen Imperativ unterworfen, aber andererseits kann er sich zugleich als seinen eigenen Gesetzgeber ansehen. Oder in den Worten Kants:

> Der Wille wird also nicht lediglich dem Gesetze unterworfen, sondern so unterworfen, daß er auch als *selbstgesetzgebend* und eben um deswillen allererst dem Gesetze (davon er selbst sich als Urheber betrachten kann) unterworfen angesehen werden muß.[278]

Die Allgemeine-Gesetzes-Formel ist daher äquivalent zur *Formel III* des kategorischen Imperativs,[279] der Autonomieformel:

> [Handle so], daß der Wille durch seine Maxime sich selbst zugleich als allgemein gesetzgebend betrachten könne.[280]

Während bei der Allgemeinen-Gesetzes-Formel der Nachdruck auf dem Umstand der Nötigung liegt, den der kategorische Imperativ auf den subjektiv unvollkommenen Willen des Menschen ausübt, betont die Autonomieformel, dass unser eigener vernünftiger Wille diese Nötigung ausübt.[281] Um diese Funktion der Selbstgesetzgebung des Willens zu verdeutlichen, soll im Folgenden näher auf den Begriff der Autonomie eingegangen werden (2.2.1.). Sodann ist das Verhältnis von Gesetz, Gesetzgeber und Urheber (2.2.2.) sowie von Autonomie und Freiheit (2.2.3.) zu erörtern. Da der Begriff der Menschenwürde eng mit dem Begriff der Autonomie zusammenhängt, ist zudem bereits an dieser Stelle der Begriff der Menschenwürde einzuführen (2.2.4.).

2.2.1 Autonomie des Willens

Die Autonomie des Willens definiert Kant als „die Beschaffenheit des Willens, dadurch derselbe ihm selbst (unabhängig von aller Beschaffenheit der Gegen-

---

[277] Alexy, „Kants Begriff des praktischen Gesetzes", S. 205.
[278] GMS IV, 431 – Hervorhebung im Original gesperrt.
[279] Siehe dazu Brinkmann, *Praktische Notwendigkeit*, S. 297 f.; Paton, *Der Kategorische Imperativ*, S. 218; Reath, „Autonomy of the Will", S. 135 ff.; Tugendhat, *Vorlesungen über Ethik*, S. 148; ablehnend hingegen Wood, *Kant's Ethical Thought*, S. 164 f.
[280] GMS IV, 434.
[281] Paton, *Der Kategorische Imperativ*, S. 218.

stände des Wollens) ein Gesetz ist".[282] Die Autonomie des Willens hat demnach zwei Voraussetzungen, eine negative und eine positive: Die *negative* Voraussetzung ist die Unabhängigkeit „von aller Beschaffenheit der Gegenstände des Wollens". Damit ist gemeint, dass sich die Autonomie des Willens auf kein „Interesse als Reiz oder Zwang"[283] gründet. Wäre dies nicht der Fall, läge nur ein bedingter, hypothetischer Imperativ vor, der „niemals Pflicht, sondern die Nothwendigkeit der Handlung aus einem gewissen Interesse heraus" begründete und daher „zum moralischen Gebote gar nicht taugen"[284] könnte. Hypothetische Imperative beruhen nach Kant demnach auf der „*Heteronomie* des Willens":

> Der Wille giebt alsdann nicht sich selbst, sondern das Object durch sein Verhältniß zum Willen gibt diesem das Gesetz.[285]

Bezogen auf die Ausgangsdefinition von Autonomie ist die *positive* Voraussetzung der Autonomie „die Beschaffenheit des Willens, dadurch derselbe ihm selbst ein Gesetz ist". Anders ausgedrückt: Autonomie ist „die Eigenschaft des Willens, sich selbst ein Gesetz zu sein".[286] Dies trifft genau dann zu, wenn eine Person fähig ist, nur auf Grund des kategorischen Imperativs, d.h. nur aus Pflicht, zu handeln. Autonomie besteht demzufolge in dem *Vermögen*, moralisch zu handeln.[287] Von diesem Verständnis von Autonomie ist aber das *Prinzip* der Autonomie zu unterscheiden.[288] Dieses Prinzip entspricht der Grundformel des kategorischen Imperativs und lautet:

> [N]icht anders zu wählen als so, daß die Maxime seiner Wahl in demselben Wollen zugleich als allgemeines Gesetz mit begriffen seien.[289]

Autonomie ist demnach sowohl *notwendige Bedingung* der Möglichkeit des kategorischen Imperativs als auch *Inhalt* des kategorischen Imperativs. Die Begründung für diesen auf den ersten Blick verwirrenden Umstand lautet: Der kategorische Imperativ hat keinen anderen Inhalt als sich des Vermögens des Willens, sich selbst ein Gesetz zu sein, bewusst zu sein, und danach zu handeln.[290]

---

282 GMS IV, 440.
283 GMS IV, 432.
284 GMS IV, 433.
285 GMS IV, 441.
286 GMS IV, 446.
287 Reath, „Autonomy of the Will", S. 128; Willaschek, *Praktische Vernunft*, S. 238; vgl. Allison, *Kant's Theory of Freedom*, S. 97f.
288 So auch Allison, *Kant's Theory of Freedom*, S. 105f.; Reath, „Autonomy of the Will", S. 125.
289 GMS IV, 440.
290 Allison, *Kant's Theory of Freedom*, S. 105f.; Reath, „Autonomy of the Will", S. 159 Fn. 5.

Aus diesem Umstand folgt jedoch nicht, dass jede Handlung, die auf der Autonomie des Willens gründet, zugleich eine moralisch gebotene oder erlaubte Handlung ist. Es folgt daraus lediglich, dass diese Handlung *moraldifferent* ist: Autonomie ist zugleich notwendige Bedingung dafür, sich *gegen* das moralische Gesetz entscheiden zu können, d. h. unmoralisch zu handeln.[291]

2.2.2 Gesetz, Gesetzgeber und Urheber

Kant erläutert das Verhältnis von Gesetz, Gesetzgeber und Urheber in einer Textstelle aus der *Metaphysik der Sitten*:

> Gesetz (ein moralisch-praktisches) ist ein Satz, der einen kategorischen Imperativ (Gebot) enthält. Der Gebietende [...] durch ein Gesetz ist der Gesetzgeber [...]. Er ist Urheber [...] der Verbindlichkeit nach dem Gesetze, aber nicht immer Urheber des Gesetzes. Im letzteren Fall würde das Gesetz positiv (zufällig) und willkürlich sein. Das Gesetz, was uns *a priori* und unbedingt durch unsere eigene Vernunft verbindet, kann auch als aus dem Willen eines höchsten Gesetzgebers, d.i. eines solchen, der lauter Rechte und keine Pflichten hat (mithin dem göttlichen Willen), hervorgehend ausgedrückt werden, welches aber nur die Idee von einem moralischen Wesen bedeutet, dessen Wille für alle Gesetz ist, ohne ihn doch als Urheber desselben zu denken.[292]

Aus dieser Textstelle folgt, dass der Mensch weder höchster Gesetzgeber noch Urheber des Gesetzes ist.[293] Die Vernunft, die den Menschen mit dem Gesetz verbindet, leitet sich aus dem göttlichen Willen ab, so dass nach Kant das göttliche Wesen der höchste Gesetzgeber, d. h. Urheber der *Verbindlichkeit* des Gesetzes, ist. Urheber des *Gesetzes* ist nach Kant hingegen niemand, auch nicht das göttliche Wesen. Denn das Gesetz wäre auch in diesem Fall nicht praktisch notwendig, sondern zufällig und willkürlich.[294] In einer Vorlesung veranschaulicht Kant diesen Umstand mit einem Vergleich zur geometrischen Notwendigkeit eines Dreiecks, deren Urheber ebenfalls nicht das göttliche Wesen sei:

> Von moralischen Gesetzen ist [...] kein Wesen, auch das göttliche nicht ein Urheber, denn sie sind nicht aus der Willkür entsprungen, sondern sie sind praktisch notwendig. Wären sie

---

291 Siehe dazu Willaschek, *Praktische Vernunft*, S. 238; ablehnend Prauss, *Kant über Freiheit als Autonomie*, S. 52, der behauptet, Kant setze Autonomie generell mit dem Prinzip der Autonomie, also mit dem kategorischen Imperativ, gleich.
292 MdS VI, 227.
293 Siehe dazu Kain, *AGPh*, Bd. 86 (2004), S. 266 ff.; Reath, „Autonomy of the Will", S. 145 ff.; Wood, *Kantian Ethics*, S. 112 f.
294 Siehe dazu Kain, *AGPh*, Bd. 86 (2004), S. 276 f.; Wood, *Kantian Ethics*, S. 113 ff.

nicht notwendig, so könnte es auch sein, daß die Lüge eine Tugend wäre. Allein die moralischen können doch unter einem Gesetzgeber stehen; es kann ein Wesen sein, welches die Macht und Gewalt hat, dieses Gesetz zu exekutieren und zu deklarieren, daß dieses moralisches Gesetz zugleich ein Gesetz seines Willens sei, und alle zu obligieren danach zu handeln. Alsdann ist dieses Wesen ein Gesetzgeber, aber kein Urheber. Ebenso, wie Gott kein Urheber ist, daß der Triangel drei Winkel hat.[295]

Kant beachtet den Umstand, dass der Mensch weder höchster Gesetzgeber noch Urheber des Gesetzes ist, in seiner Terminologie. Der Mensch *ist* nach Kant nicht Gesetzgeber und Urheber des kategorischen Imperativs, sondern er soll sich als selbstgesetzgebend „*ansehen*" und als Urheber des kategorischen Imperativs „*betrachten*".[296] Anders als bei den anderen Hauptformeln, schreibt Kant aus diesem Grund bei der Erörterung der Autonomieformel mehrmals von der „*Idee* des Willens jedes vernünftigen Wesens als eines allgemein gesetzgebenden Willens".[297] Unter einer „Idee" versteht Kant „einen nothwendigen Vernunftbegriff dem kein congruirender Gegenstand in den Sinnen gegeben werden kann".[298] Ideen „betrachten alles Erfahrungserkenntnis als bestimmt durch eine absolute Totalität der Bedingungen".[299] Danach ist gemäß der Autonomieformel bei der Anwendung des kategorischen Imperativs, die ideale Perspektive eines allwissenden Wesens einzunehmen, die allerdings nicht tatsächlich, sondern nur annähernd als Idee eingenommen werden kann.

Dieser Umstand erklärt auch, weshalb Kant die Autonomieformel der Kategorie der „*Allheit* oder Totalität des Systems derselben" zuordnet, während die Grundformel die „*Einheit* der Form des Willens (der Allgemeinheit derselben)" und die Zweck-an-sich-Formel die „*Vielheit* der Materie (der Objekte, d.i. der Zwecke)" betrifft.[300]

---

295 Vorl. Menzer, 62.
296 GMS IV, 431 – Hervorhebung vom Verfasser; vgl. auch GMS IV, 434; für weitere Nachweise von Textstellen bei Kant siehe Wood, *Kantian Ethics*, S. 111 ff.
297 GMS IV, 431 – Hervorhebung vom Verfasser; vgl. auch GMS IV, 432.
298 KrV III, 383.
299 KrV III, 384. Erhellend ist auch, was Kant zur *Funktion* einer Idee schreibt: „Dagegen, weil es im praktischen Gebrauch ganz allein um die Ausübung nach Regeln zu thun ist, so kann die Idee der praktischen Vernunft jederzeit wirklich, ob zwar nur zum Theil, in concreto gegeben werden, ja sie ist die unentbehrliche Bedingung jedes praktischen Gebrauchs der Vernunft. Ihre Ausübung ist jederzeit begrenzt und mangelhaft, aber nicht unter bestimmbaren Grenzen, also jederzeit unter dem Begriffe der absoluten Vollständigkeit. Demnach ist die praktische Idee jederzeit höchst fruchtbar und in Ansehung der wirklichen Handlungen unumgänglich nothwendig" (KrV III, 384).
300 GMS IV, 436 – Hervorhebung im Original gesperrt; siehe dazu von der Pfordten, „Zur Würde des Menschen bei Kant", S. 15 f.

Kant versteht den Begriff der Autonomie deshalb nur in einem sehr eingeschränkten Sinne als Selbstgesetzgebung. Der Mensch begründet weder selbst die allgemeine Verbindlichkeit des moralischen Gesetzes noch bestimmt er den Inhalt des moralischen Gesetzes. Er stellt sich dies lediglich als regulative Idee vor.[301]

2.2.3 Freiheit und Autonomie

Als Ausgangspunkt zur Erörterung des Verhältnisses von Autonomie und Freiheit kann folgende Textstelle aus der *Grundlegung* dienen, in der Kant die Freiheit des Willens definiert:

> Der *Wille* ist eine Art von Causalität lebender Wesen, so fern sie vernünftig sind, und *Freiheit* würde diejenige Eigenschaft dieser Causalität sein, da sie unabhängig von fremden sie *bestimmenden* Ursachen wirkend sein kann: so wie *Naturnothwendigkeit* die Eigenschaft der Causalität aller vernunftlosen Wesen, durch den Einfluß fremder Ursachen zur Thätigkeit bestimmt zu werden.[302]

Die Freiheit des Willens ist demnach der Naturnotwendigkeit entgegengesetzt. Beide Begriffe unterscheiden sich in der Art der Kausalität voneinander. In der *Kritik der praktischen Vernunft* schreibt Kant dazu:

> Der Begriff der Causalität als *Naturnothwendigkeit* [...] betrifft nur die Existenz der Dinge, so fern sie *in der Zeit bestimmbar* ist, folglich als Erscheinungen im Gegensatz ihrer Causalität als Dinge an sich selbst.[303]

Während also die Naturnotwendigkeit die phänomenale Kausalität, d. h. die Kausalität der Erscheinungen, betrifft, bezieht sich die Freiheit des Willens auf die noumenale Kausalität, d. h. auf die Kausalität des Dings an sich selbst.[304]

Nach Kant gibt es dadurch zwei Standpunkte[305], wonach sich eine Handlung beurteilen lässt: Der Mensch kann „sich als Intelligenz mit einem Willen, folglich mit Causalität begabt" denken und er kann „sich wie ein Phänomen in der Sin-

---

301 Vgl. Wood, *Kantian Ethics*, S. 111. Diese Interpretation widerspricht damit der konstruktivistischen Kant-Interpretation etwa von Rawls, *Journal of Philosophy*, Bd. 77 (1980), S. 556.
302 GMS IV, 446 – Hervorhebung im Original gesperrt.
303 KpV V, 94 – Hervorhebung im Original gesperrt.
304 Siehe dazu Willaschek, *Praktische Vernunft*, S. 236.
305 Zu den beiden Standpunkten bei Kant siehe Paton, *Der Kategorische Imperativ*, S. 281 ff.; vgl. auch Alexy, „Kants Begriff des praktischen Gesetzes", S. 209, und R. Dreier, „Der moralische Standpunkt bei Kant und Hegel", S. 814, die auf Ähnlichkeiten zu der in dem Buch *The Moral Point of View* entwickelten Theorie von Kurt Baier verweisen.

nenwelt (welcher er wirklich auch ist)" wahrnehmen „und seine Causalität äußerer Bestimmung nach Naturgesetzen unterwerfen".[306] Wille und Naturgesetzlichkeit schließen sich daher nicht aus, sondern bestehen nebeneinander:

> Denn daß ein *Ding in der Erscheinung* (das zur Sinnenwelt gehörig) gewissen Gesetzen unterworfen ist, von welchen ebendasselbe *als Ding* oder Wesen *an sich selbst* unabhängig ist, enthält nicht den mindesten Widerspruch; daß er sich selbst aber auch diese zwiefache Art vorstellen und denken müsse, beruht, was das erste betrifft, auf dem Bewußtsein seiner selbst als durch Sinne afficierten Gegenstandes, was das zweite anlangt, auf dem Bewußtsein seiner selbst als Intelligenz, d.i. als unabhängig im Vernunftgebrauch von sinnlichen Eindrücken (mithin als zur Verstandeswelt gehörig).[307]

Die *Freiheit* des Willens zeichnet nach der Ausgangsdefinition aus, dass sie „unabhängig von fremden sie *bestimmenden* Ursachen wirkend sein kann". Unter den „fremden sie *bestimmenden* Ursachen" sind Interessen und Neigungen zu verstehen.[308] Entscheidendes Merkmal der Freiheit des Willens ist demnach, dass der Wille sich nicht nur auf Heteronomie gründet, also nicht nur auf Grund hypothetischer Imperative als bestimmende Ursache wirkend sein kann.

Diese „Erklärung der Freiheit ist" jedoch „*negativ* und daher, um ihr Wesen einzusehen, unfruchtbar; allein es fließt aus ihr ein *positiver* Begriff derselben, der desto reichhaltiger und fruchtbarer ist",[309] so Kant. Wenn aber die Fähigkeit, nicht nur auf Grund von Heteronomie zu handeln, der maßgebliche Grund für die Freiheit des Willens ist, dann liegt es nahe, dass Kants positiver Freiheitsbegriff dem Begriff der Autonomie entspricht. Demgemäß stellt Kant einige Zeilen später die rhetorische Frage:

> [W]as kann denn wohl die Freiheit des Willens sonst sein als Autonomie, d.i. die Eigenschaft des Willens, sich selbst ein Gesetz zu sein?[310]

Zum einen ist damit festzuhalten, dass die Unterscheidung zwischen Autonomie und Heteronomie nicht mit der Unterscheidung zwischen Wille und Naturgesetzlichkeit zusammenfällt.[311] Bei der Unterscheidung zwischen Autonomie und Heteronomie geht es vielmehr um die Frage, was als Triebfeder, d. h. als hinrei-

---

306 GMS IV, 457.
307 GMS IV, 457 – Hervorhebung im Original gesperrt.
308 So auch Schönecker/Wood, *Grundlegung*, S. 182.
309 GMS IV, 446 – Hervorhebung im Original gesperrt.
310 GMS IV, 446.
311 Siehe dazu vor allen Dingen Willaschek, *Praktische Vernunft*, S. 136 f., und Weiper, *Triebfeder und höchstes Gut*, S. 71 m.w.N.

chender Grund für eine *vernünftige* Entscheidung gilt.[312] Es geht also in beiden Fällen um noumenale Kausalität.[313] Kant schreibt etwa, dass auch bei der Heteronomie, d. h. bei hypothetischen Imperativen, die „praktische Vernunft (Wille)" betroffen sei, die allerdings in diesem Fall „fremdes Interesse bloß administriere".[314]

Zum anderen verdeutlicht die von Kant im Zusammenhang mit dem positiven Begriff der Freiheit angeführte Definition von Autonomie, dass Kant den positiven Begriff der Freiheit nicht mit dem *Prinzip* der Autonomie identifiziert, das dem kategorischen Imperativ entspricht,[315] sondern mit der Autonomie als Eigenschaft, d. h. als Vermögen des Willens. Auch der positive Begriff der Freiheit führt somit nicht dazu, dass eine Person nur dann frei ist, wenn sie moralisch handelt. Er führt vielmehr dazu, dass eine Person schon dann frei ist, wenn sie moralisch handeln *kann*.[316]

Die von Kant diskutierten Beispiele freier Handlungen unterstützen diese Interpretation. Zumindest an zwei Stellen betreffen die Beispiele freier Handlungen unmoralische Handlungen: die „boshafte Lüge"[317] und den „Diebstahl"[318]. Auch die „Analytizitätsthese"[319] Kants, wonach „ein freier Wille und ein Wille unter sittlichen Gesetzen [...] einerlei" sei,[320] steht dieser Deutung nicht entgegen. Denn Kant selbst unterscheidet in der *Kritik der Urtheilskraft* zwischen einem Menschen „*unter* moralischen Gesetzen" und einem Menschen „nach moralischen Gesetzen, d.i. ein solcher, der sich ihnen gemäß verhält".[321] Man steht demnach schon dann unter moralischen Gesetzen, wenn man den kategorischen Imperativ

---

312 Willaschek, *Praktische Vernunft*, S. 237.
313 Bittner, *ZpF*, Bd. 32 (1978), S. 268; Willaschek, *Praktische Vernunft*, S. 236f.; vgl. auch Paton, *Der Kategorische Imperativ*, S. 266f., der allerdings zwei Arten von Heteronomie unterscheidet. Eine andere Ansicht dazu vertreten etwa Ortwein, *Kants problematische Freiheitslehre*, S. 115ff., und Wolff, *The Autonomy of Reason*, S. 68.
314 GMS IV, 441.
315 Siehe dazu bereits oben Erster Teil 2.2.1.
316 Bojanowski, *Kants Theorie der Freiheit*, S. 258; Klemme, „Moralisches Sollen, Autonomie und Achtung", S. 224; Paton, *Der Kategorische Imperativ*, S. 264f.; Willaschek, *Praktische Vernunft*, S. 233. Eine andere Auffassung hingegen vertritt Prauss, *Kant über Freiheit als Autonomie*, S. 111ff.
317 KrV III, 582.
318 KpV V, 95. Diese beiden Beispiele führen auch Paton, *Der Kategoische Imperativ*, S. 264f., und Willaschek, *Praktische Vernunft*, S. 233, an.
319 Siehe dazu Horn/Mieth/Scarano, *Grundlegung*, S. 271f.; Schönecker/Wood, *Grundlegung*, S. 176ff.; Allison, *Kant's Theory of Freedom*, S. 134, bevorzugt diesbezüglich den Ausdruck „Reziprozitätsthese".
320 GMS IV, 447.
321 KdU V, 422 Anm. – Hervorhebung vom Verfasser.

anerkennt, ihm aber nicht notwendigerweise gehorcht.[322] Einleuchtend ist damit auch die Textstelle in der *Grundlegung*, in der Kant schreibt, dass der Mensch „als Intelligenz" zwar seine „Neigungen und Antriebe" nicht verantwortet „und seinem eigentlichen Selbst, d.i. seinem Willen nicht zuschreibt, wohl aber die Nachsicht, die er gegen sie tragen möchte, wenn er ihnen zum Nachteil der Vernunftgesetze des Willens Einfluß auf seine Maxime einräumte".[323] Der Mensch hat danach die Wahl, Neigungen und Antriebe als Triebfeder in die Maxime seiner Handlung aufzunehmen oder aber stattdessen das Sittengesetz. Allison bezeichnet diese These Kants als dessen „Inkorporationsthese"[324]: Neigungen und Antriebe selbst sind keine Gründe für die Handlungen eines Menschen. Sie werden vielmehr erst dann zu Gründen einer Handlung, wenn der Mensch sie in seine Maxime inkorporiert. Als Beleg für diese These lässt sich eine Textstelle aus Kants *Religionsschrift* anführen:

> [D]ie Freiheit der Willkür ist von der ganz eigenthümlichen Beschaffenheit, daß sie durch keine Triebfeder zu einer Handlung bestimmt werden kann, *als nur sofern der Mensch sie in seine Maxime aufgenommen hat* (es sich zur allgemeinen Regel gemacht hat, nach der er sich verhalten will); so allein kann eine Triebfeder, welche sie auch sei, mit der absoluten Spontanität der Willkür (der Freiheit) zusammen bestehen.[325]

Wie bereits diese Textstelle zeigt, arbeitet Kant in seinen späteren Schriften, vor allen Dingen in der *Metaphysik der Sitten* und der *Religionsschrift*, seine Theorie der Freiheit des Willens noch weiter aus und unterscheidet hierbei noch eindeutiger zwischen Wille und Willkür. Da es hierbei aber im Wesentlichen um Begrifflichkeiten geht,[326] ist es ausreichend, erst bei Erörterung des allgemeinen Rechtsgesetzes auf Kants Unterscheidung zwischen Wille und Willkür näher einzugehen.

---

322 So auch Paton, *Der Kategorische Imperativ*, S. 264.
323 GMS IV, 458, vgl. auch Rel VI, 26.
324 Allison, *Kant's Theory of Freedom*, S. 39 f.; Allison, „Kant on Freedom", S. 109 und 118 ff.; siehe dazu auch Bojanowski, *Kants Theorie der Freiheit*, S. 266 ff., der darauf hinweist, dass es Kant bei der Formulierung seiner Inkorporationsthese weniger darum ging, moralisch böse Handlung dem Menschen zuzurechnen, als seinen Rigorismus in der Beurteilung der menschlichen Gesinnung zu rechtfertigen.
325 Rel VI, 23 f. – Hervorhebung im Original gesperrt.
326 So auch Allison, *Kant's Theory of Freedom*, S. 94 ff. und 129 ff.; Bojanowski, *Kants Theorie der Freiheit*, S. 261; vgl. auch Paton, *Der Kategorische Imperativ*, S. 265, und Willaschek, *Praktische Vernunft*, S. 51 ff.; a.A. Prauss, *Kant über Autonomie als Freiheit*, S. 112 ff., die allerdings bereits auf dem fehlerhaften Verständnis von Autonomie beruht, welches die Autonomie nur mit dem Prinzip der Autonomie, d.h. mit dem kategorischen Imperativ, identifiziert und nicht als ein Vermögen des Willens.

2.2.4 Autonomie und Menschenwürde

Bei der Klärung des Begriffs der Menschenwürde ist Kants Grundunterscheidung zwischen Preis und Würde zu beachten.[327] Kant schreibt dazu in der *Grundlegung*:

> Was einen Preis hat, an dessen Stelle kann auch etwas anderes als *Äquivalent* gesetzt werden; was dagegen über allen Preis erhaben ist, mithin kein Äquivalent verstattet, das hat eine Würde.[328]

Während nach Kant etwa Tiere lediglich einen „Preis" haben, kommt dem Menschen hingegen eine „Sonderstellung" gegenüber der Natur zu, nämlich Würde.[329] Diese Sonderstellung folgt aus der Autonomie des Menschen. In der *Grundlegung* stellt Kant dementsprechend fest, dass die „Autonomie [...] der Grund der Würde der menschlichen und jeder vernünftigen Natur" sei.[330] Es stellt sich allerdings die Frage, was genau unter dieser Aussage zu verstehen ist. Ist nach Kant bereits demjenigen Menschen Würde zuzuerkennen, der zur Autonomie *fähig* ist oder erst demjenigen, der seine Autonomiefähigkeit dazu gebraucht, dem *Prinzip* der Autonomie, d. h. dem kategorischen Imperativ, zu folgen? Was ist zudem mit Säuglingen oder geistig Behinderten, die nicht nur nicht aufgrund des Prinzips der Autonomie handeln, sondern noch nicht einmal dazu fähig sind?[331] – Abschließende Antworten auf diese Fragen sollen erst später gegeben werden. In diesem Teil soll es vielmehr nur darum gehen, das Problem und die (womöglich nur scheinbaren) Widersprüchlichkeiten bei Kant darzustellen:[332]

In der *Grundlegung* scheint es so, als ob Kant erst dann dem Menschen Würde zuspricht, wenn er auch aufgrund des Prinzips der Autonomie handelt.[333] Die Autonomiefähigkeit wäre demnach zwar notwendige, aber nicht hinreichende Bedingung der Menschenwürde. Dass die Autonomiefähigkeit des Menschen notwendige Bedingung der Würde ist, lässt sich etwa aus folgender Textstelle schließen:

---

[327] Zur Unterscheidung zwischen Preis und Würde bei Kant siehe Hruschka, *ARSP*, Bd. 88 (2002), S. 463 ff.; Paton, *Der Kategorische Imperativ*, S. 229 ff.
[328] GMS IV, 434 – Hervorhebung vom Verfasser.
[329] Sensen, „Kants Begriff der Menschenwürde", S. 226.
[330] GMS IV, 436.
[331] Siehe dazu auch Kalscheuer, *Der Staat*, Bd. 52 (2013), S. 404.
[332] Kalscheuer, *Der Staat*, Bd. 52 (2013), S. 405 f.
[333] So etwa auch Prauss, *Kant über Freiheit als Autonomie*, S. 139 f.; Schönecker/Wood, *Grundlegung*, S. 162 Fn. 91, und Sensen, „Kants Begriff der Menschenwürde", S. 228; vgl. auch Ricken, „Homo noumenon und homo phaenomenon", S. 246.

Also ist Sittlichkeit und die Menschheit, so fern sie derselben *fähig* ist, dasjenige was allein Würde hat.[334]

Aus einer weiteren Textstelle, die in der *Grundlegung* zu finden ist, kann man sodann folgern, dass diese nicht die hinreichende Bedingung für die Würde des Menschen darstellt. Vielmehr ist es nach Kant „die Gesetzgebung selber, die allen Wert bestimmt" und „eben darum eine Würde" hat.[335] Wenn es nämlich „die Gesetzgebung selber" ist, die Würde verleiht, dann geht es nicht lediglich um die *Fähigkeit* zur Selbstgesetzgebung, sondern um das Prinzip der Autonomie, also um das Befolgen des kategorischen Imperativs. Anders ausgedrückt: Allein „die sittlich gute Gesinnung oder die Tugend berechtigt, so hohe Ansprüche zu machen"[336] und dem Menschen Würde zuzuerkennen. Bestätigt wird diese Vermutung durch Kants Aussage, dass den Menschen „eben diese Schicklichkeit seiner Maximen zur allgemeinen Gesetzgebung als Zweck an sich selbst" und damit auch mit Würde „auszeichnet".[337] An anderer Stelle in der *Grundlegung* schreibt Kant dementsprechend, dass „[n]ur [...] das bloße Gesetz für sich [...] ein Gegenstand der Achtung und hiemit ein Gebot sein" könne.[338] „Alle Achtung für eine Person" sei daher „eigentlich nur Achtung fürs Gesetz (der Rechtschaffenheit usw.), wovon jene uns das Beispiel" gebe.[339]

Ein anderes Bild ergibt sich jedoch im Hinblick auf die *Tugendlehre*. Kant verknüpft darin den Begriff der Würde stärker mit der Zweck-an-sich-Formel und billigt etwa auch „dem Lasterhaften" Achtungsansprüche zu.[340] Dies erweckt den Eindruck, dass es dort nicht auf das Handeln nach dem kategorischen Imperativ ankommt, sondern lediglich auf die Fähigkeit dazu. In der *Rechtslehre* geht Kant zudem davon aus, dass bereits ab „Zeugung" der (ungeborene) Mensch Rechte gegenüber seinen Eltern hat.[341] Danach ist noch nicht einmal die Autonomiefä-

---

334 GMS IV, 435 – Hervorhebung vom Verfasser.
335 GMS IV, 435 – Hervorhebung vom Verfasser.
336 GMS IV, 435.
337 GMS IV, 438. Dass dem Menschen nur dann Würde zukommt, wenn er auch dem kategorischen Imperativ folgt, lässt sich auch aus der zu Anfang gemachten Aussage in der *Grundlegung* folgern, wonach es „nichts in der Welt" gebe, „was ohne Einschränkung für gut könnte gehalten werden, als allein ein *guter Wille*" (GMS IV, 393 – Hervorhebung vom Verfasser).
338 GMS IV, 400.
339 GMS IV, 402 Fn.
340 MdS VI, 463. Zur Verknüpfung der Würde mit der Zweck-an-sich-Formel in der Tugendlehre siehe von der Pfordten, „Zur Würde des Menschen bei Kant", S. 22 ff., und Kalscheuer, *Der Staat*, Bd. 52 (2013), S. 405.
341 MdS VI, 280 f.

higkeit entscheidend, um dem Menschen Achtungsansprüche und damit Würde zuzuerkennen.[342]

Wie lassen sich diese Textstellen miteinander vereinbaren? – Vorweggenommen sei an dieser Stelle nur, dass die beschriebenen Widersprüchlichkeiten bei Kant in Bezug auf den Begriff der Menschenwürde lediglich scheinbare sind. Sie können in ein kohärentes System eingeordnet werden. Die Begründung für diese *Kohärenzthese* wird im dritten Teil dieser Arbeit gegeben.[343]

2.2.5 Zusammenfassung

Bei Kant gibt es zwei Bedeutungen von Autonomie: Einerseits Autonomie als ein Vermögen, moralisch zu handeln, und andererseits Autonomie als ein Prinzip, das darin besteht, dem kategorischen Imperativ zu folgen. Deutlich wurde zudem, dass bei Kant der Begriff der Autonomie nur in einem sehr eingeschränkten Sinne als Selbstgesetzgebung zu verstehen ist: Der Mensch begründet weder selbst die allgemeine Verbindlichkeit des moralischen Gesetzes noch bestimmt er den Inhalt des moralischen Gesetzes. Er stellt sich dies lediglich als regulative Idee vor. Der Begriff der Autonomie leitete sodann über zum Begriff der Freiheit bei Kant. Hierbei wurde festgestellt, dass auch der positive Begriff der Freiheit nicht dem Prinzip der Autonomie entspricht. Ein Mensch ist nicht erst dann (positiv) frei, wenn er dem kategorischen Imperativ folgt, sondern schon dann, wenn er das Vermögen dazu hat. Offen gelassen wurde, ob nach Kant diese Autonomie im Sinne eines Vermögens schon ausreicht, um den Menschen Würde zuzuerkennen. Eine Reihe von Textstellen spricht dafür, dass Kant dem Menschen erst bei Befolgung des kategorischen Imperativs Würde zuerkennt. Aus anderen Textstellen lässt sich aber folgern, dass der Mensch bereits dann Würde hat, wenn er das Vermögen dazu hat, d. h. autonomiefähig ist. Wieder andere Textstellen deuten sogar an, dass der Mensch nach Kant noch nicht einmal autonomiefähig sein muss, um Würde zu haben. Die Würde des Menschen ergibt sich danach vielmehr bereits daraus, dass jeder einzelne Mensch der Gattung Mensch zugehörig ist. Erst im dritten Teil dieser Arbeit sollen diese scheinbar widersprüchlichen Textstellen bei Kant in ein kohärentes System gefügt werden.

---

342 So auch Kalscheuer, *Der Staat*, Bd. 52 (2013), S. 405.
343 Siehe unten Dritter Teil 2.2.2.3.

Zweiter Teil: **Allgemeines Rechtsgesetz**

Kant formuliert das allgemeine Rechtsgesetz in der Einleitung seiner *Rechtslehre*, d. h. im ersten Teil der *Metaphysik der Sitten*.[344] Es dient zur Bestimmung, ob eine Handlung rechtmäßig oder unrechtmäßig ist und lautet:

> [H]andle äußerlich so, daß der freie Gebrauch deiner Willkür mit der Freiheit von jedermann nach einem allgemeinen Gesetze zusammen bestehen könne.[345]

Ebenso wie bei der Erörterung des kategorischen Imperativs bietet es sich auch hier an, einzelne, besonders wichtige Definitionsmerkmale des allgemeinen Rechtsgesetzes getrennt voneinander zu analysieren. Es lassen sich drei Merkmale auffinden, bei denen eine vertiefte Analyse angebracht erscheint: die äußerliche Handlung (1.), die Willkürvereinigung (2.) und das allgemeine Gesetz (3.).

1 Äußerliche Handlung

Das erste Definitionsmerkmal des allgemeinen Rechtsgesetzes ist damit die äußerliche Handlung. Von zentraler Bedeutung für die *Rechtslehre* Kants ist hierbei besonders der Begriff der Äußerlichkeit.[346] Denn schon bei der Bestimmung des Rechtsbegriffs hebt Kant besonders die Äußerlichkeit des Rechts hervor:

> Der Begriff des Rechts, sofern er sich auf eine ihm korrespondierende Verbindlichkeit bezieht (d.i. der moralische Begriff desselben), betrifft erstlich nur das äußere und zwar praktische Verhältnis einer Person gegen eine anderen, sofern ihre Handlungen als Facta aufeinander (unmittelbar, oder mittelbar) Einfluß haben können.[347]

Zu fragen ist also, was Kant unter einem äußeren Verhältnis oder einer äußerlichen Handlung versteht. Eine ausdrückliche Definition von Äußerlichkeit findet sich bei Kant weder in der Metaphysik der Sitten noch in seinen anderen Schriften.[348] Da eine ausführliche Diskussion dieses Begriffes nur bei von der Pfordten[349] und B. Ludwig[350] zu finden ist, sollen deren unterschiedlichen Interpretationsansätze, die Anschauungsformen-These (1.1.) und die Zwei-Welten-These (1.2.), zur

---

344 Im zweiten Teil der *Metaphysik der Sitten* behandelt Kant die *Tugendlehre*.
345 MdS VI, 231.
346 So auch besonders von der Pfordten, „Kants Rechtsbegriff", S. 28 ff.
347 MdS VI, 230.
348 Auf diesen erstaunlichen Umstand weist auch B. Ludwig, *Kants Rechtslehre*, S. 86, hin.
349 Von der Pfordten, „Kants Rechtsbegriff", S. 28 ff.; von der Pfordten, *Rechtsethik*, S. 388 ff.
350 B. Ludwig, *Kants Rechtslehre*, S. 86 f.

Grundlage dieses Abschnitts gemacht werden. Darauf aufbauend wird schließlich eine eigene These, die Triebfederthese (1.3.), entwickelt.

1.1 Anschauungsformen-These

B. Ludwig schlägt vor, äußerliche Handlungen „auf die Bewegungen des Leibes und die Handhabung äußerer Gegenstände" zu beziehen, währenddessen innere Handlungen die „Handlungsgrundsätze für jene äußeren Handlungen (Maximen, Gesinnungen, etc.)" beträfen.[351] Eine äußere Handlung könne „vermittels inneren *und* äußeren Sinnes (in Zeit und Raum) angeschaut werden", innere Handlungen hingegen nur „vermittels des inneren Sinnes (d. h. in der Zeit)".[352] Die Unterscheidung zwischen äußerlichem und innerlichem Handeln deckt sich nach B. Ludwig demnach „mit einer Klassifikation nach den Formen der Sinnlichkeit".[353]

Von der Pfordten wendet gegen diese Interpretation B. Ludwigs ein, dass Kant lediglich in seiner theoretischen Philosophie, nicht aber in seiner praktischen, zwischen den Formen der Sinnlichkeit unterscheidet.[354] Ein zweiter Einwand von der Pfordtens gegen B. Ludwigs Interpretation lautet, dass dieser keine aussagekräftigen Textbelege aus der *Rechtslehre* für seine Interpretation anführe. Es bleibe eine „bloße Vermutung".[355]

Zumindest der erste Einwand von der Pfordtens ist jedoch unzutreffend. Kant hat vielmehr auch in seiner praktischen Philosophie Erkenntnisprobleme im Blick, die er mit Hilfe des äußeren und inneren Sinnes erklärt. In der *Grundlegung zur Metaphysik der Sitten* schreibt Kant etwa, dass der Mensch lediglich „durch die Erscheinung seiner Natur und die Art, wie sein Bewußtsein affiziert wird" darüber etwas erfahren kann, „wie er an sich selbst sei".[356] Diese Erkenntnis erlange der Mensch daher nicht a priori, sondern empirisch und sie erfolge „durch den innern Sinn".[357]

Auch wenn B. Ludwig selbst keine konkreten Textbelege anführt, so lässt sich zudem jedenfalls eine Textstelle auffinden, die sich im Rahmen der *Rechtslehre* auf

---

351 B. Ludwig, *Kants Rechtslehre*, S. 86; vgl. Rosen, *Kant's Theory of Justice*, S. 83 und 90; Kersting, *Kant über Recht*, S. 14 f.
352 B. Ludwig, *Kants Rechtslehre*, S. 86.
353 B. Ludwig, *Kants Rechtslehre*, S. 86. So auch schon Stephani, *Anmerkungen*, S. 10.
354 Von der Pfordten, „Kants Rechtsbegriff", S. 32.
355 Von der Pfordten, „Kants Rechtsbegriff", S. 32.
356 GMS IV, 451 – Hervorhebung im Original gesperrt.
357 GMS IV, 451 – Hervorhebung im Original gesperrt.

die Anschauungsformen bezieht. Kant schreibt in seiner *Einleitung in die Metaphysik der Sitten* Folgendes:

> So sagt man in der theoretischen Philosophie: im Raume sind nur die Gegenstände äußerer Sinne, in der Zeit aber alle, sowohl die Gegenstände äußerer, als des inneren Sinnes; weil die Vorstellungen beider doch Vorstellungen sind, und sofern insgesammt zum inneren Sinne gehören. *Eben so* mag die Freiheit im äußeren oder inneren Gebrauch der Willkür betrachtet werden, so müssen doch ihre Gesetze, als reine praktische Vernunftgesetze für die freie Willkür überhaupt, zugleich innere Bestimmungsgründe derselben sein: obgleich sie nicht immer in dieser Beziehung betrachtet werden dürfen.[358]

Der von Kant verwendete Ausdruck „Eben so" könnte darauf hindeuten, dass der Verweis auf den inneren und äußeren Sinn als eine unmittelbare Anwendung der Anschauungsformen auf die „Freiheit im äußeren oder inneren Gebrauch der Willkür" zu sehen ist. Allerdings scheint eine andere Interpretation näherliegend. Nicht die beiden Anschauungsformen möchte Kant an dieser Stelle auf die „Freiheit im äußeren oder inneren Gebrauch der Willkür" übertragen, sondern das *Verhältnis* von Innerlichkeit und Äußerlichkeit: Im Rahmen der Anschauungsformen führt nämlich die zusätzliche Bezugnahme auf den äußeren Sinn nicht zu einer Erweiterung der Wahrnehmung, sondern zu einer Einschränkung. Denn die äußere Anschauungsform, die des Raumes, ist auf die äußeren Erscheinungen beschränkt. Die innere Anschauungsform hingegen, die der Zeit, ist Bedingung sowohl für die innere Erscheinung als auch für die äußere.[359] „Eben so" ist nach Kant die Freiheit im äußerlichen Gebrauch der Willkür, d.h. eine äußerliche Handlung,[360] zu verstehen. Die äußerliche Handlung, die auf reinen praktischen Vernunftgesetzen beruht, ist, ganzheitlich betrachtet, auch eine innere Handlung, die sich den Inhalt des Gesetzes zur Triebfeder macht. Der Bezugspunkt zu den Anschauungsformen besteht, anders ausgedrückt, nicht in deren unmittelbaren Anwendung, sondern in derselben *Asymmetrie*:[361] Eine äußerliche Handlung setzt eine innere Handlung voraus, eine innere Handlung hingegen keine äußerliche Handlung.

Das entscheidende Argument gegen B. Ludwigs Interpretation ist jedoch ein anderes: Seine Interpretation stimmt nicht mit dem von Kant vertretenen Umfang

---

358 MdS VI, 214 – Hervorhebung vom Verfasser.
359 Siehe dazu KrV III, 50 f.
360 Was genau unter der „Freiheit im äußeren Gebrauch der Willkür" zu verstehen ist, wird unten ausführlich erklärt werden (Zweiter Teil 2.4.).
361 Von einer „Asymmetrie" in Bezug auf die moralischen Gesetze bei Kant spricht auch Baum, *JRE*, Bd. 13 (2005), S. 40.

einer äußerlichen Handlung überein. Entgegen der Ansicht B. Ludwigs[362] hat Kant die Auffassung vertreten, auch innere Zustände, wie Vorsatz oder Unrechtsbewusstsein, in die rechtliche Bewertung einschließen zu können und daher auch noch als äußerliche Handlungen zu bewerten:[363]

> Eine *unvorsetzliche* Übertretung, die gleichwohl zugerechnet werden kann, heißt bloße *Verschuldung* [...]. Eine *vorsetzliche* (d.i. diejenige, welche mit dem Bewußtsein, daß sie Übertretung sei, verbunden ist) heißt *Verbrechen*.[364]

Für diese Auffassung spricht auch, dass nach Kant „der Gemüthszustand, ob das Subject die That im Affect, oder mit ruhiger Überlegung verübt habe", „in der Zurechnung einen Unterschied macht, der Folgen hat".[365] Nach alldem erscheint B. Ludwigs Interpretationsvorschlag daher nicht geeignet, den Begriff der äußerlichen Handlung zu erfassen.

1.2 Zwei-Welten-These

Von der Pfordten vertritt die Auffassung, dass äußerliche Handlungen „alle Veränderungen im Akteur" sind, „die *keine rein apriorische Vernunftnatur* aufweisen. [...] Diese Platzierung der Trennlinie" entspreche „der Scheidung [...], die Kant zwischen Sinnenwesen (homo phaenomenon) und Vernunftwesen (homo noumenon) bzw. zwischen Sinnenwelt und Vernunftwelt vorgenommen" habe.[366] Von der Pfordten gibt eine Vielzahl von Textbelegen an, um seine Interpretation zu stützen.[367] Als ersten Textbeleg führt er folgende Stelle aus der *Metaphysik der Sitten* an:

> Diese Gesetze der Freiheit heißen zum Unterschiede von Naturgesetzen, *moralisch*. So fern sie nur auf bloße äußere Handlungen und deren Gesetzmäßigkeit gehen, heißen sie *juridisch*; fordern sie aber auch, *daß sie* (die Gesetze) selbst die Bestimmungsgründe der Handlungen sein sollen, so sind sie *ethisch*, und alsdann sagt man: die Übereinstimmung mit den ersteren ist die *Legalität*, die mit den zweiten die *Moralität* der Handlung.[368]

---

362 B. Ludwig, *Kants Rechtslehre*, S. 87, schreibt etwas unspezifisch, dass „Gesinnung, Gefühle, etc." nicht als äußere Handlungen einzuordnen sind.
363 So auch Rosen, *Kant's Theory of Justice*, S. 86 Fn. 15, der dies allerdings als eine Inkonsequenz innerhalb der *Rechtslehre* Kants ansieht.
364 MdS VI, 224 – Hervorhebung im Original gesperrt.
365 MdS VI, 228. Zu Kant Zurechnungslehre siehe Joerden, *ARSP*, Bd. 77 (1991), S. 525 ff.
366 Von der Pfordten, „Kants Rechtsbegriff", S. 30 f.
367 Von der Pfordten, „Kants Rechtsbegriff", S. 33 ff.
368 MdS VI, 214 – Hervorhebung im Original gesperrt.

Auf den ersten Blick sind, so von der Pfordten, juridische und ethische Gesetze durch zwei verschiedene Kriterien definiert: die juridischen Gesetze durch äußerliche Handlungen und die ethischen durch den Bestimmungsgrund. Erwägenswert sei jedoch eine andere Interpretation. Man könne „die Frage nach der Handlungsqualifizierung und die Frage nach dem Bestimmungsgrund der Handlung als *ein und dasselbe Kriterium* oder zumindest zwei Aspekte ein und desselben Kriteriums ansehen. [...] Zur äußerlichen Handlung" gehörten „dann neben den empirisch wahrnehmbaren Nervenreizen und Gehirnvorgängen auch die Emotionen, Antriebe und Neigungen [...], kurz: alles was nicht reiner Vernunft- bzw. Freiheitsbestandteil der Handlungssteuerung ist".[369] Nach von der Pfordten ist der „rechtsethische Begriff des Rechts" damit „eine, die unmittelbare Bestimmung des Handelns durch das praktische Gesetz ausklammernde Perspektive".[370] Unterstützung finde diese Interpretation in folgender Textstelle aus der *Metaphysik der Sitten:*

> Man nennt die bloße Übereinstimmung oder Nichtübereinstimmung einer Handlung mit dem Gesetz ohne Rücksicht auf die Triebfeder derselben die *Legalität* (Gesetzmäßigkeit), diejenige aber, in welcher die Idee der Pflicht aus dem Gesetze zugleich Triebfeder der Handlung ist, die *Moralität* (Sittlichkeit) derselben.[371]

Fraglich ist, ob der Interpretation von der Pfordtens zuzustimmen ist. Eine Handlung ist nach der oben genannten Textstelle schon dann *legal*, wenn sie bloß mit dem Gesetz übereinstimmt, also pflichtmäßig ist. *Moralisch* hingegen ist eine Handlung erst dann, wenn sie zudem auf Grund des Gesetzes, d.h. aus Pflicht, begangen wird.[372] Da sich nach Kant äußerliche Handlungen auf legales Handeln beziehen, ist zu vermuten, dass die Unterscheidung zwischen einer pflichtgemäßen Handlung und einer Handlung aus Pflicht mit der Unterscheidung zwischen einer äußerlichen Handlung und einer innerlichen verbunden ist: Anhand der äußerlichen Handlung lässt sich bestimmen, ob eine Handlung pflichtgemäß ist;[373] anhand der innerlichen dagegen, ob diese äußerliche Handlung zudem aus Pflicht begangen wurde.

Von der Pfordtens Interpretation ist damit jedenfalls *zum Teil* zuzustimmen: Da es nur auf die Pflichtmäßigkeit einer Handlung ankommt, bezieht sich der Begriff der äußerlichen Handlung auf eine *Betrachtungsweise*, bei der man zu-

---

369 Von der Pfordten, „Kants Rechtsbegriff", S. 34.
370 Von der Pfordten, „Kants Rechtsbegriff", S. 35.
371 MdS VI, 219 – Hervorhebung im Original gesperrt.
372 Zur Unterscheidung „aus Pflicht" und „pflichtmäßig" siehe Erster Teil 2.1.1.3.
373 Siehe dazu die bereits ausgeführte Textstelle MdS VI, 214.

mindest auch von der unmittelbaren Bestimmung der Handlung durch das Gesetz, d.h. von dem Handeln aus Pflicht, abstrahiert. Nicht zu folgen ist jedoch der Auffassung von der Pfordtens, wonach diese Unterscheidung zwischen äußerlichen Handlungen und innerlichen der Unterscheidung zwischen dem Menschen als Sinnenwesen (homo phaenomenon) und als Vernunftwesen (homo noumenon) entspreche. Denn auch juridische Gesetze und damit auch äußerliche Handlungen betreffen nach Kant die Gesetze der Freiheit und nicht die Naturgesetze.[374] Sowohl äußerliche Handlungen als auch innerliche spielen sich damit im Bereich der noumenalen Kausalität ab und haben daher beide den Menschen als Vernunftwesen als Bezugspunkt. Außerdem ist es Kants erklärtes Ziel in der *Rechtslehre*, „eine Zeitlang [...] empirische Principien" zu verlassen und „die Quellen jener Urtheile", ob etwas Recht oder Unrecht ist, „in der bloßen Vernunft" zu suchen.[375] Es ist daher nicht anzunehmen, dass sich Kant in seiner *Rechtslehre* lediglich auf die phänomenale, d.h. empirische, Welt, stützt. Würde man zudem bei der Betrachtung innerlicher Handlungen den Menschen *nur* als reines Vernunftwesen ansehen, so könnte man überhaupt nicht zu dem Ergebnis kommen, dass der Mensch aus Pflicht gehandelt hat. Schließlich hat ein reines Vernunftwesen notwendigerweise einen guten Willen. Es befolgt notwendigerweise den kategorischen Imperativ und handelt demnach auch niemals aus Pflicht; „denn diese ist eine *Nötigung* zu einem ungern genommenen Zweck".[376] Sowohl bei den innerlichen Handlungen als auch bei den äußerlichen wird also der Mensch als Vernunftwesen *und* als Sinneswesen betrachtet. In ihrer Kernthese ist von der Pfordtens Auffassung damit abzulehnen.

1.3 Triebfederthese

Die Unterscheidung zwischen innerlichen und äußerlichen Handlungen liegt nach alldem allein darin, dass man bei äußeren Handlungen von der Triebfeder abstrahiert. Hierbei ist es nicht von Interesse, ob es sich um eine rein intelligible Triebfeder handelt oder um eine sinnlich affizierte. Die Gesetze der Freiheit mögen zwar, ganzheitlich betrachtet, eine Handlung aus Pflicht fordern, ob dies aber

---

[374] MdS VI, 214.
[375] MdS VI, 230.
[376] MdS VI, 386 – Hervorhebung vom Verfasser. Zur Unterscheidung zwischen Notwendigkeit und Nötigung siehe oben Erster Teil 1.2.; zum Verhältnis von Nötigung und Pflicht siehe auch Paton, *Der Kategorische Imperativ*, S. 39.

auch tatsächlich zutrifft, ist nicht Gegenstand der juridischen Gesetze und damit auch nicht Gegenstand äußerlicher Handlungen.[377]

Die hier vertretene These lässt sich damit als *Triebfederthese* bezeichnen. Danach sind auch innere Zustände, wie der Gemütszustand eines Menschen, Gegenstand äußerlicher Handlungen; die Frage, ob jemand aufgrund eines hypothetischen oder kategorischen Imperativs gehandelt hat, hingegen nicht.[378] Die Antwort auf diese Frage setzt nämlich stets eine Aussage über die Triebfeder der Handlung voraus und dies ist bei äußerlichen Handlungen nicht möglich.

2 Willkürvereinigung

Das zweite Definitionsmerkmal des allgemeinen Rechtsgesetzes, die Willkürvereinigung, bringt Kant mit der Formulierung zum Ausdruck, wonach äußerlich so gehandelt werden solle, dass „der freie Gebrauch deiner Willkür mit der Freiheit von jedermann [...] zusammen bestehen könne".[379] Dem ersten Anschein nach bringt diese Formulierung nicht eine Willkürvereinigung zum Ausdruck, sondern die Vereinigung der eigenen Willkür mit der Freiheit von jedermann. Wenn es um die menschliche Willkür geht, verwendet Kant jedoch die Begriffe der Willkür und der Freiheit im Rahmen seiner *Rechtslehre* weitgehend bedeutungsgleich.[380] Dies ist etwa an Kants Rechtsdefinition zu sehen, wonach Recht „der Inbegriff der Bedingungen" ist, „unter denen die Willkür des einen mit der Willkür des anderen nach einem allgemeinen Gesetz der Freiheit zusammen vereinigt werden kann".[381] Kant vereinigt bei dieser Definition nicht die Willkür des einen mit der *Freiheit* des anderen, sondern mit der *Willkür* des anderen und meint dasselbe.

Bevor aber näher auf das Verhältnis von Freiheit und Willkür (2.4.) eingegangen wird, ist der Begriff der Willkür zunächst vom Begriff des Wunsches (2.1.) zu unterscheiden. Hierbei ist in einem Exkurs auch auf die Frage einzugehen, ob Kants *Rechtslehre* bereits sozialstaatliche Elemente enthält oder nicht. Zur wei-

---

377 Diese Auffassung klingt auch bei Schadow, „Recht und Ethik in Kants *Metaphysik der Sitten*", S. 104, an, die feststellt, dass eine moralische Gesetzgebung äußerlich sei, „wenn es die Rechtmäßigkeit der Handlung ohne Rücksicht auf die dieser zugrunde liegenden Triebfedern ist, die sie zur Pflicht macht".
378 So aber von der Pfordten, „Kants Rechtsbegriff", S. 30, der ausdrücklich „hypothetische Imperative" als Gegenstand äußerlicher Handlungen ansieht.
379 MdS VI, 231.
380 Siehe dazu Alexy, „Ralf Dreiers Interpretation der Kantischen Rechtsdefinition", S. 100; R. Dreier, *Rechtsbegriff und Rechtsidee*, S. 12 f.; Pogge, „Is Kant's *Rechtslehre* a 'Comprehensive Liberalism'?", S. 137.
381 MdS VI, 230.

teren Verdeutlichung ist sodann das Verhältnis von Zweck und Willkür (2.2.) im Recht darzulegen und schließlich ist noch der Begriff der Willkür vom Begriff des Willens (2.3.) abzugrenzen.

2.1 Wunsch und Willkür

Der Begriff des Rechts betrifft nach Kant „nicht das Verhältnis der Willkür auf den *Wunsch* (folglich auch auf das bloße Bedürfnis) des Anderen, wie etwa in den Handlungen der Wohltätigkeit oder Hartherzigkeit, sondern lediglich auf die *Willkür* des Anderen".[382] Kant grenzt die Willkür vom Wunsch in der *Metaphysik der Sitten* wie folgt ab:

> Das Begehrungsvermögen nach Begriffen, sofern der Bestimmungsgrund desselben zur Handlung in sich selbst, nicht in dem Objecte angetroffen wird, heißt ein Vermögen *nach Belieben zu thun oder zu lassen.* Sofern es mit dem Bewußtsein des Vermögens seiner Handlung zur Hervorbringung des Objectes verbunden ist, heißt es *Willkür*; ist es aber damit nicht verbunden, so heißt der Actus desselben ein *Wunsch.*[383]

Willkür besteht demnach in der Fähigkeit, Beliebiges zu tun oder zu unterlassen und in dem Bewusstsein, dies tun oder unterlassen zu können. Anders ausgedrückt: Willkür ist erstens die faktische Wahlmöglichkeit zu tun oder zu unterlassen und zweitens das Wissen über diese Wahlmöglichkeit.[384]

2.1.1 Begriff des Wunsches

Ein Wunsch liegt demnach vor, wenn jemandem nicht bewusst ist, dass er die Fähigkeit hat, Beliebiges zu tun oder zu unterlassen. In der *Anthropologie* drückt Kant dies noch klarer aus:

> Das Begehren ohne Kraftanwendung zur Hervorbringung eines Objects ist der *Wunsch.* Dieser kann auf Gegenstände gerichtet sein, zu deren Herbeischaffung das Subject sich selbst unvermögend fühlt, und ist dann ein *leerer* (müßiger) Wunsch.[385]

---

382 MdS VI, 230 – Hervorhebung im Original gesperrt.
383 MdS VI, 213 – Hervorhebung im Original gesperrt.
384 So auch Alexy, „Ralf Dreiers Interpretation der Kantischen Rechtsdefinition", S. 100.
385 Anth VII, 251 – Hervorhebung im Original gesperrt.

Jemand, der sich bloß etwas wünscht, wendet demgemäß nicht alle Kraft auf, das Gewünschte zu erreichen; wenn diese Person sich zudem unvermögend fühlt, d.h. sich darüber nicht bewusst ist, Beliebiges tun oder lassen zu können, handelt es sich um einen leeren Wunsch.[386] Die in der *Rechtslehre* gegebene Definition eines Wunsches fällt folglich mit Kants Definition eines leeren Wunsches in der *Anthropologie* zusammen. Aus beiden Definitionen folgt jedenfalls nicht, dass die Person, die sich etwas (bloß) wünscht, bei größter Kraftanwendung nicht dazu in der Lage wäre, das Gewünschte zu erreichen. Entscheidender als der Aspekt des Bewusstseins darüber, etwas Beliebiges tun oder lassen zu können, scheint deshalb der Aspekt der fehlenden Kraftanwendung zu sein, der bei einem bloßen Wunsch vorliegt. Dies zeigt sich auch besonders an einer Stelle aus der *Grundlegung*, in der es darum geht, dass ein Wille auch dann als gut anzusehen wäre, wenn er wegen Unvermögens keine Auswirkungen zeitigte „und nur der gute Wille (freilich nicht etwa als ein bloßer Wunsch, sondern als die Aufbietung aller Mittel, soweit sie in unserer Gewalt sind) übrig bliebe".[387] Entsprechend dem zuvor Gesagten ist bei dieser Textstelle der bloße Wunsch vom Willen dadurch zu unterscheiden, dass es bei einem bloßen Wunsch an der größtmöglichen Kraftaufwendung fehlt.

Da nach Kant Wünsche nicht Teil des Rechts sind, stellt sich die Frage, ob er damit auch einen Sozialstaat ablehnt. Schließlich subsumiert Kant ausdrücklich „das bloße Bedürfnis" unter den Begriff des Wunsches.[388] Die hierzu vertretenen Ansichten lassen sich entweder der Liberalismus-These[389] zuordnen, wonach Kant den Sozialstaat grundsätzlich ablehnt, oder aber der Sozialstaats-These[390], nach der ein Sozial- und Wohlfahrtsstaat von der *Rechtslehre* Kants gefordert wird oder zumindest mit ihr vereinbar ist. In der gebotenen Kürze soll auf diese Frage in einem Exkurs eingegangen werden.

---

386 Vgl. Willaschek, *Praktische Vernunft*, S. 49f.
387 GMS IV, 394.
388 MdS VI, 230.
389 Vertreter der Liberalismus-These sind Aune, *Kant's Theory of Morals*, S. 156ff.; Gregor, *Laws of Freedom*, S. 35f.; Höffe, *Kategorische Rechtsprinzipien*, S. 133f.; Kersting, *Wohlgeordnete Freiheit*, S. 98; Murphy, *Kant: The Philosophy of Right*, S. 109, 144ff.; Unruh, *Die Herrschaft der Vernunft*, S. 192f.
390 Vertreter der Sozialstaats-These (in verschiedenen Abstufungen) sind Friedrich, *Eigentum und Staatsbegründung*, S. 51 ff; Guyer, „Kantian Foundations for Liberalism", S. 235ff.; A. Kaufmann, *Welfare in the Kantian State*, S. 39 und 50ff.; Kühnemund, *Eigentum und Freiheit*, S. 160ff.; Rosen, *Kant's Theory of Justice*, S. 178ff.; Wood, *Kantian Ethics*, S. 195ff.

2.1.2 Exkurs: Liberalismus- oder Sozialstaats-These

Kersting erörtert die Unterscheidung Kants zwischen Wunsch und Willkür und formuliert im Anschluss daran die Liberalismus-These wie folgt:

> Bedürftigkeit vermag nicht rechtlich zu verbinden, niemand ist rechtlich verpflichtet zu reagieren. Eine Rechtsgemeinschaft ist keine Solidargemeinschaft der Bedürftigen, sondern eine Selbstschutzgemeinschaft der Handlungsermächtigten.[391]

Jedenfalls auf den ersten Blick vermag Kants Unterscheidung zwischen der Willkür, die Gegenstand des Rechts sei, und dem Wunsch, der nicht Teil des Rechts sei, diese Liberalismus-These zu stützen. Auf den zweiten Blick erscheint dies jedoch zweifelhaft. Es ist besonders Kerstings Auffassung zu widersprechen, wonach sich Willkür und Wunsch „hinsichtlich der Fähigkeit, das Begehrte aus eigener Kraft erreichen zu können" unterscheiden.[392] Das entscheidende Merkmal des bloßen Wunsches besteht nicht darin, dass eine Person nicht fähig ist, etwas zu tun oder zu unterlassen, sondern es geht Kant vielmehr darum, dass es eine Person in diesem Fall nicht mit aller Kraft versucht.[393] Aus der Kantischen Unterscheidung zwischen Wunsch und Willkür lässt sich demnach zumindest nicht ohne Weiteres die Liberalismus-These ableiten.

Für die entgegengesetzte These, die Sozialstaats-These, spricht dagegen folgende, längere Textstelle aus der *Metaphysik der Sitten:*

> Dem Oberbefehlshaber steht *indirect*, d.i. als Übernehmer der Pflicht des Volks, das Recht zu, dieses mit Abgaben zu seiner (des Volks) eigener Erhaltung zu belasten, als da sind: das Armenwesen, die Findelhäuser und das Kirchenwesen, sonst milde oder fromme Stiftungen genannt. Der allgemeine Volkswille hat sich nämlich zu einer Gesellschaft vereinigt, welche sich immerwährend erhalten soll, und zu dem Ende sich der inneren Staatsgewalt unterworfen, um die Glieder dieser Gesellschaft, die es selbst nicht vermögen, zu erhalten. Von Staatswegen ist also die Regierung berechtigt, die Vermögenden zu nöthigen, die Mittel der Erhaltung derjenigen, die es selbst den nothwendigsten Naturbedürfnissen nach nicht sind, herbeizuschaffen: weil ihre Existenz zugleich als Act der Unterwerfung unter den Schutz und die zu ihrem Dasein nöthige Vorsorge des gemeinen Wesens ist, wozu sie sich verbindlich gemacht haben, auf welche der Staat nun sein Recht gründet, zur Erhaltung ihrer Mitbürger das Ihrige beizutragen.[394]

---

391 Kersting, *Wohlgeordnete Freiheit*, S. 98.
392 Kersting, *Wohlgeordnete Freiheit*, S. 98.
393 Siehe oben Zweiter Teil 2.1.1.
394 MdS VI, 325 f. – Hervorhebung im Original gesperrt.

Aus dieser Textstelle folgt, dass es ein Recht des Staatsoberhaupts ist, Abgaben zu erheben, um Bedürftige staatlich zu unterstützen. Der Staat ist demnach – entgegen der Ansicht Kerstings – nicht nur eine „Selbstschutzgemeinschaft der Handlungsermächtigten", sondern ebenso eine „Solidargemeinschaft". Die von Kant vorgenommene Subsumtion des bloßen Bedürfnisses unter den Begriff des Wunsches deutet ebenfalls nicht auf eine Ablehnung des Sozialstaates hin. Da Kant unter einem bloßen Wunsch eine fehlende Kraftaufwendung versteht, liegt vielmehr die Annahme nahe, dass Kant die bloßen Bedürfnisse einer Person nur dann unter den Begriff des Wunsches subsumiert und damit aus dem Rechtsbegriff ausschließt, wenn die Person auch in diesem Fall keine hinreichenden Anstrengungen aufbringt, um sie mit eigenen Mitteln zu erfüllen.[395] Kant schreibt gemäß dieser Interpretation, dass die staatliche Unterstützung der Armen nicht dazu führen dürfe, „das Armsein zum Erwerbmittel für faule Menschen" zu machen. Denn dies würde „eine *ungerechte* Belästigung des Volks durch die Regierung sein".[396] Wenn Bedürftige aber auch bei größter eigener Anstrengung nicht ihre „nothwendigsten Naturbedürfnisse" stillen können, befürwortet Kant also naheliegender Weise die Möglichkeit der staatlichen Armenfürsorge. Die *Rechtslehre* Kants enthält damit sehr wohl sozialstaatliche Elemente und die Liberalismus-These ist schon aus diesem Grund als zu einseitig abzulehnen.

Zu beachten ist jedoch, dass Kant den Glückseligkeit fördernden, paternalistischen Staat ablehnt. In der Schrift *Über den Gemeinspruch: Das mag in der Theorie richtig sein, taugt aber nicht für die Praxis* schreibt Kant etwa:

> Eine Regierung, die auf dem Princip des Wohlwollens gegen das Volk als eines *Vaters* gegen seine Kinder errichtet wäre, d.i. eine *väterliche Regierung* [...], wo also die Unterthanen als unmündige Kinder, die nicht unterscheiden können, was ihnen wahrhaftig nützlich oder schädlich ist, sich bloß passiv zu verhalten genöthigt sind, um, wie sie glücklich sein *sollen*, bloß von dem Urtheile des Staatsoberhauptes, und, daß dieser es auch wolle, bloß von seiner Gütigkeit erwarten: ist der größte denkbare *Despotismus* (Verfassung, die alle Freiheit der Unterthanen, die alsdann gar keine Rechte haben, aufhebt).[397]

Die Ablehnung eines paternalistischen Staates hängt bei Kant jedoch weniger mit der Ablehnung eines Sozialstaats zusammen, der den Bedürftigen ein Existenzminimum gewährt, als vielmehr mit seinem Begriff der Glückseligkeit.[398] Denn Kant zufolge ist der Begriff der Glückseligkeit aufgrund seiner Relativität und

---

395 Mit ähnlicher Argumentation auch Friedrich, *Eigentum und Staatsbegründung*, S. 52.
396 MdS VI, 326 – Hervorhebung im Original gesperrt.
397 TP VIII, 290 f. – Hervorhebung im Original gesperrt.
398 So auch Rosen, *Kant's Theory of Justice*, S. 190 f.; zum Begriff der Glückseligkeit siehe bereits oben Erster Teil 1.1.

Subjektivität überhaupt nicht dazu in der Lage, ein „allgemein gültiger Grundsatz für Gesetze" zu sein:

> [S]owohl die Zeitumstände als auch der sehr einander widerstreitende und dabei immer veränderliche Wahn, worin jemand seine Glückseligkeit setzt (worin er sie aber setzen soll, kann ihm niemand vorschreiben), macht alle feste Grundsätze unmöglich und zum Princip der Gesetzgebung für sich allein untauglich.[399]

Bestätigung findet diese Interpretation, wonach sich aus Kants Ablehnung eines paternalistischen Staates keine Ablehnung eines Sozialstaates ableitet, in einer Textstelle aus Kants Schrift *Zum ewigen Frieden*, in der er Folgendes über die Aufgaben der Politik schreibt:

> Beides, die Menschenliebe und die Achtung fürs Recht der Menschen, ist Pflicht, jene aber nur bedingte, diese dagegen unbedingte, schlechthin gebietende Pflicht, welche nicht zu übertreten zu haben derjenige zuerst völlig versichert sein muss, der sich dem süßen Gefühl des Wohlthuns überlassen will.[400]

Die Politik ist demnach nur dann befugt, Menschenliebe zu fördern, wenn sie dabei nicht die Rechte der Bürger verletzt.[401] Ein wesentliches Recht des Menschen besteht aber, wie noch später genauer zu sehen sein wird,[402] in dem Recht auf allgemeine (äußere) Handlungsfreiheit, soweit nicht die Rechte anderer verletzt werden. Diese Handlungsfreiheit schließt nach Kant die Befugnis des Einzelnen mit ein, sich selbst Zwecke setzen zu können und für sich selbst zu bestimmen, was für ihn Glückseligkeit bedeutet und wie diese zu erreichen ist.

Fraglich ist jedoch, was Kant in dieser Textstelle genau unter dem Begriff der Menschenliebe versteht. Da Kant kurz nach dieser Textstelle die Menschenliebe mit „der Moral [...] als Ethik" identifiziert,[403] ist davon auszugehen, dass Kant an dieser Stelle unter Menschenliebe die ethische Pflicht zur Förderung fremder Glückseligkeit versteht.[404] Demnach gibt es eine Vorrangrelation zwischen den Rechten des Einzelnen und der Förderung der Glückseligkeit der Staatsbürger.

---

399 TP VIII, 298.
400 ZeF VIII, 385f.
401 Rosen, *Kant's Theory of Justice*, S. 183 Fn. 31, weist zu Recht darauf hin, dass diese von Kant aufgestellte Vorrangrelation große Ähnlichkeit mit der „lexikalischen" Ordnung der beiden Grundsätze der Gerechtigkeit von Rawls, *Eine Theorie der Gerechtigkeit*, S. 81 ff., aufweist.
402 Siehe unten Zweiter Teil 2.4.1.1.
403 ZeF VIII, 386.
404 So auch Rosen, *Kant's Theory of Justice*, S. 183. Der in der Schrift *Zum ewigen Frieden* verwendete Begriff der Menschenliebe weicht damit von der begrifflichen Bestimmung aus der

Eine Ausnahme zu dieser Vorrangrelation besteht nach Kant nur dann, wenn es darum geht, „den *rechtlichen Zustand*, vornehmlich gegen äußere Feinde des Volks, zu *sichern*".[405] In diesem Fall ist das Staatsoberhaupt befugt, „selbst und allein zu urtheilen, ob dergleichen [d. h. die auf Glückseligkeit gerichteten Gesetze, F.K.] zum Flor des gemeinen Wesens gehöre, welcher erforderlich ist, um seine Stärke und Festigkeit sowohl innerlich als wider äußere Feinde zu sichern".[406]

Auch aus dieser Textstelle aus dem *Gemeinspruch* folgt daher nicht, dass die Entwicklung des Sozialstaates für Kant allenfalls in einem pragmatisch-instrumentellen Sinn zur Abwehr von inneren und äußeren Feinden legitim wäre.[407] Die Textstelle bestätigt vielmehr die hier vertretene These, die sich als *Vorrangthese* bezeichnen lässt, wonach es bei Kant einen grundsätzlichen Vorrang der Freiheitsrechte des Einzelnen vor dem die Glückseligkeit fördernden Staat gibt. Der Staat kann und soll nach alldem jedoch auch dann die Glückseligkeit seiner Staatsbürger fördern, wenn es nicht nur um die Erhaltung des Staates geht, sondern schon dann, wenn durch die Förderung der Glückseligkeit die Freiheitrechte des Einzelnen nicht beeinträchtigt werden. Dies ist der Fall, wenn sich der Staat an den individuell verschiedenen, tatsächlich bestehenden Bedürfnissen des Einzelnen orientiert, deren Erfüllung der Einzelne nicht nur wünscht, sondern auch wirklich will, d. h. all seine Mittel dazu aufwendet. Der Sozialstaats-These ist damit in einem durch die *Vorrangthese* eingeschränkten Maße zuzustimmen.

2.1.3 Zwischenergebnis

Mit diesem Exkurs zur Frage, ob Kant eine Liberalismus- oder Sozialstaats-These vertritt, sind die Erörterungen zum Verhältnis zwischen Wunsch und Willkür abgeschlossen. Im Folgenden soll es daher um den zweiten Unterpunkt des Definitionsmerkmals „Willkürvereinigung" gehen, um das Verhältnis von Zweck und Willkür.

Metaphysik der Sitten ab. Kant schreibt darin: „*Liebe* ist eine Sache der Empfindung, nicht des Wollens, und ich kann nicht lieben, weil ich will, noch weniger aber, weil ich soll (zur Liebe genöthigt werden); mithin ist eine Pflicht zu lieben ein Unding" (MdS VI, 401 – Hervorhebung im Original gesperrt).
405 TP VIII, 298 – Hervorhebung im Original gesperrt.
406 TP VIII, 298.
407 So aber Aune, *Kant's Theory of Morals*, S. 157; Höffe, *Kategorische Rechtsprinzipien*, S. 133.

2.2 Zweck und Willkür

Kant zufolge ist der „Zweck [...] ein Gegenstand der freien Willkür, dessen Vorstellung diese zu einer Handlung bestimmt (wodurch jener hervorgebracht wird)".[408] Im Bereich des Rechts abstrahiert Kant jedoch vom Gegenstand der Willkür, also dem Zweck. Denn im Recht geht es nach Kant nicht um die „Materie der Willkür", sondern lediglich um deren „Form". Dies folgt aus Kants drittem Punkt der Begriffsbestimmung des Rechts:

> [I]n diesem wechselseitigen Verhältnis der Willkür kommt auch gar nicht die *Materie* der Willkür, d.i. der Zweck, den ein jeder mit dem Object, was er will, zur Absicht hat, in Betrachtung, z.B. es wird nicht gefragt, ob jemand bei der Ware, die er zu seinem eigenen Handeln von mir kauft, auch seinen Vortheil finden möge, oder nicht, sondern nur nach der *Form* im Verhältnis der beiderseitigen Willkür.[409]

Ein Grund für die Abstraktion vom Zweck im Rahmen des Rechts besteht darin, dass die Zwecksetzung eines Menschen nicht durch äußere Gesetzgebung durchgesetzt werden kann.[410] Kant schreibt diesbezüglich in der *Metaphysik der Sitten:*

> [S]ich aber einen Zweck vorzusetzen, das *kann* durch keine äußerliche Gesetzgebung bewirkt werden (weil es ein innerer Act des Gemüths ist); obgleich äußere Handlungen geboten werden mögen, die dahin führen, ohne doch daß das Subject sie sich zum Zweck macht.[411]

Noch deutlicher tritt das Problem der Durchsetzung von Zwecken mittels äußeren Zwangs in folgender Textstelle aus der *Metaphysik der Sitten* zu Tage:

> Ein Anderer kann mich zwar *zwingen*, etwas zu *thun*, was nicht mein Zweck (sondern nur Mittel zum Zweck eines Anderen) ist, aber nicht dazu, daß ich es mir *zum Zweck mache,* und doch kann ich keinen Zweck haben, ohne ihn mir zu machen. Das letztere ist ein Widerspruch mit sich selbst: ein Act der Freiheit, der doch zugleich nicht frei ist.[412]

Später, bei der Erörterung des äußeren Mein und Dein,[413] wird noch genauer zu sehen sein, dass dieses Durchsetzungsproblem aber nicht der einzige Grund ist, warum von der Materie der Willkür, also auch von dem Zweck einer Handlung, zu

---
408 MdS VI, 384. Zum Begriff des Zwecks siehe bereits oben Erster Teil 2.1.1.1.4.
409 MdS VI, 230 – Hervorhebung im Original gesperrt; vgl. auch TP VIII, 289.
410 Friedrich, *Eigentum und Staatsbegründung*, S. 39; B. Ludwig, *Kants Rechtslehre*, S. 93.
411 MdS VI, 239 – Hervorhebung vom Verfasser.
412 MdS VI, 381 – Hervorhebung im Original gesperrt.
413 Siehe unten Zweiter Teil 2.4.1.2.

abstrahieren ist. Grund ist vielmehr zugleich, dass der jeweilige Zweck eines Menschen von den zufälligen Gegebenheiten in der empirischen Welt abhängt und nach Kant die Bewertung einer Handlung als rechtmäßig oder unrechtmäßig nicht von derartigen empirischen Zufällen abhängig sein darf. Erklärtes Ziel Kants ist es schließlich die *Rechtslehre* „nach Prinzipien *a priori*",[414] d. h. unabhängig von der Erfahrung,[415] zu gestalten. Willaschek spricht dementsprechend von der „*Universalitätsbedingung*" des Rechts.[416] Die Geltung des Rechts könne „keine kontingenten Zwecksetzungen der Normadressaten" voraussetzen.[417]

2.3 Wille und Willkür

Auch wenn Kant schon in seinen früheren Schriften zwischen Wille und Willkür unterscheidet, so findet eine ausführlichere Erörterung des Verhältnisses dieser beiden Begriffe zueinander erst in der Einleitung zur *Metaphysik der Sitten* statt:

> Das Begehrungsvermögen, dessen innerer Bestimmungsgrund, folglich selbst das Belieben in der Vernunft angetroffen wird, heißt der *Wille*. Der Wille ist also das Begehrungsvermögen, nicht sowohl (wie die Willkür) in Beziehung auf die Handlung, als vielmehr auf den Bestimmungsgrund der Willkür zur Handlung betrachtet, und hat selbst vor sich eigentlich keinen Bestimmungsgrund, sondern ist, sofern sie die Willkür bestimmen kann, die praktische Vernunft selbst.[418]

Sowohl der Wille als auch die Willkür sind demgemäß ein Teil des Begehrungsvermögens. Der Begriff des Willens bezeichnet in diesem Zusammenhang die legislative Funktion des Begehrungsvermögens. Er ist der „Bestimmungsgrund der Willkür" und damit „die praktische Vernunft selbst". Der Begriff der Willkür hingegen bezieht sich auf die exekutive Funktion des Begehrungsvermögens.

---

414 MdS VI, 215.
415 Kant verwendet den Begriff des a priori im Gegensatz zum Begriff des a posteriori. Ein Urteil ist a priori, wenn es ein „von der Erfahrung und selbst von allen Eindrücken der Sinne unabhängiges Erkenntnis" ist (KrV III, 2). Unabhängigkeit ist hier im Sinne einer logischen Unabhängigkeit zu verstehen (Körner, *Kant*, S. 12). Ein Urteil, das nicht a priori ist, ist hingegen a posteriori und damit logisch von anderen Urteilen abhängig, die Erfahrungen oder Sinneseindrücke beschreiben. Siehe zu diesen Grundbegriffen bei Kant Körner, *Kant*, S. 10 ff.; Patzig, „Wie sind synthetische Urteile a priori möglich?", S. 17 ff.
416 Willaschek, „Recht ohne Ethik?", S. 191.
417 Willaschek, „Recht ohne Ethik?", S. 191.
418 MdS VI, 213 – Hervorhebung im Original gesperrt.

Denn Willkür ist das Begehrungsvermögen „in Beziehung auf die Handlung".[419] An anderer Stelle schreibt Kant in der *Metaphysik der Sitten* demgemäß:

> Von dem Willen gehen die Gesetze aus; von der Willkür die Maximen.[420]

Versteht man den Begriff des Willens jedoch nur als eine legislative Funktion des Begehrungsvermögens, so ist nicht anzunehmen, dass der Wille autonom ist, also die Fähigkeit hat, sich selbst ein Gesetz zu sein.[421] Der Wille ist in diesem Falle vielmehr das Gesetz selbst und entspricht daher dem *Prinzip* der Autonomie, d. h. dem kategorischen Imperativ.[422] Autonomie im Sinne einer Fähigkeit, sich selbst ein Gesetz zu sein, kommt folglich nur dem Willen in einem weiteren Sinne zu, der die beiden Aspekte des Begehrungsvermögens, die legislative und die exekutive Funktion, zusammenfasst.[423] Timmermann schreibt dementsprechend:

> Der Wille im umfassenden Sinn gibt sich selbst ein Gesetz, indem seine legislative Instanz der Willkür als seiner exekutiven Instanz ein Gesetz gibt und letztgenannte im Lichte dieser Norm eine Maxime wählt. Nur dem Willen im umfassenden Sinn kann Autonomie zugesprochen werden, dem Gesamtbegehrungsvermögen eines vernünftigen Wesens, einer Person.[424]

Folgerichtig lehnt es Kant in Bezug auf den Willen im engeren Sinne auch ab, von Freiheit zu sprechen:

> [D]er Wille, der auf nichts anderes, als bloß auf Gesetze geht, kann weder frei noch unfrei genannt werden.[425]

Grund dafür ist nach Kant, dass der Wille in seiner legislativen Funktion „nicht auf Handlungen, sondern unmittelbar auf die Gesetzgebung für die Maxime der Handlungen (also die praktische Vernunft selbst) geht".[426] Verständlich wird diese Begründung Kants, wenn man berücksichtigt, dass Freiheit nach Kant eine Eigenschaft noumenaler Kausalität ist und der Wille in seiner legislativen Funktion

---

419 So auch Timmermann, *Sittengesetz und Freiheit*, S. 147; vgl. auch Allison, *Kant's Theory of Freedom*, S. 130 f.
420 MdS VI, 226.
421 Allison, *Kant's Theory of Freedom*, S. 129 f.; Timmermann, *Sittengesetz und Freiheit*, S. 147.
422 Zum Prinzip der Autonomie siehe oben Erster Teil 2.2.1.
423 Allison, *Kant's Theory of Freedom*, S. 132 f.; Timmermann, *Sittengesetz und Freiheit*, S. 147; kritisch dazu aber Bojanowski, *Kants Theorie der Freiheit*, S. 242 f.
424 Timmermann, *Sittengesetz und Freiheit*, S. 147; vgl. auch Allison, *Kant's Theory of Freedom*, S. 132 f.
425 MdS VI, 226.
426 MdS VI, 226.

eben nicht kausal für eine Handlung wird. Denn kausal für eine Handlung wird erst die Willkür, also die exekutive Funktion des Willens im weiteren Sinne.[427]

2.4 Freiheit und Willkür

Streng genommen kommt demnach lediglich dem Willen im weiteren Sinne, dem Gesamtbegehrungsvermögen eines vernünftigen Wesens, Freiheit zu. Wie bereits erwähnt,[428] verwendet Kant dennoch den Begriff der (menschlichen) Willkür und den der Freiheit in der *Rechtslehre* weitgehend bedeutungsgleich. Kant spricht also auch allein der exekutiven Funktion des Willens Freiheit zu. Zu erläutern ist in diesem Zusammenhang nur noch kurz, weshalb nach Kant die Freiheit der Willkür „nicht durch das Vermögen der Wahl, für oder wider das Gesetz zu handeln, definiert werden" kann.[429] Da bei Kant auch der positive Begriff der Freiheit nicht mit dem Prinzip der Autonomie gleichzusetzen ist, sondern lediglich mit dem Vermögen dazu,[430] erscheint diese Aussage auf den ersten Blick etwas widersprüchlich. Für diese eingeschränkte Definition der Freiheit der Willkür führt Kant aber zwei schlüssige Gründe an: einen epistemischen und einen modal-logischen.[431]

Der *epistemische* Grund besteht darin, dass der zu definierende Begriff der Freiheit kein phänomenaler Begriff ist, sondern ein noumenaler. Der Begriff der Freiheit lässt sich nach Kant deshalb nicht durch die Erfahrung in der Sinnenwelt, dass der Mensch auch gegen das Sittengesetz verstoßen könne, verständlich machen.[432] Dies würde vielmehr den falschen Anschein erwecken, dass es sich bei

---

427 Siehe dazu Allison, *Kant's Theory of Freedom*, S. 131; Bojanowski, *Kants Theorie der Freiheit*, S. 261f., und Timmermann, *Sittengesetz und Freiheit*, S. 146 Fn. 2, der allerdings eine abweichende Begründung gibt, die auf die fehlende Nötigungsfähigkeit abstellt.
428 Siehe bereits oben Zweiter Teil 2.
429 MdS VI, 226; diese Textstelle aus der Metaphysik der Sitten ist nach allgemeiner Ansicht als eine Replik Kants auf einen derartigen Definitionsvorschlag Reinholds, „Einige Bemerkungen", S. 252 ff., zu verstehen. Siehe dazu Allison, *Kant's Theory of Freedom*, S. 133; Bojanowski, *Kants Theorie der Freiheit*, S. 245 f.; Klemme, „Moralisches Sollen, Autonomie und Achtung", S. 222ff.
430 Siehe dazu oben Erster Teil 2.2.3.; Kants Freiheitsdefinition hat sich in der *Rechtslehre* im Vergleich zur *Grundlegung* nicht geändert: Den negativen Begriff der Freiheit der Willkür definiert Kant als „jene Unabhängigkeit ihrer Bestimmung durch sinnliche Antriebe" und deren positiven Begriff als „das *Vermögen* der reinen Vernunft für selbst praktisch zu sein" (MdS VI, 214 – Hervorhebung durch den Verfasser); kritisch zu dieser Definition Allison, *Kant's Theory of Freedom*, S. 132.
431 So auch Bojanowski, *Kants Theorie der Freiheit*, S. 258f.
432 MdS VI, 226.

der Freiheit der Willkür um ein sinnliches und nicht ein „übersinnliches" Vermögen handele.⁴³³ Eine Definition, „die über den praktischen Begriff noch die *Ausübung* desselben, wie sie Erfahrung lehrt, hinzutut" ist nach Kant daher „eine *Bastarderklärung* [...], welche den Begriff im falschen Lichte darstellt".⁴³⁴ Der *modal-logische* Grund gegen eine derartige Definition ist darin zu sehen, dass die Möglichkeit, sich auch gegen das Sittengesetz entscheiden zu können, nicht „*nothwendig* zum Begriff gehöre".⁴³⁵ „[D]er *Modalität* nach müssen die Merkmale" einer Definition jedoch „*nothwendig* und also nicht solche sein, die durch die Erfahrung hinzukommen".⁴³⁶ Aus alldem folgt jedoch auch hier nicht, dass böse Handlungen nach Kant unmöglich oder unfrei sind.⁴³⁷ Kant wendet sich lediglich dagegen, das Vermögen der menschlichen Willkür, sich gegen das Sittengesetz entscheiden zu können, „zum *Erklärungsprinzip* (des Begriffs der freien Willkür) und allgemeinen Unterscheidungsmerkmal" zu machen.⁴³⁸

Da die *Rechtslehre* nach Kant aber nur das „äußere Verhältnis einer Person gegen eine andere" betrifft,⁴³⁹ geht es im Recht folgerichtig nicht um die Freiheit „im inneren Gebrauche der Willkür", sondern um „die Freiheit im äußeren Gebrauche".⁴⁴⁰ Die Freiheit im äußeren Gebrauch der Willkür entspricht terminologisch der „äußeren Freiheit".⁴⁴¹ Der Begriff der äußeren Freiheit soll im Folgenden genauer analysiert werden.

---

433 MdS VI, 226; siehe dazu auch Bojanowski, *Kants Theorie der Freiheit*, S. 258.
434 MdS VI, 227 – Hervorhebung im Original gesperrt.
435 MdS VI, 227 – Hervorhebung im Original gesperrt.
436 Logik IX, 144.
437 So aber Prauss, *Kant über Freiheit als Autonomie*, S. 111 ff.
438 Kant geht es hierbei vor allen Dingen darum, die menschliche Willkür von der „thierische [n] Willkür", die „nur durch *Neigung* [...] bestimmbar" sei (MdS IV, 213 – Hervorhebung im Original gesperrt), abzugrenzen. Nach Kant ist die „menschliche Willkür [...] eine solche, welche durch Antriebe zwar affiziert, aber nicht bestimmt wird, und ist also für sich (ohne erworbene Fertigkeit der Vernunft) nicht rein, kann aber doch zu Handlungen aus reinem Willen bestimmt werden" (MdS VI, 213).
439 MdS VI, 230. Zur Äußerlichkeit des Rechts siehe bereits oben Zweiter Teil 1.
440 MdS VI, 214.
441 MdS VI, 396; siehe dazu Alexy, „Ralf Dreiers Interpretation der Kantischen Rechtsdefinition", S. 100.

2.4.1 Äußere Freiheit

Die äußere Freiheit ist die „Unabhängigkeit von eines Anderen nöthigender Willkür".[442] Sie ist ein angeborenes Recht, „sofern sie mit jedes Anderen Freiheit nach einem allgemeinen Gesetz zusammen bestehen kann".[443] Weitere angeborene Rechte gibt es nach Kant nicht.[444] Kersting stellt dazu fest, dass mit „der Verengung des Bereichs des natürlichen Menschenrechts auf die rechtsgesetzlich bestimmte äußere Freiheit [...] Kant in der Geschichte des Menschenrechtsgedankens wohl einzig" dasteht.[445] Kant bezeichnet dieses „einzige" angeborene Recht auch als das „innere Mein und Dein".[446] Eine Erweiterung dessen stellt das äußere Mein und Dein dar. Beides, das innere Mein und Dein (2.4.1.1.) sowie das äußere (2.4.1.2.), sind gesondert darzulegen. Sie stehen im Zentrum der Kantischen *Rechtslehre*.

2.4.1.1 Inneres Mein und Dein

Das innere Mein und Dein ist „gleichsam die subjektiv-rechtliche Seite des Rechtsgesetzes selbst".[447] Es ist ein Recht – so schreibt Höffe treffend – „auf jenes Höchstmaß an Handlungsfreiheit, sofern es zugleich mit der Handlungsfreiheit jedes anderen nach einem allgemeinen Gesetz vereinbar ist".[448] Aus diesem Recht folgen nach Kant angeborene „Befugnisse" des Menschen, die „schon im Princip der angeborenen Freiheit" liegen und „wirklich von ihr nicht (als Glieder der Einteilung unter einem höheren Rechtsbegriff) unterschieden" sind:[449]

> Die angeborne *Gleichheit*, d.i. die Unabhängigkeit, nicht zu mehrerem von Anderen verbunden zu werden, als wozu man sie wechselseitig auch verbinden kann; mithin die Qualität des Mensch sein *eigener Herr* [...] zu sein, imgleichen die eines *unbescholtenen* Menschen [...], weil er, vor allem rechtlichen Act, keinem Unrecht gethan hat; endlich auch die Befugnis, das gegen andere zu thun, was an sich ihnen das Ihre nicht schmälert, wenn sie sich dessen nur nicht annehmen wollen; dergleichen ist: ihnen bloß seine Gedanken mitzutheilen, ihnen

---

442 MdS VI, 237.
443 MdS VI, 237.
444 MdS VI, 238.
445 Kersting, *Wohlgeordnete Freiheit*, S. 209.
446 MdS VI, 237 f.
447 So Friedrich, *Eigentum und Staatsbegründung*, S. 78; siehe auch Kersting, *Wohlgeordnete Freiheit*, S. 205; vgl. auch B. Ludwig, *Kants Rechtslehre*, S. 104, der betont, dass dieses angeborene Recht „nicht etwa *aus* dem allgemeinen Rechtsgesetz abgeleitet" wird, sondern „sich systematisch auf derselben Ebene" befindet.
448 Höffe, *NHPh*, Bd. 17 (1979), S. 27.
449 MdS VI, 238.

etwas zu erzählen oder zu versprechen, es sei wahr und aufrichtig, oder unwahr und unaufrichtig [...], weil es bloß auf Ihnen beruht, ob sie ihm glauben wollen oder nicht.[450]

Es ist nicht notwendig, auf diese Befugnisse im Einzelnen ausführlich einzugehen.[451] Festzuhalten sind lediglich folgende vier Gesichtspunkte: Kant versteht *erstens* den Begriff der Gleichheit nicht nur in einem formellen Sinne, sondern auch in einem materiellen.[452] Es geht nicht nur um Gleichheit vor dem Gesetz, also um Rechts*anwendungs*gleichheit, sondern auch um „gleiche Rechtssubjektivität", d. h. um die „rechtliche Möglichkeit der Fremdverpflichtung", die „wechselseitig" jedem Menschen zuzugestehen ist.[453] Jeder Mensch hat nach Kant subjektive Rechte und damit ein „(moralische[s]) Vermögen, Andere zu verpflichten"[454] oder wie Kersting sagt: die „gleiche fremdgerichtete Bestimmungskompetenz".[455] Inwieweit es sich dabei um Rechtssetzungsgleichheit oder Rechtserzeugungsgleichheit handelt, wird später noch genauer zu sehen sein.[456]

Zweitens entspricht „die Qualität des Menschen sein *eigener Herr* [...] zu sein", der bereits oben angesprochenen Einschränkung der Willkür auf deren Form,[457] woraus sich folgerichtig die Befugnis des Menschen ergibt, nicht nach den Zwecken anderer handeln zu müssen, sondern sich selbst Zwecke zu setzen und damit sein „eigener Herr" zu sein.[458]

Die Qualität „eines *unbescholtenen* Menschen" meint *drittens*, dass der Mensch lediglich durch Handlungen, die ihm auch zugerechnet werden können, Unrecht begehen kann. Eine Zurechnung findet nach Kant nur dann statt, wenn der Mensch zum einen „als Urheber einer Handlung [...] angesehen wird";[459] die Handlung zum zweiten „unter Gesetzen der Verbindlichkeit steht" und zum dritten, „wenn man vorher das Gesetz kennt, kraft welches auf ihnen eine Verbindlichkeit beruht".[460] Allein eine Eigenschaft eines Menschen – Rasse, Stand

---

450 MdS VI, 237 f.
451 Siehe dazu besonders Mulholland, *Kant's System of Rights*, S. 221 ff.
452 Anders B. Ludwig, *Kants Rechtslehre*, S. 103, und Pogge, „Is Kant's *Rechtslehre* a 'Comprehensive Liberalism'?", S. 137, die lediglich von einer Gleichheit vor dem Gesetz ausgehen.
453 Kersting, *Wohlgeordnete Freiheit*, S. 208.
454 MdS VI, 237.
455 Kersting, *Wohlgeordnete Freiheit*, S. 208.
456 Siehe unten Zweiter Teil 3.2.
457 Siehe oben Zweiter Teil 2.2.
458 B. Ludwig, *Kants Rechtslehre*, S. 103.
459 MdS VI, 227.
460 MdS VI, 223.

oder Geschlecht – oder eine bloße Gesinnung können demnach keine Zurechnung begründen, sondern sind „vor allem rechtlichen Act".[461]

Viertens betrifft auch die Befugnis, „das gegen andere zu thun, was an sich ihnen das Ihre nicht schmälert", das Zurechnungsproblem.[462] Kant meint, dass im „rechtlichen Sinne [...] nur diejenige Unwahrheit Lüge genannt" werden solle, „die einem anderen unmittelbar an seinem Rechte Abbruch thut, z. B. das falsche Vorgeben eines mit jemandem geschlossenen Vertrags, um ihn um das Seine zu bringen".[463] Hingegen bleibe es „bei der bloßen Erklärung seiner Gedanken [...] immer dem anderen frei [...], sie anzunehmen wofür er will".[464] Behauptet also eine Person in einem Geschäftsgespräch bewusst die Unwahrheit, um von dem anderen einen unmittelbaren Vorteil zu erlangen, so ist dies rechtlich zurechenbar. Gibt aber eine Person lediglich in einem bloßen Alltagsgespräch unrichtige Informationen weiter, so steht es der anderen Person frei, diesen Informationen zu glauben oder nicht und danach zu handeln oder nicht. Kant zufolge ist der falschaussagenden Person in diesem Fall daher eine auf den unrichtigen Informationen basierende Handlung nicht rechtlich zurechenbar. Denn sie ist nicht unmittelbarer Urheber dieser Handlung.[465]

Die Auflistung der Befugnisse des Menschen, die aus dem äußeren Freiheitsrecht folgen, ist an dieser Stelle nicht vollständig.[466] Zu den Befugnissen, die Kant erst an geeigneten Stellen im Privatrecht anspricht, gehören etwa auch die Befugnis, einen physisch besessenen Gegenstand zu gebrauchen;[467] das Recht „da zu sein, wohin sie die Natur, oder der Zufall (ohne ihren Willen) gesetzt hat";[468] und das Recht der Kinder „auf ihre Versorgung durch ihre Eltern".[469]

2.4.1.2 Äußeres Mein und Dein

Das äußere Mein und Dein folgt nicht unmittelbar, d. h. analytisch, aus dem allgemeinen Rechtsgesetz, sondern bedarf noch der Zusatzprämisse des rechtlichen Postulats der praktischen Vernunft, das zugleich ein Erlaubnisgesetz darstellt. In dieser Arbeit, bei der das allgemeine Rechtsgesetz und der kategorische Imperativ

---

461 MdS VI, 238; vgl. B. Ludwig, *Kants Rechtslehre*, S. 103 f.
462 So auch Mulholland, *Kant's System of Rights*, S. 225 f.
463 MdS VI, 238 Fn.
464 MdS VI, 238 Fn.
465 Vgl. Mulholland, *Kant's System of Rights*, S. 225 f.
466 Siehe dazu Friedrich, *Eigentum und Staatsbegründung*, S. 77 Fn. 301; B. Ludwig, *Kants Rechtslehre*, S. 104, sieht die vier Titel hingegen als das angeborene Recht erschöpfend an.
467 MdS VI, 248.
468 MdS VI, 262.
469 MdS VI, 280.

im Mittelpunkt stehen, soll nur in einer groben Übersicht das äußere Mein und Dein dargestellt werden, wobei zunächst die zentrale Unterscheidung zwischen intelligiblem und sinnlichem Besitz einzuführen ist (2.4.1.2.1.). Sodann sind das rechtliche Postulat der praktischen Vernunft (2.4.1.2.2.) und das Erlaubnisgesetz zu erläutern (2.4.1.2.3.). Hierbei wird nur kurz auf Kants Begründung für das rechtliche Postulat der praktischen Vernunft und das Erlaubnisgesetz eingegangen.[470] Der Begriff des Postulats in der *Rechtslehre* Kants wird aber später noch einmal, bei der Erörterung des Verhältnisses zwischen kategorischem Imperativ und allgemeinem Rechtsgesetz, eine Rolle spielen und dort genauer analysiert werden.[471] Abschließend werden die drei äußeren Gegenstände der Willkür und deren Erwerb vorgestellt (2.4.1.2.4.).

2.4.1.2.1 Sinnlicher und intelligibler Besitz

Der sinnliche Besitz ist der empirisch-physische Besitz. „Ein *intelligibler* Besitz" hingegen „ist ein Besitz *ohne Inhabung*".[472] Dieser Besitz ist ein „*bloß-rechtlicher* Besitz", also kein empirischer, sondern ein „Vernunftbesitz".[473] Der intelligible Besitz bezieht sich folgerichtig auch nicht auf einen Gegenstand, der sich phänomenal „in einer *anderen* Stelle [...], im Raum oder in der Zeit" befindet, sondern auf einen Gegenstand, der noumenal „ein nur von mir (dem Subject) *unterschiedener*" ist.[474] Der Schutz des empirisch-physischen Besitzes folgt bereits aus dem inneren Mein, d. h. unmittelbar aus dem allgemeinen Rechtsgesetz: „[W]enn ich Inhaber einer Sache (mit ihr also physisch verbunden) bin", so „afficir[t] und schmäler[t]" derjenige „das innere Meine (meine Freiheit)", der die Sache „wider meine Einwilligung afficirt (z. B. mir den Apfel aus der Hand reißt)".[475] Bei der Frage nach dem äußeren Mein geht es daher lediglich um den intelligiblen Besitz. Die Möglichkeit intelligiblen Besitzes, „mithin die Deduktion des Begriffs eines

---

470 Zu dem rechtlichen Postulat der praktischen Vernunft und zum Erlaubnisgesetz siehe ausführlich Brandt, „Das Erlaubnisgesetz", S. 233 ff.; Byrd/Hruschka, *Kant's Doctrine of Right*, S. 94 ff.; Flickschuh, *JRE*, Bd. 12 (2004), S. 299 ff.; Friedrich, *Eigentum und Staatsbegründung*, S. 102 ff.; Kersting, *Wohlgeordnete Freiheit*, S. 241 ff.; Kühl, *Eigentumsordnung als Freiheitsordnung*, S. 135 ff.; Kühnemund, *Eigentum und Freiheit*, S. 65 ff.; Mulholland, *Kant's System of Rights*, S. 232 ff.
471 Siehe unten Dritter Teil 2.1.1.2. und 2.1.2.2.
472 MdS VI, 246 – Hervorhebung im Original gesperrt.
473 MdS VI, 245 f. – Hervorhebung im Original gesperrt.
474 MdS VI, 245 – Hervorhebung im Original gesperrt.
475 MdS VI, 250.

nicht-empirischen Besitzes, gründet sich auf dem rechtlichen Postulat der praktischen Vernunft".[476] Intelligibler Besitz kann nach Kant also

> keineswegs für sich selbst bewiesen, oder eingesehen werden (eben weil es ein Vernunftbegriff ist, dem keine Anschauung correspondierend gegeben werden kann), sondern ist eine unmittelbare Folge aus dem gedachten Postulat. Denn wenn es nothwendig ist, nach jenem Rechtsgrundsatz zu handeln, so muß auch die intelligibele Bedingung (eines bloß rechtlichen Besitzes) möglich sein.[477]

2.4.1.2.2 Rechtliches Postulat der praktischen Vernunft
Kants „[r]echtliches Postulat der praktischen Vernunft" lautet:

> Es ist möglich, einen jeden äußern Gegenstand meiner Willkür als das Meine zu haben, d.i.: eine Maxime, nach welcher, wenn sie Gesetz würde, ein Gegenstand der Willkür an sich (objectiv) herrenlos [...] werden müßte, ist rechtswidrig.[478]

Nach Kant ist dieses rechtliche Postulat der praktischen Vernunft notwendig, da ansonsten „die Freiheit sich selbst des Gebrauchs ihrer Willkür in Ansehung eines Gegenstandes berauben" würde, wenn „sie *brauchbare Gegenstände* außer aller Möglichkeit des *Gebrauchs* setzte: d.i. diese in praktischer Hinsicht vernichtete, und zur *res nullius* machte; obgleich die Willkür formaliter, im Gebrauch der Sachen mit jedermanns äußeren Freiheit nach allgemeinen Gesetzen zusammenstimmte".[479]

Gibt es also brauchbare Gegenstände, so lautet Kants Grundargument, dann muss es mir auch möglich sein, diese zu gebrauchen. Eine Maxime, die dies verböte, wäre als Gesetz rechtswidrig. Sie verstieße bereits gegen das allgemeine Rechtsgesetz, denn „der, welcher mir [...] den Apfel aus der Hand winden, oder mich von meiner Lagerstätte wegschleppen wollte, würde mich [...] in Ansehung des *inneren* Meinen (der Freiheit) [...] lädiren".[480]

Fraglich ist jedoch, wie Kant von diesem Grundargument aus zu dem Ergebnis kommt, dass eine Person auch Gegenstände rechtlich besitzen kann, die sie nicht unmittelbar physisch besitzt. Kant argumentiert, dass „die reine praktische Vernunft keine anderen als formale Gesetze des Gebrauchs der Willkür zum Grunde legt, und also von der Materie der Willkür, d.i der übrigen Beschaffenheit des

---
476 MdS VI, 246.
477 MdS VI, 252.
478 MdS VI, 246 – Hervorhebung im Original gesperrt.
479 MdS VI, 246 – Hervorhebung im Original gesperrt.
480 MdS VI, 248.

Objects, wenn es nur ein Gegenstand der Willkür ist, abstrahiert".[481] Unter der „Materie der Willkür", von der zu abstrahieren ist, versteht Kant demnach nicht nur den Zweck der Willkür,[482] sondern auch die sonstige empirische Beschaffenheit des Objekts, das zur Erreichung dieses Zweckes dienen soll.[483] Der Grund dafür liegt darin, dass Kant bezweckt, einen apriorischen Rechtsbegriff zu entwickeln, der deshalb nicht „unmittelbar auf Erfahrungsobjecte [...] angewandt werden" könne, sondern zunächst nur „auf den reinen Verstandesbegriff".[484]

„[Z]u dem Begriffe vom Besitz des Gegenstandes" wird demgemäß nicht etwas „*hinzugethan*", sondern „umgekehrt verfahren, und alle Bedingungen der Anschauung, welche den empirischen Besitz begründen, müssen „*weggeschafft* (von ihnen abgesehen) werden, um den Begriff des Besitzes über den empirischen hinaus zu *erweitern*".[485] Nach Kant sollen die „erfahrungsentsprungenen Begriffe" also durch die Methode der „Idealisierung [...] auf eine apriorische Sprache" gebracht werden.[486]

Von dem Begriff des Besitzes sei deshalb sowohl von einer möglichen physischen Inhabung des Gegenstandes zu abstrahieren, d. h. von der empirischen Relation des Gegenstandes zu einer Person, als auch von der Gestalt, dem Material und der Farbe des Gegenstandes.[487] Entscheidend für den Begriff des Besitzes sei allein, dass es sich um einen Gegenstand der Willkür handelt. Dies bestimmt sich Kant zufolge nach zweierlei Kriterien:[488] Zum einen müsse es sich um einen Gegenstand handeln, „wovon beliebigen Gebrauch zu machen ich das physische Vermögen habe".[489] Zum anderen müsse es mir „*bewußt* [...] sein, daß ich ihn in meiner Macht habe".[490] Es gehe folglich nicht darum, „denselben Gegenstand" tatsächlich „in meiner *Gewalt* zu haben, welches nicht bloß ein Vermögen, sondern auch einen Act der Willkür" voraussetze.[491]

Die Antwort auf die Frage, wie Kant zu dem Ergebnis kommt, dass eine Person auch Gegenstände rechtlich besitzen kann, die sie nicht unmittelbar physisch

---

481 MdS VI, 246.
482 Siehe dazu oben Zweiter Teil 2.2.
483 Siehe auch Mulholland, *Kant's System of Rights*, S. 251 f.
484 MdS VI, 253.
485 MdS VI, 251 f. – Hervorhebung im Original gesperrt.
486 Kaulbach, „Moral und Recht in der Philosophie Kants", S. 53; vgl. auch Luf, *Freiheit und Gleichheit*, S. 80 f.
487 Friedrich, *Eigentum und Staatsbegründung*, S. 107 f.; Herb/B. Ludwig, *Kant-Studien*, Bd. 84 (1993), S. 290.
488 Vgl. dazu die bereits oben Zweiter Teil 2.2. gegebene Definition von Willkür.
489 MdS VI, 246.
490 MdS VI, 246 – Hervorhebung vom Verfasser.
491 MdS VI, 246 – Hervorhebung vom Verfasser.

besitzt, setzt sich mit anderen Worten aus folgenden Gedankenschritten zusammen: Die rechtliche Bewertung einer Handlung dürfe in einer apriorischen *Rechtslehre* nicht davon abhängen, ob man einen Gegenstand der Willkür physisch innehat oder nicht.[492] Für Gegenstände der Willkür seien demzufolge nur zwei Arten von Gesetzen möglich: entweder das „absolute Verbot"[493] oder die absolute Erlaubnis, einen Gegenstand der Willkür zu gebrauchen. Ein absolutes Verbot aber würde „ein Widerspruch der äußeren Freiheit mit sich selbst sein".[494] Schließlich folgt bereits aus dem allgemeinen Rechtsgesetz die Befugnis, physisch besessene Gegenstände zu gebrauchen. Gibt es also eine Erlaubnis, diese physisch besessenen Gegenstände der Willkür zu gebrauchen, so müsse es auch eine Erlaubnis bezüglich der nicht-physisch besessenen Gegenstände der Willkür geben.[495]

Aus alldem ist zu schließen, dass das rechtliche Postulat der praktischen Vernunft nicht unmittelbar, d. h. analytisch,[496] aus dem allgemeinen Rechtsgesetz folgt, sondern synthetisch unter Hinzunahme einer neuen Klasse von Objekten in Raum und Zeit.[497] Dieses Postulat ist damit nicht nur ein (überflüssiges) Anhängsel des allgemeinen Rechtsgesetzes, sondern – gesetzt den Fall, es gibt diese

---

492 Siehe dazu auch Friedrich, *Eigentum und Staatsbegründung*, S. 109 f. Fn. 395.
493 MdS VI, 246.
494 MdS VI, 246.
495 Damit erschließt sich auch der letzte Teil des rechtlichen Postulats der praktischen Vernunft, wonach eine „Maxime, nach welcher, wenn sie Gesetz würde, ein Gegenstand der Willkür an sich (objectiv) herrenlos […] werden müßte, […] rechtswidrig" ist (MdS VI, 246). Denn die Notwendigkeit des rechtlichen Postulats der praktischen Vernunft wird durch diesen Teil apagogisch, d. h. über den Beweis der Unmöglichkeit des Gegenteils, begründet. Zu diesem Argument in der *Rechtslehre* siehe vor allen Dingen Herb/B. Ludwig, *Kant-Studien*, Bd. 84 (1993), S. 290; vgl. auch Friedrich, *Eigentum und Staatsbegründung*, S. 105 ff., und Kersting, *Wohlgeordnete Freiheit*, S. 233 ff., der ausführlich auf Kants Begründung des intelligiblen Besitzes im Rahmen der „Vorarbeiten zur Rechtslehre" eingeht. Eher kritisch äußern sich diesbezüglich Deggau, *Die Aporien der Rechtslehre Kants*, S. 87; Rosen, *Kant's Theory of Justice*, S. 20 Anm. 59, und Struck, *Kant-Studien*, Bd. 78 (1987), S. 471 ff.
496 Ein *analytisches* Urteil liegt nach Prol IV, 266, vor, wenn „im Prädicate nichts, als das, was im Begriffe des Subjects schon wirklich, obgleich nicht so klar und mit gleichem Bewußtsein gedacht war". Wenn also „das Prädicat eines bejahenden analytischen Urtheils schon vorher im Begriffe des Subjects gedacht wird, so kann es von ihm ohne Widerspruch nicht verneint werden, ebenso wird sein Gegentheil, in einem analytischen, aber verneinenden Urtheile, nothwendig von dem Subject verneint, und zwar auch zufolge dem Satze des Widerspruchs" (Prol IV, 267). Ein *synthetisches* Urteil ist dementsprechend ein Urteil, dass „dem Grundsatze der Analysis, nämlich dem Satze des Widerspruchs, allein nimmermehr entspringen" kann (Prol IV, 267).
497 Vgl. Ripstein, *Force and Freedom*, S. 58: „Kant characterizes it as a 'postulate' because it specifies what must be presupposed if moral concepts are to be applied to a new class of objects in space and time".

neue Klasse von Objekten in Raum und Zeit – eine notwendige Erweiterung des äußeren Freiheitsrechts um das „äußere Mein und Dein".[498] Das formale Argument, das Kant zugunsten dieser Erweiterung vorbringt, stellt zudem klar, dass hinter der Gebrauchsbefugnis von äußeren Gegenständen der Willkür nicht etwa eine „heimliche teleologische Fundierung des Rechts" zu sehen ist.[499] Es geht vielmehr allein um die aus der äußeren Freiheit folgende grundsätzliche Verfügungsmacht über Gegenstände. Was jemand letzthin mit diesen Gegenständen macht, welchen Zweck er verfolgt, entzieht sich der rechtlichen Beurteilung.[500]

2.4.1.2.3 Erlaubnisgesetz der praktischen Vernunft

Kant behauptet, dass man „dieses Postulat ein Erlaubnisgesetz [...] der praktischen Vernunft nennen" kann,

> was uns die Befugnis giebt, die wir aus bloßen Begriffen vom Rechte überhaupt nicht herausbringen könnten, nämlich allen anderen eine Verbindlichkeit aufzulegen, die sie sonst nicht hätten, sich des Gebrauchs gewisser Gegenstände unserer Willkür zu enthalten, weil wir zuerst sie in unseren Besitz genommen haben.[501]

Das Erlaubnisgesetz folgt demnach nicht unmittelbar aus dem Begriff des Rechts und ist also auch nicht analytisch mit dem allgemeinen Rechtsgesetz verknüpft. Es stellt vielmehr eine subjektivierte Formulierungsvariante zum rechtlichen Postulat der praktischen Vernunft dar.

In der *Einleitung in die Metaphysik der Sitten* fragt sich Kant jedoch, ob Erlaubnisgesetze überhaupt notwendig sind:

> Eine Handlung, die weder geboten noch verboten ist, ist bloß *erlaubt*, weil es in Ansehung ihrer gar kein die Freiheit (Befugnis) einschränkendes Gesetz und also auch keine Pflicht giebt. Eine solche Handlung heißt sittlich-gleichgültig [...]. Man kann fragen: ob es dergleichen gebe, und, wenn es solche giebt, ob dazu, daß jemandem freistehe, etwas nach seinem Belieben zu thun, oder zu lassen, außer dem Gebotsgesetze [...] und dem Verbotsgesetze [...] noch ein Erlaubnisgesetz [...] erforderlich sei. Wenn dieses ist, so würde die Befugnis nicht allemal eine gleichgültige Handlung [...] betreffen; denn zu einer solchen,

---

498 MdS VI, 251. Von einer „Erweiterung" im Gegensatz zu einer „Anhängung" spricht auch Flickschuh, *JRE*, Bd. 12 (2004), S. 304 f.: „[D]as Postulat ist die notwendige Voraussetzung zur Erweiterung, mittels des Begriffes des intelligiblen Besitzes, des allgemeinen Gesetzes auf das Besitzrecht".
499 Kersting, *Wohlgeordnete Freiheit*, S. 243.
500 Siehe dazu bereits oben Zweiter Teil 2.2.
501 MdS VI, 246.

wenn man sie nach sittlichen Gesetzen betrachtet, würde kein besonderes Gesetz erfordert werden.[502]

Dieser Abschnitt zeigt zunächst, dass Kant in der *Rechtslehre* den Begriff des Erlaubnisgesetzes nicht auf Handlungen bezieht, die erlaubt, d. h. nicht verboten, sind, sondern auf Handlungen, die *bloß* erlaubt sind, d. h. weder geboten noch verboten, also moralisch freigestellt sind.[503] Im Weiteren folgt aus diesem Textabschnitt, dass sich ein Erlaubnisgesetz aber nicht *nur* auf bloß erlaubte Handlungen beziehen kann, sondern eine darüber hinausgehende Bedeutung haben muss. Die darüber hinausgehende Bedeutung des Erlaubnisgesetzes liegt darin, dass die bloß erlaubte Handlung der ersten Inbesitznahme eines äußeren Gegenstandes in rechtlicher Hinsicht zu der Ermächtigung führt, anderen die Verbindlichkeit aufzuerlegen, diesen Gegenstand nicht zu gebrauchen. Anstatt von einem Erlaubnisgesetz würde man daher heute eher von einer Ermächtigungsnorm oder einer Kompetenznorm sprechen.[504] Später wird allerdings noch genauer zu sehen sein,[505] dass – entgegen der Formulierung des Erlaubnisgesetzes – die erste Inbesitznahme, die prima occupatio, allein noch nicht ausreichend ist, um ein Besitzrecht zu begründen. Es bedarf vielmehr noch der „Idee eines a priori vereinigten (nothwendig zu vereinigenden) Willens Aller", um zumindest ein „provisorisch[es]" Besitzrecht zu begründen, dass anderen die Verbindlichkeit auferlegt, diesen Gegenstand nicht zu gebrauchen.[506] Kant bezeichnet dies als eine „unumgängliche Bedingung", die „stillschweigend vorausgesetzt wird".[507]

---

502 MdS VI, 223 – Hervorhebung im Original gesperrt.
503 Das Erlaubnisgesetz der Rechtslehre unterscheidet sich damit von dem Erlaubnisgesetz, das Kant in der Schrift *Zum ewigen Frieden* (ZeF VIII, 347 ff.) erörtert, bei dem es um Handlungen geht, die grundsätzlich verboten sind und nur ausnahmsweise erlaubt sind (so auch Byrd/ Hruschka, *Kant's Doctrine of Right*, S. 99; M. Kaufmann, *JRE*, Bd. 13 (2005), S. 197 ff; Friedrich, *Eigentum und Staatsbegründung*, S. 113; a.A. Brandt, „Das Problem der Erlaubnisgesetze", S. 78; Flickschuh, *JRE*, Bd. 12 (2004), S. 316, und Kersting, *Wohlgeordnete Freiheit*, S. 248 f., die auch das Erlaubnisgesetz der Rechtslehre als ein Ausnahmegesetz zu etwas grundsätzlich Verbotenem ansehen).
504 Byrd/Hruschka, *Kant's Doctrine of Right*, S. 100, sprechen dementsprechend von einer „power-conferring norm"; so auch Hruschka, *Law and Philosophy*, Bd. 23 (2004), S. 56 ff.
505 Siehe unten Zweiter Teil 2.4.1.2.4.
506 MdS VI, 264.
507 MdS VI, 264.

2.4.1.2.4 Äußere Gegenstände der Willkür und deren Erwerb

Nach Kant gibt es drei äußere Gegenstände der Willkür, die intelligibel besessen werden können:

> 1. Eine (körperliche) *Sache* außer mir; 2. Die *Willkür* eines anderen zu einer bestimmten That [...]; 3. der *Zustand* eines Anderen in Verhältniß auf mich.[508]

Auf diese drei Möglichkeiten des äußeren Mein und Dein wendet Kant die Kategorien der *„Substanz, Causalität* und *Gemeinschaft"* an.[509] Der Kategorie der Substanz ist die „(körperliche) *Sache* außer mir" zuzuordnen. Kant veranschaulicht diese erste Möglichkeit des äußeren Mein mit dem Beispiel eines Apfels, den ich auch dann besitze, *„obgleich ich nicht im physischen Besitz desselben* bin".[510] „Der Form (Erwerbungsart) nach" handelt es sich bei derartigen äußeren Gegenständen um das *„Sachenrecht".*[511] Die zweite Möglichkeit des äußeren Mein betrifft der Form nach das *„persönliche Recht":*[512]

> Ich kann die *Leistung* von etwas durch die Willkür des Andern [...] mein nennen, [...] wenn ich behaupten darf, ich bin im Besitz der Willkür des Anderen (diesen zur Leistung zu bestimmen), obgleich die Zeit der Leistung erst kommen soll; das Versprechen des letzteren gehört demnach zur Habe und Gut [...], und ich kann sie zu dem Meinen rechnen, aber nicht bloß, wenn ich das *Versprochene* [...] schon in meinem Besitz habe.[513]

Da das Versprechen auf der freien Willkür einer Person gründet und damit die Kausalität aus noumenaler Freiheit betrifft, ist nach Kant bei dieser Möglichkeit des äußeren Meins nicht die Kategorie der Substanz einschlägig, sondern die der Kausalität.[514] Der Kategorie der Gemeinschaft ist hingegen „der Zustand eines Anderen in Verhältniß auf mich" zuzuordnen. Als Beispiele für diese dritte Möglichkeit des äußeren Mein nennt Kant „ein Weib, ein Kind" und „ein Gesinde".[515] Man kann aber, so Kant, diese Personen nur dann „das Meine nennen", wenn ich sie „durch meinen bloßen Willen" besitze, „mithin *bloß-rechtlich"*, und nicht dann, wenn ich sie „in meiner Gewalt und Besitz habe", also lediglich

---

508 MdS VI, 247 – Hervorhebung im Original gesperrt.
509 MdS VI, 247 – Hervorhebung im Original gesperrt.
510 MdS VI, 247 – Hervorhebung im Original gesperrt.
511 MdS VI, 260 – Hervorhebung im Original gesperrt.
512 MdS VI, 260 – Hervorhebung im Original gesperrt.
513 MdS VI, 248 – Hervorhebung im Original gesperrt.
514 MdS VI, 247; siehe dazu Kühnemund, *Eigentum und Freiheit*, S. 63.
515 MdS VI, 248.

„(empirisch) besitze".[516] Der Form nach handelt es sich in diesem Fall um ein „*dinglich-persönliches* Recht".[517]

Im Gegensatz zu dem inneren Mein und Dein handelt es sich bei diesen Möglichkeiten des äußeren Mein und Dein nicht um ein „*angeborenes* Recht", sondern um ein „*erworbenes*".[518] Der Erwerb dieser drei äußeren Gegenstände der Willkür richtet sich nach dem „Princip der äußeren Erwerbung":

> Was ich (nach dem Gesetz der äußeren *Freiheit*) in meine *Gewalt* bringe, und wovon, als Object meiner Willkür, Gebrauch zu machen ich (nach dem Postulat der praktischen Vernunft) das Vermögen habe: endlich, was ich (gemäß der Idee eines möglichen vereinigten Willens) will, es solle mein sein, das ist mein.[519]

Die Erwerbung muss sich, so Brandt treffend, „als ein Akt der Distribution, der Übereignung durch den Willen aller denken lassen, die durch die Besitznahme in ihrer Freiheit eingeschränkt werden".[520]

Ein Erwerb kann ursprünglich oder „von dem Seinen eines Anderen abgeleitet" sein.[521] Nur bei körperlichen Sachen ist überhaupt ein ursprünglicher Erwerb möglich und dieser ist zudem auf den Boden eingeschränkt:[522]

> [S]o kann im praktischen das Bewegliche auf dem Boden nicht das Seine von jemanden sein, wenn dieser nicht vorher als im rechtlichen Besitz desselben befindlich [...] angenommen wird.[523]

---

516 MdS VI, 248 – Hervorhebung im Original gesperrt.
517 MdS VI, 260 – Hervorhebung im Original gesperrt.
518 MdS VI, 237 – Hervorhebung im Original gesperrt.
519 MdS VI, 258. Das „Princip der äußeren Erwerbung" setzt sich demnach aus drei Teilaspekten zusammen: Da unter dem „Gesetz der äußeren *Freiheit*" das allgemeine Rechtsgesetz zu verstehen ist, darf der Akt der Besitzergreifung, *erstens*, nicht die Freiheit eines anderen verletzen. Aus dem „Postulat der praktischen Vernunft" folgt, *zweitens*, dass es sich um einen der drei möglichen äußeren Gegenstände meiner Willkür handeln muss und, *drittens*, muss der Besitzerwerb unter der Idee eines möglichen vereinigten Willen stehen, also verallgemeinerbar sein. Ausführlich zu der Erwerbungslehre Kants siehe Friedrich, *Eigentum und Staatsbegründung*, S. 134ff.; Kühnemund, *Eigentum und Freiheit*, S. 81ff.; B. Ludwig, *Kants Rechtslehre*, S. 125ff.
520 Brandt, *Eigentumstheorien*, S. 190; vgl. Kersting, *Wohlgeordnete Freiheit*, S. 144ff.
521 MdS VI, 258.
522 Bei den anderen beiden Möglichkeiten des äußeren Erwerbs, dem Erwerb der Willkür und des Zustands, lässt sich der Erwerb hingegen nur ableiten.
523 MdS VI, 261. Nach Kant folgt auch der ursprüngliche Erwerb grundsätzlich den drei Stufen der allgemeinen Besitzerwerbung. Voraussetzung der ursprünglichen Erwerbung sei die „*Apprehension* eines Gegenstandes der Keinem angehört", die „*Bezeichnung* [...] des Besitzes dieses Gegenstands und des Acts meiner Willkür jeden Anderen davon abzuhalten" sowie die „*Zu-*

Aus Gründen der Vollständigkeit sei hinzugefügt, dass Kant diesbezüglich explizit die von Locke[524] vertretene Arbeitstheorie des Eigentums ablehnt und die „Bearbeitung des Bodens (Bebauung, Beackerung, Entwässerung u. dergl.)" lediglich als „ein äußeres Zeichen der Besitznehmung" einordnet, „welche man durch viele andere, die weniger Mühe kosten, ersetzen kann".[525]

2.4.1.2.5 Zwischenergebnis

Zumindest überblicksartig wurde damit dargestellt, was Kant unter einem äußeren Mein und Dein versteht. Als entscheidend für das Verständnis von äußerem Mein und Dein erwies sich Kants Unterscheidung zwischen sinnlichem und intelligiblem Besitz. Anders als der sinnliche Besitz ist der intelligible ein Besitz ohne Inhabung, d.h. ohne tatsächlich-physische Herrschaft. Dass ein derartiger Besitz möglich und notwendig ist, ergibt sich aus dem rechtlichen Postulat der praktischen Vernunft. Dieses Postulat wiederum ergibt sich aus folgender Erwägung: Die Frage, ob eine Handlung rechtmäßig oder unrechtmäßig ist, darf in einer vernunftbegründeten Rechtslehre nicht davon abhängen, ob man einen Gegenstand der Willkür physisch innehat oder nicht. Gesetzt den Fall, es gibt eine neue Klasse von Objekten in Raum und Zeit, so stellt das äußere Mein und Dein eine notwendige *Erweiterung* des äußeren Freiheitsrechts aus dem allgemeinen Rechtsgesetz dar.

Das danach behandelte Erlaubnisgesetz ist eine subjektive Formulierungsvariante des rechtlichen Postulats der praktischen Vernunft. Aus dem Erlaubnisgesetz folgt, dass die bloß erlaubte Handlung der ersten Inbesitznahme eines äußeren Gegenstandes in rechtlicher Hinsicht zu der Ermächtigung führt, anderen

---

eignung [...] als Act eines äußerlich allgemeinen gesetzgebenden Willens (in der Idee), durch welchen jedermann zur Einstimmung mit meiner Willkür verbunden wird" (MdS VI, 258 – Hervorhebung im Original gesperrt). Siehe dazu ausführlich Friedrich, *Eigentum und Staatsbegründung*, S. 134ff.

524 John Locke, „Two Treaties on Government", S. 353: „Though the earth, and all inferior creatures, be common to all men, yet every man has a property in his own person: this nobody has any right to but himself. The labour of his body, and the work of his hands, we may say, are properly his. [...] For this labour being the unquestionable property of the labourer, no man but he can have a right to what that is once joined to, at least where there is enough, and as good, left in common for others".

525 MdS VI, 265: „[I]st die Bearbeitung des Bodens [...] zur Erwerbung des Bodens nothwendig? Nein! denn da diese Formen (der Specificierung) nur Accidenzien sind, so machen sie kein Object eines unmittelbaren Besitzes aus und können zu dem des Subjects nur gehören, sofern die Substanz vorab als das Seine desselben anerkannt ist". Ausführlich dazu Kersting, *Wohlgeordnete Freiheit*, S. 272ff.; Saage, *Eigentum, Staat und Gesellschaft bei Immanuel Kant*, S. 52ff.

die Verbindlichkeit aufzuerlegen, diesen Gegenstand nicht zu gebrauchen. Anstatt von einem Erlaubnisgesetz würde man daher heute eher von einer Ermächtigungsnorm oder einer Kompetenznorm sprechen. Stillschweigende Bedingung dieses Erlaubnisgesetzes ist jedoch, dass die erste Inbesitznahme sich mit der Idee eines a priori vereinigten Willens aller vereinbaren lässt.

Zum Schluss dieses Abschnitts wurde danach auf die drei möglichen Gegenstände der Willkür eingegangen: die körperliche Sache, die Willkür sowie der Zustand eines anderen. Bis auf den Erdboden, der nach Kant eine körperliche Sache ist, die ursprünglich erworben werden kann, stellen alle anderen Erwerbungsmöglichkeiten lediglich einen von einer anderen Person abgeleiteten Erwerb dar. Als Erwerbsmöglichkeit lehnt Kant die Arbeitstheorie Lockes ab. Entsprechend dem Erlaubnisgesetz muss sich der Erwerb vielmehr stets als eine Übereignung durch den Willen aller denken lassen, die durch die Besitznahme in ihrer Freiheit eingeschränkt werden.

Nachdem damit das Verständnis der äußeren Freiheit bei Kant abgerundet wurde, soll es im Folgenden um das Verhältnis von Freiheit und Zwang gehen.

2.4.2 Freiheit und Zwang

Kant zufolge gibt es eine enge Verknüpfung zwischen Freiheit und Zwang. Die innere Freiheit des Menschen beinhaltet die Fähigkeit zum inneren Zwang, d. h. zum Handeln aus Pflicht. Die äußere Freiheit hingegen bedarf des äußeren Zwangs „als *Verhinderung* eines *Hindernisses der Freiheit*".[526] Wichtig ist dabei zu beachten, dass das allgemeine Rechtsgesetz damit eine Zwangsbefugnis begründet und nicht lediglich voraussetzt:[527]

> Der Widerstreit, der dem Hindernis einer Wirkung entgegengesetzt wird, ist eine Beförderung dieser Wirkung und stimmt mit ihr zusammen. Nun ist alles, was Unrecht ist, ein Hindernis der Freiheit nach allgemeinen Gesetzen: der Zwang aber ist ein Hindernis oder Widerstand, der der Freiheit geschieht. Folglich: wenn ein gewisser Gebrauch der Freiheit selbst ein Hindernis der Freiheit nach allgemeinen Gesetzen (d.i. unrecht) ist, so ist der Zwang, der diesem entgegengesetzt wird, [...] mit der Freiheit nach allgemeinen Gesetzen zusammenstimmend, d.i. recht.[528]

---

[526] MdS VI, 231 – Hervorhebung im Original gesperrt.
[527] Siehe dazu auch Willaschek, „‚Verhinderung eines Hindernisses der Freiheit' und ‚Zweiter Zwang'", S. 276.
[528] MdS VI, 231.

Kant folgert daraus, dass mit dem äußeren Freiheitsrecht des Menschen „zugleich eine Befugnis, den, der ihm Abbruch thut, zu zwingen, nach dem Satze des Widerspruchs verknüpft ist".[529] Es besteht demnach ein analytisches Verhältnis zwischen Recht und Zwang.[530] Oder in den Worten Kants:

> Recht und die Befugnis zu zwingen bedeuten also einerlei.[531]

Wie schon bei dem rechtlichen Postulat der praktischen Vernunft,[532] folgt – so die *Übertragbarkeitsthese* – also auch aus dem „Postulat"[533] des allgemeinen Rechtsgesetzes ein Erlaubnisgesetz, d.h. eine Ermächtigungsnorm: Aus der äußeren Freiheit, die in negativer Hinsicht in der bloßen Erlaubnis, „alles zu thun, was man will, wenn man nur keinem Unrecht thut",[534] besteht, folgt in positiver Hinsicht die darüber hinausgehende rechtliche Befugnis zu zwingen und zu verbinden.

Um das Verhältnis zwischen äußerer Freiheit und Zwang weiter zu verdeutlichen, ist im Folgenden auf Kants Begriff des strikten Rechts einzugehen (2.4.2.1.). In einem Exkurs soll sodann die damit zusammenhängende Frage erörtert werden, ob Kants allgemeines Rechtsgesetz als ein Imperativ einzustufen ist oder nicht (2.4.2.2.). Abschließend ist Kants Konzept eines zweideutigen Rechts darzulegen (2.4.2.3.).

2.4.2.1 Striktes Recht

Ein „*strictes* (enges) Recht" ist nach Kant das „völlig äußere".[535] Es ist „rein und mit keinen Tugendvorschriften vermengt", ihm ist „nichts Ethisches beigemischt".[536] Das strikte Recht „gründet sich nun zwar auf dem Bewußtsein der Verbindlichkeit eines jeden nach dem Gesetze, aber, die Willkür danach zu bestimmen, darf und

---

529 MdS VI, 231.
530 Kritisch dazu Willaschek, „‚Verhinderung eines Hindernisses der Freiheit' und ‚Zweiter Zwang'", S. 277, der argumentiert, dass die Prämisse „Der Widerstreit, der dem Hindernisse einer Wirkung entgegengesetzt wird, ist eine Beförderung dieser Wirkung" eine reale Entgegensetzung und keine bloße logische Kontradiktion darstellt und damit synthetischen Charakter hat. Vgl. dazu auch M. Kaufmann, *JRE*, Bd. 5 (1997), S. 73 ff.
531 MdS VI, 232.
532 Siehe oben Zweiter Teil 2.4.1.2.2. und 2.4.1.2.3.
533 Kant spricht in MdS VI, 231, ausdrücklich davon, dass das allgemeine Rechtsgesetz ein „Postulat" darstellt.
534 ZeF VIII, 350.
535 MdS VI, 232 – Hervorhebung im Original gesperrt.
536 MdS VI, 232.

kann es, wenn es rein sein soll, sich auf dieses Bewußtsein als Triebfeder nicht berufen".[537] Damit entspricht das strikte Recht dem allgemeinen Rechtsgesetz. Kant schreibt diesbezüglich ebenfalls, dass dieses zwar ein Gesetz sei, „welches mir eine Verbindlichkeit auferlegt, aber ganz und gar nicht erwartet, noch weniger fordert, daß ich ganz um dieser Verbindlichkeit willen, meine Freiheit auf jene Bedingung *selbst* einschränken *solle*".[538] Verbindlichkeit, die Kant als „Nothwendigkeit einer freien Handlung unter dem kategorischen Imperativ der Vernunft" definiert,[539] hat demnach im strikten Recht und im allgemeinen Rechtsgesetz keine normative, d. h. nötigende, Funktion.[540] In Anlehnung an Binder[541] lässt sich damit sagen, dass das (strikte) „Recht [...] *rechtlich* zu nichts" verpflichtet. Kant verdeutlicht diesen Umstand an folgendem Beispiel:

> Wenn also gesagt wird: ein Gläubiger hat ein Recht, von dem Schuldner die Bezahlung seiner Schuld zu fordern, so bedeutet das nicht, er kann ihm zu Gemüthe führen, daß ihn seine Vernunft selbst zu dieser Leistung verbinde.[542]

Der Gläubiger hat in rechtlicher Hinsicht vielmehr lediglich eine „Befugnis zu zwingen", damit der Schuldner ihm das Geld zurückzahlt.[543] Daraus folgt jedoch nicht, dass Kant dem Recht nicht aus ethischen Gründen verpflichtende Kraft zuspricht.[544]

> Das Rechthandeln mir zur Maxime zu machen, ist eine Forderung, die die Ethik an mich thut.[545]

Alle Rechtspflichten werden dadurch zu „indirect-ethischen" Pflichten.[546] Kant bezeichnet den Rechtsbegriff, der auch diese Rechtspflichten begrifflich einbe-

---

537 MdS VI, 232.
538 MdS VI, 231 – Hervorhebung im Original gesperrt.
539 MdS VI, 222.
540 Was genau unter Kants Aussage zu verstehen ist, dass das strikte Recht, und damit auch das allgemeine Rechtsgesetz, „auf dem Bewußtsein der Verbindlichkeit eines jeden nach dem Gesetze" gründet, wird später, bei der Erörterung des Verhältnisses zwischen kategorischem Imperativ und allgemeinem Rechtsgesetz, noch genauer analysiert werden.
541 Binder, *Rechtsnorm und Rechtspflicht*, S. 47; mit Verweis auf Binder auch Alexy, „Kants Begriff des praktischen Gesetzes", S. 208.
542 MdS VI, 232.
543 MdS VI, 232. Zu diesem Beispiel siehe auch Willaschek, „Which Imperativs for Right", S. 80 f.
544 Siehe dazu Alexy, „Kants Begriff des praktischen Gesetzes", S. 208.
545 MdS VI, 231.
546 MdS VI, 221.

zieht als den „moralische[n] Begriff" des Rechts.[547] Er unterscheidet sich damit vom Begriff des strikten Rechts „in Hinblick auf den Modus der Rechtsbefolgung".[548] Der moralische Begriff des Rechts bezieht „sich auf eine ihm correspondierende Verbindlichkeit",[549] fordert also ein Handeln aus Pflicht. Das strikte Recht hingegen „fußt sich" einzig „auf dem Princip der Möglichkeit eines äußeren Zwangs".[550]

2.4.2.2 Exkurs: Ist das allgemeine Rechtsgesetz ein Imperativ?

Streitig ist, ob das allgemeine Rechtsgesetz, auf dem das strikte Recht gründet, als ein (hypothetischer oder kategorischer) Imperativ zu qualifizieren ist. Für eine Qualifizierung als Imperativ spricht dessen imperativische Formulierung.[551] Allerdings ist zu beachten, dass nach Kant das Element der Nötigung ein notwendiges Element eines Imperativs darstellt.[552] Das allgemeine Rechtsgesetz wird indes lediglich als objektiv *notwendig* vorgestellt, nicht jedoch als den Willen *nötigend*. Dies könnte gegen die Einordnung des allgemeinen Rechtsgesetzes als Imperativ sprechen.

B. Ludwig ist sich dieser, etwa von Kersting[553] und Scholz[554] vorgebrachten, Argumentation bewusst, vertritt aber dennoch die Auffassung, dass das allgemeine Rechtsgesetz ein Imperativ sei „und zwar ein kategorischer".[555] Es sei falsch zu unterstellen, „daß zum „Imperativ" schon die Idee der Pflicht als Triebfeder (d.i. der Selbstzwang) gehöre, während das „Gesetz" die Frage der Triebfeder offenlässt und daher auch den äußeren Zwang zulässt".[556] Auch wenn B. Ludwig

---

547 MdS VI, 230.
548 Kersting, *Wohlgeordnete Freiheit*, S. 107.
549 MdS VI, 230.
550 MdS VI, 232.
551 Das allgemeine Rechtsgesetz lautet: „[H]andle äußerlich so, daß der freie Gebrauch deiner Willkür mit der Freiheit von jedermann nach einem allgemeinen Gesetze zusammen bestehen könne" (MdS VI, 231).
552 Siehe oben Erster Teil 1.2.
553 Kersting, *Wohlgeordnete Freiheit*, S. 103 f.; allerdings weicht Kersting später in Kersting, *ARSP*, Beiheft 37 (1990), S. 64 Fn. 5, ausdrücklich von seiner zuvor vertretenen These ab, dass das allgemeine Rechtsgesetz kein Imperativ sei.
554 Scholz, *Das Problem des Rechts in Kants Moralphilosophie*, S. 38 f.
555 B. Ludwig, *Kants Rechtslehre*, S. 96 Fn. 26. Vgl. Oberer, *Kant-Studien*, Bd. 77 (1986), S. 118 f.; vgl. auch Höffe, *Kategorische Rechtsprinzipien*, S. 17, der von „kategorischen Rechtsimperativen" spricht.
556 B. Ludwig, *Kants Rechtslehre*, S. 96 Fn. 26.

diesen Beleg nicht bringt, so könnte er seine These durch folgende Textstelle aus der *Tugendlehre* stützen:

> Der Pflichtbegriff ist an sich schon der Begriff von einer *Nöthigung* (Zwang) der freien Willkür durchs Gesetz; dieser mag nun ein *äußerer* oder ein *Selbstzwang* sein.[557]

Daraus folgt, dass auch äußerer Zwang als eine Nötigung anzusehen ist. Der Umstand, dass das Element der Nötigung ein notwendiger Bestandteil eines Imperativs ist, spricht demnach zumindest nicht notwendigerweise gegen die Einstufung des allgemeinen Rechtsgesetzes als einen Imperativ: Im Rahmen des allgemeinen Rechtsgesetzes wird zwar nicht durch Selbstzwang Nötigung ausgeübt, dafür aber durch äußeren Zwang.

Sollte man dieser Ansicht folgen, dann stellte sich jedoch die Frage, ob das allgemeine Rechtsgesetz ein kategorischer oder ein hypothetischer Imperativ ist. B. Ludwig führt als Beleg für seine These, dass das allgemeine Rechtsgesetz ein kategorischer Imperativ sei, folgende Textstelle aus der *Rechtslehre* an:

> Der kategorische (unbedingte) Imperativ ist derjenige, welcher nicht etwa mittelbar, durch die Vorstellung eines *Zwecks*, der durch die Handlung erreicht werden könne, sondern der sie durch die bloße Vorstellung dieser Handlung selbst (ihrer Form), also unmittelbar als objectiv-nothwendig denkt und nothwendig macht.[558]

Bei genauerer Betrachtung ist jedoch eben diese Textstelle der ausschlaggebende Beleg gegen B. Ludwigs Imperativen-These. Denn danach liegt ein kategorischer Imperativ genau dann vor, wenn *allein* durch die bloße Vorstellung der Handlung diese Handlung nicht nur als objektiv-notwendig *gedacht* wird, sondern auch notwendig *gemacht* wird. Nicht äußerer Zwang ist demnach entscheidend, sondern der auf der bloßen Vorstellung der Handlung beruhende innere Zwang.

Wie bereits zuvor festgestellt,[559] lässt sich zudem ohne Beachtung der Triebfeder überhaupt nicht feststellen, ob jemand aufgrund eines kategorischen Imperativs oder eines hypothetischen handelt. Kant war sich dessen bewusst und gesteht dem Menschen in rechtlicher Hinsicht ausdrücklich zu, das allgemeine Rechtsgesetz nicht aus kategorischen Gründen zu befolgen, sondern aus hypothetischen. Die juridische Gesetzgebung ist eine Gesetzgebung, so Kant, die „auch eine andere Triebfeder als die Idee der Pflicht selbst zuläßt"; „diese von der Idee der Pflicht unterschiedene Triebfeder" müsse dann aber „von den *pathologischen*

---

557 MdS VI, 379 – Hervorhebung im Original gesperrt.
558 MdS VI, 222 – Hervorhebung im Original gesperrt.
559 Siehe oben Erster Teil 1.3.

Bestimmungsgründen der Willkür der Neigungen und Abneigungen und unter diesen von denen der letzteren Art hergenommen sein [...], weil es eine Gesetzgebung, welche nöthigend, nicht eine Anlockung, die einladend ist, sein soll".[560] Triebfeder der Rechtsbefolgung kann demnach auch die bloße Angst vor Strafe sein. Dann aber handelte jemand allein aus pragmatischen Gründen und damit aufgrund eines hypothetischen Imperativs. Voraussetzung für das allgemeine Rechtsgesetz ist dies allerding nicht. Das allgemeine Rechtsgesetz kann und soll vielmehr aus ethischen Gründen, d.h. kategorisch, befolgt werden. Rosen schreibt diesbezüglich treffend:

> Juridical laws do not *require* any special motives, they nonetheless *provide* a motive for compliance: fear of coercion or punishment.[561]

Nach alldem ist, von der rechtlichen Perspektive aus gesehen,[562] das allgemeine Rechtsgesetz, trotz seiner imperativischen Form, weder ein hypothetischer noch ein kategorischer Imperativ.[563] Entgegen der Ansicht B. Ludwigs ist vielmehr das entscheidende Merkmal eines Imperativs, dass eine innere Nötigung vorliegt. Diese aber verlangt das allgemeine Rechtsgesetz gerade nicht, sie würde vielmehr – so Willaschek[564] zu Recht – der „*Externalitätsbedingung*" des Rechts widersprechen. Der *Gesetzesthese* ist demnach zuzustimmen: Das allgemeine Rechtsgesetz ist kein Imperativ, sondern lediglich ein Gesetz, das mit äußerem Zwang durchgesetzt wird.

2.4.2.3 Zweideutiges Recht

Neben dem Begriff des strikten Rechts, das auf der Möglichkeit äußeren Zwangs beruht, und dem moralischen Begriff des Rechts, der die moralische Verbindlichkeit des Rechts einbezieht, spricht Kant in der *Rechtslehre* noch andere Formen von Recht an. Kant entwickelt diesbezüglich die Lehre vom „zweideutigen

---

560 MdS VI, 219 – Hervorhebung im Original gesperrt.
561 Rosen, *Kant's Theory of Justice*, S. 85.
562 Ganzheitlich betrachtet, unter Einschluss des moralischen Begriffs des Rechts, stellt das allgemeine Rechtsgesetz sehr wohl einen Imperativ dar. Siehe dazu Friedrich, *Eigentum und Staatsbegründung*, S. 31f.
563 So auch Alexy, „Kants Begriff des praktischen Gesetzes", S. 207; Kersting, *Wohlgeordnete Freiheit*, S. 103ff.; R. Ludwig, *Kategorischer Imperativ und Metaphysik der Sitten*, S. 209; Scholz, *Das Problem des Rechts in Kants Moralphilosophie*, S. 38 ff.; Willaschek, „Which Imperativs for Right", S. 71 Fn. 11, und Willaschek, „Recht ohne Ethik?", S. 197ff.
564 Willaschek, „Recht ohne Ethik?", S. 197.

Recht".⁵⁶⁵ Bei dem zweideutigen Recht kann nach Kant „die Befugnis zu zwingen durch kein Gesetz bestimmt werden".⁵⁶⁶

Dieser wahren oder vorgeblichen Rechte sind nun zwei: die *Billigkeit* und das *Nothrecht*.⁵⁶⁷

Wegen ihrer „schwankenden Prinzipien" möchte Kant zwar grundsätzlich die Billigkeit und das Notrecht „aus der eigentlichen Rechtslehre [...] aussondern", einen kurzen Abschnitt widmet er ihnen aber dennoch.⁵⁶⁸

2.4.2.3.1 Billigkeit

Die Billigkeit ist nach Kant ein „Recht ohne Zwang".⁵⁶⁹ Durch diese Definition ist die Billigkeit vom strikten Recht abgegrenzt, das analytisch mit Zwang verbunden ist.⁵⁷⁰ Auch in Bezug zur Ethik ist die Billigkeit nach Kant jedoch abzugrenzen:

> Die *Billigkeit* (objectiv betrachtet) ist keineswegs ein Grund zur Aufforderung bloß an die ethische Pflicht Anderer (ihr Wohlwollen und Gütigkeit), sondern der, welcher aus diesem Grunde etwas fordert, fußt sich auf sein Recht, nur daß ihm die für den Richter erforderlichen Bedingungen mangeln, nach welcher dieser bestimmen könnte, wie viel, oder auf welche Art dem Anspruch desselben genug gethan werden könne.⁵⁷¹

Kant verdeutlicht den Begriff der Billigkeit anhand des folgenden Beispiels:

> Der Hausdiener, dem sein bis Ende des Jahres laufender Lohn in einer binnen der Zeit verschlechterten Münzsorte bezahlt wird, womit er das nicht ausrichten kann, was er bei Schließung des Contracts sich dafür anschaffen konnte, kann bei gleichem Zahlwerth, aber ungleichem Geldwerth sich nicht auf sein Recht berufen, deshalb schadlos gehalten zu werden, sondern nur die Billigkeit zum Grunde aufrufen.⁵⁷²

Das Beispiel schildert einen Fall, der heute wohl unter das Institut des Wegfalls der Geschäftsgrundlage fiele und daher zu einer Vertragsanpassung führte.⁵⁷³ Nach

---

565 MdS VI, 234.
566 MdS VI, 234.
567 MdS VI, 234 – Hervorhebung im Original gesperrt.
568 MdS VI, 233.
569 MdS VI, 234. Zum Billigkeitsrecht bei Kant siehe besonders Dahlstrom, *JRE*, Bd. 5 (1997), S. 55 ff., und Rosen, *Kant's Theory of Justice*, S. 104 ff.
570 Siehe oben Zweiter Teil 2.4.2.1.
571 MdS VI, 234 – Hervorhebung im Original gesperrt.
572 MdS VI, 234.
573 Zum Institut des Wegfalls der Geschäftsgrundlage siehe etwa Medicus/Petersen, *Bürgerliches Recht*, Rn. 151 ff.

Kant ist die Billigkeit hingegen „eine stumme Gottheit, die nicht gehört werden kann", „weil nichts hierüber im Contract bestimmt war, ein Richter aber nach unbestimmten Bedingungen nicht sprechen kann".[574] Kant folgert daraus, dass „ein *Gerichtshof der Billigkeit* (in einem Streit Anderer über ihre Rechte) einen Widerspruch in sich schließe" und es diesen deshalb nicht geben könne.[575] Die Billigkeit betreffe zwar „eine Rechtsforderung", gehöre aber allein „vor das *Gewissensgericht* (forum poli)" und nicht „vor das *bürgerliche Recht* (forum soli)".[576]

Eine Ausnahme zu diesem Grundsatz bestehe nur dann, wenn „die eigenen Rechte des Richters" betroffen sind und, wenn „er für seine Person disponieren kann".[577] In diesem Falle „darf und soll" der Richter „der Billigkeit Gehör geben".[578] Die „Krone", d. h. der Staat, kann etwa „den Schaden, den Andere erlitten haben, und den sie zu vergüten angefleht wird", selbst tragen, obwohl sie, „nach dem strengen Rechte, diesen Anspruch unter der Vorschützung, daß sie solche auf ihre eigene Gefahr übernommen haben, abweisen könnte".[579]

Kants generelle Ablehnung eines gerichtlich durchsetzbaren Billigkeitsrechts gründet sich, so lässt sich vermuten,[580] auf seinem Staatsverständnis, wonach der Staat „drei Gewalten in sich" enthält: „die *Herrschergewalt*", in der Person „des Gesetzgebers, die *vollziehende* Gewalt, in der des Regierers" und „die *rechtsprechende* Gewalt [...] in der Person des Richters".[581] Diese drei Gewalten sind nach Kant sowohl ergänzend „*beigeordnet*" als auch „einander *untergeordnet* [...], so daß eine nicht zugleich die Function der anderen, der sie zur Hand geht, usurpiren kann, sondern ihr eigenes Princip hat".[582] Ein nicht nur rechtsanwendender, sondern auch rechtsschöpfender Richter widerspricht daher dem eigenen Prinzip des Richters. Er „usurpirt" in diesem Fall eine Funktion, die allein dem Gesetzgeber zusteht. Auch das Billigkeitsrecht bedarf aber einer nicht vorgegebenen und damit rechtsschöpfenden Konkretisierung und ist deshalb nach Kant, als gerichtlich durchsetzbares Recht, grundsätzlich abzulehnen.

---

574 MdS VI, 234.
575 MdS VI, 235 – Hervorhebung im Original gesperrt. Cohen, *Reason and Law*, S. 125, wendet dagegen ein, dass es, zum Beispiel in England, sehr wohl Gerichtshöfe der Billigkeit gebe und Kants Aussage, wonach ein Gerichtshof der Billigkeit ein Widerspruch in sich sei, daher unrichtig sei. Dieser Einwand verkennt jedoch, dass Kant nicht beabsichtigt, eine empirische Aussage zu treffen, sondern eine normative (so auch Rosen, *Kant's Theory of Justice*, S. 106 f.).
576 MdS VI, 235 – Hervorhebung im Original gesperrt.
577 MdS VI, 234.
578 MdS VI, 235.
579 MdS VI, 235.
580 So auch die Interpretation von Rosen, *Kant's Theory of Justice*, S. 106 f.
581 MdS VI, 313 – Hervorhebung im Original gesperrt.
582 MdS VI, 316 – Hervorhebung im Original gesperrt.

2.4.2.3.2 Notrecht

Anders als die Billigkeit ist das Notrecht kein „Recht ohne Zwang", sondern ein „Zwang ohne Recht":[583]

> Dieses vermeinte Recht soll Befugnis sein, im Fall der Gefahr des Verlusts meines eigenen Lebens, einem Anderen, der mir nichts zu Leide that, das Leben zu nehmen.[584]

Zur Veranschaulichung des Notrechts führt Kant das Beispiel des Schiffsbrüchigen an, der „im Schiffbruche mit einem Anderen in gleicher Lebensgefahr schwebend, diesen von dem Brette, worauf er sich gerettet hat", wegstößt, „um sich selbst zu retten".[585] Kant zufolge ist in diesem Falle keine Bestrafung möglich, denn „die durchs Gesetz angedrohte Strafe" kann „die beabsichtigte Wirkung gar nicht haben":

> [D]ie Bedrohung mit einem Übel, was noch *ungewiß* ist (dem Tode durch den richterlichen Ausspruch), kann die Furcht vor dem Übel, was gewiß ist (nämlich dem Ersaufen), nicht überwiegen.[586]

Das Notrecht ist damit kein „wahres", aber vor Gericht nicht durchsetzbares Recht (wie die Billigkeit), sondern ein „vorgebliches", das zwar nicht „als *unsträflich*", aber „als *unstrafbar* [...] zu beurtheilen" ist.[587]

2.5 Zusammenfassung

Die Erörterung des Begriffs der Willkürvereinigung hat zu einer Abgrenzung zwischen dem Begriff der Willkür und dem des Wunsches geführt. Willkür besteht in der faktischen Wahlmöglichkeit, etwas tun oder lassen zu können, sowie in dem Bewusstsein darüber. Ein bloßer Wunsch liegt hingegen vor, wenn sich eine Person nicht seiner faktischen Wahlmöglichkeit bewusst ist und dementspre-

---

583 MdS VI, 234.
584 MdS VI, 235.
585 MdS VI, 235.
586 MdS VI, 235 – Hervorhebung im Original gesperrt.
587 MdS VI, 234 und 236 – Hervorhebung im Original gesperrt. Bei diesen Aussagen Kants deutet sich an, dass der Zweck der Strafe nach Kant nicht nur in deren Vergeltungsfunktion zu sehen ist, sondern zugleich in deren Abschreckungsfunktion. Da im Falle des Notrechts aus den genannten Gründen eine Abschreckung nicht möglich erscheint, ist der Täter in diesem Fall ausnahmsweise nicht zu bestrafen; so auch Byrd, „Kant's Theory of Punishment: Deterrence in its Threat", S. 273 ff.; Hill, *JRE*, Bd. 5 (1997), S. 291; kritisch zu solchen „Mischtheorien" Merle, *Strafen aus Respekt vor der Menschenwürde*, S. 34 ff.

chend auch nicht versucht, seine (gewünschten) Ziele mit aller Kraft zu erreichen. Da Kant den bloßen Wunsch aus dem Bereich des Rechts ausschließt und auch die Bedürfnisse des Menschen darunter subsumiert, wurde, daran anknüpfend, in einem Exkurs die Frage gestellt, ob Kant deshalb auch einen Sozialstaat ablehnt und nur die Freiheitsrechte des Einzelnen im Blick hat. Dies wurde verneint. Stattdessen wurde die *Sozialstaats-These* vertreten, die aber durch die *Vorrangthese* ergänzt wurde. Danach gibt es bei Kant einen grundsätzlichen Vorrang der Freiheitsrechte des Einzelnen vor dem die Glückseligkeit fördernden Staat. Der Staat soll jedoch auch dann die Glückseligkeit seiner Staatsbürger fördern, wenn durch die Förderung der Glückseligkeit die Freiheitrechte des Einzelnen nicht beeinträchtigt werden. Dies ist der Fall, wenn sich der Staat an den individuell verschiedenen, tatsächlich bestehenden Bedürfnissen des Einzelnen orientiert, deren Erfüllung der Einzelne nicht nur wünscht, sondern auch wirklich will, d. h. all seine Mittel dazu aufwendet.

Bei den anschließenden Verhältnisbestimmungen von Zweck und Willkür sowie Wille und Willkür wurde zum einen festgestellt, dass der Zweck einer Handlung die Materie der Willkür darstellt und nicht Gegenstand des Rechts ist. Zwecksetzungen des Menschen lassen sich rechtlich nicht durchsetzen und sind derartig zufällig, dass deren rechtliche Relevanz gegen die Universalitätsbedingung des Rechts verstoßen würde. Zum anderen wurde geschlussfolgert, dass Kant dem Willen im engeren Sinne die legislative Funktion des Begehrungsvermögens zuschreibt und der Willkür die exekutive. Obwohl, streng genommen, damit erst dem Gesamtvermögen, dem Willen im weiteren Sinne, Freiheit zukommt, spricht Kant aber bereits der bloß exekutiven Funktion des Begehrungsvermögens, d. h. der Willkür, Freiheit zu.

Der Freiheitsbegriff leitete zum Begriff der äußeren Freiheit über, welcher für die *Rechtslehre* zentral ist und dem inneren Mein und Dein bei Kant entspricht. Solange sie mit der Handlungsfreiheit von jedermann vereinbar ist, steht danach ein Höchstmaß an Handlungsfreiheit unter rechtlichem Schutz. Das äußere Mein und Dein erweitert dieses innere Mein und Dein um den intelligiblen Besitz, der eine neue Klasse von Objekten in Raum und Zeit voraussetzt. Wie Kant die Möglichkeit eines intelligiblen Besitzes begründet und welche Gegenstände auf welche Weise erworben werden können, wurde kurz dargestellt. Abschließend wurde das Verhältnis von Freiheit und Zwang behandelt. Hierbei wurde Kants Konzept des strikten Rechts besprochen, das sich lediglich auf dem Prinzip der Möglichkeit äußeren Zwangs gründet. In einem Exkurs wurde festgestellt, dass, aus rechtlicher Perspektive, Kants allgemeines Rechtsgesetz mangels innerer Nötigung nicht als ein Imperativ, sondern als ein bloßes Gesetz anzusehen ist, welches mit äußerem Zwang durchgesetzt wird. Kant kennt jedoch auch Recht ohne Zwang und Zwang ohne Recht: das zweideutige Recht, d. h. die Billigkeit und das Notrecht. Billigkeit sei zwar ein wahres, aber gerichtlich nicht durchsetzbares Recht. Notrecht hingegen sei lediglich ein vermeintliches Recht, könne aber aufgrund fehlender Abschreckungsmöglichkeit rechtlich nicht bestraft werden.

Das zweite Definitionsmerkmal des allgemeinen Rechtsgesetzes, das der Willkürvereinigung, ist damit hinreichend besprochen worden.

3 Allgemeines Gesetz

Das dritte Definitionsmerkmal des allgemeinen Rechtsgesetzes, das des allgemeinen Gesetzes, wird von Kant nicht näher bestimmt. Sowohl der Begriff der Allgemeinheit als auch der des Gesetzes bedürfen daher einer Explikation. Zunächst ist der Begriff des Gesetzes zu diskutieren (3.1.) und danach der Begriff der Allgemeinheit (3.2.).

3.1 Begriff des Gesetzes

In Bezug auf den Begriff des Gesetzes ist in Erinnerung zu rufen, dass das wesentliche Merkmal eines Gesetzes seine Universalität ist:

> Denn nur das Gesetz führt den Begriff einer *unbedingten* und zwar objectiven und mithin allgemein gültigen *Nothwendigkeit* bei sich.[588]

Im Bereich des Rechts ist jedoch auch bei dem Gesetzesbegriff dessen Äußerlichkeit zu beachten. Bedeutung erlangt die Dichotomie innen/außen in zweierlei Hinsicht: zum einen unmittelbar in Bezug auf den Begriff des Gesetzes und zum anderen in Bezug auf den Begriff der Gesetzgebung.[589]

3.1.1 Innere und äußere Gesetze und Gesetzgebung

Innere Gesetze sind Gesetze, die ein Handeln aus Pflicht fordern. Bei äußeren Gesetzen hingegen wird von der Triebfeder abstrahiert und daher lediglich ein

---

[588] GMS IV, 416 – Hervorhebung im Original gesperrt; siehe oben Erster Teil 2.1.2.
[589] Siehe dazu Alexy, „Ralf Dreiers Interpretation der Kantischen Rechtsdefinition", S. 97 f., der als dritten Aspekt auch noch die bereits eingeführte Unterscheidung zwischen innerem und äußerem Zwang anführt.

pflichtgemäßes Handeln verlangt.[590] Die „Handlung, die geschehen soll", wird in diesem Fall allein „objectiv als nothwendig" vorgestellt, nicht aber als den Willen innerlich nötigend.[591] Bei äußeren Gesetzen ist, anders als bei inneren Gesetzen, stets äußerer Zwang möglich, der nach Kant ebenfalls eine Art von „*Nöthigung*" darstellt.[592]

Innere Gesetzgebung ist die Gesetzgebung, in der Handlungen „*a priori* durch bloße Vernunft" vorgeschrieben werden; äußere Gesetzgebung hingegen ist die Gesetzgebung, in der dies „durch die Willkür eines andern" geschieht.[593] Da die wahre Triebfeder einer Handlung für den äußeren Gesetzgeber weder erkennbar noch durchsetzbar ist, kann sich eine äußere Gesetzgebung nicht auf innere Gesetze beziehen, sondern nur auf äußere. Innere Gesetzgebung dagegen ist sowohl für innere als auch äußere Gesetze möglich. Äußere Gesetzgebung für die äußeren Gesetze bezeichnet Kant als das „*positive* (statuarische) Recht".[594] Innere Gesetzgebung für äußere Gesetze ist das „*Naturrecht*".[595]

3.1.2 Notwendigkeit positiven Rechts

Wenn es folglich nach Kant mit dem Naturrecht ein Recht gibt, das a priori durch bloße Vernunft vorgeschrieben ist, so stellt sich die Frage, worin Kant überhaupt die Notwendigkeit positiven Rechts gesehen hat (3.1.2.2.). Dabei wird zudem die in der Literatur umstrittene Frage zu beantworten sein, inwieweit die Begründung positiven Rechts mit Kants Theorie des äußeren Mein und Dein zusammenhängt (3.1.2.3.). Vor Behandlung dieser Fragen soll aber zunächst das „Postulat des öffentlichen Rechts" erörtert werden, das den Eintritt in den „rechtlichen Zustand", d. h. in einen Zustand positiven Rechts, fordert (3.1.2.1.).

---

590 Zum Begriff der Äußerlichkeit siehe oben Zweiter Teil 1.
591 MdS VI, 218.
592 MdS VI, 379 – Hervorhebung im Original gesperrt.
593 MdS VI, 218.
594 MdS VI, 237 – Hervorhebung im Original gesperrt.
595 MdS VI, 237 – Hervorhebung im Original gesperrt.

3.1.2.1 Postulat des öffentlichen Rechts

Das Postulat des öffentlichen Rechts lautet:

> [D]u sollst, im Verhältnisse eines unvermeidlichen Nebeneinanderseins mit allen anderen, aus jenem [nicht-rechtlichen Zustand, F.K.] heraus in einen rechtlichen Zustand, d.i. den einer austheilenden Gerechtigkeit, übergehen.[596]

„Der nicht-rechtliche Zustand, d.i. derjenige, in welchem keine austheilende Gerechtigkeit ist, heißt der *natürliche* Zustand" und ist ein „Zustand des Privatrechts".[597] Aus diesem Zustand soll der Einzelne „im Verhältnisse eines unvermeidlichen Nebeneinanderseins" heraustreten und in den rechtlichen Zustand eintreten. „Der rechtliche Zustand ist" nach Kant „dasjenige Verhältniß der Menschen untereinander, welches die Bedingungen enthält, unter denen allein jeder seines Rechts *theilhaftig* werden kann".[598] Kant nennt diesen rechtlichen Zustand auch den „bürgerlichen", der ein „Zustand [...] des *öffentlichen Rechts* ist".[599] Öffentliches Recht wiederum definiert Kant als den „Inbegriff der Gesetze, die einer allgemeinen Bekanntmachung bedürfen", also positiviert werden müssen, „um einen rechtlichen Zustand hervorzubringen".[600] Diese Gesetze bezögen sich entweder auf das „Volk, d.i. eine Menge von Menschen" oder auf eine „Menge von Völkern".[601] Dadurch ergeben sich, so Kant, drei Rechtsgebiete des öffentlichen Rechts: das „Staatsrecht", das „Völkerrecht" und, „beides zusammen", das „Völkerstaatsrecht" oder „Weltbürgerrecht".[602]

Zu beachten ist dabei, dass es eine positive Gesetzgebung, bei der eine „*Herrschergewalt* (Souveränität)" als Gesetzgeber auftritt und über die Untertanen mit Zwangsbefugnis herrscht, nur im Staat gibt.[603] Auf internationaler Ebene besteht in tatsächlicher Hinsicht lediglich die Möglichkeit, einen „Staatenverein", d.h. einen „*permanenten Staatencongreß*", zu errichten.[604] Denn Kant zufolge kann „an die Stelle der positiven Idee *einer Weltrepublik* (wenn nicht alles verloren sein soll) nur das *negative* Surrogat eines den Krieg abwehrenden *Bundes*" treten.[605] Der Grund dafür sei, dass „bei gar zu großer Ausdehnung eines [...] Völkerstaats über weite Landstriche

---

596 MdS VI, 307.
597 MdS VI, 306 – Hervorhebung im Original gesperrt.
598 MdS VI, 305 f. – Hervorhebung im Original gesperrt.
599 MdS VI, 306 – Hervorhebung im Original gesperrt.
600 MdS VI, 311.
601 MdS VI, 311.
602 MdS VI, 311.
603 MdS VI, 313 – Hervorhebung im Original gesperrt. Siehe dazu Friedrich, *Eigentum und Staatsbegründung*, S. 163 f.
604 MdS VI, 350 – Hervorhebung im Original gesperrt.
605 ZeF VIII, 357 – Hervorhebungen im Original gesperrt.

die Regierung desselben, mithin auch die Beschützung eines jeden Gliedes endlich unmöglich werden" müsse und ein solcher Völkerstaat (und mit ihm der *„ewige Friede"*) daher eine „unausführbare Idee" darstelle.[606]

3.1.2.2 Begründung der Notwendigkeit positiven Rechts

Die Notwendigkeit des Eintritts in den rechtlichen Zustand, der auf Staatsebene zugleich zur Notwendigkeit positiven Rechts führt, begründet Kant wie folgt:

> [S]o liegt es doch *a priori* in der Vernunftidee eines solchen (nicht-rechtlichen) Zustandes, daß, bevor ein öffentlich gesetzlicher Zustand errichtet worden, vereinzelte Menschen, Völker und Staaten, niemals vor Gewaltthätigkeit gegen einander sicher sein können, und zwar aus jedes seinem eigenen Recht zu thun, *was ihm recht und gut dünkt*, und hierin von der Meinung des Anderen nicht abzuhängen; mithin das Erste, was ihm zu beschließen obliegt, wenn er nicht allen Rechtsbegriffen entsagen will, der Grundsatz sei: man müsse aus dem Naturzustande, in welchem jeder seinem eigenen Kopfe folgt, herausgehen und sich mit allen anderen (mit denen in Wechselwirkung zu gerathen er nicht vermeiden kann) dahin vereinigen, sich einem öffentlich gesetzlichen äußeren Zwange zu unterwerfen, also in einen Zustand treten, darin jedem das, was für das Seine anerkannt werden soll, *gesetzlich* bestimmt, und durch hinreichende *Macht* (die nicht die seinige, sondern eine äußere ist) zu Theil wird, d.i. er solle vor allen Dingen in einen bürgerlichen Zustand treten.[607]

Für die Notwendigkeit des Eintritts in den rechtlichen Zustand führt Kant demnach zwei Gründe an: das Erkenntnis- und das Durchsetzungsproblem. Das Recht kann ohne dessen Positivierung zum einen nicht hinreichend sicher erkannt werden – es bedarf der gesetzlichen Bestimmung; und es kann zum anderen nicht hinreichend sicher durchgesetzt werden – es bedarf der äußeren Macht.[608] Zu beachten ist diesbezüglich, dass Kant zur Begründung der Notwendigkeit des Eintritts in den rechtlichen Zustand, anders als Hobbes,[609] anthropologische Grundannahmen ausdrücklich außer Betracht lässt:

> Es ist nicht etwa die Erfahrung, durch die wir von der Maxime der Gewaltthätigkeit der Menschen belehrt werden, und ihrer Bösartigkeit, sich, ehe eine äußere machthabende Gesetzgebung erscheint, einander zu befehden, also nicht etwa ein Factum, welches den öffentlich gesetzlichen Zwang nothwendig macht, sondern sie mögen auch so gutartig und rechtliebend gedacht werden, wie man will.[610]

---

606 MdS VI, 350 – Hervorhebung im Original gesperrt.
607 MdS VI, 312 – Hervorhebung im Original gesperrt.
608 Vgl. Kersting, *Kant über Recht*, S. 109 ff., der in diesem Zusammenhang vom *Positivierungsargument* Kants spricht.
609 Hobbes, *Leviathan*, S. 110 ff.; siehe zu Kant und Hobbes besonders Herb/B. Ludwig, *Kant-Studien*, Bd. 84 (1993), S. 283 ff.; Kersting, *Wohlgeordnete Freiheit*, S. 325 ff.
610 MdS VI, 312.

Die Notwendigkeit des Eintritts in den rechtlichen Zustand besteht demnach nicht nur „für ein Volk von Teufeln",[611] sondern – überspitzt ausgedrückt – auch „für ein Volk von Engeln".[612]

Der Naturzustand ist nach alldem daher nicht als ein historischer Zustand zu verstehen, der tatsächlich einmal existierte und empirisch erforscht werden könnte, sondern stellt lediglich „eine begriffliche Konstruktion, ein Gedankenexperiment" dar.[613]

3.1.2.3 Positives Recht und äußeres Mein und Dein

In der Literatur ist umstritten, ob und wenn ja, inwieweit die Notwendigkeit positiven Rechts bei Kant vom äußeren Mein und Dein abhängt. B. Ludwig ist der Ansicht, dass der Übergang in den rechtlichen Zustand und damit die Notwendigkeit positiven Rechts „letztlich über das Sach-Eigentum gestiftet wird" und damit vom äußeren Mein und Dein abhängig ist.[614] Auch Brandt sieht ein derartiges Abhängigkeitsverhältnis und schreibt dementsprechend, dass „der Übergang vom status naturalis in den status civilis [...] vom Postulat bzw. Erlaubnisgesetz" der praktischen Vernunft „getragen" wird.[615] „Der Staat" werde bei Kant „als ein Staat des äußeren Besitzes" konzipiert.[616] „[D]iese theoretische Entscheidung", so Brandt, „ist eindeutig".[617]

Kersting stimmt der Auffassung Brandts zu und stellt fest, dass Kant dem allgemeinen Rechtsgesetz „keinerlei systematische Bedeutung für eine vernunftrechtliche Staatsbegründung" zuspricht.[618] „Kants Marginalisierung des allgemeinen Rechtsgesetzes [...] muß aber", so Kersting, „revidiert werden".[619] Das Postulat des öffentlichen Rechts lasse sich sehr wohl

---

[611] ZeF VIII, 366. Zur Teufelsstelle siehe unten Dritter Teil 1.2.3.
[612] So die pointierte Formulierung von Friedrich, *Eigentum und Staatsbegründung*, S. 172; vgl. auch Waldron, „Kant's Positivism", S. 46: „Even if we are angels, we are optionated angels, and we hold conflicting views about right which we are prepared to fight for" und Geismann, *JRE*, Bd. 14 (2006), S. 109 Fn. 594.
[613] Kersting, *Wohlgeordnete Freiheit*, S. 332.
[614] B. Ludwig, *Kants Rechtslehre*, S. 185; vgl. auch Herb/B. Ludwig, *Kant-Studien*, Bd. 84 (1993), S. 306.
[615] Brandt, „Erlaubnisgesetz", S. 234.
[616] Brandt, „Die politische Institution bei Kant", S. 345.
[617] Brandt, „Die politische Institution bei Kant", S. 345.
[618] Kersting, *Kant über Recht*, S. 51.
[619] Kersting, *Kant über Recht*, S. 51.

bereits aus dem reinen Rechtsgesetz im natürlichen Zustande ableiten. Denn die zur rechtlichen Vermessung des inneren Mein und Dein notwendigen Gesetze können ebenfalls nur der Selbstgesetzgebung des sich zur Gesetzgebung vereinigenden Willens aller entstammen.[620]

Friedrich ist schließlich der Auffassung, dass „der Staat [...] bei Kant nichts anderes als die vernunftnotwendige Realisationsbedingung der äußeren Freiheit unter allgemeinen Gesetzen" ist.[621] Dass das öffentliche Recht bei Kant, „zumindest, was die Begründung der Notwendigkeit des Staates angeht", einseitig am äußeren Mein und Dein orientiert ist, gesteht jedoch auch Friedrich ein.[622]

Zur angemessenen Erörterung dieses Streites ist es notwendig, zunächst auf Kants Unterscheidung zwischen provisorischem und peremtorischem Besitz einzugehen (3.1.2.3.1.). Erst dann wird dem Streit selbst nachgegangen und gefragt, ob die Notwendigkeit des Staates und damit auch die des positiven Rechts vom äußeren Mein und Dein abhängig ist oder nicht (3.1.2.3.2.).

3.1.2.3.1 Provisorisches und peremtorisches Besitzrecht

Kant unterscheidet zwischen einem provisorischen Besitz und einem peremtorischen. Einen provisorischen, d. h. „einstweiligen", Besitz hat man im *„Naturzustande"*.[623] Er ist ein „Besitz in Erwartung und Vorbereitung eines [...] Zustandes, der allein auf einem Gesetz des gemeinsamen Willens gegründet werden kann, der also zu der *Möglichkeit* des letzteren zusammenstimmt".[624]

Damit handelt es sich bei dem provisorischen Besitz um einen „physische[n] Besitz, der die rechtliche *Präsumtion* für sich hat, ihn durch Vereinigung mit dem Willen Aller in einer öffentlichen Gesetzgebung, zu einem rechtlichen zu machen".[625] Schon dieser provisorische Besitz ist aber nach Kant „in der Erwartung *comparativ*" als ein rechtlicher Besitz anzusehen.[626]

Der peremtorische, d.h. dauerhafte, Besitz sei hingegen ein Besitz, „der in einem [...] *wirklichen* Zustande angetroffen wird".[627] Dieser wirkliche Zustand ist nach Kant der bürgerliche und damit ein Zustand „unter einer allgemeinen (d.i.

---

620 Kersting, *Kant über Recht*, S. 112.
621 Friedrich, *Eigentum und Staatsbegründung*, S. 177.
622 Friedrich, *Eigentum und Staatsbegründung*, S. 73.
623 MdS VI, 257 – Hervorhebung im Original gesperrt.
624 MdS VI, 257 – Hervorhebung im Original gesperrt.
625 MdS VI, 257 – Hervorhebung im Original gesperrt.
626 MdS VI, 257 – Hervorhebung im Original gesperrt.
627 MdS VI, 257 – Hervorhebung im Original gesperrt.

öffentlichen), mit Macht begleiteten Gesetzgebung".[628] Durch diesen Zustand werde „jedem das Seine nur gesichert, eigentlich aber nicht ausgemacht und bestimmt".[629] Denn dies sei, unter Bezugnahme der „Idee eines möglichen vereinigten Willens",[630] bereits im Naturzustand möglich.

Sei eine Person daher zu dem Eintritt in den bürgerlichen Zustand bereit, so habe sie vor diesem Eintritt das Recht, denen zu widerstehen, „die dazu sich nicht bequemen und ihn in seinem einstweiligen Besitz stören wollen"; denn der „Wille aller Anderen" hat „ebensowenig Kraft (als die nur im allgemeinen Willen angetroffen wird) zum Widersprechen [...] als jener zum Behaupten, indessen daß der letztere doch dies voraus hat, zur Einführung und Errichtung eines bürgerlichen Zustandes zusammenzustimmen".[631] Bei Streitigkeiten bezüglich des Besitzrechts kann daher der provisorische Besitzer die anderen zum Eintritt in den bürgerlichen Zustand zwingen. Diese Erlaubnis ergibt sich, so Kant, aus einem „*Folgesatz*":

> Wenn es rechtlich möglich sein muß, einen äußeren Gegenstand als das Seine zu haben: so muß es auch dem Subject erlaubt sein, jeden Anderen, mit dem es zum Streit des Mein und Dein über ein solches Object kommt, zu *nöthigen*, mit ihm zusammen in eine bürgerliche Verfassung zu treten.[632]

Wie auch das „Erlaubnisgesetz der praktischen Vernunft",[633] folgt diese Befugnis, andere zum Eintritt in eine bürgerliche Verfassung zu nötigen, entgegen der Ansicht Hruschkas,[634] ebenfalls aus der bloß erlaubten Handlung der ersten Inbesitznahme äußerer Gegenstände. Anders als beim „Erlaubnisgesetz der praktischen Vernunft" liegt die darüber hinausgehende, rechtliche Bedeutung dieses Erlaubnisgesetzes jedoch nicht in der Ermächtigung, anderen die Verbindlichkeit aufzuerlegen, diesen Gegenstand nicht zu gebrauchen, sondern in der Ermächtigung, andere bei einem Streit über diesen Gegenstand zum Eintritt in die bürgerliche Verfassung zu nötigen. Aus dem rechtlichen Postulat der praktischen

---

628 MdS VI, 256.
629 MdS VI, 256.
630 MdS VI, 258.
631 MdS VI, 257.
632 MdS VI, 256 – Hervorhebung im Original gesperrt.
633 Siehe oben Zweiter Teil 2.4.1.2.3.
634 Hruschka, *Law and Philosophy*, Bd. 23 (2004), S. 52 Fn. 20, ist der Ansicht, dass es sich in diesem Fall um eine Erlaubnis zu etwas grundsätzlich Verbotenem handelt und das Erlaubnisgesetz der praktischen Vernunft daher nicht als Erlaubnisgesetz im Sinne einer Ermächtigungsnorm zu verstehen ist, die auf einer bloß erlaubten, d. h. weder gebotenen noch verbotenen, Handlung basiert.

Vernunft folgt damit nicht nur ein einziges Erlaubnisgesetz, sondern es lassen sich vielmehr zwei strukturell gleichartige Erlaubnisgesetze daraus folgern.

3.1.2.3.2 Abhängigkeits- oder Unabhängigkeitsthese

Aus der Erörterung des provisorischen und peremtorischen Besitzes ist deutlich geworden, dass Kant das äußere Mein und Dein „geltungstheoretisch" mit dem Staat verknüpft.[635] Denn der Staat ist die Voraussetzung des peremtorischen Besitzes. Kersting behauptet jedoch darüber hinaus ein „Verhältnis der wechselseitigen systematischen Abhängigkeit" zwischen dem äußeren Mein und Dein und dem Staat.[636] „Der Staat ist", so Kersting, also nicht nur „Voraussetzung des peremtorischen Besitzes", sondern der Staat „steht seinerseits unter der Bedingung der Möglichkeit eines provisorischen Besitzes".[637] Wäre dem zuzustimmen, so dürfte es ohne provisorischen Besitz kein Gebot geben, in den bürgerlichen Zustand einzutreten. Den stärksten Beleg findet diese These in folgender Textstelle aus der *Rechtslehre:*

> Wollte man vor Eintretung in den bürgerlichen Zustand gar keine Erwerbung, auch nicht einmal provisorisch für rechtlich erkennen, so würde jener selbst unmöglich sein. Denn der Form nach enthalten die Gesetze über das Mein und Dein im Naturzustande ebendasselbe, was die im bürgerlichen vorschreiben, so fern dieser bloß nach reinen Vernunftbegriffen gedacht wird: nur daß im letzteren die Bedingungen angegeben werden, unter denen jene zur Ausübung (der distributiven Gerechtigkeit gemäß) gelangen. – Es würde also, wenn es im Naturzustande auch nicht *provisorisch* ein äußeres Mein und Dein gäbe, auch keine Rechtspflichten in Ansehung desselben, mithin auch kein Gebot geben, aus jenem Zustande herauszugehen.[638]

Zu beachten ist aber diesbezüglich, dass Kant in jener Textstelle letzthin nur wiederholt, was sich bereits aus seinem zweiten Erlaubnisgesetz ergibt, wonach der provisorisch Besitzende den anderen bei einem Streit über das äußere Mein und Dein zum Eintritt in den rechtlichen Zustand zwingen darf.[639] Wenn nämlich überhaupt nicht die Möglichkeit besteht, ein provisorisches Besitzrecht zu er-

---

635 Kersting, *Kant über Recht*, S. 113, spricht von einer „geltungstheoretische[n] Qualitätssteigerung"; siehe dazu auch Kirste, *Die Zeitlichkeit des positiven Rechts*, S. 172 ff.
636 Kersting, *Kant über Recht*, S. 113 – Hervorhebung vom Verfasser.
637 Kersting, *Kant über Recht*, S. 113; vgl. auch Kirste, *Die Zeitlichkeit des positiven Rechts*, S. 173, der in Bezug auf Kants *Rechtslehre* noch weitergehend feststellt: „Der Staat mit bürgerlicher Verfassung ist [...] darauf beschränkt, das im Naturzustand begründete Eigentum zu sichern".
638 MdS VI, 312 f. – Hervorhebung im Original gesperrt.
639 Siehe oben Zweiter Teil 3.1.2.3.1.

werben, dann besteht auch nicht die Möglichkeit, über das äußere Mein und Dein in einen Streit zu geraten. Das äußere Mein und Dein müsste in diesem Fall vielmehr, wie etwa bei Hobbes,[640] erst durch einen bürgerlichen Zustand geschaffen werden. Folglich besteht auch nicht die Möglichkeit den anderen *deswegen* zu zwingen, in den bürgerlichen Zustand einzutreten. Aus dieser Textstelle folgt also nicht notwendigerweise, dass es keine *anderen* Rechtspflichten gibt, die zu dem Gebot führen, aus dem natürlichen Zustande herauszutreten. Die Textstelle lässt sich, mit anderen Worten, auch so verstehen, dass es keine „Rechtspflichten in Ansehung desselben", d. h. in Bezug auf das äußere Mein und Dein, gibt und es mithin auch *diesbezüglich* „kein Gebot geben" kann, „aus jenem Zustand herauszugehen".

Kant schreibt darüber hinaus an keiner Stelle ausdrücklich, dass aus dem inneren Mein und Dein allein *nicht* das Gebot folgt, den natürlichen Zustand zu verlassen. Die Aussage Kants, wonach sich der Grund für das Postulat des öffentlichen Rechts „*analytisch aus dem Begriffe des Rechts, im äußeren Verhältniß, im Gegensatz der Gewalt* [...] entwickeln" lässt,[641] deutet vielmehr darauf hin, dass es das Gebot, in den rechtlichen Zustand einzutreten, bereits vor dem rechtlichen Akt der Erwerbung eines (provisorischen) Mein gibt. Für diese Auffassung spricht auch Kants Behandlung der Ulpianischen Formeln,[642] die er im Rahmen der „Allgemeine[n] Einteilung der Rechtspflichten" darlegt.[643] Denn Kant übersetzt die „Suum cuique tribue"-Formel Ulpians wie folgt:

> *Tritt* (wenn du das letztere nicht vermeiden kannst) in eine Gesellschaft mit Andern, in welcher Jedem das Seine erhalten werden kann.[644]

Diese Formel ergibt sich Kant zufolge nicht etwa aus einem Streit über das äußere Mein und Dein, sondern stellt eine a priori geltende Rechtspflicht dar, bei der die Unterscheidung zwischen dem angeborenen und dem erworbenen Mein und Dein keine Bedeutung hat.[645] Unterstützung findet diese Interpretation auch in einer *Vorlesungsnachschrift zur Metaphysik der Sitten* in der steht, dass das, „was man

---

640 Hobbes, *Leviathan*, S. 234: „For before constitution of Sovereign Power [...] all men had right to all things; which necessarily causeth Warre; and therefore this Proprietie, being necessary to Peace, and depending on Sovereign Power, is the Act of that power, in order to the publique peace". Siehe dazu Kersting, *Wohlgeordnete Freiheit*, S. 340.
641 MdS VI, 307 – Hervorhebung im Original gesperrt.
642 Zu der Interpretation der Ulpianischen Formeln siehe Friedrich, *Eigentum und Staatsbegründung*, S. 57 ff.; Kersting, *Wohlgeordnete Freiheit*, S. 213 ff.
643 MdS VI, 236.
644 MdS VI, 237 – Hervorhebung im Original gesperrt.
645 Friedrich, *Eigentum und Staatsbegründung*, S. 73; Kersting, *Kant über Recht*, S. 52 ff.

statum naturalem nennt, ein Zustand" ist, „der der angeborenen Freiheit ganz entgegen läuft".⁶⁴⁶ Es sei daher notwendig, „daß, sobald Menschen sich bis zur Ausübung ihrer wechselseitigen Freiheit nähern, sie den statum naturalem verlassen, um ein nothwendiges Gesetz, einen statum civilem, einzugehen".⁶⁴⁷ Diese Aussage aus der *Vorlesungsnachschrift* lässt sich ohne Weiteres mit dem Postulat des öffentlichen Rechts aus der Rechtslehre in Einklang bringen. Denn auch in diesem Postulat ist die einzige weitere Bedingung des Gebots, in den rechtlichen Zustand einzutreten, dass es ein Verhältnis „eines unvermeidlichen Nebeneinanderseins" von Menschen gibt.⁶⁴⁸

Fraglich ist jedoch, warum Kant nicht auch in Bezug auf das allgemeine Rechtsgesetz ausdrücklich ein zweites Erlaubnisgesetz einführt, wonach ich nicht nur befugt bin, den anderen zu zwingen, mir gegenüber begangene Rechtsverletzungen zu unterlassen, sondern auch die Befugnis habe, den anderen zu zwingen, in den bürgerlichen Zustand einzutreten.

Friedrich ist der Ansicht, dass das eine unmittelbar aus dem anderen folgt: Die Befugnis, andere zu zwingen, „Rechtsverletzungen mir gegenüber zu unterlassen, [...] bedeutet nichts anderes als: ich bin befugt, ihn zu zwingen, mit mir in den rechtlichen Zustand zu treten".⁶⁴⁹ Dagegen ist jedoch anzuführen, dass Kant in Bezug auf das äußere Mein und Dein aber dennoch zwischen diesen beiden, deutlich unterscheidbaren, Erlaubnisgesetzen differenziert. Es scheint daher lohnend, noch einmal genauer die Begründung des zweiten Erlaubnisgesetzes anzuschauen. Hierbei fällt auf, dass die entscheidende Brücke bei Kant, um im Rahmen des äußeren Mein und Dein zu dem zweiten Erlaubnisgesetz zu gelangen, der Begriff des Streites ist.

Es liegt die Vermutung nahe, dass nach Kant der Streit bei dem äußeren Mein und Dein ein anderer ist als bei dem inneren. Diese Vermutung wird plausibel, wenn man berücksichtigt, dass es nach Kant Erkenntnisprobleme und sich daraus ergebende Streitigkeiten vor allen Dingen in Bezug auf das äußere Mein und Dein gibt.⁶⁵⁰ Dies liege an der „Unbestimmtheit in Ansehung der Quantität sowohl als der Qualität des äußeren erwerblichen Objects".⁶⁵¹ Nur bei den erworbenen

---

646 Vorl. Vigilantius XXVII, 589.
647 Vorl. Vigilantius XXVII, 589.
648 MdS VI, 307.
649 Friedrich, *Eigentum und Staatsbegründung*, S. 180.
650 Waldron, „Kant's positivism", S. 47 ff.; vgl. Friedrich, *Eigentum und Staatsbegründung*, S. 181, der meint, dass es über das innere Mein und Dein überhaupt keinen Streit geben kann. Es könne „nur" verletzt oder nicht verletzt werden.
651 MdS VI, 266. Dieses Zitat bezieht sich allerdings nur auf die ursprüngliche, äußere Erwerbung und damit auf das Sachenrecht.

Rechten, dem äußeren Mein und Dein, spricht Kant daher davon, dass diese Rechte im Naturzustande lediglich provisorisch und nicht peremtorisch gelten. Bei den angeborenen Rechten, dem inneren Mein und Dein, gibt es diese Differenzierung zwischen provisorisch und peremtorisch nicht. Wenn sich also jemand, der mit einem provisorisch Besitzenden im Streit über sein Besitzrecht ist, weigert, in den rechtlichen Zustand einzutreten, hindert dieser den provisorisch Besitzenden daran, dass das Besitzrecht zu einem peremtorischen erstarken kann. Die Weigerung, in den rechtlichen Zustand einzutreten, verletzt demnach unmittelbar das äußere Mein und Dein des provisorisch Besitzenden. Bei dem inneren Mein und Dein ist dies hingegen nicht möglich. Die bloße Weigerung, in den rechtlichen Zustand einzutreten, verletzt niemals unmittelbar das innere Mein eines anderen. Schließlich sind die Rechte in diesem Fall von vornherein angeboren und peremtorisch. Klärend ist diesbezüglich folgende Textstelle aus der *Rechtslehre*:

> Bei dem Vorsatze, in diesem Zustande äußerlich gesetzloser Freiheit zu sein und zu bleiben, thun sie [d. h., die Menschen, F.K.] *einander* auch gar nicht unrecht, wenn sie sich untereinander befehden; denn was dem Einen gilt, das gilt auch wechselseitig dem Anderen, gleich als durch eine Übereinkunft [...]; aber überhaupt thun sie im höchsten Grade daran unrecht, in einem Zustande sein und bleiben zu wollen, der kein rechtlicher ist, d.i. in dem Niemand des Seinen wider Gewaltthätigkeit sicher ist.[652]

Solange es kein äußeres Mein und Dein gibt, so lässt sich daraus folgern, besteht zwar eine Rechtspflicht in den rechtlichen Zustand, einzutreten; diese ist aber durch den anderen nicht erzwingbar. Durch die Weigerung, in den rechtlichen Zustand zu treten, wird nämlich nicht das Recht eines Einzelnen verletzt, sondern „das Recht der Menschen überhaupt".[653] In diesem Fall begeht eine Person, so Kant, zwar „materialiter" kein Unrecht, dafür aber „formaliter".[654] Dies sei jedoch auch „im höchsten Grade unrecht, weil sie dem Begriff des Rechts selber alle Gültigkeit nehmen, und alles der wilden Gewalt gleichsam gesetzmäßig überliefern".[655] Zwar verletzt eine Person in diesem Fall also kein *subjektives* Recht, so könnte man sagen, dafür aber *objektives* Recht. Aus diesem Grund, und nur aus diesem Grund, gibt es in diesem Fall keine Befugnis, den anderen zu zwingen, in den rechtlichen Zustand einzutreten.

---

652 MdS VI, 307 f. – Hervorhebung im Original gesperrt.
653 MdS VI, 308.
654 MdS VI, 307 Anm.
655 MdS VI, 308 Anm.

Kants oben erwähnte Interpretation der Ulpianischen „Suum cuique tribue"-Formel[656] stellt demnach im Rahmen des inneren Mein und Dein lediglich eine äußerlich nicht erzwingbare „innere Rechtspflicht" dar.[657] Da aber Recht und die Befugnis zu zwingen analytisch miteinander verknüpft sind, hat eine Rechtspflicht, die sich nicht (äußerlich) erzwingen lässt, einen rechtlich „anomale[n] Charakter".[658] Dies könnte auch erklären, warum Kant bei der Begründung des Gebots, in den rechtlichen Zustand einzutreten, den Schwerpunkt auf das äußere Mein und Dein legt: Diesem Gebot korrespondiert die Verletzung eines subjektiven Rechts und damit die Befugnis zu zwingen.

Nach alldem ist aber anzunehmen, dass es auch nach Kant hinreichende Gründe gibt, bereits aufgrund des inneren Mein und Dein in den rechtlichen Zustand einzutreten. Jedenfalls die oben benannten Durchsetzungsprobleme des Rechts gelten nicht nur für das äußere Mein und Dein, sondern auch für das innere. Gemäß der hier vertretenen *Differenzierungsthese* gibt es bei dem inneren Mein und Dein jedoch nicht die Befugnis, den anderen zum Eintritt in den rechtlichen Zustand zu zwingen. Diese Befugnis ergibt sich vielmehr, aufgrund seiner geltungstheoretischen Abhängigkeit vom Staat, erst aus dem äußeren Mein und Dein. Dass Kant also bei der Erörterung des inneren Mein und Dein neben dem ersten Erlaubnisgesetz kein zweites einführt, ist demnach nicht dem Zufall geschuldet, sondern stellt eine bewusste und gewollte Differenzierung zwischen innerem und äußerem Mein und Dein dar.

3.1.3 Verbindlichkeit positiven Rechts

Sowohl das positive Recht als auch das Naturrecht gehören nach Kant zu den „verbindenden Gesetze[n]".[659] Denn, wie bereits gesehen,[660] begründen auch

---

[656] *Tritt* (wenn du das letztere nicht vermeiden kannst) in eine Gesellschaft mit Andern, in welcher Jedem das Seine erhalten werden kann" (MdS VI, 237 – Hervorhebung im Original gesperrt).

[657] Dass es die Möglichkeit innerer Rechtspflichten gibt, folgt aus Kants Erörterung der Ulpianischen Formeln. Kant bezeichnet die drei Formeln Ulpians als „Einteilungsprinzipien des Systems der Rechtspflichten in *innere, äußere* und in diejenigen, welche die Ableitung der letzteren vom Princip der ersteren durch Subsumtion enthalten" (MdS VI, 237 – Hervorhebung im Original gesperrt).

[658] Friedrich, *Eigentum und Staatsbegründung*, S. 61. Zu den inneren Rechtspflichten siehe auch Höffe, *Königliche Völker*, S. 157 ff.; Kersting, *Kant über Recht*, S. 54.

[659] MdS VI, 224.

[660] Siehe oben Zweiter Teil 2.4.2.1.

äußere Gesetze die indirekt-ethische Pflicht, sich das „Rechthandeln mir zur Maxime zu machen".[661]

Dass das Naturrecht, bei dem „die Verbindlichkeit auch ohne äußere Gesetzgebung *a priori* durch die Vernunft erkannt werden kann",[662] zu der indirekt-ethischen Pflicht führt, mir das Rechthandeln zur Maxime, d. h. zu einem inneren Gesetz, zu machen, ist unmittelbar einsichtig. Fraglich ist aber, wodurch sich beim positiven Recht die Pflicht ergibt, sich das äußere Gesetz zu einem inneren Gesetz zu machen, also eine echte Verbindlichkeit zu begründen, die Kant als „Nothwendigkeit einer freien Handlung unter einem kategorischen Imperativ der Vernunft" definiert.[663] Kant zufolge kann zwar

> eine äußere Gesetzgebung gedacht werden, die lauter positive Gesetze enthielte; alsdann aber müßte doch ein natürliches Gesetz vorausgehen, welches die Autorität (d.i. die Befugnis, durch seine bloße Willkür andere zu verbinden) begründete.[664]

Auf dieses natürliche Gesetz, das sich auch als Grundnorm bezeichnen lässt, geht Kant jedoch nicht weiter ein.[665] Es wird jedoch zu sehen sein, dass es nahe liegt, die verbindlichkeitsbegründende Autorität des positiven Gesetzgebers als eine unmittelbare Folge des „Postulats des öffentlichen Rechts" anzusehen, das den Eintritt in den „rechtlichen Zustand" fordert. Dies wird im Folgenden genauer dargelegt (3.1.3.1.). In einem nächsten Schritt wird der Frage nachgegangen, ob es nach Kant unter Umständen Ausnahmen zur Verbindlichkeit positiven Rechts gibt, woraus sich womöglich ein aktives oder zumindest ein passives Widerstandsrecht herleiten lässt (3.1.3.2.). In einem Exkurs wird schließlich die daran anknüpfende Frage diskutiert, ob Kant als Positivist oder Nichtpositivist einzuordnen ist (3.1.3.3.).

3.1.3.1 Grundnorm und Postulat des öffentlichen Rechts
Der Zusammenhang zwischen der Grundnorm, d. h. der Notwendigkeit eines natürlichen Gesetzes, „welches die Autorität des Gesetzgebers (d.i. die Befugnis,

---

661 MdS VI, 231.
662 MdS VI, 224 – Hervorhebung im Original gesperrt.
663 MdS VI, 222.
664 MdS VI, 224.
665 Kant selbst verwendet nicht den Begriff der Grundnorm, doch ist diese von Kelsen geprägte Bezeichnung für das natürliche Gesetz Kants durchaus treffend. Zum Begriff der Grundnorm siehe Alexy, *Begriff und Geltung des Rechts*, S. 186 ff.

durch seine bloße Willkür andere zu verbinden) begründete",[666] und dem Postulat des öffentlichen Rechts ist selbst herzustellen. Dies lässt sich damit erklären, dass Kant „[g]egen Ende des Buchs [...] einige Abschnitte mit minderer Ausführlichkeit bearbeitet" hat,

> als in Vergleichung mit den vorhergehenden erwartet werden konnte: theils weil sie mir aus diesen leicht gefolgert werden zu können schienen, theils auch weil die letzte (das öffentliche Recht betreffende) eben jetzt so vielen Discussionen unterworfen und dennoch so wichtig sind, daß sie den Aufschub des entscheidenden Urtheils auf einige Zeit wohl rechtfertigen können.[667]

In Bezug auf das Verhältnis der Grundnorm zum Postulat des öffentlichen Rechts trifft die erste Begründung zu, wonach die Zusammenhänge leicht gefolgert werden können. Hilfreich ist es besonders, wenn man das Postulat des öffentlichen Rechts mit dem rechtlichen Postulat der praktischen Vernunft vergleicht. Aus dem rechtlichen Postulat der praktischen Vernunft folgt unmittelbar auch

> ein Erlaubnisgesetz der praktischen Vernunft [...], was uns die Befugnis giebt, die wir aus bloßen Begriffen vom Rechte überhaupt nicht herausbringen könnten; nämlich allen andern eine Verbindlichkeit aufzuerlegen.[668]

Diese Aussagen Kants zum Verhältnis des rechtlichen Postulats der praktischen Vernunft zum Erlaubnisgesetz der praktischen Vernunft lassen sich auf das Verhältnis des Postulats des öffentlichen Rechts zur Grundnorm übertragen: Die Grundnorm bezieht sich, ebenso wie das Erlaubnisgesetz der praktischen Vernunft, zunächst auf eine bloß erlaubte, d. h. moralisch-freigestellte, Handlung. Denn es ist einer Gruppe von Personen nicht verboten, äußere Gesetze zu erlassen, indem sie diese Gesetze öffentlich bekanntmacht. Dass aber diese äußeren Gesetze für andere Personen verbindlich sind und mit Zwang durchgesetzt werden können, stellt eine darüber hinausgehende Ermächtigung dar, wozu es eines Erlaubnisgesetzes, also der Grundnorm, bedarf. Wie das Erlaubnisgesetz der praktischen Vernunft in Bezug auf das rechtliche Postulat der praktischen Vernunft, so lässt sich zudem auch die Grundnorm als subjektivierte Formulierungsvariante des Postulats des öffentlichen Rechts bezeichnen.

Die Grundnorm, die zur Verbindlichkeit des Rechts führt, folgt damit zum einen nicht unmittelbar aus dem allgemeinen Rechtsgesetz und zum anderen, entgegen den Lehren etwa von Hobbes, Locke oder Rousseau, unabhängig von

---

666 MdS VI, 224.
667 MdS VI, 209.
668 MdS VI, 247. Siehe oben Zweiter Teil 2.4.1.2.2. und 2.4.1.2.3.

vertragstheoretischen Überlegungen.[669] Erst das Postulat des öffentlichen Rechts beinhaltet vielmehr die Befugnis des äußeren Gesetzgebers, andere zu verbinden.

3.1.3.2 Widerstandsrecht gegen positives Recht

Die Erörterung eines möglichen Widerstandsrechts gegen positives Recht bei Kant war bereits Gegenstand zahlreicher Untersuchungen.[670] Es würde den Rahmen dieser Arbeit sprengen, diese Frage ausführlich zu besprechen. Um das Verständnis der *Rechtslehre* Kants jedoch abzurunden, soll zumindest komprimiert, aber – wenn möglich – ohne verzerrende Vereinfachung darauf eingegangen werden.

Eine Reihe von Textstellen belegt, dass Kant ein Widerstandsrecht gegen positives Recht grundsätzlich ablehnt:

> Wider das gesetzgebende Oberhaupt des Staats giebt es [...] keinen rechtmäßigen Widerstand des Volks; denn nur durch Unterwerfung unter seinen allgemein-gesetzgebenden Willen ist ein rechtlicher Zustand möglich; also kein Recht des *Aufstandes* [...], noch weniger des *Aufruhrs* [...], am allerwenigsten gegen ihn als einzelne Person (Monarch), unter dem Vorwande des Mißbrauchs seiner Gewalt [...], *Vergreifung* an seiner Person, ja an seinem Leben.[671]

Dieser Ausschluss des Widerstandsrechts bezieht sich – entgegen der Ansicht von der Pfordtens[672] – nicht allein auf „ein gesetzgebendes politisches System der Volksrepräsentation, sei es in Form einer parlamentarischen Republik im heutigen Sinn, sei es in Form einer repräsentativ-gesetzgebenden Monarchie".

Kant schreibt vielmehr, dass der „Ursprung der obersten Gewalt [...] für das Volk, das unter derselben steht, in praktischer Absicht *unerforschlich*" ist.[673] Aus

---

669 Siehe dazu Kersting, *Kant über Recht*, S. 98 ff.
670 Genannt sei nur eine kleine Auswahl an Untersuchungen zum Widerstandsrecht bei Kant: Byrd/Hruschka, *Kant's Doctrine of Right*, S. 181 ff.; R. Dreier, „Rechtsgehorsam und Widerstandsrecht", S. 300 ff.; Dulckeit, *Naturrecht und positives Recht*, S. 49 ff.; Haensel, *Kants Lehre vom Widerstandsrecht*, S. 1 ff.; Henrich, „Kant über die Revolution", S. 359 ff.; Kersting, *Wohlgeordnete Freiheit*, S. 457 ff. ff.; Kühl, *Eigentumsordnung als Freiheitsordnung*, S. 169 ff.; Mulholland, *Kant's System of Rights*, S. 337 ff.; Murphy, *Kant: The Philosophy of Right*, S. 116 ff.; Ripstein, *Force and Freedom*, S. 325 ff.; von der Pfordten, „Zum Recht auf Widerstand bei Kant", S. 81 ff.; Spaemann, „Kants Kritik des Widerstandsrechts", S. 347 ff.; Trivisonno, *ARSP*, Bd. 97 (2011), S. 292 ff.; Unruh, *Die Herrschaft der Vernunft*, S. 194 ff.; Waldron, „Kant's positivism", S. 39 ff.; Westphal, „Metaphysische und pragmatische Prinzipien", S. 171 ff.
671 MdS VI, 320 – Hervorhebung im Original gesperrt.
672 So von der Pfordten, „Zum Recht auf Widerstand bei Kant", S. 82.
673 MdS VI, 318 – Hervorhebung im Original gesperrt.

diesem Grund solle „der Unterthan [...] nicht über diesen Ursprung, als ein noch in Ansehung des ihr schuldigen Gehorsams zu bezweifelndes Recht [...], werktätig vernünfteln".[674] Der Satz „Alle Obrigkeit ist von Gott" sei daher nicht der „*Geschichtsgrund* der bürgerlichen Verfassung, sondern eine Idee, als praktisches Vernunftprincip" und besage, dass man „der jetzt bestehenden gesetzgebenden Gewalt gehorchen" solle; „ihr Ursprung mag sein, welcher er wolle".[675]

Im „Anhang erläuternder Bemerkungen" zur *Rechtslehre* gestattet Kant einige wenige Ausnahmen zu diesem grundsätzlichen Verbot des Widerstands:

> *Gehorchet der Obrigkeit* (in allem, was nicht dem inneren Moralischen widerstreitet), *die Gewalt über euch hat.*[676]

Als Beispiele des inneren Moralischen nennt Kant in den *Reflexionen zur Rechtsphilosophie* den „Religionszwang, Zwang zu unnatürlichen Sünden: Meuchelmord etc."[677] Auch aus der Unverbindlichkeit positiver Gesetze, die in diesen Fällen besteht, folgt jedoch nicht etwa ein aktives Widerstandsrecht, sondern lediglich ein passives. „Es ist", so Kersting treffend, „keine tätige Gehorsamsaufkündigung, sondern eine leidende Gehorsamsverweigerung".[678] Präziser ausgedrückt: Aus der Unverbindlichkeit positiver Gesetze folgt kein Erlaubnisgesetz, wonach der Untertan die Obrigkeit rechtlich zwingen und damit auch moralisch verpflichten kann, dass er abtritt oder zumindest die Gesetze aufhebt, die dem inneren Moralischen widerstreiten. Den betroffenen Personen bleiben in diesen Fällen deshalb nur zwei Handlungsmöglichkeiten: das Tragen der positiv-rechtlichen Folgen oder das Exil.[679] Lediglich eine *moralisch-passive* Befugnis, nicht aber eine *rechtliche*, d.h. kompetenzgewährende, Zwangsbefugnis zum Widerstand ergibt sich aus der Unverbindlichkeit positiver Gesetze.[680]

Die Ablehnung einer rechtlichen Zwangsbefugnis zum Widerstand bedeutet jedoch nicht, dass Kant überhaupt keine rechtlichen Befugnisse in Bezug auf ungerechtes Recht kennen würde. Es bestehen nach Kant vielmehr „unverlierbare

---

674 MdS VI, 318 – Hervorhebung im Original gesperrt.
675 MdS VI, 319.
676 MdS VI, 371 – Hervorhebung im Original gesperrt.
677 Refl XIX, 8051. Siehe dazu Alexy, *Ratio Juris*, Bd. 23 (2010), S. 174 Fn. 10; Kersting, *Wohlgeordnete Freiheit*, S. 480f.; B. Ludwig, *Kants Rechtslehre*, S. 174f.; Unruh, *Die Herrschaft der Vernunft*, S. 205; Westphal, „Metaphysische und pragmatische Prinzipien", S. 191f.
678 Kersting, *Wohlgeordnete Freiheit*, S. 479.
679 So auch Kersting, *Wohlgeordnete Freiheit*, S. 480; Unruh, *Die Herrschaft der Vernunft*, S. 205.
680 Vgl. auch Alexy, *Ratio Juris*, Bd. 23 (2010), S. 174 Fn. 10; Kersting, *Wohlgeordnete Freiheit*, S. 480.

Rechte gegen das Staatsoberhaupt [...], obgleich diese keine Zwangsrechte sein können".[681] Kant meint damit *„die Freiheit der Feder"*, die „das einzige Palladium der Volksrechte" sei.[682] Jeder Staatsbürger habe die Befugnis, „seine Meinung, über das, was von den Verfügungen" des Oberhaupts, „ihm ein Unrecht gegen das gemeine Wesen zu sein scheint, öffentlich bekannt zu machen".[683] Allerdings unterliegt auch dieses Recht der Beschränkung. Denn unter einem verbotenen Zwangsrecht versteht Kant die „Widersetzlichkeit in Worten und Werken".[684] Die Freiheit der Feder besteht daher nur „in den Schranken der Hochachtung und Liebe für die Verfassung, worin man lebt".[685] Nur unter Berücksichtigung dessen, ist Kants Aussage zu verstehen, dass es einen „Probierstein der Rechtmäßigkeit eines jeden öffentlichen Gesetzes" gibt,[686] der lautet:

> *Was ein Volk über sich selbst nicht beschließen kann, das kann der Gesetzgeber auch nicht über das Volk beschließen.*[687]

Kant schreibt demgemäß in der *Rechtslehre*, dass eine „Veränderung der (fehlerhaften) Staatsverfassung, die wohl bisweilen nötig sein mag, [...] nur vom Souverän selbst durch *Reform*, aber nicht vom Volk, mithin durch *Revolution* verrichtet werden" kann.[688] Sollte allerdings, so Kant, „eine Revolution einmal gelungen und eine neue Verfassung gegründet" sein,

> so kann die Unrechtmäßigkeit des Beginnens und der Vollführung derselben die Unterthanen von der Verbindlichkeit, der neuen Ordnung der Dinge sich als gute Staatsbürger zu fügen, nicht befreien, und sie können sich nicht weigern, derjenigen Obrigkeit ehrlich zu gehorchen, die jetzt Gewalt hat.[689]

3.1.3.3 Exkurs: Positivismus- oder Nichtpositivismus-These

Die Ablehnung einer rechtlichen Zwangsbefugnis zum Widerstand deutet darauf hin, dass positives Recht selbst dann, wenn es dem inneren Moralischen widerspricht, dennoch als Recht einzustufen ist. Bestätigung findet diese Auffassung in

---

681 TP VIII, 303. Siehe dazu Unruh, *Die Herrschaft der Vernunft*, S. 198.
682 TP VIII, 304 – Hervorhebung im Original gesperrt.
683 TP VIII, 304.
684 TP VIII, 302.
685 TP VIII, 304.
686 TP VIII, 297.
687 TP VIII, 304 – Hervorhebung im Original gesperrt.
688 MdS VI, 321 f. – Hervorhebung im Original gesperrt.
689 MdS VI, 323.

der Aussage Kants, dass das Volk nach der Absetzung eines Oberhaupts „niemals […] das mindeste Recht" hat,

> ihn […] wegen der vorigen Verwaltung zu strafen; weil alles, was er vorher in der Qualität eines Oberhaupts that, als äußerlich rechtlich geschehen angesehen werden muß, und er selbst, als Quell der Gesetze betrachtet, nicht unrecht thun kann.[690]

Es gibt nach Kant demzufolge keinen *klassifizierenden* Zusammenhang zwischen positivem Recht und Naturrecht.[691] Positives Recht, das gegen Naturrecht verstößt, behält dennoch stets seinen Rechtscharakter. In Bezug auf einen klassifizierenden Zusammenhang lässt sich Kant daher mit Waldron als einen „true legal positivist" bezeichnen.[692]

Fraglich ist jedoch, ob es nach Kant einen *qualifizierenden* Zusammenhang zwischen positivem Recht und Naturrecht gibt. Dieser liegt vor, wenn positives Recht, das ein bestimmtes naturrechtliches Kriterium nicht erfüllt, nicht nur moralisch fehlerhaft ist, sondern auch rechtlich fehlerhaft.[693] Kant bejaht einen derartigen Zusammenhang. Zum einen ist nach Kant die Auffassung von Hobbes „erschrecklich", wonach „das Staatoberhaupt durch Vertrag dem Volk zu nichts verbunden" sei und „dem Bürger nicht unrecht thun" könne „(er mag über ihn verfügen, was er wolle)".[694] Zum anderen führt dieses Unrecht, welches das Staatoberhaupt dem Bürger antun könne, zu einer *rechtlichen* Befugnis des Bürgers: der Freiheit der Feder.[695] Positives Recht, das ein bestimmtes naturrechtliches Kriterium nicht erfüllt, ist demnach als *rechtlich* fehlerhaft einzustufen und es gibt folglich einen notwendigen Zusammenhang zwischen positivem Recht und Naturrecht.

Deshalb erscheint es, zumindest auf den ersten Blick, gerechtfertigt, Kants *Rechtslehre* mit Alexy als einen „superinklusiven Nichtpositivismus" zu bezeichnen.[696] Diese Ansicht scheint allerdings zu implizieren, dass innerhalb der Systematik Kants lediglich „die Gewichtsschraube etwas zu drehen" ist, „um bei extremem Unrecht den Rechtscharakter oder die Rechtsgeltung entfallen zu las-

---

690 MdS VI, 321 Fn.
691 So auch Alexy, *Ratio Juris*, Bd. 21 (2008), S. 288 f.; Rosen, *Kant's Theory of Justice*, S. 112. Zu der Unterscheidung zwischen einem klassifizierenden und einem qualifizierenden Zusammenhang siehe Alexy, *Begriff und Geltung des Rechts*, S. 48 f.
692 Waldron, „Kant's positivism", S. 61.
693 Siehe dazu Alexy, *Begriff und Geltung des Rechts*, S. 49.
694 TP VIII, 304.
695 Siehe dazu oben Zweiter Teil 3.1.3.2.
696 Alexy, *Ratio Juris*, Bd. 21 (2008), S. 290: „super-inclusive non-positivism"; von einem superinklusiven Nichtpositivismus spricht auch Trivisonno, *ARSP*, Bd. 97 (2011), S. 299 f.

sen".[697] Dies aber ist zweifelhaft. Denn die Notwendigkeit und die Verbindlichkeit des positiven Rechts stützen sich allein auf das Postulat des öffentlichen Rechts und gründen damit zumindest nicht unmittelbar auf dem allgemeinen Rechtsgesetz, welches als nicht-positives Kriterium für Recht und Unrecht dient. Die Besonderheit der *Rechtslehre* Kants besteht gerade darin, den im allgemeinen Rechtsgesetz enthaltenen Vertragsgedanken von der „ihn überfordernden Doppelaufgabe"[698] befreit zu haben und nur noch zur Begründung von Gerechtigkeitsprinzipien zu nutzen, nicht aber um die Notwendigkeit und Verbindlichkeit positiven Rechts darzulegen. Kant begründet dies vielmehr mit dem Erkenntnis- und Durchsetzungsproblem im Naturzustand.[699] Aus diesem Grund scheint Kant eine strikt lexikalische Vorrangregelung zugunsten der Rechtssicherheit vor der Gerechtigkeit zu vertreten. Die „allgemeine und fortdauernde Friedensstiftung" mache „nicht bloß einen Theil" aus, „sondern den *ganzen* Endzweck der Rechtslehre innerhalb der Grenzen der bloßen Vernunft".[700]

Gegen die Auffassung, die davon ausgeht, dass Kants Ablehnung einer rechtlichen Zwangsbefugnis zum Widerstand innerhalb seines Systems umgedeutet werden kann oder sogar muss, spricht auch Kants logisch-formales Argument, das die Ablehnung begründen soll: Der Widerstand des Volks „wider die höchste Gesetzgebung" müsse „selbst niemals anders als gesetzwidrig, ja als die ganze gesetzliche Verfassung zernichtend gedacht werden".[701] Denn man benötigte auch in diesem Fall ein öffentliches Gesetz, „welches diesen Widerstand des Volks erlaubte, d.i. die oberste Gesetzgebung enthielte eine Bestimmung in sich, nicht die oberste zu sein, und das Volk als Unterthan in einem und demselben Urtheil zum Souverän über den zu machen, dem es unterthänig ist".[702] Dies aber sei widersprüchlich, was „durch die Frage in die Augen" falle, „wer denn in diesem Streit zwischen Volk und Souverän Richter sein sollte".[703] Die rechtliche Zwangsbefugnis zum Widerstand, so lässt sich Kants Argument verstehen, beinhaltete die Befugnis des Bürgers, selbst über die Bedingungen des Widerstands zu entscheiden. Dadurch wäre aber nicht das Staatsoberhaupt, sondern der einzelne Bürger souverän und die Voraussetzungen des rechtlichen Zustands,

---

697 So Alexy, „Ralf Dreiers Interpretation der Kantischen Rechtsdefinition", S. 108. Vgl. auch Haensel, *Kants Lehre vom Widerstandsrecht*, S. 56, und Dulckeit, *Naturrecht und positives Recht bei Kant*, S. 56, die ebenfalls der Ansicht sind, dass sich aus Kants *Rechtslehre* ohne größere Probleme ein aktives Widerstandsrecht ableiten lasse.
698 Kersting, *Wohlgeordnete Freiheit*, S. 456.
699 Siehe oben Zweiter Teil 3.1.2.
700 MdS VI, 355 – Hervorhebung vom Verfasser.
701 MdS VI, 320.
702 MdS VI, 320.
703 MdS VI, 320.

nämlich eine monopolisierte Bestimmungs- und Durchsetzungsmacht, um Rechtsfrieden zu schaffen, könnten niemals erfüllt werden.[704]

Man mag dieses Argument als zu einseitig und zu formal kritisieren,[705] jedenfalls entspricht diese Auffassung aber Kants sonstigem System, d. h. im Besonderen seinem Ziel, eine apriorische *Rechtslehre* zu entwickeln, die, unabhängig etwa von besonders erfolgversprechenden, empirisch-zufälligen Widerstandssituationen,[706] allgemeine Gültigkeit besitzt.[707]

Die Ablehnung einer rechtlichen Zwangsbefugnis zum Widerstand ist demnach nicht etwa als systemwidrig, sondern sogar als systemnotwendig einzustufen. Deshalb kann man mit guten Gründen anstatt von einem „superinklusiven Nichtpositivismus" auch von einer „*Mischthese*" Kants sprechen.[708] Diese Bezeichnung hätten den Vorteil zu verdeutlichen, dass Kants Auffassung zum klassifizierenden Zusammenhang zwischen positivem Recht und Naturrecht nicht auf einer womöglich fragwürdigen Gewichtung innerhalb eines Postulats gründet, sondern sich aus dem Verhältnis zwischen den zwei verschiedenen Postulaten, dem allgemeinen Rechtsgesetz und dem Postulat des öffentlichen Rechts, notwendigerweise ergibt. „In der Sache" besteht jedoch Einigkeit zwischen den beiden Thesen: In klassifizierender Hinsicht ist Kant Positivist, in qualifizierender hingegen Nichtpositivist.

---

704 Vgl. Kersting, *Wohlgeordnete Freiheit*, S. 467 f.
705 Vgl. etwa Mandt, „Historisch-politische Traditionselemente", S. 316 f.: „Je wissenschaftlicher daher – im Sinne des Wissenschaftsbegriffes der theoretischen Philosophie – die politische Philosophie zu werden sich bemüht, um so unpraktischer und um so weniger politisch wird sie zugleich: sie bringt die Praxisbezogenheit und die politische Substanz ihrer Aussagen ihren methodologischen Prämissen zum Opfer".
706 Vgl. etwa eine Textstelle im TP VIII, 258 f., in der Kant in Auseinandersetzung mit Achenwall ausdrücklich eine empirisch-pragmatische Folgenabwägung zur Bestimmung eines Widerstandsrechts ablehnt.
707 So auch Kersting, *Wohlgeordnete Freiheit*, S. 470.
708 Vgl. auch Kersting, *Wohlgeordnete Freiheit*, S. 503 f.: „Kants Theorie der Verbindlichkeit positiven Rechts versucht zwischen der Scylla des Naturrechts und der Charybdis des Rechtspositivismus einen mittleren Kurs zu halten". Siehe dazu auch Auer, „Normativer Positivismus – Positivistisches Naturrecht", S. 962, die generell fordert, „[d]ie Frage nach dem Verhältnis von Recht und Moral [...] durch eine Mehrzahl konkreterer Fragen zu ersetzen".

3.2 Begriff der Allgemeinheit

Allgemeinheit im Sinne des allgemeinen Rechtsgesetzes ist als Verallgemeinerbarkeit zu verstehen.[709] Wie beim kategorischen Imperativ wird auch beim allgemeinen Rechtsgesetz über Personen quantifiziert.[710] Es stellt sich jedoch die Frage, wie Kant mit den Besonderheiten des Rechts umgeht. Hierbei wird vor allen Dingen zu prüfen sein, ob das Prinzip der Verallgemeinerbarkeit im natürlichen Zustand einerseits und im rechtlichen Zustand andererseits unterschiedliche Funktionen innehat.

Ausgangsbasis für eine derartige Unterscheidung ist eine Textstelle aus der *Rechtslehre*, in der Kant kurz vor Ausführung des allgemeinen Rechtsgesetzes schreibt, dass eine „Handlung [...] *recht*" ist, „die oder nach deren Maxime die Freiheit der Willkür eines jeden mit jedermanns Freiheit nach einem allgemeinen Gesetze zusammen bestehen kann".[711] Dieser Textstelle zufolge kann man zwischen zwei verschiedenen Richtigkeitsmaßstäben unterscheiden. *Erstens:* „Eine Handlung ist recht, die nach einem allgemeinen Gesetz zusammen bestehen kann". *Zweitens:* „Eine Handlung ist recht, nach deren Maxime die Freiheit der Willkür eines jeden mit jedermanns Freiheit nach einem allgemeinen Gesetze zusammen bestehen kann".

Pogge ist diesbezüglich der Auffassung, dass die erste Version den Richtigkeitsmaßstab im rechtlichen Zustand darstellt; die zweite Version hingegen den Richtigkeitsmaßstab im natürlichen.[712] Im rechtlichen Zustand folge aus dem allgemeinen Rechtsgesetz nur, dass eine Handlung recht ist, wenn sie dem bestehenden, positiven Recht entspricht.[713] Im natürlichen Zustand hingegen sei eine Handlung dann recht, wenn der Einzelne den rechtlichen Zustand gedanklich vorwegnehme und mit dem *möglichen* positiven Recht übereinstimme.[714]

Ohne auf weitere Einzelheiten der Auffassung Pogges eingehen zu wollen, ist an dieser Stelle festzuhalten, dass der Begriff der Allgemeinheit nach der Interpretation Pogges keine unterschiedlichen Bedeutungen enthält: Sowohl im natürlichen Zustand als auch im rechtlichen Zustand sei der Begriff der Allge-

---

709 Vgl. Alexy, „Ralf Dreiers Interpretation der Kantischen Rechtsdefinition", S. 100; R. Dreier, *Rechtsbegriff und Rechtsidee*, S. 12.
710 Zum Begriff der Allgemeinheit bei dem kategorischen Imperativ siehe oben Erster Teil 2.1.2.
711 MdS VI, 230.
712 Pogge, „Is Kant's *Rechtslehre* a 'Comprehensive Liberalism'?", S. 141 ff.
713 Pogge, „Is Kant's *Rechtslehre* a 'Comprehensive Liberalism'?", S. 143: „When *Recht* is instantiated [...], an action is right, if it conforms to the existing law, and wrong otherwise".
714 Pogge, „Is Kant's *Rechtslehre* a 'Comprehensive Liberalism'?", S. 143: „When *Recht* is not instantiated [...], an action is right if and if its maxim is consistent with a possible universal law".

meinheit im Rahmen des allgemeinen Rechtsgesetzes lediglich als ein „applying to all" und nicht als „equality of persons under the law" zu verstehen, d. h. als Recht*anwendungs*gleichheit, nicht aber als Recht*setzungs*gleichheit.[715] Es gehe im Rahmen des allgemeinen Rechtsgesetzes nicht darum, wie das Recht sein *soll*, sondern wie es *ist*.[716] Nach Auffassung Pogges ist demnach eine ideale Dimension aus dem allgemeinen Rechtsgesetz auszuklammern. Gegen diese Interpretation Pogges gibt es allerdings gewichtige Gründe vorzubringen: *Erstens* fällt auf, dass diese Aussagen Pogges nicht mit der oben vertretenen *Mischthese* übereinstimmen. Schließlich wurde bei der Erörterung, ob Kant als Positivist oder Nichtpositivist einzustufen ist, festgestellt, dass es einen qualifizierenden Zusammenhang zwischen Naturrecht und positiven Recht gibt und damit auch eine ideale Dimension.[717] *Zweitens* bestreitet Kant zwar nicht, dass ein lediglich auf die reale Dimension bezogener Rechtsbegriff möglich ist; eine derartige „bloß empirische Rechtslehre" ist nach Kant jedoch „(wie der hölzerne Kopf in Phädrus' Fabel) ein Kopf, der schön sein mag", aber leider „kein Gehirn hat".[718] Ziel Kants ist es dagegen, ein „allgemeines Kriterium" zu entwickeln, „woran man überhaupt, Recht sowohl als Unrecht [...], erkennen könne [...], um zu einer möglichen positiven Gesetzgebung die Grundlage zu errichten".[719] Eben diese Aufgabe soll der a priori entwickelte Rechtsbegriff und das daraus folgende allgemeine Rechtsgesetz erfüllen. Pogges Interpretation ist daher auch aus diesem Grunde abzulehnen: Wenn es nur um Rechtsanwendungsgleichheit ginge, dann könnte das allgemeine Rechtsgesetz überhaupt nicht als Richtschnur für den positiven Gesetzgeber dienen, denn das „Gebot der *Rechtsanwendungsgleichheit* kann definitionsgemäß nur rechtsanwendende Organe, nicht aber den Gesetzgeber binden".[720]

Drittens folgt das Gebot der Rechtsanwendungsgleichheit bereits aus dem Begriff des Gesetzes.[721] Denn der Begriff des Gesetzes führt „den Begriff einer

---

[715] Pogge, „Is Kant's *Rechtslehre* a 'Comprehensive Liberalism'?", S. 137 ff., bestimmt den Begriff der Allgemeinheit damit in einem schwachen Sinne: „I propose [...] to read the word „universal" (allgemein) here in the weak sense of „applying to all", not in the stronger sense that also entails equality of persons under the law".
[716] Pogge, „Is Kant's *Rechtslehre* a 'Comprehensive Liberalism'?", S. 138, bezieht sich an dieser Stelle auf Kants Rechtsdefinition. Diese Aussage dürfte jedoch auf das allgemeine Rechtsgesetz übertragbar sein, da Pogge auch im Rahmen des allgemeinen Rechtsgesetzes den Begriff des allgemeinen Gesetzes in dem genannten schwachen Sinne versteht.
[717] Siehe oben Zweiter Teil 3.1.3.3.
[718] MdS VI, 230. Siehe dazu Rosen, *Kant's Theory of Justice*, S. 113.
[719] MdS VI, 229 f.
[720] Alexy, *Theorie der Grundrechte*, S. 357.
[721] Vgl. Alexy, *Theorie der Grundrechte*, S. 358: „[D]as Gebot der Rechtsanwendungsgleichheit fordert [...] nur, was ohnehin gilt, wenn Rechtsnormen gelten".

unbedingten und zwar objectiven und mithin allgemein gültigen *Nothwendigkeit* bei sich".[722] Wenn es tatsächlich nur um Rechtsanwendungsgleichheit ginge, dann bedürfte es daher überhaupt keiner Betonung der Allgemeinheit des Gesetzes mehr. *Viertens* war bereits bei der Erörterung des inneren Mein zu sehen,[723] dass die „Freiheit [...], sofern sie mit jedes Anderen Freiheit nach einem *allgemeinen* Gesetze *zusammen* bestehen kann",[724] ein Recht ist, dass über die bloße Rechtsanwendungsgleichheit hinaus zur gleichen rechtlichen Möglichkeit der Fremdverpflichtung führt. Dieses Freiheitsrecht ist aber vom allgemeinen Rechtsgesetz nicht unterschieden, sondern stellt lediglich dessen subjektive Seite dar.[725] Nach alldem ist daher der Begriff der Allgemeinheit weder im natürlichen Zustand noch im rechtlichen lediglich im Sinne von Rechtsanwendungsgleichheit zu verstehen.

Im Folgenden soll aber geprüft werden, ob sich die von Pogge vertretene *Doppelfunktionsthese*, wonach das allgemeine Rechtsgesetz im natürlichen Zustand einerseits und im rechtlichen Zustand andererseits unterschiedliche Bedeutungen hat, speziell auf den Begriff der Allgemeinheit übertragen lässt.

3.2.1 Bedeutung im natürlichen Zustand

Wenn man Pogges *Doppelfunktionsthese* als Hypothese gelten lässt, so ist es sinnvoll den zweiten Teil, der sich Pogge zufolge auf den natürlichen Zustand bezieht, noch einmal genauer anzuschauen:

> Eine jede Handlung ist recht, [...] nach deren Maxime die Freiheit der Willkür eines jeden mit jedermanns Freiheit nach einem allgemeinen Gesetze zusammen bestehen kann.[726]

Problematisch an dieser Definition ist besonders der Begriff der Maxime. Dieser Begriff beinhaltet den Zweck und die Triebfeder einer Handlung, obwohl es im Rahmen des Rechts nicht darauf ankommen kann.[727] Versucht man diese Textstelle daher in Übereinstimmung mit der sonstigen *Rechtslehre* Kants zu bringen,[728] so ist denkbar, dass es Kant bei dem Begriff der Maxime in diesem Zu-

---

722 GMS IV, 416 – Hervorhebung im Original gesperrt.
723 Siehe oben Zweiter Teil 2.4.1.1.
724 MdS VI, 237 – Hervorhebung vom Verfasser.
725 Siehe oben Zweiter Teil 2.4.1.1.
726 MdS VI, 230.
727 Siehe dazu oben Zweiter Teil 1. und Zweiter Teil 2.2.
728 Siehe dazu Pogge, „Is Kant's *Rechtslehre* a 'Comprehensive Liberalism'?", S. 144 Fn. 23, der es diesbezüglich zumindest für möglich hält, dass Kant einen Fehler begangen hat. Vgl. auch B. Ludwig, *Kants Rechtslehre*, S. 95 f., und Ripstein, *Freedom and Force*, S. 384 f.

sammenhang weniger um die Merkmale der Triebfeder und des Zwecks geht, sondern vor allen Dingen um das Merkmal der Subjektivität.[729] Sollte diese naheliegende Vermutung zutreffen, so stellte sich die Frage, ob dieser Teil dann tatsächlich dem natürlichen Zustand zuzuordnen wäre.

Dafür spricht zumindest ein gutes Argument: Im natürlichen Zustand kommt es auf den *Individual*willen an, der verallgemeinert wird, nicht aber auf den *Kollektiv*willen. Wie sogleich noch zu sehen sein wird,[730] ist dies im rechtlichen Zustand anders. Dort ist der verallgemeinerte *Kollektiv*wille entscheidend, um über die Rechtmäßigkeit einer Handlung zu entscheiden.

Der von Kant verwendete Begriff der Maxime enthält damit einen Sinn: Er dient als *differentia specifica*, um den natürlichen Zustand vom rechtlichen abzugrenzen. Mit der Ansicht von Pogge ist daher festzuhalten, dass das allgemeine Rechtsgesetz im natürlichen Zustand eine andere Funktion hat als im rechtlichen. Entgegen seiner Ansicht wirkt sich diese Doppelfunktion des allgemeinen Rechtsgesetzes aber auch speziell auf den Begriff der Allgemeinheit aus.[731] Auf die rechtlichen Befugnisse, die sich aus dem verallgemeinerten Individualwillen ergeben, ist an dieser Stelle nicht einzugehen. Die Befugnisse wurden in dieser Arbeit bereits erörtert.[732] Es handelt sich dabei um die Befugnisse des inneren Mein und Dein. Deshalb soll nur noch auf die oben offen gelassene Frage eingegangen werden, ob Gleichheit in diesem Fall in Sinne von Rechtsetzungs- oder Rechtserzeugungsgleichheit zu verstehen ist. Rechtsetzungsgleichheit soll hierbei als ein Gebot an den positiven Gesetzgeber verstanden werden, Personen in Bezug auf ein bestimmtes Merkmal gleich zu behandeln.[733] Bei dem Begriff der Rechtserzeugung wird hingegen der Gesetzgeber in den Blickpunkt genommen: Rechterzeugungsgleichheit verlangt, dass alle Personen entweder unmittelbar an der Rechtserzeugung teilhaben können oder zumindest mittelbar über die Wahl des Gesetzgebers.

Nach dieser Abgrenzung der Rechtssetzungs- von der Rechtserzeugungsgleichheit beantwortet sich die Frage fast von selbst: Im natürlichen Zustand gibt es noch überhaupt keinen positiven Gesetzgeber, so dass Rechtsetzungsgleichheit gar nicht gemeint sein kann. Aufgrund der Zwangsbefugnis, die jeder Person

---

729 Siehe oben Erster Teil 2.1.1.1.1.
730 Siehe unten Zweiter Teil 3.2.2.
731 Im natürlichen Zustand wird der *Individual*willen verallgemeinert, im rechtlichen der *Kollektiv*wille.
732 Siehe oben Zweiter Teil 2.4.1.1.
733 Ausführlich zur Unterscheidung zwischen Rechtsanwendungsgleichheit und Rechtsetzungsgleichheit siehe Alexy, *Theorie der Grundrechte*, S. 357 ff.

gleichermaßen zusteht, liegt vielmehr eine *unmittelbare Rechtserzeugungsgleichheit* vor.

3.2.2 Bedeutung im rechtlichen Zustand

Im rechtlichen Zustand geht es, wie erwähnt, nicht um einen *Individual*willen, der sich seine Handlung als äußerlich verallgemeinerbar vorstellt, sondern um einen verallgemeinerten *Kollektiv*willen. Kant spricht in diesem Zusammenhang von einem „ursprünglichen Vertrag", der durch den „allgemeinen (vereinigten) Volkswillen" hervorgebracht werde.[734]

Es erscheint naheliegend und möglich, diesen ursprünglichen Vertrag als Teilaspekt des allgemeinen Rechtsgesetzes anzusehen. Wenn man aber, wie hier vorgeschlagen, im rechtlichen Zustand das allgemeine Rechtsgesetz mit dem ursprünglichen Vertrag gleichsetzt, dann ist, entgegen der Ansicht Brandts,[735] nicht das rechtliche Postulat der praktischen Vernunft „das einzig mögliche Fundament einer Rechtslehre", sondern das allgemeine Rechtsgesetz (*Fundamentalnormthese*). Es ist einerseits Ausgangspunkt der *Rechtslehre* und andererseits deren Schlusspunkt. Ausgangspunkt der *Rechtslehre* ist das allgemeine Rechtsgesetz, da es das angeborene Freiheitsrecht begründet. Durch synthetische Erweiterungen führt dieses zur Begründung des äußeren Mein und Dein sowie (bereits analytisch) zum rechtlichen Zustand. Schlusspunkt ist das allgemeine Rechtsgesetz, da das allgemeine Rechtsgesetz über den ursprünglichen Vertrag zudem normativ-kritische Vorgaben für den rechtlichen Zustand angibt.

Auf diesen ursprünglichen Vertrag (3.2.2.1.) und den sich daraus ergebenden Prinzipien (3.2.2.2.) ist näher einzugehen. Zum Schluss dieses Teils zur *Rechtslehre* ist die in der Literatur umstrittene Frage zu klären, ob der Rückgriff auf einen ursprünglichen Vertrag, der durch den allgemein-vereinigten Volkswillen hervorgebracht wird, überhaupt notwendig ist. Es gibt Stimmen in der Literatur, die besagen, dass der Rückgriff auf den Individualwillen, der sich eine Handlung als verallgemeinerbar vorstellt, ausreichend gewesen wäre (3.2.2.3.).

---

[734] TP VIII, 295.
[735] Brandt, *Eigentumstheorien von Grotius bis Kant*, S. 187.

3.2.2.1 Ursprünglicher Vertrag

Auf dem ursprünglichen Vertrag gründet der bereits im Rahmen des Widerstandsrechts erwähnte „Probierstein der Rechtmäßigkeit eines jeden öffentlichen Gesetzes":[736]

> Was ein Volk über sich selbst nicht beschließen kann, das kann der Gesetzgeber auch nicht über das Volk beschließen.[737]

Zu beachten ist dabei, dass Kant diesen Vertrag nicht als einen tatsächlich geschlossenen Vertrag ansieht, sondern lediglich als „eine bloße Idee der Vernunft, die aber ihre unbezweifelte (praktische) Realität hat: nämlich jeden Gesetzgeber zu verbinden, daß er seine Gesetze so gebe, als sie aus dem vereinigten Willen eines ganzen Volks haben entspringen können, und jeden Unterthan, so fern er Bürger sein will, so anzusehen, *als ob* er zu einem solchen Willen mit zusammen gestimmt habe".[738]

Kant vermag durch diese „als-ob-Konstruktion" die Idee des ursprünglichen Vertrags mit jeder Staatsform zu verbinden: sowohl mit der *„Autokratie"*, in der nur *„Einer"* die oberste Staatsgewalt inne hat, als auch mit der *„Aristokratie"*, in der *„Einige"* die oberste Staatsgewalt inne haben.[739] Schließlich lässt sich die Idee des ursprünglichen Vertrages auch mit der *„Demokratie"* verbinden, in der *„Alle"* die oberste Staatsgewalt inne haben.[740]

> [D]aß nämlich die dem Gesetz Gehorchenden zugleich, vereinigt, gesetzgebend sein sollen, liegt bei allen Staatsformen zum Grunde.[741]

Es sei daher auch „Pflicht der Monarchen, ob sie gleich *autokratisch* herrschen, dennoch *republikanisch* [...] zu regieren, d.i. das Volk nach Principien zu behandeln, die dem Geist der Freiheitsgesetze (wie ein Volk mit reifer Vernunft Sie sich selbst vorschreiben würde) gemäß sind, wenn gleich dem Buchstaben nach es um seine Einwilligung nicht befragt würde".[742]

---

736 TP VIII, 297.
737 TP VIII, 304 – Hervorhebung im Original gesperrt; vgl. auch MdS VI, 329: „Was das Volk (die ganze Masse der Unterthanen) nicht über sich selbst und seine Genossen beschließen kann, das kann auch der Souverän nicht über das Volk beschließen".
738 TP VIII, 297 – Hervorhebung vom Verfasser.
739 ZeF VIII, 352 – Hervorhebung im Original gesperrt.
740 ZeF VIII, 352 – Hervorhebung im Original gesperrt.
741 SdF VII, 90 f.
742 SdF VII, 91 – Hervorhebung im Original gesperrt.

Der Gegenbegriff zur republikanischen Regierungsart stellt hierbei die despotische dar, in der es keine Gewaltenteilung gebe:

> Der Republikanism ist das Staatsprincip der Absonderung der ausführenden Gewalt (der Regierung) von der gesetzgebenden; der Despotism ist das der eigenmächtigen Vollziehung des Staates von Gesetzen, die er selbst gegeben hat.[743]

Kant bezeichnet das Prinzip der Gewaltenteilung auch als das Prinzip der Repräsentation, deren Gegensatz eine „Unform" sei, weil ansonsten „der Gesetzgeber in einer und derselben Person zugleich Vollstrecker seines Willens [...] sein" könne.[744] Nur am Rande sei bemerkt, dass Kant in der Schrift *Zum ewigen Frieden* aus diesem Grund die Möglichkeit einer republikanisch geführten Demokratie noch ausschließt.[745] Dabei bezieht sich Kant aber auf eine Form von direkter Demokratie, in der es überhaupt keine Repräsentation gibt, mithin auch die Exekutive unter direkter Herrschaft des Volkes steht und sich somit keine Gewaltenteilung verwirklichen lässt:

> Unter den drei Staatsformen ist die der *Demokratie* im eigentlichen Verstande des Worts nothwendig ein *Despotism*, weil sie eine exekutive Gewalt gründet.[746]

Für andere Formen von Demokratie lässt sich diese Argument hingegen nicht geltend machen. In der später erschienenen *Rechtslehre* taucht deshalb eine derartige Disqualifizierung der Demokratie nicht mehr auf. Darin beschreibt Kant vielmehr die Autokratie als „die gefährlichste fürs Volk, in Betracht des Despotismus, zu dem sie so sehr einladet".[747] Entgegen der klassischen Staatslehre von

---

743 ZeF, VIII, 352. Gemäß seinem Ziel einer apriorischen *Rechtslehre* befürwortet Kant die Gewaltenteilung, anders als Montesquieu, *Vom Geist des Gesetzes*, S. 223, nicht etwa wegen der empirisch-zufälligen Notwendigkeit eines gegenseitigen Kontrollsystems zwischen den einzelnen Gewalten, sondern einzig aufgrund einer von ihm angenommenen „sachlogische[n] Struktur des Rechtsverwirklichungsprozesses" (Kersting, *Wohlgeordnete Freiheit*, S. 397). Dies erklärt auch, warum Kant in der *Rechtslehre* (MdS VI, 313) das Prinzip der Gewaltenteilung mit einem praktischen Syllogismus vergleicht. Kritisch zu dieser Analogie Böckenförde, *Gesetz und gesetzgebende Gewalt*, S. 96, der bei Kant die „Beziehung zur sozialen Wirklichkeit des Staates" vermisst.
744 ZeF VIII, 352. Siehe zum Begriff der Repräsentation auch Borries, *Kant als Politiker*, S. 193 f., und Hofmann, *Repräsentation*, S. 413.
745 ZeF VIII, 352 – Hervorhebung im Original gesperrt; siehe dazu Byrd/Hruschka, *Kant's Theory of Right*, S. 176 ff., und Kersting, *Wohlgeordnete Freiheit*, S. 418 f. Fn. 146.
746 ZeF VIII, 352.
747 MdS VI, 339. Siehe dazu Byrd/Hruschka, *Kant's Theory of Right*, S. 179 ff.

Aristoteles[748] bestimmt sich nach Kant die Staatsform, die „eigentlich eine Form der Beherrschung" sei,[749] demnach rein quantitativ nach der Herrschaftszahl und ist grundsätzlich wertneutral. Erst die Regierungsart (republikanisch oder despotisch) bestimmt den Wert eines Staates, d. h. „in jeder Staatsform kann der Geist des ursprünglichen Vertrages wirksam werden".[750]

3.2.2.2 Prinzipien des ursprünglichen Vertrages
Kant folgert drei „Principien a priori" aus dem ursprünglichen Vertrag, auf den sich der „bürgerliche Zustand [...], bloß als rechtlicher Zustand betrachtet", gründet:

1. Die *Freiheit* jedes Gliedes der Societät, als *Menschen*.
2. Die *Gleichheit* desselben mit jedem anderen, als *Unterthan*.
3. Die *Selbstständigkeit* jedes Gliedes eines gemeinen Wesen, als *Bürgers*.[751]

Auch wenn auf diese drei Prinzipien der Freiheit (3.2.2.2.1.), Gleichheit (3.2.2.2.2.) und Selbstständigkeit (3.2.2.2.3.) nur verhältnismäßig kurz eingegangen werden soll,[752] erscheint es sinnvoll, diese Prinzipien getrennt voneinander zu behandeln.

3.2.2.2.1 Freiheit
Die Prinzipien der Freiheit und Gleichheit unterscheiden sich lediglich hinsichtlich der „Blickrichtung" voneinander.[753] Das Prinzip der Freiheit formuliert Kant im Hinblick auf den *Gesetzgeber*. Es besteht demnach gegenüber dem Gesetzgeber in der „Befugnis, keinen äußeren Gesetzen zu gehorchen, als zu denen ich meine Bestimmung habe geben können".[754] Diese subjektivierte Variante des „Probiersteins" ist aber nicht wörtlich zu nehmen und entbindet nicht tatsächlich von der Gehorsamspflicht. Vielmehr stellt auch dieses Prinzip der Freiheit lediglich ein

---

748 Aristoteles, *Politik*, 1279 a 25 ff.; siehe dazu Kersting, *Wohlgeordnete Freiheit*, S. 413 ff.; Unruh, *Die Herrschaft der Vernunft*, S. 60 ff.
749 ZeF VIII, 352.
750 Kersting, *Wohlgeordnete Freiheit*, S. 418.
751 TP VIII, 235 – Hervorhebung im Original gesperrt.
752 Ausführlich dazu siehe Ju, *Kants Lehre vom Menschenrecht*, S. 150 ff.; Kersting, *Wohlgeordnete Freiheit*, S. 364 ff., und Unruh, *Die Herrschaft der Vernunft*, S. 116 ff.
753 Kersting, *Wohlgeordnete Freiheit*, S. 377.
754 ZeF VIII, 350.

Gedankenexperiment dar, um zu beurteilen, ob das positive Recht rechtlich fehlerhaft ist oder nicht.

Kant gibt einige Beispiele von Rechtsetzungsverboten, die aus diesem Prinzip der Freiheit folgen: Kein Volk könne etwa beschließen, „in seinen den Glauben betreffenden Einsichten (der Aufklärung) niemals weiter fortzuschreiten, mithin auch sich in Ansehung des Kirchenwesens nie zu reformieren".[755] Dies würde „der Menschheit in seiner eigenen Person, mithin dem höchsten Recht desselben entgegen sein" und deshalb könne es „auch keine obrigkeitliche Gewalt über das Volk beschließen".[756]

Im Weiteren lehnt Kant aufgrund des Prinzips der Freiheit eine „Regierung" ab, „die auf dem Wohlwollen gegen das Volk als eines Vaters gegen seine Kinder errichtet wäre":

> Niemand kann mich zwingen, auf seine Art (wie er sich das Wohlsein anderer Menschen denkt), glücklich zu sein, sondern ein jeder darf seine Glückseligkeit auf dem Wege suchen, welcher ihm selbst gut dünkt, wenn er nur der Freiheit Anderer, einem ähnlichem Zwecke nachzustreben, die mit der Freiheit von jedermann nach einem möglichen allgemeinen Gesetze zusammen bestehen kann [...], nicht Abbruch thut.[757]

3.2.2.2.2 Gleichheit

Das Prinzip der Gleichheit entwickelt Kant im Hinblick auf die anderen *Untertanen*. Keiner könne „den andern wozu rechtlich verbinden [...], ohne daß er sich zugleich dem Gesetz unterwirft, von diesem wechselseitig auf dieselbe Art auch verbunden werden zu *können*".[758] Ein „angeerbter Adel" ist nach Kant etwa „ein Rang, der vor dem Verdienste vorher geht und dieses auch mit keinem Grunde hoffen lässt, ein Gedankending" und „ohne alle Realität":

> Denn wenn der Vorfahr Verdienst hatte, so konnte er dieses doch nicht auf seine Nachkommen vererben, sondern diese mußten es sich immer selbst erwerben; da die Natur es nicht so fügt, daß das Talent und der Wille, welche Verdienste um den Staat möglich machen, auch *anarten*.[759]

Aus diesem Grund könne man nicht annehmen, „daß der allgemeine Volkswille zu einem grundlosen Prärogativ zusammenstimme, mithin kann der Souverän es

---

755 MdS VI, 327.
756 MdS VI, 327 f.
757 TP VIII, 235 f.; siehe dazu bereits oben Zweiter Teil 2.1.2.
758 ZeF VIII, 350 Anm. – Hervorhebung im Original gesperrt.
759 MdS VI, 329 – Hervorhebung im Original gesperrt.

auch nicht geltend machen".[760] Höffe stellt zu Recht fest, dass sich dieses Argument, das Kant gegen das Adelsprivileg einwendet, auch gegen eine Privilegierung oder Diskriminierung aufgrund des Geschlechts, der Rasse oder des Glaubens geltend machen lässt.[761] Im *Gemeinspruch* schreibt Kant dementsprechend, dass ein Untertan „zu jeder Stufe eines Standes [...] gelangen dürfen" müsse, „wozu ihn sein Talent, sein Fleiß und sein Glück hinbringen können".[762]

Die Gleichheit zwischen den Untertanen äußert sich bei Kant zudem in einer gleichen Fremdverpflichtungsbefugnis. Niemand könne „diese Befugnis zu zwingen (mithin ein Recht gegen andere zu haben), anders als durch sein eigenes Verbrechen verlieren und es auch von selbst nicht aufgeben".[763] Man könne etwa keinen Vertrag schließen, der besagte, „daß er keine Rechte, sondern bloß Pflichten habe: weil er dadurch sich selbst des Rechts, einen Contract zu machen berauben, mithin dieser sich selbst aufheben würde".[764] Im rechtlichen Zustand besteht, im Vergleich zum Naturzustande, die einzige Einschränkung darin, dass diese Befugnis zu zwingen „durch das öffentliche Gesetz (und den Vollzieher desselben, das Staatsoberhaupt)" stattzufinden hat, d. h. durch mittelbaren Zwang und nicht durch unmittelbaren.[765] Auch aus dem ursprünglichen Vertrag lässt sich daher eine Rechtsetzungsgleichheit ableiten, allerdings nur hinsichtlich einer *mittelbaren* Zwangsbefugnis gegenüber den anderen Untertanen.

Entgegen der Ansicht von Luf[766] lässt sich aus dem Prinzip der Gleichheit bei Kant indes kein Prinzip sozialer Gleichheit ableiten.[767] Kant stellt stattdessen ausdrücklich klar, dass die „durchgängige Gleichheit der Menschen in einem Staat, als Unterthanen desselben, [...] aber ganz wohl mit der größten Ungleichheit der Menge und den Graden ihres Besitzthums nach" bestehen könne, sei es „an körperlicher oder Geistesüberlegenheit über andere, oder an Glücksgütern außer ihnen, und an Rechten überhaupt [...] respectiv auf andere".[768]

---

760 MdS VI, 329.
761 Höffe, *Ethik und Politik*, S. 213.
762 TP VIII, 292.
763 TP VIII, 292.
764 TP VIII, 292.
765 TP VIII, 292.
766 Luf, *Freiheit und Gleichheit*, S. 147, ist der Auffassung, dass Kants Gleichheitskonzept „für Prinzipien sozialer Gleichheit durchaus offen" ist.
767 Brugger, *JZ*, 1991, S. 899; Kersting, *Wohlgeordnete Freiheit*, S. 378.
768 TP VIII, 291.

3.2.2.2.3 Selbstständigkeit

Dem dritten Prinzip des bürgerlichen Zustands, der Selbstständigkeit, sind Folgerungen in Bezug auf die Rechtserzeugung zuzuordnen: Kant fordert die „*Selbstständigkeit* [...] eines Gliedes eines gemeinen Wesens, als *Bürgers*, d.i. als Mitgesetzgebers".[769] Anders als bei der Rechtsetzung lehnt Kant damit eine Gleichheit in Bezug auf die Rechtserzeugung ab:

> In dem Punkte der Gesetzgebung selbst sind alle, die *unter* schon vorhandenen öffentlichen Gesetzen frei und gleich sind, doch nicht, was das Recht betrifft, diese Gesetze zu *geben*, alle für gleich zu achten.[770]

Selbstständig, und damit fähig zur Stimmgebung, ist nach Kant nur derjenige, der „die Qualification zum Staatsbürger" aufweist:[771]

> Die dazu erforderliche Qualität ist, außer der *natürlichen* (daß es kein Kind, kein Weib sei) die einzige: daß er sein *eigener Herr* [...] sei, mithin irgendein Eigenthum habe (wozu auch jede Kunst, Handwerk oder schöne Kunst oder Wissenschaft gezählt werden kann), welches ihn ernährt; d.i. daß er in den Fällen, wo er von andern erwerben muß, um zu leben, nur durch *Veräußerung* dessen, was *sein* ist, erwerbe, nicht durch Bewilligung, die er anderen giebt, von seinen Kräften Gebrauch zu machen, folglich daß er niemandem, als dem gemeinen Wesen, im eigentlichen Sinne des Wortes *diene*.[772]

Die Frage, warum Kant neben Kindern auch Frauen die natürliche Qualifikation abspricht, (aktiver) Staatsbürger zu sein, ist in dieser Arbeit nicht ausführlich zu behandeln.[773] Die Gründe dafür sind wohl in seinem historisch-bedingten Frauenbild zu suchen.[774] Im Weiteren ist aber vor allen Dingen aus methodologischer Sicht verwunderlich, dass Kant die Staatsbürgerschaft, d.h. die Fähigkeit zur Stimmgebung, von einem empirisch-zufälligen Kriterium, dem des Eigentums, abhängig macht. Damit entfernt er sich von seiner Absicht, das Recht apriorisch,

---

769 TP VIII, 294 – Hervorhebung im Original gesperrt.
770 TP VIII, 294 – Hervorhebung im Original gesperrt.
771 MdS VI, 314.
772 TP VIII, 295 – Hervorhebung im Original gesperrt.
773 Kant unterscheidet in der Rechtslehre den „aktiven vom passiven Staatsbürger" (MdS VI, 314), stellt dann aber selbst zu Recht fest, dass der Begriff des passiven Staatsbürgers „mit der Erklärung des Staatsbürgers überhaupt im Widerspruch zu stehen scheint", definierte Kant doch zuvor denjenigen als Staatsbürger, der „die Fähigkeit zur Stimmgebung" hat; siehe dazu auch Kersting, *Wohlgeordnete Freiheit*, S. 381 ff.
774 Siehe dazu Unruh, *Die Herrschaft der Vernunft*, S. 147 f.; instruktiv zum Frauenbild Kants allgemein Kleingeld, *Fortschritt und Vernunft*, S. 32 ff. m.w.N.

d. h. ohne derartige Bestimmungen, zu begründen.⁷⁷⁵ Sozial Abhängigen das Stimmrecht abzusprechen, war für Kant offenbar derart natürlich, dass er die Unvereinbarkeit mit seinen sonstigen Vorstellungen überhaupt nicht bemerkte.⁷⁷⁶ Unterstützung findet diese Ansicht in dem Umstand, dass Kant es noch nicht einmal für notwendig hielt, Argumente für den Ausschluss der sozial Abhängigen vom Staatsbürgerstatus zu formulieren.⁷⁷⁷ Das von Kant formulierte Prinzip der Selbstständigkeit vermag demnach, jedenfalls in seiner konkreten Gestalt, auch aus diesem Grund nicht zu überzeugen.⁷⁷⁸ Aus heutiger Sicht ist Kant jedoch zumindest zu Gute zu halten, dass ihm zufolge „nach den Köpfen derer, die im Besitzstande sind, nicht nach der Größe der Besitzungen die Zahl der Stimmfähigen zur Gesetzgebung beurtheilt werden" soll.⁷⁷⁹ Das spätere preußische Dreiklassenwahlrecht hätte Kant demnach verurteilt.⁷⁸⁰

Unabhängig von den inhaltlichen und methodologischen Problemen, die mit dem Prinzip der Selbstständigkeit verbunden sind, ist zu beachten, dass sich bei Kant die Befugnis der Selbstständigen zur Stimmgebung lediglich auf die Wahl der Abgeordneten bezieht, nicht aber auf Sachentscheidungen:

> Alle wahre Republik [...] ist und kann nichts anders sein als ein *repräsentatives System* des Volkes, um im Namen desselben, durch alle Staatsbürger vereinigt, vermittels ihrer Abgeordneten [...] ihre Rechte zu besorgen.⁷⁸¹

---

775 So auch Kersting, *Wohlgeordnete Freiheit*, S. 385; Ludwig, *Kants Rechtslehre*, S. 162; Riedel, „Herrschaft und Gesellschaft", S. 138 f.; Sandermann, *Die Moral der Vernunft*, S. 306; Schild, „Freiheit-Gleichheit-‚Selbstständigkeit'", S. 140; Unruh, *Die Herrschaft der Vernunft*, S. 151; kritisch dazu Ju, *Kants Lehre vom Menschenrecht*, S. 154, der zwar meint, dass „die konkreten Beispiele, die Kant angeführt hat, wie das Kriterium, woran die Selbstständigkeit der Staatsbürger *wirklich* erkannt werden kann, von empirisch-gesellschaftlicher Faktizität sind", dies sei aber „nicht der rechts*philosophische* Gehalt der Lehre Kants von der bürgerlichen Selbstständigkeit".
776 Kersting, *Wohlgeordnete Freiheit*, S. 390.
777 Kersting, *Wohlgeordnete Freiheit*, S. 390.
778 So auch Kersting, *Wohlgeordnete Freiheit*, S. 384; Riedel, „Herrschaft und Gesellschaft", S. 138 f.; Unruh, *Die Herrschaft der Vernunft*, S. 156. Anders allerdings Ebbinghaus, „Das Kantische System der Rechte des Menschen", S. 277 ff., und Schild, „Freiheit-Gleichheit-‚Selbstständigkeit'", die das Kantische Prinzip der Selbstständigkeit dennoch zu verteidigen suchen und als einen sozialen Zustand begreifen, den es anzustreben gelte. Zu dem Streitstand, auf den in dieser Arbeit nicht eingegangen werden soll, siehe Unruh, *Die Herrschaft der Vernunft*, S. 149 ff. m.w.N.
779 TP VIII, 296.
780 So auch Saage, *Eigentum, Staat und Gesellschaft bei Immanuel Kant*, S. 124 Fn. 134.
781 MdS VI, 341 – Hervorhebung im Original gesperrt.

Die Gründe für die Ablehnung einer direkten Demokratie in einem umfassenden Sinne sind bereits deutlich geworden: Ohne jegliche Repräsentation wäre überhaupt keine Gewaltentrennung möglich. Aus diesem Argument folgt jedoch nicht, dass auch allein im Hinblick auf die Gesetzgebung eine Repräsentation zu bevorzugen ist. Es ist durchaus denkbar, dass die Staatsbürger nicht nur befugt sind, über Personen, sondern auch über Gesetze abzustimmen, die dann von einer repräsentativen Exekutive vollzogen werden. Die Gründe für die Ablehnung einer derart eingeschränkten Form von direkter Demokratie sind offenbar eher „empirisch-pragmatischer Natur".[782] Kant zufolge sei „in einem *großen* Volke" nicht eine Einstimmigkeit, sondern nur „eine Mehrheit der Stimmen, und zwar nicht der Stimmenden unmittelbar [...], sondern nur der dazu Delegierten als Repräsentanten des Volkes dasjenige [...], was man als erreichbar voraussehen kann".[783] Für ein *kleines* Volk, etwa für einen Stadtstaat, so lässt sich vermuten, gilt diese Aussage Kants nicht. Unruh schreibt diesbezüglich treffend, dass das „Repräsentativsystem [...] als reale Darstellung und Umsetzung des Verfahrens zur Ermittlung des Allgemeinwillens und damit der Herrschaft der Vernunft unter realmenschlichen Bedingungen begriffen werden" kann.[784]

Nach alldem ist damit festzuhalten, dass sich nach Kant aus dem ursprünglichen Vertrag in Bezug auf die Rechtserzeugung eine lediglich partielle, mittelbare Rechtserzeugungsgleichheit ableiten lässt. Partiell ist die Rechtserzeugungsgleichheit, da Kant das Stimmrecht auf Selbstständige einschränkt und mittelbar ist die Rechtserzeugungsgleichheit, da sie im Rahmen eines umfassenden Repräsentativsystems zu erfolgen hat.

3.2.2.2.4 Zwischenergebnis
Die drei Prinzipien, die aus dem ursprünglichen Vertrag folgen, wurden damit hinreichend erörtert. Fraglich ist demgemäß, ob es der Konstruktion eines ursprünglichen Vertrages überhaupt bedarf.

3.2.2.3 Notwendigkeit eines ursprünglichen Vertrages
Haensel ist der Auffassung, dass Kants Verweis auf den im ursprünglichen Vertrag enthaltenen Kollektivwillen „logisch überflüssig" und nur „als Aufstellung eines heuristischen Prinzips" zu verstehen sei.[785] Die „Zusammenfassung der von der

---

782 Unruh, *Die Herrschaft der Vernunft*, S. 176.
783 TP VIII, 296 – Hervorhebung vom Verfasser.
784 Unruh, *Die Herrschaft der Vernunft*, S. 176.
785 Haensel, *Kants Lehre vom Widerstandsrecht*, S. 51.

Vernunft geleiteten Willen" könne zu keinem anderen Ergebnis führen „als der einzelne vernünftige Wille".[786] Dulckeit schließt sich dieser Ansicht an und meint, dass „der Einzelwille eines jeden homo noumenon, als deren Vereinigung ja der Gesamtwille" erscheine, „doch ebenfalls von sich aus schon vernünftig" sei.[787] Schon der Einzelwille könne „nach der Idee des Rechts auch die anderen verpflichten; so dass die Idee des Staates schon von hier aus die Sanktion der Rechtmäßigkeit empfangen könnte".[788] Kant verarbeite daher lediglich „einen historisch übernommenen Gedanken in sein System".[789]

Gegen diese *Überflüssigkeitsthese*[790] lässt sich allerdings einwenden, dass bereits Kants Begründung des äußeren Mein und Dein maßgeblich auf die „Idee eines a priori vereinigten (nothwendig zu vereinigenden) Willens Aller" abstellt.[791] Eine erste Inbesitznahme, die nicht unter dieser Idee stehe, führe noch nicht einmal zu einem provisorischen Besitzrecht, geschweige denn zu einem peremtorischen.[792] Der Grund dafür ist, dass es sich bei den Gegenständen des äußeren Mein und Dein um (idealisierte) Gegenstände in Raum und Zeit handelt, die deshalb endlich sind. Die Möglichkeit und die Größe des Besitzerwerbs hängen somit stets von der Anzahl der anderen Personen ab, die im Staat oder auf der Erde leben. Nicht absolut, sondern nur in Relation zu den anderen Personen, lässt sich bestimmen, wie viel Besitz einer Person zukommt. Ein vernünftiger Individualwille reicht deswegen, unabhängig von einem vereinigten Kollektivwillen, zur Bestimmung des äußeren Mein und Dein nicht aus.

Diese besitzerwerbliche Notwendigkeit der Idee eines a priori vereinigten Kollektivwillens impliziert aber die Notwendigkeit der Idee eines ursprünglichen Vertrages. Schließlich ist eine vertragliche Einigung die einzige Möglichkeit, um einen Kollektivwillen rechtlich zu vereinigen.[793] Kersting schreibt dementsprechend zu Recht, dass die *Überflüssigkeitsthese* „ein völlig unangemessenes Verständnis des systematischen Aufbaus der Argumentation der ‚Rechtslehre' und

---

786 Haensel, *Kants Lehre vom Widerstandsrecht*, S. 51.
787 Dulckeit, *Naturrecht und positives Recht*, S. 41.
788 Dulckeit, *Naturrecht und positives Recht*, S. 41.
789 Dulckeit, *Naturrecht und positives Recht*, S. 41.
790 Unruh, *Die Herrschaft der Vernunft*, S. 114, spricht in diesem Zusammenhang von der „Redundanzthese", die dasselbe meint.
791 MdS VI, 264.
792 Siehe dazu oben Zweiter Teil 3.1.2.3.1.
793 Vgl. Kersting, *Wohlgeordnete Freiheit*, S. 357: „Die Notwendigkeit des Vertrages ist mit der Notwendigkeit, die sachenrechtliche Erwerbung in Übereinstimmung mit dem gesetzgebenden Willen aller zu bringen, bereits vorgegeben. Denn nach Rechtsbegriffen gibt es keine andere Möglichkeit der Konstitutierung dieses gesetzgebenden Willens als den der vertraglichen Einigung".

der geltungstheoretischen Interdependenz ihrer Teile zum Ausdruck" bringe, die „auf eine mangelhafte Erfassung der Privatrechtslehre Kants [...] zurückzuführen" sei.[794]

Auf ein zumindest ebenso gewichtiges Argument, das gegen die *Überflüssigkeitsthese* vorgebracht werden kann, weist zudem Sandermann hin:

> Der Vertrag vermittelt den Übergang vom Verständnis der Person als autonomes Individuum zu seinem Verständnis als autonomes Mitglied einer Rechtsgemeinschaft.[795]

Der Rückgriff auf einen im ursprünglichen Vertrag enthaltenen Kollektivwillen ist danach notwendig, um das rechtfertigende Element der „Selbstverpflichtung in der Fremdverpflichtung" zu bewahren.[796] Nur bei gesetzgeberischer Berücksichtigung des vereinigten Kollektivwillens findet die Autonomie eines jeden Untertanen ausreichende Beachtung. „[W]enn jemand etwas gegen einen *Anderen* verfügt", so schreibt Kant dementsprechend, ist es „immer möglich, daß er ihm dadurch unrecht thue, nie aber in dem, was er über sich selbst beschließt".[797] „Also" könne „nur der übereinstimmende und vereinigte Wille Aller, so fern ein jeder über Alle und Alle über einen jeden ebendasselbe beschließen, mithin nur der allgemeine vereinigte Volkswille gesetzgebend sein".[798]

Die *Überflüssigkeitsthese* ist damit abzulehnen und der *Notwendigkeitsthese* zuzustimmen. Mit seiner Bezugnahme auf die Autonomie des Menschen verweist das zuletzt vorgebrachte Argument darüber hinaus auf einen Zusammenhang zwischen dem kategorischen Imperativ und dem allgemeinen Rechtsgesetz. Auf eben diesen Zusammenhang, der den Schwerpunkt dieser Arbeit bildet, soll im nächsten Teil dieser Arbeit näher eingegangen werden.

3.3 Zusammenfassung

Bei der Erörterung des Begriffs des allgemeinen Gesetzes wurde zwischen inneren und äußeren Gesetzen und Gesetzgebungen unterschieden. Die äußeren Gesetze aufgrund äußerer Gesetzgebung stellen das positive Recht dar. Es wurde diesbezüglich gefragt, warum positives Recht nach Kant überhaupt notwendig ist.

---

794 Kersting, *Wohlgeordnete Freiheit*, S. 356.
795 Sandermann, *Die Moral der Vernunft*, S. 21 f.; siehe dazu auch Unruh, *Die Herrschaft der Vernunft*, S. 115.
796 Sandermann, *Die Moral der Vernunft*, S. 22; siehe auch Unruh, *Die Herrschaft der Vernunft*, S. 115.
797 MdS VI, 313 – Hervorhebung im Original gesperrt.
798 MdS VI, 313 f.

Schließlich gibt es auch äußere Gesetze aufgrund innerer Gesetzgebung, das Naturrecht. Zur Beantwortung dieser Frage wurde auf das Postulat des öffentlichen Rechts eingegangen sowie auf das Verhältnis zwischen positivem Recht und äußerem Mein und Dein. Nach der hier vertretenen *Differenzierungsthese* gibt es nach Kant bereits hinreichende Gründe, aufgrund des inneren Mein und Dein in den rechtlichen Zustand einzutreten. Wenn es kein positives Recht gibt, dann gelten nämlich jedenfalls auch die von Kant benannten Durchsetzungsprobleme des Rechts nicht nur für das äußere Mein und Dein, sondern auch für das innere. Allerdings gibt es im Rahmen des inneren Mein und Dein noch nicht die Befugnis, den anderen zum Eintritt in den rechtlichen Zustand zu zwingen. Diese Befugnis ergibt sich vielmehr, aufgrund seiner geltungstheoretischen Abhängigkeit vom Staat, erst aus dem äußeren Mein und Dein.

Die Verbindlichkeit positiven Rechts, so wurde danach festgestellt, folgt bei Kant zum einen nicht unmittelbar aus dem allgemeinen Rechtsgesetz und zum anderen unabhängig von vertragstheoretischen Überlegungen. Erst das Postulat des öffentlichen Rechts beinhaltet vielmehr die Befugnis des äußeren Gesetzgebers, andere zu verbinden. Bei den damit zusammenhängenden Fragen, ob Kant ein Widerstandsrecht befürwortet und als Positivist oder Nichtpositivist einzustufen ist, wurde festgestellt, dass Kant eine rechtliche Zwangsbefugnis zum Widerstand kategorisch ablehnt und eine *Mischthese* vertritt. In klassifizierender Hinsicht ist Kant Positivist; in qualifizierender hingegen Nichtpositivist. Anders ausgedrückt: Ungerechtes Recht verliert bei Kant niemals seinen Rechtscharakter, kann aber rechtlich fehlerhaft sein.

Bei der Erörterung des Begriffs der Allgemeinheit wurde festgestellt, dass bei Kant das allgemeine Rechtsgesetz eine *Doppelfunktion* innehat, die sich auf den Begriff der Allgemeinheit auswirkt. Im natürlichen Zustand geht es um den Individualwillen, der verallgemeinert wird. Im rechtlichen Zustand wird demgegenüber der Kollektivwille verallgemeinert. Gemäß der hier vertretenen *Fundamentalnormthese* ist das allgemeine Rechtsgesetz damit Ausgangspunkt der *Rechtslehre* und zugleich deren Schlusspunkt. Ausgangspunkt der *Rechtslehre* ist das allgemeine Rechtsgesetz, da es das angeborene Freiheitsrecht begründet. Dieses lässt sich (synthetisch) zum äußeren Mein und Dein erweitern und führt (bereits analytisch) zum rechtlichen Zustand. Schlusspunkt ist das allgemeine Rechtsgesetz, da das allgemeine Rechtsgesetz über den Kollektivwillen, d. h. den ursprünglichen Vertrag, zudem normativ-kritische Vorgaben für den rechtlichen Zustand angibt.

Nachdem danach noch näher auf den ursprünglichen Vertrag und seine Prinzipien der Freiheit, Gleichheit und Selbstständigkeit eingegangen wurde, ging es zum Schluss dieses Teils um die Notwendigkeit der Konstruktion eines Kollektivwillens. Nach der hier vertretenen *Notwendigkeitsthese* ist die Konstruktion eines Kollektivwillens bei Kant unabdingbar, um das äußere Mein und Dein hinreichend bestimmen zu können sowie einen autonomen, d.h. selbstbestimmten, Übergang vom natürlichen Zustand in den rechtlichen für den Einzelnen gewährleisten zu können.

Dritter Teil: **Verhältnis der beiden Grundbegriffe zueinander**

Auf die Frage nach dem Verhältnis zwischen dem kategorischen Imperativ und dem allgemeinen Rechtsgesetz Kants hat es besonders in den letzten Jahren eine Vielzahl unterschiedlicher Antworten gegeben, ohne dass ein Konsens in dieser Frage gefunden werden konnte.[799] Dieser Umstand legt zwei Schlussfolgerungen nahe: Entweder gibt es keine richtige Antwort auf die Frage oder – und dies ist überzeugender – die Frage selbst bedarf der Ausdifferenzierung, so dass es womöglich mehrere richtige Antworten gibt, die sich aber auf unterschiedliche Fragen beziehen. Mit anderen Worten: Um zu den richtigen Antworten zu gelangen, sind zunächst die richtigen Fragen zu stellen. Willaschek identifiziert dieser Forderung entsprechend zumindest zwei Fragen, die auseinanderzuhalten seien:

[I]s the Categorical Imperative *sufficient* to show that the fundamental principles of right are normatively valid? Second, does Kant's conception of right *presuppose* his moral theory?[800]

Pogges Differenzierungsvorschlag geht in eine ähnliche Richtung. Er unterscheidet zwischen einer „mutual independence" und einer „one-sided dependence"; also zwischen einer gegenseitigen Unabhängigkeit und einer einseitigen Abhängigkeit zwischen dem kategorischen Imperativ und dem allgemeinen Rechtsgesetz.[801]

Eine weitere Möglichkeit für eine differenzierte Fragestellung schlägt Kersting vor. Er unterscheidet zwischen einer „verwirklichungspraktischen Unabhängigkeit des Rechts von der Vernunftkausalität", die gegeben sei, und einer „begründungslogische[n] Independenz der Rechtsphilosophie von der Konzeption reiner praktischen Vernunft", die nicht vorliege.[802] Es sei „verfehlt", von einem auf das andere zu schließen.[803]

Dieser Differenzierungsvorschlag von Kersting soll in diesem dritten Teil der Arbeit als Grundunterscheidung dienen. Es wird daher zuerst der „verwirklichungspraktische" Zusammenhang zwischen dem kategorischen Imperativ und dem allgemeinen Rechtsgesetz geprüft und sodann der „begründungslogische" Zusammenhang, d. h. zunächst der *Wirksamkeitszusammenhang* (1.) und danach

---

799 Siehe dazu bereits oben Einleitung 1.2.
800 Willaschek, *IJPS*, Bd. 17 (2009), S. 49.
801 Pogge, „Is Kant's *Rechtslehre* a 'Comprehensive Liberalism'?", S. 151; vgl. auch Seel, *IJPS*, Bd. 17 (2009), S. 73, der zwischen vier möglichen Positionen unterscheidet: der „weak independence thesis", der „strong independence thesis", der „weak dependence thesis" und schließlich der „strong dependence thesis".
802 Kersting, „Vernunft, Verbindlichkeit und Recht bei Kant", S. 269, und wortgleich in *Kant über Recht*, S. 35 – im Original kursiv; siehe dazu auch Merle, *JRE*, Bd. 12 (2004), S. 332.
803 Kersting, „Vernunft, Verbindlichkeit und Recht bei Kant", S. 269.

der *Begründungszusammenhang* (2.). Innerhalb dieser Teile werden zudem die Differenzierungsvorschläge von Willaschek und Pogge berücksichtigt.

1 Wirksamkeitszusammenhang

Die Frage nach dem Wirksamkeitszusammenhang zwischen kategorischem Imperativ und allgemeinem Rechtsgesetz stellt die Frage nach der Triebfeder einer Handlung: Reicht etwa die bloße Angst vor Zwang als Triebfeder aus, um dem allgemeinen Rechtsgesetz Wirksamkeit zu verleihen oder ist es nicht vielmehr notwendig, dass eine gewisse Zahl von Menschen das allgemeine Rechtsgesetz aus ethischen Gründen befolgt?

In Kants Terminologie geht es bei der Frage nach dem Wirksamkeitszusammenhang zwischen dem kategorischen Imperativ und dem allgemeinen Rechtsgesetz um das Prinzip der Exekution, das die Ausübung einer Handlung betrifft, nicht hingegen um das Prinzip der Dijudikation, bei dem es um die Beurteilung einer Handlung geht.[804] Das Prinzip der Dijudication ist vielmehr erst im Rahmen des Begründungszusammenhangs zu erörtern. Kant selbst weist darauf hin, dass die Unterscheidung zwischen diesen beiden Prinzipien von großer Wichtigkeit ist: „[S]o war alles in der Moral falsch", sagt Kant in einer Vorlesung, „indem man nun dieses verwechselte".[805]

Gemäß dem Differenzierungsvorschlag von Pogge, der – wie gesehen – zwischen einer gegenseitigen Unabhängigkeit und einer einseitigen Abhängigkeit unterscheidet, bietet es sich zudem an, den Wirksamkeitszusammenhang nicht nur in Bezug auf das allgemeine Rechtsgesetz zu prüfen, sondern auch in Bezug auf den kategorischen Imperativ. Beide Fragen, d. h. die Frage nach der Wirksamkeit des kategorischen Imperativs einerseits (1.1.) und die nach der Wirksamkeit des allgemeinen Rechtsgesetzes andererseits (1.2.), sind sinnvollerweise getrennt voneinander zu erörtern.

---

804 Kant verwendet die beiden Ausdrücke „principium der Dijudication" und „principium der Execution" in der Ethik-Vorlesung aus dem Wintersemester 1784/85, die von Georg Ludwig Collins mitgeschrieben wurde (Vorl. Collins XXVII, 274); siehe dazu auch Alexy, „Kants Begriff des praktischen Gesetzes", S. 201 f.; Patzig, „Principium diiudicationis' und ‚Principium executionis'", S. 257 ff.; und Weiper, *Triebfeder und höchstes Gut*, S. 17 ff.
805 Vorl. Collins XXVII, 274.

1.1 Wirksamkeit des kategorischen Imperativs

Fraglich ist, ob und wenn ja, inwieweit, die Wirksamkeit des kategorischen Imperativs vom allgemeinen Rechtsgesetz abhängt. Hierbei ist zu fragen, ob das allgemeine Rechtsgesetz *Wirksamkeitsbedingung* für den kategorischen Imperativ ist (1.1.1.). Sodann stellt sich die Frage, ob das allgemeine Rechtsgesetz zumindest die Wirksamkeit des kategorischen Imperativs fördert und damit eine *Entwicklungsbedingung* für die Wirksamkeit des kategorischen Imperativs darstellt (1.1.2.).

1.1.1 Allgemeines Rechtsgesetz als Wirksamkeitsbedingung

Die Wirksamkeit des allgemeinen Rechtsgesetzes ist keine *hinreichende* Bedingung für die Wirksamkeit des kategorischen Imperativs. Der Grundbegriff des allgemeinen Rechtsgesetzes ist die äußere Freiheit und diese gibt keine Auskunft darüber, ob die fragliche Handlung, die sich im Rahmen des allgemeinen Rechtsgesetzes hält, nicht nur pflichtgemäß, sondern auch aus Pflicht geschieht.[806] Auch bei einer Wirksamkeit des allgemeinen Rechtsgesetzes fehlt es daher am moralischen Erfordernis, dem Prinzip der Autonomie zu folgen, das lautet:

> [N]icht anders zu wählen als so, daß die Maxime seiner Wahl in demselben Wollen zugleich als allgemeines Gesetz mit begriffen seien.[807]

Die Wirksamkeit des allgemeinen Rechtsgesetzes ist aber auch keine *notwendige* Bedingung der Wirksamkeit des kategorischen Imperativs. Denn Handeln aus Pflicht ist, so Kersting zu Recht, auch „in den rauhesten Verhältnissen möglich, wenngleich natürlich äußerst risikoreich".[808] Der neukantianische Rechtsphilosoph Stammler fasst diesen Umstand in folgende Worte:

> Es ist kein Grund ersichtlich, weshalb die richtige Ausgestaltung des *Innenlebens* gerade von der *selbstherrlichen* Art der *sozialen* Regelung abhängig sein soll und nicht auch bei einer nur konventionalen Weise des Zusammenlebens erfüllt werden könnte.[809]

Nach Kant ist sogar das scheinbare Paradox möglich, aus Pflicht zu handeln, ohne überhaupt handeln zu können:

---

806 Siehe oben Zweiter Teil 1. und 2.4.1.
807 GMS IV, 440. Zum Prinzip der Autonomie siehe oben Erster Teil 2.2.1.
808 Kersting, *Wohlgeordnete Freiheit*, S. 146 Fn. 77.
809 Stammler, *Lehrbuch für Rechtsphilosophie*, S. 233 – Hervorhebung im Original gesperrt.

> Wenn gleich durch eine besondere Ungunst des Schicksals, oder durch kärgliche Ausstattung einer stiefmütterlichen Natur es diesem Willen gänzlich an Vermögen fehlte, seine Absicht durchzusetzen; wenn bei seiner größten Bestrebung dennoch nichts von ihm ausgerichtet würde, und nur der gute Wille [...] übrig bliebe: so würde er wie ein Juwel doch für sich selbst glänzen, als etwas, das seinen vollen Werth in sich selbst hat.[810]

Die völlige Abwesenheit von äußerer Freiheit verringert nach Kant also nicht die innere Freiheit einer Person. Die innere Freiheit (und damit die Moralität eines Menschen) besteht unabhängig von der äußeren Freiheit, d. h. unabhängig von der Möglichkeit äußerlich zu handeln.[811] Entscheidend ist allein ein *„guter Wille"*.[812] Willaschek schreibt dazu treffend:

> On Kant's view, it is possible [...] to live like an angel in a society of devils.[813]

Mit Schiller könnte man sagen, dass der Mensch nach Kant auch „in Ketten geboren" noch frei ist.[814] Die Wirksamkeit des allgemeinen Rechtsgesetzes ist nach alldem keine *Wirksamkeitsbedingung* für den kategorischen Imperativ.

1.1.2 Allgemeines Rechtsgesetz als Entwicklungsbedingung

Auch wenn die Wirksamkeit des allgemeinen Rechtsgesetzes keine Wirksamkeitsbedingung für den kategorischen Imperativ darstellt, so könnte doch das allgemeine Rechtsgesetz die Wirksamkeit des kategorischen Imperativs zumindest fördern und damit eine *Entwicklungsbedingung* für die Wirksamkeit des kategorischen Imperativs sein. Um die Frage zu beantworten, ob dies zutrifft, ist zu klären, auf welche Weise überhaupt der kategorische Imperativ im Menschen wirkt (1.1.2.1.). Erst danach lässt sich angemessen erörtern, ob es möglich ist, die Wirksamkeit des kategorischen Imperativs zu fördern (1.1.2.2.) und wenn ja, wie dies möglich ist (1.1.2.3.). Mit diesen Erkenntnissen ausgerüstet ist dann nur noch

---

810 GMS IV, 394.
811 So auch Rosen, *Kant's Theory of Justice*, S. 43, und Willaschek, *IJPS*, Bd. 17 (2009), S. 60, der schreibt: „Kant makes abundantly clear, the value of an autonomous will is completely independent of any external effect it may have. It resides entirely in its self-legislation and thus in its not being conditioned by anything empirical and contingent".
812 GMS VI, 393 – Hervorhebung im Original gesperrt.
813 Willaschek, *IJPS*, Bd. 17 (2009), S. 65.
814 Schiller, „Die Worte des Glaubens", S. 436; mit Verweis auf Schiller auch Stratenwerth, „Kritische Anfragen an eine Rechtslehre nach ‚Freiheitsgesetzen'", S. 498.

zu klären, ob und wenn ja, auf welche Weise das allgemeine Rechtsgesetz eine der Förderungsmöglichkeiten darstellen kann (1.1.2.4.).

1.1.2.1 Wirkungsweise des kategorischen Imperativs

Bei der Frage nach der Wirkungsweise des kategorischen Imperativs ist besonders auf zwei Punkte einzugehen. Zum einen ist das Verhältnis von Pflicht und Achtung zu klären (1.1.2.1.1.) und zum anderen ist zu erörtern, was Kant genau unter dem Begriff der Achtung versteht (1.1.2.1.2.). In einem Exkurs soll zudem untersucht werden, in welchem Verhältnis der Begriff der Achtung zum Begriff des höchsten Gutes steht (1.1.2.1.3.).

1.1.2.1.1 Pflicht und Achtung

Im ersten Teil dieser Arbeit wurde dargelegt,[815] dass nur eine Handlung aus Pflicht, d. h. eine Handlung, die auf einer formalen Maxime beruht, moralischen Wert hat. Weiter wurde festgestellt, dass eine Handlung dann auf einer formalen Maxime beruht, wenn diese zwar nicht vom Zweck schlechthin abstrahiert, aber jedenfalls vom Zweck als Motivation. Motivation soll vielmehr sein, dass die fragliche Maxime vom kategorischen Imperativ gefordert wird:

> Das Wesentliche alles sittlichen Werths der Handlungen kommt darauf an, daß das *moralische Gesetz unmittelbar den Willen* bestimme.[816]

Kant gesteht allerdings ein, dass die Frage „wie ein Gesetz für sich und unmittelbar Bestimmungsgrund des Willens sein könne [...], ein für die menschliche Vernunft unauflösliches Problem [...] sei".[817] Dieses Problem, das letzthin auf das Problem der Freiheit des Willens hinausläuft, sei der unauffindbare „Stein der Weisen".[818] Es bleibt deshalb, so Kant, „nichts übrig, als blos sorgfältig zu bestimmen, auf welche Art das moralische Gesetz Triebfeder werde, und was, indem sie es ist, mit dem menschlichen Begehrungsvermögen als Wirkung jenes Bestimmungsgrund auf dasselbe vorgehe".[819] Auflösbar ist nach Kant demnach nicht der „Grund,

---

815 Siehe oben Erster Teil 2.1.1.2. und 2.1.1.3.
816 KpV V, 71 – Hervorhebung im Original gesperrt.
817 KpV V, 72.
818 Vorl. Menzer, S. 54: „Urteilen kann der Verstand freilich, aber diesem Verstandesurteil eine Kraft zu geben, und daß es eine Triebfeder werden den Willen zu bewegen, die Handlung auszuüben, das ist der Stein der Weisen".
819 KpV V, 72.

woher das moralische Gesetz in sich eine Triebfeder abgebe, sondern was, so fern es eine solche ist, sie im Gemüthe wirkt".[820]

An dieser Stelle nun kommt der Begriff der Achtung zur Anwendung. Denn Kant zufolge wirkt das moralische Gesetz in Form von Achtung im Gemüt. Eine Handlung aus Pflicht ist nach Kant zugleich eine Handlung „aus Achtung fürs Gesetz".[821] In der *Grundlegung* formuliert Kant:

> Pflicht ist die Nothwendigkeit einer Handlung aus Achtung fürs Gesetz.[822]

Während man von einer Handlung aus Pflicht spricht, um den *objektiven* Bestimmungsgrund einer moralischen Handlung zu kennzeichnen, dass sie nämlich um des Gesetzes willen vollzogen wird, bezieht sich der Begriff der Achtung auf den *subjektiven* Bestimmungsgrund einer moralischen Handlung, auf welche Weise also dabei das Gesetz im Menschen wirkt.[823] Die Pflichtthese Kants betrifft demnach die *Beurteilung* der Moralität einer Handlung; die Achtungsthese hingegen die tatsächliche *Ausführung* einer moralischen Handlung. Anders ausgedrückt: Die Pflichtthese ist dem Prinzip der *Dijudikation* zuzuordnen; die Achtungsthese dem der *Exekution*.[824]

Ohne den Begriff der Achtung weiter klären zu müssen, lässt sich zudem bereits an dieser Stelle festhalten, dass nach Kant die „Achtung fürs moralische Gesetz [...] die einzige [...] moralische Triebfeder" sei.[825] Die im ersten Teil erörterte starke Pflichtthese Kants[826] ist demnach wie folgt zu erweitern: Eine Handlung hat lediglich dann einen moralischen Wert, wenn sie *nur* aus Pflicht begangen wird

---

820 KpV V, 72.
821 KpV V, 81 – Hervorhebung im Original gesperrt.
822 GMS, IV 400 – Hervorhebung im Original gesperrt.
823 Den objektiven Bestimmungsgrund bezeichnet Kant in der *Grundlegung* als den „Bewegungsgrund" einer Handlung, den subjektiven als deren „Triebfeder" (GMS IV, 427).
824 Siehe Köhl, *Kants Gesinnungsethik*, S. 100 f. und 124 ff., und Weiper, *Triebfeder und höchstes Gut*, S. 59 Fn. 76. Einschränkend ist jedoch hinzuzufügen, dass Kant an einer Stelle in der *Grundlegung* den Begriff der Achtung ausnahmsweise nicht dazu benutzt, die tatsächliche Ausführung einer moralischen Handlung zu *beschreiben*, sondern den moralischen Wert einer Handlung zu *bestimmen*. Kant schreibt in der besagten Textstelle: „Auch haben wir [...] gezeigt, wie [...] lediglich Achtung fürs Gesetz diejenige Triebfeder sei, die der Handlung einen moralischen Werth geben kann" (GMS IV, 440). Köhl, *Kants Gesinnungsethik*, S. 125, deutet diese Stelle zu Recht als ein „Versehen" Kants.
825 KpV V, 78. Bei der Erörterung des Verhältnisses zwischen der Achtung fürs Gesetz und Kants Lehre vom höchsten Gut wird dieser Umstand noch weiter vertieft (siehe unten Dritter Teil 1.1.2.1.3.).
826 Siehe dazu oben Erster Teil 2.1.1.3.

und dies ist einzig dann der Fall, wenn das moralische Gesetz so im Menschen wirkt, dass die Handlung *nur* aus Achtung fürs Gesetz vollzogen wird.[827]

1.1.2.1.2 Begriff der Achtung

Gegenstand der Achtung ist bei Kant das Sittengesetz. In der *Grundlegung* schreibt Kant etwa:

> Nur [...] das bloße Gesetz für sich, kann ein Gegenstand [...] der Achtung sein.[828]

Handlungsfolgen und Neigungen können nach Kant hingegen nicht deren Gegenstand sein:

> Zum Objecte als Wirkung meiner vorhabenden Handlung kann ich zwar *Neigung* haben, aber *niemals Achtung*, eben darum, weil sie bloß eine Wirkung und nicht Thätigkeit eines Willens ist. Ebenso kann ich für Neigung überhaupt, sie mag nun meine oder eines andern seine sein, nicht Achtung haben, ich kann sie höchstens im ersten Falle billigen, im zweiten bisweilen selbst lieben, d.i. sie als meinem eigenen Vortheile günstig ansehen.[829]

Die Achtung fürs Gesetz ist nach Kant im Weiteren „ein Gefühl".[830] Allerdings handele es sich hierbei um ein Gefühl „eigenthümlicher Art".[831] Es unterscheide sich von den Gefühlen, die „durch Einfluss empfangen" werden und „sich auf Neigung oder Furcht bringen lassen".[832] Das Gefühl der Achtung sei stattdessen ein „durch einen Vernunftbegriff *selbstgewirktes* Gefühl".[833] In der *Kritik zur praktischen Vernunft* fasst Kant diesen Punkt folgendermaßen zusammen:

> Also ist Achtung fürs moralische Gesetz ein Gefühl, welches durch einen intellectuellen Grund gewirkt wird, und dieses Gefühl ist das einzige, welches wir völlig a priori erkennen, und dessen Nothwendigkeit wir einsehen können.[834]

---

827 Siehe dazu auch Köhl, *Kants Gesinnungsethik*, S. 138 f.
828 GMS IV, 400.
829 GMS IV, 400 – Hervorhebung im Original gesperrt.
830 GMS IV, 401 Fn. – Hervorhebung vom Verfasser; siehe zu dieser Gefühlseigenschaft der Achtung auch Augsberg, *JZ*, 2013, S. 534 ff.; Beck, *Kommentar*, S. 210 ff.; Fischer, *Moralität und Sinn*, S. 185 ff., und Paton, *Der Kategorische Imperativ*, S. 63 ff.
831 KpV V, 76.
832 GMS IV, 401 Fn.
833 GMS IV, 401 Fn. – Hervorhebung im Original gesperrt. Der Umstand, dass das Gefühl der Achtung nicht Ursache des Gesetzes ist, sondern dessen Wirkung, grenzt Kants Achtungsthese von der englischen Moral-sense-Philosophie ab; siehe dazu ausführlich Köhl, *Kants Gesinnungsethik*, S. 143 ff.
834 KpV V, 73.

Auch wenn das Gefühl der Achtung daher zwar weder als Furcht noch als Neigung betrachtet werden könne, habe es aber doch „mit beiden zugleich etwas Analogisches".[835] Eine Analogie zur Furcht bestehe im Hinblick auf den Umstand, dass wir dem Gesetz unterworfen seien, „ohne die Selbstliebe zu befragen".[836] Das moralische Gesetz schlage vielmehr den „Eigendünkel" nieder und sei eine „Demüthigung".[837] Im Hinblick auf den Umstand, dass wir uns das Gesetz „selbst auferlegen" und das Gesetz „damit eine Folge unseres Willens" sei, bestehe hingegen einer Analogie zur Neigung.[838] Das Gesetz ist also nach Kant „doch etwas an sich Positives", da es „die Form einer intellektuellen Causalität" sei.[839] Weiteren Aufschluss über diesen positiven Aspekt der Achtung bietet eine Textstelle aus der *Religionsschrift*:

> Die Majestät des Gesetzes [...] flößt Ehrfurcht ein [...], welche *Achtung* des Untergebenen gegen seinen Gebieter, in diesem Fall aber, da dieser in uns selbst liegt, ein *Gefühl des Erhabenen* unserer eigenen Bestimmung erweckt, was uns mehr hinreißt als alles Schöne.[840]

Entstehungsgrund für den positiven Aspekt der Achtung ist demnach die *Selbstachtung* des Menschen als Teil der intelligiblen Welt.[841] In der *Kritik der praktischen Vernunft* spricht Kant auch von einer „*Selbstbilligung*" und „*Erhebung*", die darin bestehe, dass der durch das moralische Gesetz ausgeübte Zwang „durch Gesetzgebung der *eigenen* Vernunft ausgeübt" werde.[842]

Dieser Gedanke wird im Triebfederkapitel der *Kritik der praktischen Vernunft* noch oft wiederholt. So schreibt Kant darin an einer späteren Stelle, dass es „nicht zu verwundern" sei, „wenn der Mensch, als zu beiden Welten gehörig, sein eigenes Wesen in Beziehung auf seine zweite und höchste Bestimmung nicht anders als mit Verehrung und die Gesetze derselben mit der höchsten Achtung betrachten" müsse.[843] Im ersten Satz des Beschlusses der *Kritik der praktischen Vernunft* findet

---

835 GMS IV, 401 Fn.
836 GMS IV, 401 Fn.
837 KpV V, 73 und 78.
838 GMS IV, 401 Fn.
839 KpV V, 73.
840 Rel VI, 23 Anm. – Hervorhebung vom Verfasser; siehe auch Rel VI, 49: „Aber eines ist in unserer Seele, welches, wenn wir es gehörig ins Auge fassen, wir nicht aufhören können, mit der höchsten Verwunderung zu betrachten, und wo die Bewunderung rechtmäßig, zugleich auch seelenerheben ist; und das ist: die ursprüngliche moralische Anlage in uns überhaupt".
841 So auch Fischer, *Moralität und Sinn*, S. 189 ff., und Köhl, *Kants Gesinnungsethik*, S. 133.
842 KpV V, 80 f. – Hervorhebung im Original gesperrt.
843 KpV V, 87; vgl. auch KpV V, 88: „So ist die *ächte Triebfeder* der reinen praktischen Vernunft beschaffen; sie ist keine andere als das reine moralische Gesetz selber, sofern es uns die Erhabenheit unserer eigenen sinnlichen Existenz spüren lässt und subjectiv in Menschen, die sich

Kant für diesen positiven Aspekt der Achtung abschließend folgenden, emphatischen Satz:

> Zwei Dinge erfüllen das Gemüth mit immer neuer und zunehmender Bewunderung und Ehrfurcht, je öfter und anhaltender sich das Nachdenken damit beschäftigt: *der bestirnte Himmel über mir* und *das moralische Gesetz in mir*.[844]

1.1.2.1.3 Exkurs: Achtung und höchstes Gut

Fraglich ist, inwieweit die Achtung fürs Gesetz durch Kants Lehre vom höchsten Gut beeinflusst wird.[845] Eine Beantwortung dieser Frage setzt die Klärung des Begriffs des höchsten Gutes voraus. Ausgangspunkt der Lehre vom höchsten Gut ist Kants Überlegung, dass es „Gegenstand des Begehrungsvermögens vernünftiger endlicher Wesen" sei, tugendhaft zu sein.[846] Diese sei die „oberste Bedingung alles dessen, was uns nur wünschenswert scheinen mag".[847] Da vernünftige, endliche Wesen aber der Glückseligkeit bedürftig seien, komme zum „höchsten Gut" noch die Glückseligkeit hinzu:

> Denn der Glückseligkeit bedürftig, ihrer auch würdig, dennoch aber derselben nicht theilhaftig zu sein, kann mit dem vollkommenen Wollen eines vernünftigen Wesens, welches zugleich alle Gewalt hätte, [...] gar nicht zusammen bestehen.[848]

Kant versteht demnach unter dem Begriff des höchsten Gutes die vollendete Verwirklichung von Sittlichkeit und Glückseligkeit, in der die Glückseligkeit „ganz genau in Proportion der Sittlichkeit (als Werth der Person und deren Würdigkeit glücklich zu sein) ausgetheilt" ist.[849]

Da aber „das Menschenvermögen dazu nicht hinreicht, die Glückseligkeit in der Welt einstimmig mit der Würdigkeit glücklich zu sein zu bewirken", müsse „ein allvermögendes moralisches Wesen als Weltherrscher angenommen werden unter

---

zugleich ihres sinnlichen Daseins und der damit verbundenen Abhängigkeit von ihrer sofern sehr pathologisch afficierten Natur bewußt sind, Achtung für ihre höhere Bestimmung wirkt" – Hervorhebung im Original gesperrt.

844 KpV V, 161 – Hervorhebung im Original gesperrt.
845 Ausführlich dazu siehe Albrecht, *Kants Antinomie der praktischen Vernunft*, S. 43 ff.; Beck, *Kommentar*, S. 225 ff.; Bielefeldt, *Kants Symbolik*, S. 169 ff.; Düsing, *Kant-Studien*, Bd. 62 (1979), S. 5 ff.; Fischer, *Moralität und Sinn*, S. 265 ff.; Weiper, *Triebfeder und höchstes Gut*, S. 54 ff.; Zobrist, *Kant-Studien*, Bd. 99 (2008), S. 285 ff.
846 KpV V, 110.
847 KpV V, 110.
848 KpV V, 110.
849 KpV V, 110.

dessen Vorsorge dieses geschieht, d.i. die Moral, führt unausbleiblich zur Religion".[850]

Die Idee des höchsten Gutes vermittelt damit bei Kant zwischen Moral und Religion. Der kategorische Imperativ führt zur Idee des höchsten Gutes, diese zum „Dasein Gottes, als ein Postulat der reinen praktischen Vernunft", und schließlich – ohne, dass darauf an dieser Stelle weiter eingegangen werden soll – zur Unsterblichkeit der Seele, welche nach Kant ebenfalls ein „Postulat der reinen praktischen Vernunft" darstellt.[851]

Der in der Lehre vom höchsten Gut enthaltene Zusammenhang zwischen Tugend und Glückseligkeit führe aber – so lautet ein Vorwurf in der Literatur – zu einer versteckten Form des Eudämonismus. Nach Schopenhauer etwa lasse Kant „zwischen Tugend und Glückseligkeit doch noch eine geheime Verbindung übrig, in seiner Lehre vom höchsten Gut, wo sie in einem entlegenen und dunklen Kapitel zusammenkommen, während öffentlich die Tugend gegen die Glückseligkeit ganz fremd thut".[852] Kant gelange daher nicht über eine instrumentelle Ethik hinaus, in der es letzthin um das Erreichen von Glückseligkeit gehe.[853]

Dieser Vorwurf erscheint besonders im Hinblick auf einige Textstellen aus der *Kritik der reinen Vernunft* nicht unberechtigt. Kant schreibt darin unter anderem, dass sich „die Vernunft genöthigt" sehe, entweder einen „weisen Urheber und Regierer [...] anzunehmen, oder die moralischen Gesetze als leere Hirngespinste anzusehen".[854] Einige Zeilen später heißt es dann sogar noch deutlicher:

> Ohne also einen Gott und eine für uns nicht sichtbare, aber gehoffte Welt, sind die herrlichen Ideen der Sittlichkeit zwar Gegenstände des Beifalls und der Bewunderung, aber nicht Triebfedern des Beifalls und der Ausübung, weil sie nicht den ganzen Zweck, der einem jeden vernünftigen Wesen natürlich und durch eben dieselbe reine Vernunft a priori bestimmt und nothwendig ist, erfüllen.[855]

Zumindest Kants spätere Ansicht scheint jedoch eine andere zu sein.[856] Wie bereits erwähnt, stellt nach Kant die Achtung fürs Gesetz vielmehr „die *einzige* [...] mo-

---

850 Rel VI, 8.
851 Siehe dazu KpV V, 219 ff.
852 Schopenhauer, „Preisschrift über die Grundlage der Moral", S. 473
853 Schopenhauer, „Preisschrift über die Grundlage der Moral", S. 473 ff.
854 KrV III, 839.
855 KrV III, 841; vgl. auch KrV III, 617.
856 Siehe dazu Bielefeldt, *Kants Symbolik*, S. 174 Fn. 17; Kleingeld, *Fortschritt und Vernunft*, S. 136 Fn. 3.

ralische Triebfeder" dar.[857] Bestätigung findet diese Aussage aus der *Kritik der praktischen Vernunft* in Kants *Religionsschrift*:

> Die Moral, so fern sie auf dem Begriffe des Menschen als eines freien, eben darum aber auch sich selbst durch seine Vernunft an unbedingte Gesetze bindenden Wesens gegründet ist, bedarf weder der Idee eines andern Wesens über ihm, um seine Pflicht zu erkennen, noch einer andern Triebfeder als des Gesetzes selbst, um sie zu beobachten.[858]

Die Idee vom höchsten Gut und der sich daran anschließende Glaube an Gott stellen demnach nicht die Triebfeder für die Befolgung des kategorischen Imperativs dar, sondern lediglich eine *Folge* des kategorischen Imperativs. Auf treffende Weise beschreibt *Bielefeldt* diesen Umstand:

> Die unableitbare Faktizität des kategorischen Imperativs erweitert sich *von innen her* zu einer umfassenden Sinnperspektive, die den sittlichen Sollensanspruch nicht etwa begründet, sondern aus der Unbedingtheit sittlichen Sollens selbst erwächst.[859]

Kant schreibt dementsprechend in der *Religionsschrift*:

> Moral führt unumgänglich zur Religion, wodurch sie sich zur Idee eines machthabenden moralischen Gesetzgebers außer dem Menschen erweitert, in dessen Willen dasjenige Endzweck (der Weltschöpfung) ist, was zugleich der Endzweck des Menschen sein kann und soll.[860]

Nicht der Inhalt oder die Triebfeder des kategorischen Imperativs ändern sich damit durch die Idee des höchsten Gutes und den Glauben an Gott, sondern lediglich dessen Betrachtungsweise:

> *Religion* ist (subjectiv betrachtet) das Erkenntniß aller unserer Pflichten als göttliche Gebote.[861]

---

857 KpV V, 79 – Hervorhebung vom Verfasser.
858 Rel VI, 3. Vgl. auch KpV V, 109: „Mithin mag das höchste Gut immer der ganze *Gegenstand* einer reinen praktischen Vernunft, d.i. eines reinen Willens, sein, so ist es darum doch nicht für den *Bestimmungsgrund* desselben zu halten, und das moralische Gesetz muß allein als der Grund angesehen werden, jenes und dessen Bewirkung oder Beförderung sich zum Objecte zu machen" – Hervorhebung im Original gesperrt.
859 Bielefeldt, *Kants Symbolik*, S. 174.
860 Rel VI, 6; siehe dazu auch Alexy, „Kants Begriff des praktischen Gesetzes", S. 212.
861 Rel VI, 153 – Hervorhebung im Original gesperrt.

Eine andere Auffassung wäre auch nicht mit Kants Autonomiebegriff vereinbar: Der Mensch kann und soll selbsttätig, d. h. unabhängig von äußeren Einflüssen, den kategorischen Imperativ befolgen. Hinge der gute Wille stattdessen von der Idee des höchsten Gutes ab, d. h. von der Idee, dass Sittlichkeit und Glückseligkeit sich letzthin entsprechen, so gründete sich die Befolgung des kategorischen Imperativs nicht auf einer autonomen Triebfeder.[862]

1.1.2.1.4 Zwischenergebnis

Mit diesem Exkurs zum Verhältnis zwischen dem Begriff der Achtung und dem des höchsten Gutes wurde die Wirkungsweise des kategorischen Imperativs in hinreichendem Maße erörtert. Fraglich ist demnach, ob es nach Kant möglich ist, die Wirksamkeit des kategorischen Imperativs zu fördern.

1.1.2.2 Möglichkeit der Förderung

Zur Beantwortung der Frage, ob es nach Kant möglich ist, die Wirksamkeit des kategorischen Imperativs zu fördern, ist zu klären, warum es überhaupt unmoralische, d. h. böse, Handlungen gibt. Kants diesbezügliches Kernstück ist seine Lehre vom radikal Bösen des Menschen. Um diese Lehre soll es im ersten Teil dieses Abschnitts gehen (1.1.2.2.1.). Erst danach stellt sich die Frage, wie der Mensch dazu gebracht werden kann, moralisch zu handeln, d. h. gut zu werden (1.1.2.2.2.).

1.1.2.2.1 Lehre vom radikal Bösen

Ausgangspunkt der Lehre vom *„radical"*[863] Bösen des Menschen ist Kants Überlegung, dass der Mensch *„entweder sittlich gut oder sittlich böse"* sei und, dass er schon dann als böse zu beurteilen sei, wenn er unter bestimmten Umständen eine böse Handlung begehen würde.[864]

Diese Überlegung begründet Kant wie folgt:

> Wenn nun das Gesetz jemandes Willkür, in Ansehung einer auf dasselbe sich beziehende Handlung, doch nicht bestimmt; so muß eine ihm entgegengesetzte Triebfeder auf die Willkür denselben Einfluss haben; und, da dieses vermöge der Voraussetzung nur dadurch

---

862 Vgl. Bielefeldt, *Kants Symbolik*, S. 174.
863 Rel VI, 37 – Hervorhebung im Original gesperrt.
864 Rel VI, 22 – Hervorhebung im Original gesperrt. Ausführlich zur Lehre vom radikal Bösen des Menschen siehe Willaschek, *Praktische Vernunft*, S. 151 ff.

geschehen kann, daß der Mensch diese (mithin auch die Abweichung vom moralischen Gesetze) in seiner Maxime aufnimmt (in welchem Fall er ein böser Mensch ist); so ist seine Gesinnung in Ansehung des moralischen Gesetzes niemals indifferent (niemals keines von beiden weder gut, noch böse).[865]

Bei Kant heißt es an anderer Stelle noch etwas deutlicher:

> Der Satz: der Mensch ist *böse*, kann [...] nichts anders sagen wollen als: er ist sich des moralischen Gesetzes bewußt, und hat doch die (gelegentliche) Abweichung von demselben in seine *Maxime* aufgenommen.[866]

Noch anders ausgedrückt: Solange der Mensch seine „oberste Maxime"[867] nicht dahingehend ändert, der Moral nicht nur einen „relativen", sondern einen „absoluten Stellenwert" einzuräumen, ist er als böse anzusehen.[868] „Dieses Böse" sei, so Kant, „*radical*, weil es den Grund aller Maximen" verderbe.[869]

Kant bezeichnet den „Hang zur Annehmung böser Maximen" auch als die „Bösartigkeit der menschlichen Natur oder des menschlichen Herzens".[870] Diese „Bösartigkeit der menschlichen Natur" sei aber „nicht sowohl *Bosheit*, wenn man dieses Wort in strenger Bedeutung" nehme, „nämlich als eine Gesinnung [...] das Böse als *Böses* zur Triebfeder in seine Maximen aufzunehmen [...], sondern vielmehr *Verkehrtheit des Herzens* [...] zu nennen".[871] Festzuhalten ist aber dabei, dass diese Verkehrtheit des Herzen im Menschen damit zwar „in der menschlichen Natur" liege, aber „am Ende doch in einer freien Willkür gesucht werden" müsse, „mithin zugerechnet werden" könne.[872] Die Verkehrtheit des Herzen gründet demnach also auf Freiwilligkeit und ist daher nicht als notwendig anzusehen, sondern als „zufällig".[873]

Trotz dieser Zufälligkeit hat aber nach Kant jeder Mensch zumindest einmal eine böse Handlung begangen, so dass jeder Mensch als radikal Böse einzustufen sei. Um als bewiesen gelten zu können, bedürfe diese Aussage zwar der „anthropologischen Nachforschung"[874], „bei der Menge schreiender Beispiele, welche uns die Erfahrung *an den Thaten* der Menschen vor Augen" stelle, könne man

---

865 Rel VI, 24.
866 Rel VI, 32 – Hervorhebung im Original gesperrt.
867 Rel VI, 31.
868 Willaschek, *Praktische Vernunft*, S. 155.
869 Rel VI, 37.
870 Rel VI, 29.
871 Rel VI, 37 – Hervorhebung im Original gesperrt.
872 Rel VI, 37.
873 Rel VI, 29.
874 Rel VI, 25.

sich jedoch diesen „förmlichen Beweis ersparen".[875] Zwar sei es somit nicht objektiv notwendig, dass der Mensch böse sei, denn „solche Qualität" könne nicht „aus seinem Gattungsbegriffe (dem eines Menschen überhaupt) [...] gefolgert werden", dafür aber „subjectiv nothwendig".[876] Man könne den „natürlichen Hang zum Bösen" des Menschen als ein „*radicales*, angeborenes (nichts destoweniger aber uns von uns selbst zugezogenes) *Böse* in der menschlichen Natur nennen".[877]

Kant versucht die damit verbundene Schwierigkeit, dass der Mensch zwar einen angeborenen Hang zum Bösen habe, dies ihm aber zugleich zuzurechnen sei, über den Begriff der intelligiblen Tat zu lösen: „[D]ie Wurzel des Bösen in der obersten Maxime der freien Willkür in Beziehung aufs Gesetz" gehe, als „*intelligibele* That, vor aller Erfahrung" vorher.[878]

1.1.2.2.2 Revolution und Reform

Angesichts des Umstands, dass das Böse im Menschen angeboren ist und auf einer intelligiblen Tat vor aller Erfahrung beruht, stellt sich die Frage, wie sich der Mensch überhaupt nach Kant bessern kann. Wie kann er zu einem moralischen Menschen werden? Kant spricht in diesem Zusammenhang von der Notwendigkeit einer „Revolution für die Denkungsart" und einer „Reform aber für die Sinnesart".[879] Fraglich ist, was darunter genau zu verstehen ist und welches Verhältnis zwischen der Revolution für die Denkungsart und der Reform für die Sinnesart besteht. Die Antwort auf die Frage nach dem Verhältnis ergibt sich aus Kants Erwägungen, wie beides, die Revolution für die Denkungsart und die Reform für die Sinnesart, überhaupt dem Menschen möglich sein soll:

> Das ist: wenn er den obersten Grund seiner Maxime, wodurch er ein böser Mensch war, durch eine einzige unwandelbare Entschließung umkehrt [...]: so ist er so fern dem Princip und der Denkungsart nach ein fürs Gute empfängliches Subject, aber nur in continuierlichem Wirken und Werden ein guter Mensch: d.i. er kann hoffen, daß er bei einer solchen Reinigkeit des Princips, welches er sich zur obersten Maxime seiner Willkür genommen hat, und der Fes-

---

875 Rel VI, 32f. – Hervorhebung im Original gesperrt; zu der Problematik dieser Aussage, die in der fehlenden empirischen Erkenntnismöglichkeit der Moralität einer Handlung besteht, siehe Wimmer, *Kants kritische Religionsphilosophie*, S. 129 ff.
876 Rel VI, 32.
877 Rel VI, 32 – Hervorhebung im Original gesperrt.
878 Rel VI, 39 – Hervorhebung im Original gesperrt; zu den mit dem Begriff der intelligiblen Tat verbundenen Problemen siehe Horn, „Die menschliche Gattungsnatur", S. 64 ff., und Willaschek, *Praktische Vernunft*, S. 156 ff.
879 Rel VI, 47.

tigkeit desselben, sich auf dem guten (obwohl schmalen) Wege eines beständigen Fortschreitens vom Schlechten zum Bessern befinde. Dies ist für denjenigen, der den intelligibelen Grund des Herzens (aller Maximen der Willkür) durchschauet, für den also diese Unendlichkeit des Fortschritts Einheit ist, d.i. für *Gott*, so viel, als wirklich ein guter (ihm gefälliger) Mensch sein; und *in sofern* kann diese Veränderung als *Revolution* betrachtet werden; für die Beurtheilung der *Menschen* aber, die sich und die Stärke ihrer Maximen nur nach der Oberhand, die sie über Sinnlichkeit in der Zeit gewinnen, schätzen können, ist sie nur als ein immer fortdauerndes Streben zum Bessern, mithin als allmählige *Reform* des Hanges zum Bösen als verkehrter Denkungsart anzusehen.[880]

Aus dieser Textstelle folgt, dass von einer Revolution der Denkungsart nur aus der Perspektive Gottes gesprochen werden kann. Aus der Perspektive des Menschen hingegen besteht lediglich die Möglichkeit zur Reform. Die Meinungsverschiedenheit zwischen Horn,[881] der die These vom zeitlichen Primat der Reform vertritt, und Forschner,[882] der demgegenüber für die These vom zeitlichen Primat der Revolution streitet, führt deshalb ins Leere: Nicht auf die zeitliche Abfolge kommt es an, sondern auf die Perspektive. Richtig ist mit anderen Worten die These von der unterschiedlichen Perspektive (*Perspektiventhese*).[883]

Wenn also aus der menschliche Perspektive nur eine Reform möglich ist, so stellt sich die Frage, was Kant darunter versteht. Aus mehreren Äußerungen Kants wird zunächst deutlich, was er darunter *nicht* versteht: Er versteht darunter nicht „die beharrliche Maxime *gesetzmäßiger* Handlungen; die Triebfeder, deren die Willkür hierzu bedarf, mag man nehmen, woher man wolle".[884] Denn, „[d]aß aber jemand nicht bloß ein *gesetzlich*, sondern ein *moralisch* guter [...] Mensch, d.i. tugendhaft nach dem intelligibelen Charakter [...], werde, welcher, wenn er etwas als Pflicht erkennt, keiner andern Triebfeder weiter bedarf, als dieser Vorstellung

---

880 Rel VI, 47f. – Hervorhebung vom Verfasser.
881 Horn, „Die menschliche Gattungsnatur", S. 59 ff.; ihm zufolge müsse „die Revolution [...] dasjenige sein, was am Ende steht, nicht das, was den Anfang ausmacht".
882 Forschner, „Über die verschiedenen Bedeutungen des ‚Hangs zum Bösen'", S. 88. Er behauptet, dass der Mensch nach Kant auch noch nach der Revolution der Denkungsart vor Versuchungen unmoralischen Verhaltens nicht gefeit sei und allein deshalb eine stetige Reform in der Sinnesart benötigt werde. Die stetige Versuchung zur Unmoral sei die „unauslöschliche Tatfolge" der intelligiblen Tat, der Moral nicht sofort einen absoluten Stellenwert eingeräumt zu haben.
883 Diese These vertritt auch Willaschek, *Praktische Vernunft*, S. 162, wenn er schreibt, dass der „Unterschied zwischen Reform und Revolution" lediglich darin bestehe, dass „wir uns unserer eigenen Maximen niemals sicher sein können".
884 Rel VI, 47 – Hervorhebung im Original gesperrt.

der Pflicht", kann nach Kant nicht durch diese Art von „Reform" bewirkt werden, „solange die Grundlage der Maximen unlauter" bleibt.[885]

Entgegen der Ansicht Willascheks besteht nach Kant eine Reform für die Sinnesart also nicht „einfach" darin, „von nun an überhaupt keine gesetzwidrigen Handlungen mehr zu vollziehen".[886] Bei der Reform für die Sinnesart soll nicht die grundlegend geänderte Gesinnung, die jetzt der Moral einen absoluten Stellenwert einräumt, durch pflichtgemäßes Handeln in der empirischen Welt überprüft werden.[887] Denn dies wäre in der Tat, wie Willaschek meint, eine „recht sonderbare Reform".[888] Diese sonderbare Art von Reform lehnt Kant aber auch genau deshalb ab. Notwendig ist nach Kant vielmehr nicht nur „die Änderung der Sitten", sondern eine „Herzensänderung".[889] Einige Zeilen später schreibt Kant verdeutlichend:

> Hieraus folgt, daß die moralische Bildung des Menschen nicht von der Besserung der Sitten, sondern von der Umwandlung der Denkungsart, und von Gründung eines Charakters anfangen müsse; ob man zwar gewöhnlicherweise anders verfährt, und wider Laster einzeln kämpft, die allgemeine Wurzel derselben aber unberührt lässt.[890]

Die Forderung nach einer „Umwandlung der Denkungsart" kann in diesem Zusammenhang schwerlich etwas anderes bedeuten als die Forderung nach einem Handeln aus Pflicht. Dadurch wird auch klar, warum dies aus der Perspektive des Menschen lediglich eine Reform sein kann: Man kann sich aus menschlicher Perspektive nicht nur ein Mal und dann zugleich für immer dafür entscheiden, aus Pflicht zu handeln. Dies würde der oben beschriebenen Wirkungsweise des kategorischen Imperativs widersprechen. Denn ein Handeln aus Pflicht, d.h. ein Handeln um des Gesetzes willen, ist aus menschlich-subjektiver Perspektive ein Handeln aus Achtung fürs Gesetz und damit ein Handeln aufgrund eines Gefühls. Für das Haben oder Erwerben eines Gefühls aber kann man sich nicht entscheiden. Man kann es deshalb auch nicht fordern.[891] In aller Deutlichkeit schreibt Kant dies in der *Tugendlehre*:

---

885 Rel VI, 47.
886 Willaschek, *Praktische Vernunft*, S. 162.
887 So aber Willaschek, *Praktische Vernunft*, S. 162: Die Pflichtmäßigkeit der Handlung sei der „einzige Prüfstein" um herauszufinden, ob eine Revolution in der Denkungsart tatsächlich stattgefunden habe oder nicht.
888 Willaschek, *Praktische Vernunft*, S. 162.
889 Rel VI, 47.
890 Rel VI, 48.
891 Siehe dazu auch Köhl, *Kants Gesinnungsethik*, S. 128.

Nun kann es keine Pflicht geben, ein moralisches Gefühl zu haben oder sich ein solches zu erwerben.[892]

Dies ist nach Kant allerdings nicht problematisch, da jeder Mensch sowieso das Gefühl der Achtung habe. Kant behauptet, dass die „Stimme" des moralischen Gesetzes „auch den kühnsten Frevler zittern macht"[893] und in der *Religionsschrift* schreibt Kant dementsprechend, dass „die Empfänglichkeit der Achtung für das moralische Gesetz, *als einer für sich hinreichenden Triebfeder der Willkür*", eine objektiv notwendige „Anlage" des Menschen „für die *Persönlichkeit*" sei.[894]

Fraglich ist nach alldem aber, was man dann überhaupt vom Menschen fordern kann: Wofür kann sich der Mensch entscheiden, worin besteht die „Umwandlung der Denkungsart" aus menschlicher Perspektive? Kants Antwort hierauf ist eindeutig: in der *Kultivierung* der Achtung. So schreibt Kant in der *Tugendlehre*: „[D]ie Verbindlichkeit [...] kann nur darauf gehen", das Gefühl der Achtung „zu *cultiviren* und selbst durch die Bewunderung seines unerforschlichen Ursprungs zu verstärken".[895]

Wenn ein Mensch also stetig auf die Kultivierung der Achtung bedacht ist und wenn er damit stetig zumindest versucht, aus Pflicht zu handeln, dann kann dieser Mensch „hoffen", dass er „sich auf dem guten [...] (obwohl schmalen) Wege eines beständigen *Fortschreitens* vom Schlechten zum Bessern befinde".[896] Aus der Perspektive Gottes, „der den intelligibelen Grund des Herzens (aller Maximen der Willkür) durchschauet, für den also diese Unendlichkeit des Fortschrittes Einheit ist", mag dies dann „als Revolution betrachtet werden".[897] Die *Perspektiventhese* ist demnach um die *Kultivierungsthese* zu ergänzen, um das Verhältnis von Revolution für die Denkungsart und Reform für die Sinnesart umfassend zu beschreiben.

1.1.2.3 Art der Förderung

Zu klären ist in diesem Abschnitt noch, *wie* man nach Kant die Achtung fürs Gesetz kultiviert, wie man also die Wirksamkeit des kategorischen Imperativs fördert. Dies geschehe „dadurch", so schreibt Kant in der *Tugendlehre*, „daß gezeigt wird,

---

892 MdS VI, 399.
893 KpV V, 80.
894 Rel VI, 27 – Hervorhebung im Original gesperrt oder fett gedruckt. Zur Anlage des Menschen für die Persönlichkeit siehe Wimmer, *Kants kritische Religionsphilosophie*, S. 108 ff.
895 MdS VI, 399 f. – Hervorhebung im Original gesperrt.
896 Rel VI, 48 – Hervorhebung im Original gesperrt.
897 Rel VI, 48.

wie es [d. h. das moralische Gefühl, F.K.] abgesondert von allem pathologischen Reize und in unser Reinigkeit, durch bloße Vernunftvorstellung eben am stärksten erregt wird".[898] Denselben Gedanken spricht Kant auch in der *Religionsschrift* aus:

> Nun ist selbst der eingeschränkteste Mensch des Eindrucks einer desto größeren Achtung für eine pflichtmäßige Handlung fähig, je mehr er ihr in Gedanken andere Triebfedern, die durch die Selbstliebe auf die Maxime der Handlung Einfluß haben könnten, entzieht.[899]

Der Mensch kultiviert demnach seine Achtung fürs Gesetz, indem er sich eine pflichtmäßige Handlung als eine Handlung vorstellt, die nur aus Achtung fürs Gesetz begangen wurde, ohne jeglichen anderen Einfluss. „[S]elbst Kinder" seien, so Kant, „fähig, auch die kleinste Spur von Beimischung unächter Triebfedern aufzufinden: da denn die Handlung bei ihnen augenblicklich allen moralischen Werth" verliere.[900]

Diese Reinheit der Achtung fürs Gesetz lasse sich am besten in Gedanken vorstellen, indem man „das *Beispiel selbst* von guten Menschen (was die Gesetzmäßigkeit derselben betrifft) anführt und seine moralischen Lehrlinge die Unlauterkeit mancher Maximen aus den wirklichen Triebfedern ihrer Handlungen beurtheilen" lasse.[901] Die Achtung fürs Gesetz werde dadurch „unvergleichlich cultivirt" und gehe „allmählig in die Denkungsart über, so daß *Pflicht* bloß für sich selbst in ihren Herzen ein merkliches Gewicht zu bekommen" anhebe.[902]

In der *Kritik der praktischen Vernunft* beschreibt Kant die Möglichkeiten der Kultivierung der Achtung fürs Gesetz noch etwas genauer.[903] Er unterscheidet darin zwischen zwei verschiedenen Übungen, um Menschen moralisch zu erziehen. Die erste Übung laute wie folgt:

> *Zuerst* ist es nur darum zu thun, die Beurtheilung nach moralischen Gesetzen zu einer natürlichen, alle unsere eigenen sowohl als die Beobachtung fremder freier Handlungen begleitenden Beschäftigung und gleichsam zur Gewohnheit zu machen und sie zu schärfen, indem man vorerst frägt: ob die Handlung objectiv *dem moralischen Gesetze*, und welchem, *gemäß* sei; wobei man denn die Aufmerksamkeit auf dasjenige Gesetz, welches blos einen *Grund* zur Verbindlichkeit an die Hand gibt, von dem unterscheidet, welches in der That *verbindend* ist [...]. Der andere Punkt, worauf die Aufmerksamkeit gerichtet werden muß, ist die Frage: ob die Handlung auch (subjectiv) *um des moralischen Gesetzes willen* geschehen,

---

898 MdS IV, 400.
899 Rel VI, 48.
900 Rel VI, 48.
901 Rel VI, 48 – Hervorhebung vom Verfasser.
902 Rel VI, 48.
903 KpV V, 159 ff.; vgl. auch MdS VI, 478 ff.

und also sie nicht allein sittliche Richtigkeit als That, sondern auch sittlichen Werth als Gesinnung ihrer Maxime nach, habe.[904]

Die Fragen des Lehrers in dieser ersten Übung sollen mit anderen Worten dazu dienen, den „Lehrling" daran zu erinnern, „daß er selbst zu denken vermöge"[905] und daher eigenständig dazu in der Lage ist, die Moralität einer Handlung zu beurteilen. Der Lehrer ist damit, so Kant in der *Tugendlehre*, „die Hebamme seiner Gedanken".[906]

Diese erste Übung bringe „nach und nach" ein „gewisses Interesse, selbst am Gesetz derselben, mithin an guten sittlichen Handlungen", hervor.[907] „Aber diese Beschäftigung der Urtheilskraft, welche uns unsere eigenen Erkenntniskräfte fühlen" lasse, sei „noch nicht das Interesse an den Handlungen und ihrer Moralität selbst".[908]

Um dieses hervorzurufen, sei eine „*zweite* Übung" notwendig, „nämlich in der lebendigen Darstellung der moralischen Gesinnung an Beispielen die Reinigkeit des Willens bemerklich zu machen".[909] In der *Tugendlehre* bezeichnet Kant diese Übung als das „*experimentale* (technische) Mittel der Bildung zur Tugend" und verdeutlicht sie dort wie folgt:[910]

> Das gute Exempel (der exemplarische Wandel) soll nicht als Muster, sondern nur zum Beweise der Thunlichkeit des Pflichtmäßigen dienen. Also nicht die Vergleichung mit irgend einem andern Menschen (wie er ist), sondern mit der Idee (der Menschheit), wie er sein soll, also mit dem Gesetz, muß dem Lehrer das nie fehlende Richtmaß seiner Erziehung an die Hand geben.[911]

Ohne weiter auf Kants Theorie der moralischen Erziehung eingehen zu wollen,[912] ist damit an dieser Stelle festzuhalten, dass nach Kant eine moralische Erziehung und somit eine *äußere* Förderung der Wirksamkeit des kategorischen Imperativs nicht nur möglich ist, sondern sogar notwendig. Auch wenn in jedem Menschen die Empfänglichkeit der Achtung fürs moralische Gesetz angelegt sei, so sei die

---

904 KpV V, 159 – Hervorhebung vom Verfasser.
905 MdS VI, 478.
906 MdS VI, 478.
907 KpV V, 159 f.
908 KpV V, 160
909 KpV V, 160 – Hervorhebung im Original gesperrt.
910 MdS VI, 479 – Hervorhebung im Original gesperrt.
911 MdS VI, 479.
912 Zu Kants Theorie der moralischen Erziehung siehe ausführlich Fischer, *Moralität und Sinn*, S. 213 ff.; Herman, „Training to Autonomy", S. 130 ff.; Kleingeld, *Fortschritt und Vernunft*, S. 203 ff.

„Tugend" dennoch „nicht angeboren", sondern müsse „erworben werden".[913] Die beiden grundlegenden Übungen, um Moralität zu erlernen, lauten dabei wie folgt: Erstens ist durch gezieltes Fragen zum Selbstdenken anzuregen und zweitens ist durch Beispiele pflichtmäßig handelnder Menschen die moralische Gesinnung und die damit einhergehende Reinheit des Willens zu verdeutlichen.

1.1.2.4 Förderung durch das allgemeine Rechtsgesetz

Damit ist abschließend auf die Ausgangsfrage zurückzukommen, ob und wenn ja, wie nach Kant das allgemeine Rechtsgesetz die Wirksamkeit des kategorischen Imperativs fördert. Das „Ob" ist hierbei eindeutig zu bejahen. Dafür spricht eine Reihe von Textstellen. In der *Ideenschrift* schreibt Kant zum Beispiel:

> Man kann die Geschichte der Menschengattung im Großen als die Vollziehung eines verborgenen Plans der Natur ansehen, um eine innerlich- und *zu diesem Zwecke* auch äußerlich-vollkommene Staatsverfassung zu Stande zu bringen, als den einzigen Zustand, in welchem sie alle ihre Anlagen in der Menschheit völlig entwickeln kann.[914]

Eine äußerlich-vollkommene Staatsverfassung ist eine Verfassung, die den Maßgaben des allgemeinen Rechtsgesetzes im rechtlichen Zustand, d. h. dem ursprünglichen Vertrag, entspricht[915] und zu den Anlagen in der Menschheit zählt, wie ebenfalls bereits gesehen,[916] auch die „Anlage für die *Persönlichkeit*", d. h. die „Empfänglichkeit der Achtung für das moralische Gesetz, *als einer für sich hinreichenden Triebfeder der Willkür*".[917] Also liegt ein Wirksamkeitszusammenhang zwischen allgemeinem Rechtsgesetz und kategorischem Imperativ vor. Das allgemeine Rechtsgesetz, so lässt sich aus dieser Textstelle folgern, ist tatsächlich eine *Entwicklungsbedingung* für die Wirksamkeit des kategorischen Imperativs. Erst bei Wirksamkeit des allgemeinen Rechtsgesetzes können sich die moralischen Anlagen des Menschen voll entfalten und der kategorische Imperativ zu umfas-

---

913 MdS VI, 477. Siehe auch Anth VII, 325: „Der Mensch muss also zum Guten *erzogen* werden" – Hervorhebung im Original gesperrt.
914 IaG VIII, 27 – Hervorhebung im Original fett gedruckt. Siehe auch IaG VIII, 22: „[S]o muß eine Gesellschaft, in welcher *Freiheit unter äußeren Gesetzen* im größtmöglichen Maße mit unwiderstehlicher Gewalt verbunden angetroffen wird, d. i. eine vollkommen gerechte bürgerliche Verfassung, die höchste Aufgabe der Natur für die Menschengattung sein, weil die Natur nur vermittelst der Auflösung und Vollziehung derselben ihre übrigen Absichten unserer Gattung erreichen kann" – Hervorhebung im Original gesperrt.
915 Siehe oben Zweiter Teil 3.2.2.
916 Siehe oben Dritter Teil 1.1.2.2.2.
917 Rel VI, 27 – Hervorhebung im Original gesperrt.

sender Wirksamkeit gelangen. Dieser Wirksamkeitszusammenhang zwischen allgemeinem Rechtsgesetz und kategorischem Imperativ ist auch in anderen Schriften Kants zu finden. In der *Friedensschrift* schreibt Kant etwa, dass nicht von der Moralität „die gute Staatsverfassung, sondern vielmehr umgekehrt von der letzteren allererst die gute moralische Bildung eines Volks zu erwarten" sei.[918]

Wenngleich also die Frage nach dem „Ob" geklärt ist, so ist noch immer die Frage nach dem „Wie" zu beantworten: Auf welche Weise fördert das allgemeine Rechtsgesetz die Wirksamkeit des kategorischen Imperativs? Im Folgenden soll dies an zwei verschiedenen Teilaspekten des allgemeinen Rechtsgesetzes erläutert werden: an der im äußeren Freiheitsrecht des allgemeinen Rechtsgesetzes enthaltenen Meinungs- und Kunstfreiheit (1.1.2.4.1.) sowie an der aus dem allgemeinen Rechtsgesetz folgenden Möglichkeit zur zwangsbewehrten Durchsetzung pflichtmäßiger Handlungen (1.1.2.4.2.).

1.1.2.4.1 Meinungs- und Kunstfreiheit

Kant schreibt in der *Ideenschrift*, dass „durch fortgesetzte Aufklärung der Anfang zur Gründung einer Denkungsart gemacht" werde, „welche die grobe Naturanlage zur sittlichen Unterscheidung mit der Zeit in bestimmte praktische Principien und so eine *pathologisch*-abgedrungene Zusammenstimmung zu einer Gesellschaft endlich in ein *moralisches* Ganze verwandeln" könne.[919] Kurz gesagt: Aufklärung führt nach Kant zur Moralität. Schreitet ein Volk in der Aufklärung weiter, so schreibt Kant an anderer Stelle, dann werde das Volk „der *Freiheit zu handeln* nach und nach fähiger".[920] Fraglich ist demnach, was Kant unter Aufklärung versteht. In den berühmten ersten Sätzen des Aufsatzes *Beantwortung der Frage: Was ist Aufklärung?* definiert Kant Aufklärung wie folgt:

> *Aufklärung ist der Ausgang des Menschen aus seiner selbst verschuldeten Unmündigkeit. Unmündigkeit* ist das Unvermögen sich seines Verstandes ohne Leitung eines anderen zu bedienen. *Selbstverschuldet* ist diese Unmündigkeit, wenn die Ursache derselben nicht am Mangel des Verstandes, sondern der Entschließung und des Muthes liegt, sich seiner ohne Leitung eines andern zu bedienen.[921]

---

918 ZeF VIII, 366. Siehe auch die Vorarbeiten MS XXIII, 353 f., wonach der „Überschritt von der Rechtslehre zur Ethik" ermögliche, dass, „wenn die Gesetze äußerlich die Freiheit sichern, die Maximen aufleben können, sich auch innerlich nach Gesetzen zu regieren, und umgekehrt diese wiederum dem gesetzlichen Zwange durch ihre Gesinnungen den Einfluss erleichtern".
919 IaG VIII, 21 – Hervorhebung im Original gesperrt.
920 WA VIII, 41 – Hervorhebung im Original gesperrt.
921 WA VIII, 35 – Hervorhebung im Original gesperrt.

Für die einzelne Person indes, so gibt Kant einige Zeilen später zu, sei es sehr schwierig „durch eigene Bearbeitung ihres Geistes", sich selbst aufzuklären.[922] Aufklärung sei „eher" von einem „Publicum" zu erwarten, „wenn man ihm nur die Freiheit" lasse.[923] Mit dem Begriff der Freiheit meint Kant hierbei „die unschädlichste unter allem, was nur Freiheit heißen mag, nämlich die: von seiner Vernunft in allen Stücken *öffentlichen* Gebrauch zu machen".[924] „[U]nter dem öffentlichen Gebrauche seiner eigenen Vernunft" versteht Kant wiederum „denjenigen, den jemand *als Gelehrter* von ihr vor dem ganzen Publicum der *Leserwelt* macht".[925] Sei dieser öffentliche Gebrauch der Vernunft nicht gewährleistet, so sei es unmöglich, „seine Erkenntnisse zu erweitern, von Irrthümern zu reinigen und überhaupt in der Aufklärung weiter zu schreiten".[926] Mit diesen Textstellen aus Kants *Aufklärungsschrift* ist damit dargetan, dass es zumindest einen Wirksamkeitszusammenhang zwischen einem Teilaspekt des allgemeinen Rechtsgesetzes, nämlich der Meinungsfreiheit, und dem kategorischen Imperativ gibt: Meinungsfreiheit dient der oben beschriebenen[927] „ersten Übung" zur Förderung der Moralität: Sie befähigt zum Selbstdenken und Selbstdenken zur sittlichen Autonomie.

Ohne ausführlich auf Kants Kunsttheorie eingehen zu müssen,[928] ist festzustellen, dass Kant aber nicht nur die Meinungsfreiheit, sondern auch die Kunstfreiheit als hilfreich zur Förderung der Moralität der Menschen ansieht: Denn die Kunst errege „Empfindungen [...] die etwas mit dem Bewußtsein eines durch moralische Urtheile bewirkten Gemüthszustandes Analogisches" enthalte.[929] „Die Rücksicht auf diese Analogie" sei „auch dem gemeinen Verstande gewöhnlich; und wir" würden „schöne Gegenstände der Natur oder der Kunst oft mit Namen" bezeichnen, „die eine sittliche Beurtheilung zum Grunde zu legen scheinen".[930] So würden wir „Gebäude oder Bäume majestätisch und prächtig, oder Gefilde la-

---

922 WA VIII, 36.
923 WA VIII, 36.
924 WA VIII, 37 – Hervorhebung im Original gesperrt.
925 WA VIII, 37 – Hervorhebung im Original gesperrt. Der Gegenbegriff dazu ist der „Privatgebrauch", worunter Kant „denjenigen" versteht, den eine Person „in einem gewissen ihm anvertrauten *bürgerlichen* Posten oder Amte von seiner Vernunft machen darf" (WA VIII, 37). Der Privatgebrauch dürfe, anders als der öffentliche Gebrauch der Vernunft, „öfters sehr enge eingeschränkt sein, ohne doch darum den Fortschritt der WA sonderlich zu hindern" (WA VIII, 37).
926 WA VIII, 39.
927 Siehe oben Dritter Teil 1.1.2.3.
928 Siehe dazu etwa Esser, *Kunst als Symbol*, S. 60 ff.
929 KdU V, 354.
930 KdU V, 354.

chend und fröhlich" nennen; „selbst Farben" würden „unschuldig, bescheiden, zärtlich genannt".[931]

Kant meint deshalb, dass „das Schöne [...] das Symbol des Sittlich-Guten" sei,[932] d. h. „indirecte Darstellungen" dieses Begriffs enthalte.[933] Bei diesen indirekten Darstellungen verrichte „die Urtheilskraft ein doppeltes Geschäft [...], erstlich den Begriff auf den Gegenstand einer sinnlichen Anschauung, und dann zweitens die bloße Regel der Reflexion über jene Anschauung auf einen ganz andern Gegenstand, von dem der erstere nur das Symbol ist, anzuwenden".[934]

„Der Geschmack", d. h. „das Vermögen der Beurtheilung des Schönen",[935] mache daher „gleichsam den Übergang vom Sinnenreiz zum habituellen moralischen Interesse ohne einen zu gewaltsamen Sprung möglich, indem er die Einbildungskraft auch in ihrer Freiheit als zweckmäßig für den Verstand bestimmbar" vorstelle „und sogar an Gegenständen der Sinne auch ohne Sinnenreiz ein freies Wohlgefallen finden" lehre.[936] In der *Anthropologie in pragmatischer Hinsicht* schreibt Kant dementsprechend, dass „der ideale Geschmack eine Tendenz zur äußeren Beförderung der Moralität" enthalte.[937] Und in der *Tugendlehre* heißt es, dass die Zerstörung von Schönheit „dasjenige Gefühl im Menschen schwächt oder vertilgt, was zwar nicht für sich allein schon moralisch ist, aber doch diejenige Stimmung der Sinnlichkeit, welche die Moralität sehr befördert, wenigstens dazu vorbereitet, nämlich etwas auch ohne Absicht auf Nutzen zu lieben".[938] Aus alldem lässt sich folgern, dass ein Staat nach Kant indirekt zur Förderung der Moralität des Volkes beiträgt, wenn er die Kunstausübung und -vermittlung nicht etwa verbietet, sondern unterstützt, indem er ihr zumindest einen rechtlichen Schutzraum gewährt.

---

931 KdU V, 354.
932 KdU V, 353.
933 KdU V, 352.
934 KdU V, 352.
935 KdU V, 203 Fn.; zu dem im Einzelnen komplizierten Begriff des Geschmacks siehe Kleingeld, *Fortschritt und Vernunft*, S. 195 m.w.N.
936 KdU V, 354. Siehe dazu Kleingeld, *Fortschritt und Vernunft*, S. 195 f.
937 Anth VII, 244.
938 MdS VI, 443. Kant bezieht sich hierbei allerdings auf die Schönheit des Leblosen in der Natur wie „die schönen Kristallisationen" oder „das unbeschreiblich Schöne des Gewächsreichs". In der Sache dürfte in Bezug auf die Schönheit der Kunst aber kein Unterschied bestehen.

1.1.2.4.2 Durchsetzung von Pflichtmäßigkeit

Wie im zweiten Teil der Arbeit gesehen,[939] bietet das allgemeine Rechtsgesetz die Möglichkeit zu einer zwangsbewehrten Durchsetzung pflichtmäßiger Handlungen. Fraglich ist, inwieweit es dadurch eine positive Wirkung auf die Moralität ausübt. Zunächst ist dabei festzustellen, dass das allgemeine Rechtsgesetz durch die Zwangsermöglichung eine *Entlastungsfunktion* hat. Ihm kommt, so Kersting treffend, „eine nicht zu unterschätzende, von den Anstrengungen moralischer Selbstdisziplinierung entlastende Funktion zu".[940] Die Erzwingbarkeit pflichtmäßigen Handelns aber, so könnte man daraus folgern, führt auf lange Sicht dazu, dass man das pflichtmäßige Handeln verinnerlicht und schließlich aus moralischen Gründen, d. h. aus Pflicht, pflichtmäßig handelt. Ein derartiger Wirksamkeitszusammenhang widerspräche allerdings den Aussagen Kants zur „Reform für die Sinnesart".[941] Denn „solange die Grundlage der Maximen unlauter" bleibe, verspreche die bloße „Änderung der Sitten" keinen Erfolg, notwendig sei vielmehr eine „Herzensänderung".[942] In der Entlastungsfunktion des Rechts ist demnach kein Wirksamkeitszusammenhang zwischen allgemeinem Rechtsgesetz und kategorischem Imperativ zu sehen. Dies bedeutet, dass das *eigene* pflichtmäßige Handeln nicht dazu beiträgt, auch aus Pflicht zu handeln. Womöglich kann nach Kant jedoch die beobachtete *fremde* Pflichtmäßigkeit einer Handlung dazu führen, dass man selbst aus Pflicht handelt.[943] Auch wenn nämlich der pflichtmäßig handelnde Mensch überhaupt nicht aus Pflicht gehandelt hat, so kann man doch nach Kant „an vermeintlichen echten Beispielen des Guten [...] eine Schule der Besserung für sich selbst" finden.[944] Möglich ist dies aufgrund des Erkenntnisproblems. Pflichtmäßigkeit aus Neigung ist für den Beobachter nicht von der Pflichtmäßigkeit aus Pflicht zu unterscheiden. Denn „Maximen kann man nicht beobachten".[945] Anders ausgedrückt: Keiner kann „durch die Schminke der Anständigkeit, Ehrbarkeit und Sittsamkeit durchdringen".[946] Es ist nach Kant sogar bei sich selbst „schlechterdings unmöglich, durch Erfahrung einen einzigen Fall mit völliger Gewißheit auszumachen", ob „die Maxime einer sonst pflichtmäßigen Handlung lediglich auf moralischen Gründen und auf der Vorstellung seiner

---

939 Siehe oben Zweiter Teil 2.4.2.
940 Siehe dazu Kersting, *Wohlgeordnete Freiheit*, S. 108 Fn. 19.
941 Siehe dazu oben Dritter Teil 1.1.2.2.2.
942 Rel VI, 47.
943 Vgl. Kleingeld, *Fortschritt und Vernunft*, S. 194.
944 KrV III, 776.
945 Rel VI, 20.
946 KrV III, 776.

Pflicht beruht habe".⁹⁴⁷ Ist also eine äußerlich-vollkommene Staatsverfassung gegeben, „in welcher Freiheit unter äußeren Gesetzen im größtmöglichen Maße *mit unwiderstehlicher Gewalt* verbunden angetroffen wird",⁹⁴⁸ so gibt es, allein aus Angst vor Zwang, eine Vielzahl „von guten Menschen (was die Gesetzmäßigkeit derselben betrifft)".⁹⁴⁹ Diese aber können – der „zweiten Übung" entsprechend⁹⁵⁰ – als Beispiel zur „lebendigen Darstellung der moralischen Gesinnung" dienen.⁹⁵¹

1.1.2.5 Zwischenergebnis

Ein Wirksamkeitszusammenhang zwischen allgemeinem Rechtsgesetz und kategorischem Imperativ liegt demnach aus zumindest drei Gründen vor: Sowohl die Meinungs- und Kunstfreiheit als auch die zwangsbewehrte Durchsetzung pflichtmäßigen Handelns fördern die Wirksamkeit des kategorischen Imperativs und stellen – insgesamt gesehen – eine Entwicklungsbedingung für die völlige Entfaltung der Moralität in der Welt dar. Bevor aber auf die Frage eingegangen wird, ob dieser Wirksamkeitszusammenhang zwischen allgemeinem Rechtsgesetz und kategorischem Imperativ zugleich die Begründung für das allgemeine Rechtsgesetz darstellt,⁹⁵² ist noch auf die Frage einzugehen, ob und wenn ja, inwieweit die Wirksamkeit des allgemeinen Rechtsgesetzes umgekehrt vom kategorischen Imperativ abhängt. Darum soll es im Folgenden gehen.

1.2 Wirksamkeit des allgemeinen Rechtsgesetzes

Bei der Frage nach der Wirksamkeit des allgemeinen Rechtsgesetzes lassen sich drei Ansichten unterscheiden: Nach einer Ansicht ist die Wirksamkeit des allgemeinen Rechtsgesetzes (d. h. die Verwirklichung der darauf aufbauenden Republik im Sinne Kants) vollständig unabhängig vom kategorischen Imperativ (1.2.1.), nach anderer Ansicht ist sie hingegen vollständig abhängig vom kategorischen Imperativ (1.2.1.) und nach einer dritten Ansicht liegt diesbezüglich eine eingeschränkte Abhängigkeit vor (1.2.3.).

---

947 GMS IV, 406.
948 IaG VIII, 22 – Hervorhebung vom Verfasser.
949 Rel VI, 48.
950 Siehe dazu oben Dritter Teil 1.1.2.3.
951 KpV V, 160.
952 Siehe dazu unten Dritter Teil 2.2.2.1.

1.2.1 Unabhängigkeitsthese

Kersting etwa ist der Auffassung, dass „Sittlichkeit [...] weder Entstehungsvoraussetzung noch Erhaltungsbedingung eines rechtlichen Zustandes" sei.[953] Es umgebe „die Möglichkeit des rechtlichen Handelns nicht das geringste metaphysische Zwielicht"; „einer dem rechtlichen Vernunftentwurf entsprechenden äußeren Koexistenzordnung" bedürfe „nicht einmal der Denkbarkeit der transzendentalen Freiheit".[954] Der kategorische Imperativ sei „für die *Wirklichkeit des Rechts* ohne Belang".[955] Auch Ebbinghaus lässt sich dieser Ansicht zuordnen:

> Ob [...] dieses Gesetz der „sittlichen Autonomie" eine Idee von möglicher Realität für den Menschen oder eine bloße „hochfliegende Phantasterei" ist, ist eine Frage, von deren Bejahung oder Verneinung die Gültigkeit jenes der Erfahrung entnommenen negativen Begriffes von praktischer Freiheit, den Kant seiner Rechtslehre zu Grunde gelegt hat, *in keiner Weise berührt wird.*[956]

An anderer Stelle formuliert Ebbinghaus, dass das „Problem der Freiheit des Willens [...] erst jenseits der Rechtslehre"[957] beginne; „sämtliche Bedingungen des Rechts" seien „in der Natur des Menschen, so wie sie uns die Erfahrung zeigt, enthalten"[958]:

> Denn eben als ein mit Vernunft begabtes Wesen, das sich Zwecke setzt, in deren Realisierung es durch die Willkür von seinesgleichen gestört werden kann, und das also an der Freiheit von diesen Störungen ein natürliches Interesse hat – so in der Tat stellt sich der Mensch in der Erfahrung dar.[959]

Geismann und Reich können abschließend ebenfalls der These von der verwirklichungspraktischen Unabhängigkeit des allgemeinen Rechtsgesetzes vom kategorischen Imperativ zugeordnet werden. So geht Geismann davon aus, dass man nicht auf den Freiheitsbegriff des kategorischen Imperativs abzustellen brauche, um das allgemeine Rechtsgesetz wirksam werden zu lassen. Dessen Wirksamkeit

---

[953] Kersting, „Vernunft, Verbindlichkeit und Recht bei Kant", S. 284.
[954] Kersting, „Vernunft, Verbindlichkeit und Recht bei Kant", S. 284.
[955] Kersting, *Kant über Recht*, S. 31.
[956] Ebbinghaus, „Die Strafen für Tötung eines Menschen nach Prinzipien einer Rechtsphilosophie der Freiheit", S. 297.
[957] Ebbinghaus, „Kant und das 20. Jahrhundert", S. 114.
[958] Ebbinghaus, „Positivismus – Recht der Menschheit – Naturrecht – Staatsbürgerrecht", S. 357.
[959] Ebbinghaus, „Positivismus – Recht der Menschheit – Naturrecht – Staatsbürgerrecht", S. 357.

ergebe sich vielmehr bereits aus dem Umstand, dass „jeder, der sich Zwecke setzen und diese realisieren will, [...] vernünftigerweise zugleich und zumal die Bedingungen der Möglichkeit dazu wollen" müsse.[960] „Für seine *Wahrung*", so heißt es bei Geismann an anderer Stelle, müsse und dürfe sich das Recht lediglich „auf das Selbstinteresse bzw. auf äußeren Zwang stützen".[961] Reich schreibt dementsprechend, dass „die rationale Rechtslehre [...] gewiss nicht auf das Prinzip der Autonomie des Willens" führe.[962] „Der Rationalismus der Rechts*lehre*" enthalte „also gewiß kein Geheimnis in Ansehung der Möglichkeit des Recht*tuns*".[963]

Da nur Kersting sorgfältig zwischen einem Wirksamkeits- und einem Begründungszusammenhang unterscheidet, erscheint es sinnvoll, sich auf seine Argumentation zu konzentrieren. Kerstings Hauptargument ist das Teufelsargument.[964] In der Schrift *Zum ewigen Frieden* schreibt Kant Folgendes:

> Das Problem der Staatserrichtung ist, so hart wie es auch klingt, selbst für ein Volk von Teufeln (wenn sie nur Verstand haben) auflösbar und lautet so: „Eine Menge von vernünftigen Wesen, die insgesammt allgemeine Gesetze für ihre Erhaltung verlangen, deren jedes aber ingeheim sich davon auszunehmen geneigt ist, so zu ordnen und ihre Verfassung einzurichten, daß, obgleich sie in ihren Privatgesinnungen einander entgegen streben, diese einander doch so aufhalten, daß in ihrem öffentlichen Verhalten der Erfolg eben derselbe ist, als ob sie keine solche bösen Gesinnungen hätten.[965]

Kersting folgert aus dieser Textstelle, dass nach Kant „[m]ehr als die das Eigeninteresse klug und besonnen verwaltende Vernunft [...] zur Verwirklichung des Rechts nicht vorausgesetzt zu werden" brauche.[966] „[A]uch ein „Volk von Teufeln"" könne nach Kant „die Organisationsprobleme der äußeren Freiheit lösen".[967] „Kants Diktum vom Teufelsvolk" gehört Kersting zufolge „in die Rubrik der Argumente von der unsichtbaren Hand", den „kapitalistische[n] Legitimationsmodelle[n] der ersten Stunde".[968] Diese Argumente hätten ursprünglich dazu gedient, „dem konservativen tugendethischen Bewußtsein die Möglichkeit" zu geben, „sich mit den veränderten Lebensbedingungen der Moderne zu arrangieren und

---

960 Geismann, *Ethik und Herrschaftsordnung*, S. 56.
961 Geismann, *JRE*, Bd. 14 (2006), S. 111.
962 Reich, „Kant und Rousseau", S. 157.
963 Reich, „Kant und Rousseau", S. 157.
964 Siehe Kersting, „Der Geltungsgrund von Moral und Recht bei Kant", S. 209; Kersting, *Kant über Recht*, S. 31 ff.; Kersting, „Vernunft, Verbindlichkeit und Recht bei Kant", S. 284.
965 ZeF VIII, 366.
966 Kersting, *Kant über Recht*, S. 31.
967 Kersting, „Vernunft, Verbindlichkeit und Recht bei Kant", S. 284.
968 Kersting, Kant über Recht, S. 34. Zur „invisible hand" bei Adam Smith, auf den Kersting anspielt, siehe Bendixen, *Die Unsichtbare Hand, die Freiheit und der Markt*, S. 25 ff.

allmählich selbst modern zu werden".[969] „Die unsichtbare Hand" sei „ein Mythos der Entproblematisierung der moralprekären Auswirkungen selbstinteressierten Handelns"; „an genau solch einen Mechanismus der unintendierten Produktion des Allgemeinen durch das bornierte Selbstinteresse" habe „Kant im Fall des Diktums vom Teufelsvolk gedacht", so Kersting.[970]

1.2.2 Vollständige-Abhängigkeitsthese

Die Anhänger der Gegenthese, wonach das allgemeine Rechtsgesetz in verwirklichungspraktischer Hinsicht vollständig abhängig ist vom kategorischen Imperativ, weisen hingegen entweder diese Teufelsstelle aus der *Friedensschrift* als inkonsistent und überspitzt ab oder schätzen Kant – im Vergleich zu Hegel oder Fichte – als weniger umfassenden Denker ein.

Brandt etwa meint, dass „Kant mit der Teufelsgeschichte das moralische Niveau seiner eigenen Rechtstheorie" unterschreite.[971] Er vertritt die Auffassung, dass die Kantische „Trennung von Tugend und nur äußerlichem Recht [...] eine mögliche Isomorphie von Kantischer Republik und Teufelsstaat" zwar andeute; dies sei aber „faktisch nicht der Fall".[972] Teufel eigneten sich nicht dazu, „gute citoyens und folglich auch nicht, gute bourgeois einer Rechtsgesellschaft im Sinn der ‚Metaphysischen Anfangsgründe der Rechtslehre' zu sein".[973]

Auch Pawlik vertritt die Auffassung, dass die Teufelsgeschichte Kants „kaum mehr als ein halb spielerisches Gedankenexperiment, einen sozial folgenlosen Verbalradikalismus", darstelle.[974] „Sowohl von seiner Problemwahrnehmung als auch von den verfügbaren Kategorien der Problembehandlung her" blieben, so Pawlik weiter, „Kants Überlegungen [...] hinter der Lehre Hegels zurück".[975] Pawlik geht demgegenüber ebenfalls von der notwendigen Bedingung aus, dass sich für „die Rechtsunterworfenen – Amtsträger *und* Bürger – rechtstreues Verhalten in aller Regel von selber" verstehe; nur in diesem Falle hielten sich „die Erzwingungskosten einer Rechtsordnung in einem freiheitstheoretisch akzeptablen Rahmen".[976] „Der Rückzug äußerer Disziplinierungsinstanzen" müsse „durch eine

---

969 Kersting, *Kant über Recht*, S. 34.
970 Kersting, *Kant über Recht*, S. 34.
971 Brandt, *Kant-Studien*, Bd. 88 (1997), S. 235.
972 Brandt, *Kant-Studien*, Bd. 88 (1997), S. 235f.
973 Brandt, *Kant-Studien*, Bd. 88 (1997), S. 236.
974 Pawlik, *JRE*, Bd. 14 (2006), S. 283.
975 Pawlik, *JRE*, Bd. 14 (2006), S. 292 – Hervorhebung vom Verfasser.
976 Pawlik, *JRE*, Bd. 14 (2006), S. 283.

hinreichende verläßliche Selbstzucht der Rechtsgenossen ausgeglichen werden".⁹⁷⁷

Vosgerau versucht ebenfalls nicht, Textbelege bei Kant zu finden, um das Teufelsargument zu entkräften, sondern behauptet lediglich, dass Kant sein Teufelsargument nicht „in letzter Konsequenz zu Ende gedacht" habe, was erst Fichte getan habe.⁹⁷⁸ „Sollte die innere Anbindung an das Recht bei einer ausreichend großen Zahl von Menschen wegfallen", schreibt Vosgerau, „könnte nur ein totaler Überwachungsstaat die Einhaltung des Rechts gewähren".⁹⁷⁹ Um einen freiheitlichen Staat aufrechtzuerhalten, bedürfe es daher „einer funktionierenden moralischen Innensteuerung".⁹⁸⁰

Willaschek schließlich stimmt dieser Analyse zu und behauptet:

> In reality, the realization of right must often rely on people being motivated to respect the law even if, as Kant puts it, „no coercion is to be expected".⁹⁸¹

Als mögliches Argument zugunsten einer vollständigen Abhängigkeit des allgemeinen Rechtsgesetzes vom kategorischen Imperativ lässt sich die bereits zitierte⁹⁸² Textstelle aus der *Rechtslehre* anführen, wonach sich das strikte Recht „zwar auf dem Bewußtsein der Verbindlichkeit eines jeden nach dem Gesetze" gründe, man dieses Bewusstsein aber nicht „als Triebfeder [...] berufen" könne und dürfe.⁹⁸³

Man könnte meinen, dass Kant mit dieser Aussage schon damals zu der Schlussfolgerung gekommen ist, zu der auch der deutsche Verfassungsrechtler Böckenförde etwa zwei Jahrhunderte später gelangte und die er wie folgt formulierte:

> *Der freiheitliche, säkularisierte Staat lebt von Voraussetzungen, die er selbst nicht garantieren kann.* Das ist das große Wagnis, das er, um der Freiheit willen, eingegangen ist. Als freiheitlicher Staat kann er einerseits nur bestehen, wenn sich die Freiheit, die er seinen Bürgern gewährt, von innen her, aus der moralischen Substanz des einzelnen [...] reguliert. Ande-

---

977 Pawlik, *JRE*, Bd. 14 (2006), S. 283.
978 Vosgerau, *Rechtstheorie*, Bd. 30 (1999), S. 244.
979 Vosgerau, *Rechtstheorie*, Bd. 30 (1999), S. 243.
980 Vosgerau, *Rechtstheorie*, Bd. 30 (1999), S. 243.
981 Willaschek, *IJPS*, Bd. 17 (2009), S. 58.
982 Siehe oben Zweiter Teil 2.4.2.2.
983 MdS VI, 232 – Hervorhebung im Original gesperrt; siehe auch MdS VI, 231, wonach das allgemeine Rechtsgesetz „zwar ein Gesetz" sei, „welches mir eine Verbindlichkeit auferlegt, aber ganz und gar nicht erwartet, noch weniger fordert, daß ich ganz um dieser Verbindlichkeit willen, meine Freiheit auf jene Bedingungen *selbst* einschränken *solle*" – Hervorhebung im Original gesperrt.

rseits kann er diese inneren Regulierungskräfte nicht von sich aus, das heißt mit Mitteln des Rechtszwangs [...] zu garantieren suchen.[984]

Willaschek stimmt dieser Interpretation der fraglichen Textstelle zu, wenn er behauptet:

> Kantian „strict right" is conceptually independent of, but empirically dependent on, ethical motivation.[985]

Anders als bei Böckenförde – so Willaschek an anderer Stelle – könne das Recht nach Kant aber seine Verwirklichungsbedingungen nicht nur „nicht garantieren", sondern dürfe sie „noch nicht einmal *einfordern*".[986]

Sollte es nach Ansicht von Kant aber eine notwendige, jedoch nicht erzwingbare Bedingung sein, dass die Amtsträger und Bürger die Rechtsgesetze als (moralisch) verbindlich ansehen, so stünde diese Aussage in seiner Pauschalität im offenkundigen Widerspruch zur *Teufelsstelle* aus der *Friedenschrift*. Die *Teufelsstelle* wäre in diesem Fall tatsächlich als das moralische Niveau seiner *Rechtslehre* unterschreitend anzusehen.[987]

Um eine derartige Inkonsistenz zu vermeiden, ist es sinnvoll, nach einer anderen, abgeschwächten Interpretationsmöglichkeit der *Bewusstseinsstelle* zu suchen. Einen Anhaltspunkt dafür bietet der Begriff des Bewusstseins. Denn dieser Begriff deutet darauf hin, dass es Kant in der fraglichen Textstelle weniger um ein notwendiges, aber nicht erzwingbares motivationales Element geht als um ein kognitives. Für diese Interpretation spricht vor allen Dingen folgende Überlegung: Ist das allgemeine Rechtsgesetz kein praktisches Gesetz, so kann es auch keine indirekt-ethische Pflicht geben, sich das „Rechthandeln [...] zur Maxime zu machen".[988] Diese aber gibt es bei Kant.[989] Es muss einer Person also zumindest

---

984 Böckenförde, „Die Entstehung des Staates als Vorgang der Säkularisation", S. 112f.; vgl. auch schon Forsthoff, „Der moderne Staat und die Tugend", S. 15: „Jeder Staat, sofern man ihn in seiner realen Existenz und nicht nur als ideelles Gebilde ins Auge faßt, beruht auf den Eigenschaften der Menschen, die ihn tragen und seine Funktion ausüben. Er ist ohne ein gewisses Maß an Tugend undenkbar. Das Gleiche gilt vom Recht – dieses in seinem vollen ethischen Sinne verstanden".
985 Willaschek, *IJPS*, Bd. 17 (2009), S. 58; er vertritt damit genau die entgegengesetzte Interpretation zu Kersting, der in Bezug auf den Wirksamkeitszusammenhang von einer Unabhängigkeit ausgeht, nicht aber in Bezug auf den Begründungszusammenhang.
986 Willaschek, „Recht ohne Ethik", S. 203.
987 So sieht es offenbar auch Willaschek, „Recht ohne Ethik", S. 203, der im Hinblick auf die *Teufelsstelle* behauptet, dass „Kant [...] die Schwierigkeit einer effektiven Rechtsdurchsetzung unter Wahrung individueller Freiheitsrechte unterschätzt [...] habe".
988 Mds VI, 231.

möglich sein, das Recht aus moralischen Gründen zu befolgen. Habermas schreibt dementsprechend:

> Obgleich Rechtsansprüche mit Zwangsbefugnissen verknüpft sind, müssen sie jederzeit auch ihres normativen Geltungsanspruches wegen – also aus „Achtung vor dem Gesetz" – befolgt werden können.[990]

Warum es einer Person aber möglich sein muss, das Recht aus moralischen Gründen zu befolgen, kann ganz verschiedene Gründe haben. Naheliegend ist es, davon auszugehen, dass die Befolgung des Rechts durch den kategorischen Imperativ gefordert wird. Dann aber muss es schon allein aus diesem Grund möglich sein, dieser Forderung auch Folge zu leisten. Diese abgeschwächte Interpretation, die sich allein auf den Begründungszusammenhang zwischen kategorischem Imperativ und allgemeinem Rechtsgesetz bezieht, hätte den Vorteil, dass sie in Einklang mit der *Teufelsstelle* stünde. Später wird nämlich noch zu sehen sein,[991] dass auch Kants Volk von Teufeln in der Lage ist, in moralischen Kategorien zu denken und damit, anders als bloße Tiere, ebenfalls das Bewusstsein moralischer Verbindlichkeit hat.

Selbst wenn sich die *Bewusstseinsstelle* aber nicht auf den Begründungszusammenhang bezöge, sondern auf den Wirksamkeitszusammenhang, so folgte doch aus der Textstelle nicht, wer und wie viele Personen aus moralischen Gründen das Recht befolgen müssten, um diesem hinreichende Wirksamkeit zu verleihen. Die fragliche Textstelle kann damit in jedem Fall nicht die Auffassung stützen, dass in verwirklichungspraktischer Hinsicht eine *vollständige* Abhängigkeit des allgemeinen Rechtsgesetzes vom kategorischen Imperativ besteht. Da weitere Argumente zur Stützung dieser These nicht zu sehen sind, ist davon auszugehen, dass sie nicht der Sicht Kants entspricht.

1.2.3 Eingeschränkte-Abhängigkeitsthese

Das von Kersting angeführte Teufelsargument zugunsten der Unabhängigkeitsthese lässt sich womöglich entkräften, wenn man die *Teufelsstelle* selbst noch einmal genauer betrachtet. Die Vertreter der These von der eingeschränkten Abhängigkeit gehen eben diesen Weg. Sie beschreiben damit einen Mittelweg zwischen den beiden zuvor aufgeführten Auffassungen.

---

989 Siehe oben Zweiter Teil 2.4.2.1.
990 Habermas, *Faktizität und Geltung*, S. 47.
991 Siehe unten Dritter Teil 1.2.3.1.

Als Vertreter dieser Auffassung sind vor allen Dingen B. Ludwig und Niesen zu nennen. B. Ludwig behauptet, dass nach Kant das Problem der Staatserrichtung „*für* ein Volk von Teufeln möglich" sei, aber nicht „*durch* ein Volk von Teufeln".[992] Es dürften nicht ausschließlich Teufel mit der Errichtung des Staates betraut sei. Vielmehr sei stattdessen „der *moralische Politiker*" notwendig, der es sich zur „sittlichen Aufgabe" mache, „den ‚ewigen', d. h. rechtsförmigen Frieden herbeizuführen".[993] Niesen, der sich ausdrücklich auf B. Ludwig stützt, folgt dieser Ansicht: Er meint ebenfalls, dass nach Kant das „Problem der Staatserrichtung" nur dann für ein Volk von Teufeln auflösbar sei, „wenn ihre Verfassung von Menschen entworfen würde".[994] Anders als B. Ludwig sieht Niesen aber nicht nur einen Moralitätsbezug bei dem Problem der Staatserrichtung, sondern auch bei dem gewichtigeren Problem der Staatserhaltung, welches das Volk von Teufeln selbst lösen müsse. Es sei zur fortwährenden Erhaltung eines Staates, verstanden als Republik, notwendig, so Niesen, dass das Volk von Teufeln moralisches Handeln erlerne. Die „Geltung" des republikanischen „Verfassungsrahmens" hänge ansonsten „in der Luft".[995]

Die Argumente zugunsten dieser Ansicht sollen anhand einer genauen Textanalyse der *Teufelsstelle* aus der *Friedensschrift* untersucht und bewertet werden. Zunächst ist zu fragen, was Kant genau unter einem „Volk von Teufeln" versteht (1.2.3.1.). Sodann ist herauszufinden, was Kant mit dem „Problem der Staatserrichtung" meint, das für ein Volk von Teufeln auflösbar sei (1.2.3.2.), und im Weiteren wird sich schließlich die Frage stellen, wie sich Kant die Auflösbarkeit des Problems der Staatserhaltung vorstellt (1.2.3.3.).

1.2.3.1 Begriff des Volks von Teufeln

Ein Teufel nehme, so Kant, „das Böse als *Böses* zur Triebfeder in seine Maxime" auf, erhebe also den „Widerstreit gegen das Gesetz selbst zur Triebfeder".[996] Pawlik folgert daraus richtigerweise, dass der Teufel damit „ein im strengen Sinne moralisch perverser Charakter" sei:

> Er kehrt die ethischen Gebote um, ohne dabei auf seine eigenen Belange auch nur die geringste Rücksicht zu nehmen.[997]

---

992 B. Ludwig, *Kant-Studien*, Bd. 88 (1997), S. 226 Fn. 17.
993 B. Ludwig, *Kant-Studien*, Bd. 88 (1997), S. 226 Fn. 17.
994 Niesen, „Volk-von-Teufeln-Republikanismus", S. 589.
995 Niesen, „Volk-von-Teufeln-Republikanismus", S. 602.
996 Rel VI, 35 f.
997 Pawlik, *JRE*, Bd. 14 (2006), S. 270.

Dass der Teufel aber die ethischen Gebote gezielt in sein praktisches Gegenteil verkehrt, setzt ein Denken in moralischen Kategorien voraus.[998] Die „Verbindlichkeitssprache" kann damit – entgegen der Einschätzung von Kersting[999] – auch zur „Charakterisierung des Regelsystems des Teufelsstaats" angewandt werden: Für einen Teufel ist das allgemeine Rechtsgesetz ebenfalls ein moralisch-verbindliches Freiheitsgesetz, das er aus eben diesem Grund nicht befolgt.

Allerdings schränkt Kant die Teufelseigenschaft des Volks von Teufeln durch den Zusatz „wenn sie nur Verstand haben" stark ein. Kant charakterisiert diese verständigen Teufel als Wesen, „die insgesammt allgemeine Gesetze für ihre Erhaltung verlangen, deren jedes Wesen aber ingeheim sich davon auszunehmen geneigt ist".[1000] Der Teufel, der Verstand hat, handelt demnach weniger prinzipiell als der Teufel an sich. Er bezweckt nicht stets – auch auf eigene Kosten – das Böse in die Welt zu bringen, sondern handelt nur dann unmoralisch, wenn es dem eigenen Nutzen dient. Niesen fasst diesen Umstand im folgenden Satz treffend zusammen:

> Nicht die pervertierte Selbstlosigkeit der Durchsetzung reiner Bosheit in der Welt, sondern die „*Trittbrettfahrer*-Mentalität" ist es, die das Volk von Teufeln auszeichnet.[1001]

Pawlik spricht dementsprechend von einer „Ansammlung rationaler Egoisten", von einem „Volk rationaler Nutzenmaximierer";[1002] Brandt, in Anlehnung an Hume, von einem „,bad men'-Test".[1003] Hervorzuheben ist, dass Kant seinem Volk von Teufeln „zwei Deformationen" nicht unterstellt: Wie bereits erwähnt, unterstellt Kant seinem Volk von Teufeln *erstens* nicht, dass sie nicht wüssten, was moralisch ist, „was also", so Niesen, „die moralischen Subjekte in einem ‚Staat von Engeln' tun würden, und was die Bürger in einem Staat von Menschen tun müßten".[1004] Das Bewusstsein moralischer Verbindlichkeit ist gegeben; es stellt lediglich nicht die Triebfeder rechtskonformen Handelns dar. *Zweitens* behauptet Kant nicht, dass das Volk von Teufeln nicht moralisches Handeln erlernen könnte.

---

998 So auch Niesen, „Volk-von-Teufeln-Republikanismus", S. 585; Römpp, *Rechtstheorie*, Bd. 22 (1991), S. 305 Fn. 13.
999 Kersting, *Kant über Recht*, S. 32.
1000 ZeF VIII, 366.
1001 Niesen, „Volk-von-Teufeln-Republikanismus", S. 585.
1002 Pawlik, *JRE*, Bd. 14 (2006), S. 270.
1003 Brandt, *Kant-Studien*, Bd. 88 (1997), 233; Hume, „That Politics may be Reduced to a Science", S. 99, schreibt: „[A] republican and free government would be an obvious absurdity, if the particular checks and controls, provided by the constitution, had really no influence and made it not the interest, even of bad men to act for the public good".
1004 Niesen, „Volk-von-Teufeln-Republikanismus", S. 589.

Kant schreibt in der *Friedensschrift*, direkt nach der *Teufelsstelle*, dass von der Moralität zwar „nicht [...] die gute Staatsverfassung, sondern vielmehr umgekehrt von der letzteren allererst die gute moralische Bildung eines Volks zu erwarten ist".[1005] Die bereits beschriebene[1006] Wirkung des allgemeinen Rechtsgesetzes trifft also auch auf das Volk von Teufeln zu. Es herrscht demnach für ein Volk von Teufeln keine unüberwindbare Kluft zwischen der Erkenntnis von Moralität und dem Handeln nach dieser Erkenntnis.[1007]

1.2.3.2 Problem der Staatserrichtung

Fraglich ist, was Kant genau unter dem „Problem der Staatserrichtung" versteht. Aus dem Kontext ergibt sich, dass Kant nicht nur irgendeinen Staat meint, der den Naturzustand beendet, sondern einen Staat, der sich auf einer republikanischen Verfassung gründet,[1008] d. h. dem allgemeinen Rechtsgesetz im Sinne eines ursprünglichen Vertrages entspricht.[1009] Mit dem Teufelsargument möchte Kant verdeutlichen, dass nicht nur in einem „Staat von Engeln" eine „republikanische Verfassung" verwirklicht werden könne, sondern auch unter nicht-idealen Bedingungen, bei einem Volk von Teufeln also.[1010] Eine „republikanische Verfassung", das gibt Kant indes zu, sei „die schwerste zu stiften, vielmehr noch zu erhalten".[1011] Aus dieser Aussage Kants lässt sich zugleich folgern, dass es Kant nicht nur um die Errichtung eines republikanischen Staates geht, sondern zudem um das Problem der Erhaltung eines republikanischen Staates.

Unter dem in der *Teufelsstelle* erwähnten „Problem der Staatserrichtung", so könnte man vermuten, ist demnach das Problem der Errichtung und der Erhaltung einer Republik zu verstehen.[1012] Folgt man allerdings dieser Interpretation, so ist es zumindest verwunderlich, dass Kant die Errichtung des Staates in den Mittelpunkt stellt, obgleich nach Kant diese Aufgabe, im Vergleich zur Erhaltung des Staates, die einfachere darstellt. Niesen folgert aus diesem Umstand, dass Kant die Aufgabe der Errichtung des Staates einerseits und der Erhaltung des Staates an-

---

1005 ZeF VIII, 366.
1006 Siehe oben Dritter Teil 1.1.2.4.
1007 So auch Niesen, „Volk-von-Teufeln-Republikanismus", S. 585.
1008 So auch Niesen, „Volk-von-Teufeln-Republikanismus", S. 586; vgl. auch Brandt, *Kant-Studien*, Bd. 88 (1997), S. 235, der allerdings meint, dass Kant hier „vor dem eigenen Argument" zurückschrecke.
1009 Zum Zusammenhang zwischen allgemeinem Rechtsgesetz und ursprünglichem Vertrag siehe oben Zweiter Teil 3.2.2.
1010 ZeF VIII, 366.
1011 ZeF VIII, 366.
1012 So auch Niesen, „Volk-von-Teufeln-Republikanismus", S. 586.

dererseits an zwei verschiedene Subjekte adressiert: Die Einrichtung des Staates sei als Aufgabe an den Menschen gerichtet, während die Erhaltung des Staates an das Volk von Teufeln gerichtet sei.[1013]

Für diese Interpretation sprechen vier Gründe: Der *erste* Grund ergibt sich im Hinblick auf Kants Aussagen zum „Staat von Engeln". Kant lehnt die Forderung nach einem „Staat von Engeln" ab und verbindet dies mit dem Hinweis, dass „eine gute Organisation des Staates (die allerdings im Vermögen der *Menschen* ist)" ausreiche.[1014] Daraus kann man ableiten, dass nach Kant sogar ein Staat von Teufeln möglich wäre, wenn aber Menschen die Organisation des Staates, d. h. das Problem der Staatserrichtung, übernehmen würden.[1015] *Zweitens* kann diese Interpretation erklären, warum Kant in der *Teufelsstelle* nur von dem „Problem der Staatserrichtung" spricht, nicht auch von dem Problem der Staatserhaltung, das zudem nach Kant „*für* ein Volk von Teufeln" auflösbar sei und nicht *durch* ein Volk von Teufeln.

Drittens wird bei dieser Interpretation verständlich, weshalb nach Kant die Erhaltung des Staates schwerer sei als deren Stiftung. Denn wenn es nicht die Aufgabe von verständigen Teufeln ist, eine republikanische Verfassung zu stiften, sondern von Menschen, dann können diese auf moralische Einstellungen zurückgreifen: Menschen können nicht nur Moralität erkennen, sondern auch aufgrund dieser Moralität eine Verfassung entwerfen. Bereits dieser Umstand würde die Stiftung einer Verfassung erleichtern. Ein Volk von verständigen Teufeln hingegen kann erst aufgrund von Moral, d. h. aus Pflicht, handeln, wenn es im Lauf der Zeit gelernt hat, moralisch zu handeln. Dann aber, so scheint es, ist es kein Volk von Teufeln mehr, sondern ein Volk von Menschen. Erleichternd ist zudem aber auch, dass nach dieser Interpretation die Stifter der Verfassung nicht selbst Teil des Staatsvolkes sind. Dies sorgt „für eine uneigennützige Perspektive", die es ermöglicht, eine „unparteiliche und vorausschauende Einrichtung von Rechtsinstituten" zu entwerfen.[1016]

Viertens erscheint Kants *Teufelsstelle* durch diese Interpretation auch inhaltlich plausibler als nach der anderen Interpretation, die dem Volk von Teufeln neben der Erhaltung der Republik ebenso deren Stiftung überantwortet. Die Vertreter der These, dass in verwirklichungspraktischer Hinsicht eine vollständige Abhängigkeit zwischen dem allgemeinen Rechtsgesetz und dem kategorischen Imperativ bestehe, weisen zu Recht auf die inhaltlichen Mängel der gegenteiligen Unabhängigkeitsthese hin. Nur Textbelege bei Kant selbst führen sie nicht auf.

1013 Niesen, „Volk-von-Teufeln-Republikanismus", S. 589.
1014 ZeF VIII, 366 – Hervorhebung vom Verfasser.
1015 So auch Niesen, „Volk-von-Teufeln-Republikanismus", S. 589.
1016 Niesen, „Volk-von-Teufeln-Republikanismus", S. 591.

Nach alldem ist der Auffassung von B. Ludwig und Niesen zuzustimmen: Nach Kant ist das Problem der Staatserrichtung nicht *durch* ein Volk von Teufeln auflösbar, sondern lediglich *für* ein Volk von Teufeln. Eine notwendige Verbindung zwischen dem allgemeinen Rechtsgesetz, das in Form des ursprünglichen Vertrags die Prinzipien für die Republik formuliert, und dem kategorischen Imperativ, auf den sich die Stifter der Republik stützen können und sollen, liegt damit vor. Fraglich ist jedoch, ob auch Niesens weitergehende These zutrifft, wonach es zur Erhaltung der Republik notwendig sei, dass dieses Volk moralisches Handeln erlerne. Darum soll es im nächsten Teil gehen.

1.2.3.3 Problem der Staatserhaltung

Kant gibt drei Argumente an, wie das Problem der Staatserhaltung, d.h. das Problem der Erhaltung der Republik, durch ein Volk von Teufeln auflösbar sei. *Erstens* trage „die Natur" zur Erhaltung einer Republik bei, denn Kant zufolge kommt „die Natur dem verehrten, aber zur Praxis ohnmächtigen allgemeinen, in der Vernunft gegründeten Willen, und zwar gerade durch jene selbstsüchtigen Neigungen zur Hilfe".[1017] *Zweitens* sei „eine gute Organisation des Staates" entscheidend; sie führe dazu, dass der Mensch, „wenngleich nicht ein moralischguter Mensch, dennoch ein guter Bürger zu sein gezwungen wird".[1018] Ob jemand ein „guter Bürger" ist, bemisst sich nach Kant an dem Handlungserfolg. Gute Bürger sind verständige Teufel dann, wenn „in ihrem öffentlichen Verhalten der Erfolg eben derselbe ist, als ob sie keine [...] bösen Gesinnungen hätten".[1019] Wie bereits erwähnt,[1020] geht Kant schließlich *drittens* davon aus, dass von einer guten Staatsverfassung, „allererst die gute moralische Bildung eines Volkes zu erwarten" sei.[1021] Niesen fasst diese drei Argumente zur Lösung des Problems der Erhaltung einer Republik in folgende Schlagworte zusammen: „moralische *Substitution*" (1), „moralische *Simulation*" (2) und „moralische *Wirkung*" (3).[1022]

Fraglich ist jedoch, inwieweit das letzte Argument, das der moralischen Wirkung, nach Kants Vorstellungen zur erfolgreichen Reproduktion einer Republik beiträgt. Angesichts der Aussage Kants, dass die Erhaltung einer Republik schwerer sei als deren Stiftung, liegt es einerseits nahe, dass auch nach seiner Ansicht zur Republikerhaltung ein gewisses Maß an Moralität erforderlich ist. Es

---

1017 ZeF VIII, 366.
1018 ZeF VIII, 366.
1019 ZeF VIII, 366.
1020 Siehe oben Dritter Teil 1.2.3.1.
1021 ZeF VIII, 366.
1022 Niesen, „Volk-von-Teufeln-Republikanismus", S. 592 – Hervorhebung vom Verfasser.

hat jedoch andererseits den Anschein, dass nach Kant grundsätzlich die beiden ersten Argumente, das der moralischen Substitution und das der moralischen Simulation hinreichend sind, um eine Republik erfolgreich zu erhalten. Ansonsten verlöre die *Teufelsstelle* einen Großteil ihrer Argumentationskraft. Nur in Ausnahmefällen, so liegt der Schluss nahe, kann demnach das Argument der moralischen Wirkung zur Anwendung kommen. Da Kant es nach hier vertretener Interpretation für erforderlich hält, die republikanische Verfassung von Menschen *für* das Volk von Teufeln zu errichten, so ist zu vermuten, dass diese Ausnahmefälle im Rahmen von Verfassungsfragen bestehen. Denn nachdem das Volk von Teufeln lediglich Objekt der Verfassungsstiftung ist, wird es nach Stiftung der Verfassung „Ex-post-facto-Souverän",[1023] hat also die Möglichkeit, die Verfassung nach seinem Belieben zu ändern und diese Gefahr muss auch Kant gesehen haben.

Mit einer von Ackerman[1024] entwickelten Unterscheidung könnte man deshalb sagen, dass nach Kant im Falle von „normal politics" der Rückgriff auf die Moralität der Aktivbürger nicht erforderlich ist, wohl aber im Falle von „constitutional politics", wenn es also um die verfassungsändernde Gewalt geht.[1025] Für diese Interpretation spricht auch eine Aussage, die Kant in seiner geschichtsphilosophischen Schrift *Idee zu einer allgemeinen Geschichte in weltbürgerlicher Absicht* trifft. Zu dem Problem einer „allgemein das Recht verwaltenden bürgerlichen Gesellschaft" schreibt Kant darin:

> Dieses Problem ist zugleich das schwerste und das, welches von der Menschengattung am spätesten aufgelöst wird.[1026]

Notwendig seien dazu „drei [...] Stücke": zum einen „richtige Begriffe von der Natur einer möglichen Verfassung", zum anderen „große durch viele Weltläufe geübte Erfahrenheit" und zum dritten, „über das alles, ein zur *Annehmung* derselben vorbereiteter *guter Wille*".[1027] Die moralische Akzeptanz des Verfassungsrahmens ist demnach notwendige Bedingung für die Erhaltung einer Republik.[1028]

[1023] Niesen, „Volk-von-Teufeln-Republikanismus", S. 592.
[1024] Ackerman, *We the People*, Bd. 1, S. 173 ff. (in Bezug auf „constitutional politics") und S. 230 ff. (in Bezug auf „normal politics").
[1025] Vgl. auch Niesen, „Volk-von-Teufeln-Republikanismus", S. 601 ff.
[1026] IaG VIII, 23.
[1027] IaG VIII, 23 – Hervorhebung vom Verfasser.
[1028] So auch Guyer, „The Crooked Timber of Mankind", S. 131: „[T]he use of the term 'good will' can only signal that the solution of the problem of establishing a just state does require purely moral motivation, not just prudence, at some point".

Van der Linden und Kleingeld kritisieren an dieser Aussage Kants, dass in diesem Fall die Moral nicht nur Ergebnis einer gerechten politischen Ordnung sei, sondern zugleich deren Voraussetzung.[1029] Kleingeld behauptet zudem, dass Kant in seiner *Friedensschrift* mit dem Teufelsargument von eben dieser (scheinbaren) Paradoxie abgewichen sei und nur noch auf „das menschliche Eigeninteresse in Richtung der Herstellung eines gerechten [...] Zustandes" zurückgreife.[1030] Nach dem zuvor Gesagten ist es jedoch naheliegender, dass Kants Teufelsargument die Schlussfolgerung aus der *Ideenschrift* nicht konterkarieren, sondern vielmehr unterstreichen soll.[1031] In der Schlussfolgerung Kants, dass eine gerechte politische Ordnung die Moral eines Volkes zwar befördere, aber auch zugleich voraussetze, ist zudem keine Paradoxie zu sehen. Sie beschreibt lediglich das komplizierte Verhältnis der Wechselwirkung zwischen Moral und gerechter politischer Ordnung.

1.2.4 Zwischenergebnis

In Bezug auf den Wirksamkeitszusammenhang sprechen nach alldem die besseren Gründe für die These einer eingeschränkten Abhängigkeit des allgemeinen Rechtsgesetzes vom kategorischen Imperativ und zwar in der Version Niesens, die noch etwas weiter reicht als die B. Ludwigs. Aus Gründen der Vollständigkeit sei hinzugefügt, dass der Mensch nach Kant niemals einen vollkommen gerechten Zustand erreichen werde. „Nur die Annäherung zu dieser Idee" sei „uns von der Natur auferlegt":

> [A]us so krummen Holze, als woraus der Mensch gemacht ist, kann nichts ganz Gerades gezimmert werden.[1032]

1.3 Zusammenfassung

Zur Erörterung des Verhältnisses zwischen kategorischem Imperativ und allgemeinem Rechtsgesetz war es notwendig, zwischen einem Wirksamkeits- und

---

[1029] van der Linden, *Kantian Ethics and Socialism*, S. 108 f., und Kleingeld, *Fortschritt und Vernunft*, S. 26 (mit Verweis auf van der Linden): „Clearly, morality cannot be both precondition and outcome of a just political order".
[1030] Kleingeld, *Fortschritt und Vernunft*, S. 185.
[1031] Vgl. auch Guyer, „The Crooked Timber of Mankind", S. 131 ff., der ebenfalls davon ausgeht, dass Kants *Ideenschrift* mit der *Friedensschrift* kompatibel ist.
[1032] IaG VIII, 23.

Begründungszusammenhang zu unterscheiden. Bei der Erörterung der Frage, inwieweit das allgemeine Rechtsgesetz und die darauf aufbauende Republik im Sinne Kants die Wirksamkeit des kategorischen Imperativs fördern, stellte sich heraus, dass nach Kants Auffassung sowohl die Meinungs- und Kunstfreiheit als auch die bloße Pflichtmäßigkeit von Handlungen zur Kultivierung des Achtungsgefühls für das moralische Gesetz beitragen können und damit die Wirksamkeit des kategorischen Imperativs fördern. Da aber das allgemeine Rechtsgesetz die Kunst- und Meinungsfreiheit sowie die bloße Pflichtmäßigkeit von Handlungen unter Schutz stellt, fördert es damit auch die Wirksamkeit des kategorischen Imperativs. Das allgemeine Rechtsgesetz ist deshalb zwar keine Wirksamkeitsbedingung für den kategorischen Imperativ, wohl aber dessen *Entwicklungsbedingung*.

In umgekehrter Richtung, also bei der Frage, inwieweit der kategorische Imperativ zur Wirksamkeit des allgemeinen Rechtsgesetzes, d.h. zur Verwirklichung einer Republik im Sinne Kants, beiträgt, ergab sich aus einer genauen Analyse der *Teufelsstelle* aus der Schrift *Zum ewigen Frieden*, dass Kant diesbezüglich eine eingeschränkte Abhängigkeitsthese vertritt. Das Argument dafür lautet in gestraffter Form, dass das Problem der Staats*errichtung* nach Kant nicht *durch* ein Volk von Teufeln lösbar ist, sondern lediglich *für* ein Volk von Teufeln, woraus sich schließen lässt, dass die Staats*erhaltung* grundsätzlich auch *durch* ein Volk von Teufeln gelöst werden kann, nur nicht in Bezug auf verfassungsändernde Beschlüsse, die letzthin die Staats*errichtung* betreffen. Zwischen Recht und Moral besteht damit ein *Wechselwirkungsverhältnis:* Eine auf dem allgemeinen Rechtsgesetz aufbauende Republik befördert die Moralität der Menschen und die Moralität der Menschen trägt zur Errichtung und Erhaltung der Republik bei.

2 Begründungszusammenhang

Aus den gegenseitigen Abhängigkeiten zwischen kategorischem Imperativ und allgemeinem Rechtsgesetz, die in Bezug auf den Wirksamkeitszusammenhang bestehen, folgt nicht zwangsläufig, dass auch ein Begründungszusammenhang zwischen kategorischem Imperativ und allgemeinem Rechtsgesetz anzuerkennen ist. Da der kategorische Imperativ „oberste[r] Grundsatz der Sittenlehre"[1033] ist und die *Rechtslehre* deren erster Teil,[1034] stellt sich hierbei nicht die Frage, ob das allgemeine Rechtsgesetz den kategorischen Imperativ begründet; vielmehr ist nur

---

[1033] MdS VI, 226.
[1034] MdS VI, 205.

umgekehrt zu fragen, ob der kategorische Imperativ das allgemeine Rechtsgesetz begründet. Die verschiedenen dazu vertretenen Ansichten lassen sich zwei grundsätzlichen Thesen zuordnen. Nach einer These ist das allgemeine Rechtsgesetz unabhängig vom kategorischen Imperativ (2.1.), nach der anderen nicht (2.2.).

2.1 Unabhängigkeit vom kategorischen Imperativ

Im Rahmen der Unabhängigkeitsthese ist zwischen den Auffassungen zu unterscheiden, die davon ausgehen, dass der kategorische Imperativ keine *notwendige* Bedingung ist, um das allgemeine Rechtsgesetz zu begründen (2.1.1.), und denjenigen, die meinen, dass der kategorische Imperativ keine *hinreichende* Bedingung zur Begründung des allgemeinen Rechtsgesetzes darstellt (2.1.2.).

2.1.1 Keine notwendige Bedingung?

Wood vertritt die Auffassung, dass das allgemeine Rechtsgesetz unabhängig vom kategorischen Imperativ begründet werden kann, d. h. der kategorische Imperativ nicht dessen notwendige Bedingung ist:

> In so far as juridical duties are regarded as ethical duties, they can be brought under the principle of morality, which can also be used to show that we have good reasons for valuing external freedom (or right) and respecting the institutions that protect right through external coercion. [...] Considered simply as juridical duties, however, they belong to a branch of the metaphysics of morals that is *entirely independent of ethics* and also of its supreme principle.[1035]

Pogge zufolge füge sich das Recht zwar in Kants Moralphilosophie ein, lasse sich aber auch unabhängig davon begründen. Anders ausgedrückt: Der kategorische Imperativ sei nicht notwendige Bedingung für die Begründung des allgemeinen Rechtsgesetzes:

> [D]eveloping his *Rechtslehre* as part of a metaphysics of morals makes sense, because Kant wants to show that it has a basis in morality, is the only doctrine of *Recht* that fits into his

---

[1035] Wood, „The Final Form of Kant's Practical Philosophy", S. 9; siehe auch Wood, *Kant*, S. 171: „One important question is whether, or in what sense, the two parts of Kant's *Metaphysics of Morals*, the Doctrine of Right and the Doctrine of Virtue, are really parts of a single doctrine, falling under a single principle. [...] I have already argued for a negative answer to it".

moral philosophy. By showing that M entails R, Kant establishes merely a one-sided dependence of M on R; he establishes that R's failure would entail the failure of M, that M cannot stand without R. And this does *not* imply, of course, that R is dependent upon (cannot stand without) M.[1036]

Dass das Recht auch ohne den kategorischen Imperativ begründet werden kann, ist ebenfalls Höffes Auffassung. Mit Hinweis auf die *Teufelsstelle* behauptet er, dass Kant „das Selbstinteresse, freilich das Selbstinteresse eines jeden, zur *Legitimationsgrundlage* von Staatsverhältnissen" erkläre.[1037] „Daß diese These nicht nur für das öffentliche Recht, sondern für das Recht insgesamt" gelte, habe Kant „allerdings nicht gesehen".[1038] Man könne schon „jene vorstaatliche Rechtsmoral, die Kant ‚Privatrecht'" nenne, „aus dem aufgeklärten Interesse der Betroffenen zu legitimieren suchen".[1039]

1036 Pogge, „Is Kant's *Rechtslehre* a 'Comprehensive Liberalism'?", S. 151; Pogge stellt zu Recht fest, dass – entgegen der Ansicht von Kersting, *Wohlgeordnete Freiheit*, S. 136 ff. – auch Ebbinghaus nicht die Auffassung vertritt, dass bei Kant eine beidseitige Unabhängigkeit zwischen Recht und Moral bestehe. Denn Ebbinghaus schreibt, dass „das Rechtsgesetz in seiner möglichen Verbindlichkeit [...] unter dem kategorischen Imperativ" stehe; es werde „als das Gesetz a priori der Bestimmung der äußeren Freiheit durch den kategorischen Imperativ als Gesetz der reinen praktischen Vernunft gefordert" (Ebbinghaus, „Kants Rechtslehre und die Rechtsphilosophie des Neukantianismus", S. 242). Fraglich ist allerdings, ob Ebbinghaus seine Unabhängigkeitsthese nicht sogar noch stärker einschränkt als Pogge. Die Unabhängigkeitsthese von Ebbinghaus bezieht sich womöglich lediglich auf den Wirksamkeitszusammenhang zwischen allgemeinem Rechtsgesetz und kategorischem Imperativ (vgl. Oberer, *Kant-Studien*, Bd. 77 (1986), S. 119 f., und Avrigeanau, *Ambivalenz und Einheit*, S. 180 Fn. 509, der davon ausgeht, dass Kersting seine Kritik an Ebbinghaus in dem Aufsatz „Der Geltungsgrund von Moral und Recht bei Kant" stillschweigend wieder zurückgenommen hat). Für diese Interpretation spricht, dass nach Ebbinghaus „das Rechtsgesetz" zwar „konstitutiv" für die „*Autonomie*" des Willens sei, „das Rechtsgesetz" aber hingegen „gerade jede Autonomie des Willens *des einzelnen* in Beziehung auf die Bestimmung der äußeren Freiheit ausschließe" (Ebbinghaus, „Kants Rechtslehre und die Rechtslehre des Neukantianismus", S. 242). Zumindest diese Textstelle bezieht sich eindeutig lediglich auf den Wirksamkeitszusammenhang: Auch wenn nicht die Autonomie des Einzelnen die äußere Freiheit bestimme, so sei das allgemeine Rechtsgesetz dennoch grundsätzlich wirksam.
1037 Höffe, *Kategorische Rechtsprinzipien*, S. 79 f.
1038 Höffe, *Kategorische Rechtsprinzipien*, S. 80.
1039 Höffe, *Kategorische Rechtsprinzipien*, S. 80. Müller, *Das Verhältnis von rechtlicher Freiheit und sittlicher Autonomie*, S. 182 f., folgt Höffe weitgehend und schreibt, dass „mit dem Rechtsgesetz unmittelbar kein anderer Zweck verbunden werden" könne „als lediglich die Herstellung und Sicherung der Möglichkeit prinzipieller Konfliktfreiheit der Beziehungen handelnder Menschen"; er folgert daraus, dass „[m]it der Gewährleistung dieser objektiven Möglichkeit des Handelns [...] aber ein von rechtlicher Freiheit und sittlicher Autonomie verschiedener Frei-

Willaschek behauptet in verschiedenen Schriften, dass es zwar Kants „official view" sei, dass sich das allgemeine Rechtsgesetz aus dem kategorischen Imperativ ableite, dies sei aber nach der zu bevorzugenden „*alternative* view" nicht der Fall:

> On this alternative view, the realm of right is based on a principle (the universal principle of right), which is not just a specific version of the moral law, but rather an independent, basic law of practical rationality.[1040]

Es bestehe lediglich eine „formal analogy" (oder zumindest „some structural similarity")[1041] zwischen dem kategorischen Imperativ und dem allgemeinen Rechtsgesetz.

Guyer vertritt schließlich die Ansicht, dass sich das allgemeine Rechtsgesetz nicht aus dem kategorischen Imperativ ableite, sondern aus dem sittlichen Begriff der Freiheit:

> [T]he universal principle of right is not derived from the Categorical Imperative but is derived from the concept of freedom as the fundamental principle of morality[1042]

Zur Stützung der These, dass der kategorische Imperativ nicht notwendige Bedingung zur Begründung des allgemeinen Rechtsgesetzes sei, tauchen vor allen Dingen zwei Argumente auf, die es ausführlicher zu besprechen gilt: das Analytizitäts- (2.1.1.1.) und das Postulatsargument (2.1.1.2.).

Zu denken wäre zudem an das von Höffe vorgebrachte Teufelsargument, aus dem seiner Ansicht nach folge, dass das aufgeklärte Selbstinteresse des Einzelnen den Staat legitimiere. Die Analyse der *Teufelsstelle* im Rahmen des Wirksamkeitszusammenhangs hat jedoch hinreichend verdeutlicht, dass Kant sein Teufelsargument allein auf den Wirksamkeits-, nicht aber auf den Begründungszusammenhang bezieht.[1043] Kersting schreibt daher zu Recht, dass diese Interpretation Höffes „mehr als eine marginale Fehlinterpretation" darstellt.[1044]

---

heitsbegriff, nämlich der Anspruch menschlicher Selbstbestimmung durch die vollzogene Handlung, verbunden" sei.
1040 Willaschek, *JRE*, Bd. 5 (1997), S. 223.
1041 Willaschek, *IJPS*, Bd. 17 (2009), S. 67; vgl. auch Willaschek, *IJPS*, Bd. 20 (2012), S. 563, wonach sich die *Rechtslehre* Kants nicht in die „official architectonic of the book called Metaphysics of Morals" einfüge.
1042 Guyer, „Kant's Deduction of the Principles of Right", S. 26 Fn. 7.
1043 Siehe oben Dritter Teil 1.2.3.
1044 Siehe dazu Kersting, *Kant über Recht*, S. 32 Fn. 8; vgl. auch Geismann, *JRE*, Bd. 14 (2006), S. 111, der sich ebenfalls dagegen ausspricht, die *Teufelsstelle* über den Wirksamkeitszusammenhang hinaus auf den Begründungszusammenhang, d.h. die Legitimation des Rechts, auszudehnen.

Zudem wird in dieser Arbeit vertreten, dass bei genauer Analyse der *Teufelsstelle* aus dieser überhaupt keine vollständige Unabhängigkeit des Rechts von der Moral zu folgern ist, so dass sie auch aus diesem Grund nicht geeignet ist, Höffes Ansicht zu belegen.

Auch Guyers Argument, wonach sich das allgemeine Rechtsgesetz aus dem sittlichen Begriff der Freiheit ableite, nicht aber aus dem kategorischen Imperativ, kann schon an dieser Stelle abgelehnt werden. Denn mit Willaschek ist festzustellen, dass Kants Begriffe der sittlichen Freiheit und des kategorischen Imperativs „just two sides of the same coin" sind.[1045] Dies wird unter anderem aus Kants *Kritik der praktischen Vernunft* deutlich. Kant schreibt darin:

> Damit man [...] nicht *Inconsequenzen* anzutreffen wähne, wenn ich jetzt die Freiheit die Bedingung des moralischen Gesetzes nenne und [...] nachher behaupte, daß das moralische Gesetz die Bedingung sei, unter der wir uns allererst der Freiheit *bewußt werden* können, so will ich nur erinnern, daß die Freiheit allerdings die ratio essendi des moralischen Gesetzes, das moralische Gesetz aber die ratio cognoscendi der Freiheit sei. Denn, wäre nicht das moralische Gesetz in unserer Vernunft *eher* deutlich gedacht, so würden wir uns niemals berechtigt halten, so etwas, als Freiheit ist, [...] *anzunehmen*. Wäre aber keine Freiheit, so würde das moralische Gesetz in uns gar *nicht anzutreffen* sein.[1046]

Oder in den Worten Willascheks:

> [T]he moral law is only epistemically prior [...], while freedom is ontologically prior.[1047]

Vertritt man also die These Guyers, wonach sich das allgemeine Rechtsgesetz aus dem sittlichen Begriff der Freiheit ableitet, so leitet sich – entgegen Guyers Ansicht – das allgemeine Rechtsgesetz damit zugleich aus dem kategorischen Imperativ ab.

2.1.1.1 Analytizitätsargument

Das Analytizitätsargument wird vor allen Dingen von Wood vorgebracht, der sich bei diesem Argument auf eine Textstelle aus der *Tugendlehre* stützt, wonach „das oberste *Rechtsprincip* ein analytischer Satz" sei, „das Princip der Tugendlehre" hingegen „synthetisch".[1048] Wood folgert daraus:

1045 Willaschek, *IJPS*, Bd. 17 (2009), S. 55.
1046 KpV V, 4 Fn. – Hervorhebung im Original gesperrt.
1047 Willaschek, *IJPS*, Bd. 17 (2009), S. 55.
1048 MdS VI, 396.

> Kant very explicitly discredits the whole idea that the principle of right could be derived from the fundamental principle of morality by declaring that the principle of right, unlike the principle of morality, is *analytic* [...]. The analyticity of the principle is clearly the best explanation of Kant's omission of any deduction of it, and also renders redundant any derivation of the principle from the law of morality, since it would be nonsense to think that we need to derive an analytic proposition from a synthetic one.[1049]

Um über Woods Argument ein angemessenes Urteil fallen zu können, ist zunächst näher auf die ausführliche Textstelle bei Kant einzugehen, wonach das oberste Rechtsprinzip analytisch ist:

> Daß der äußere Zwang, so fern dieser ein dem Hindernisse der nach allgemeinen Gesetzen zusammenstimmenden äußeren Freiheit entgegengesetzter Widerstand (ein Hindernis des Hindernisses derselben) ist, mit den Zwecken überhaupt zusammen bestehen könne, ist nach dem Satz des Widerspruchs klar, und ich darf nicht über den Begriff der Freiheit hinausgehen, um ihn einzusehen; der Zweck, den ein jeder hat, mag sein, welcher er wolle. – Also ist das oberste *Rechtsprincip* ein analytischer Satz. Dagegen geht das Princip der Tugendlehre über den Begriff der äußeren Freiheit hinaus und verknüpft nach allgemeinen Gesetzen mit demselben noch einen Zweck, den es zur Pflicht macht. Dieses Princip ist also synthetisch.[1050]

Die Entscheidung, ob ein Prinzip analytisch oder synthetisch ist, wird in diesem Zusammenhang also im Hinblick auf den äußeren Freiheitsbegriff getroffen. Kant weist an dieser Stelle damit lediglich auf seine Auffassung hin, dass sich die Befugnis zu zwingen analytisch aus dem äußeren Freiheitsbegriff ergibt und Recht und die Befugnis zu zwingen einerlei sind.[1051] Gibt es also äußere Freiheit, so folgt daraus analytisch, dass es eine Befugnis zu zwingen gibt und daraus folgt wiederum analytisch, dass es Recht gibt. Es versteht sich von selbst, dass dieser analytische Zusammenhang für das Prinzip der *Tugendlehre*, das Zwecke zur Pflicht macht, nicht besteht.[1052]

Es ist allerdings nicht zu sehen, warum aus dieser Aussage folgen sollte, dass der Begriff der äußeren Freiheit nicht aus Kants sittlichem Freiheitsbegriff abgeleitet werden könnte. Solange man nicht „die Erfahrung bei der Hand" hat, „ihre objective Realität zu beweisen", bedarf nach Kant vielmehr jeder Begriff einer

---

1049 Wood, „The Final Form of Kant's Practical Philosophy", S. 7.
1050 MdS VI, 396 – Hervorhebung im Original gesperrt.
1051 Siehe dazu oben Zweiter Teil 2.4.2.
1052 Siehe dazu auch Kersting, *Wohlgeordnete Freiheit*, S. 250 f. Fn. 35, und Guyer, „Kant's Deduction of the Principles of Right", S 42 f.

„(transzendentale[n]) Deduktion";[1053] „es können keine Begriffe *dem Inhalte nach* analytisch entspringen":[1054]

> [A]llein die Synthesis ist doch dasjenige, was eigentlich die Elemente zu Erkenntnissen sammlet, und zu einem gewissen Inhalte vereinigt; sie ist also das erste, worauf wir Acht zu geben haben, wenn wir über den ersten Ursprung unserer Erkenntniß urtheilen wollen.[1055]

Der Aussage Woods, dass es „nonsense" sei, eine analytische Proposition aus einer synthetischen abzuleiten, ist also nicht zuzustimmen. In Bezug auf die *Rechtslehre* spricht der Umstand, dass nach Kant der kategorische Imperativ der „oberste Grundsatz der Sittenlehre" ist[1056] und die *Rechtslehre* deren erster Teil,[1057] vielmehr für die gegenteilige Annahme. Ebenfalls für diese gegenteilige Annahme spricht, dass nach Kant die „*theoretischen* Principien des äußeren Mein und Dein sich im Intelligibelen verlieren, [...] weil der Begriff der Freiheit, auf dem sie beruhen, [...] nur aus dem praktischen Gesetze der Vernunft (*dem kategorischen Imperativ*), als einem Factum derselben, geschlossen werden" könne.[1058]

Guyer, Pippin und Willaschek etwa kommen deshalb zu genau diesem Ergebnis. Guyer, der als erster das Analytizitätsargument von Wood widerlegt hat, bringt dieses Gegenargument mit folgenden Worten auf den Punkt:

> On Kant's conception of analytic judgments, the claim that a principle of right is analytic is hardly incompatible with the assumption that it flows from the concept of freedom as the supreme principle of morality.[1059]

Pippin schreibt dementsprechend:

> Analytic results based on spurious or arbitrary concepts do not establish anything of importance, and so Kant must understand his analysis of right to depend on what is already presumed in the „legitimate" concept of human freedom, namely, that we are subject to the requirements of pure practical reason, which is itself a synthetic claim.[1060]

1053 KrV III, 117 – Hervorhebung im Original gesperrt; siehe dazu Guyer, „Kant's Deduction of the Principles of Right", S. 30 ff.
1054 KrV III, 103 – Hervorhebung im Original gesperrt.
1055 KrV III, 103.
1056 MdS VI, 226.
1057 MdS VI, 205.
1058 MdS VI, 252 – Hervorhebung vom Verfasser. Auf Kants in der *Kritik der praktischen Vernunft* entwickelte Lehre vom „Factum der Vernunft" (KpV V, 31) soll an dieser Stelle nicht eingegangen werden. Siehe dazu aber Kersting, *Wohlgeordnete Freiheit*, S. 122 f., und Willaschek, *Praktische Vernunft*, S. 174 ff.
1059 Guyer, „Kant's Deduction of the Principles of Right", S. 27.
1060 Pippin, „Mine and thine?", S. 424.

Obwohl Willaschek es aus anderen Gründen ablehnt, das Rechtsprinzip aus dem kategorischen Imperativ abzuleiten, gesteht er ebenfalls ein, dass die von Kant behauptete Analytizität des Rechtsprinzips nicht dessen Ableitbarkeit ausschließt:

> Kant's talk of analyticity [...] does not exclude the possibility that Kant wanted to give a deduction of the principle of right.[1061]

Nach alldem stellt die von Kant behauptete Analytizität zwischen oberstem Rechtsprinzip und äußerer Freiheit somit keinen überzeugenden Grund dar, den kategorischen Imperativ als notwendige Bedingung des allgemeinen Rechtsgesetzes abzulehnen.

2.1.1.2 Postulatsargument

Kant zufolge ist das allgemeine Rechtsgesetz „ein Postulat, welches gar keines Beweises weiter fähig" sei.[1062] Wenn das allgemeine Rechtsgesetz tatsächlich durch den kategorischen Imperativ begründet würde, so wäre diese Beschreibung des Gesetzes, so etwa Willaschek,[1063] zumindest sehr verwunderlich. Diese Verwunderung könnte sich allerdings legen, wenn man den Kontext dieser Textstelle, d.h. den kompletten Satz, genauer betrachtet. Dieser lautet:

> Also ist das allgemeine Rechtsgesetz: Handle äußerlich so, daß der freie Gebrauch deiner Willkür mit der Freiheit von jedermann nach einem allgemeinen Gesetz zusammen bestehen könne, zwar ein Gesetz, welches mir eine Verbindlichkeit auferlegt, aber ganz und gar nicht erwartet, noch weniger fordert, daß ich ganz um dieser Verbindlichkeit willen, meine Freiheit auf jene Bedingung *selbst* einschränken *solle*, sondern die Vernunft sagt nur, daß sie in ihrer Idee darauf eingeschränkt *sei* und von anderen thätlich eingeschränkt werden dürfe; und dieses sagt sie als ein Postulat, welches gar keines Beweises weiter fähig ist.[1064]

Die Vernunft „sagt" nach Kant demnach zweierlei: *Erstens*, dass das Gesetz mir eine Verbindlichkeit auferlegt, und *zweitens*, dass ich das Gesetz dennoch nicht um seiner Verbindlichkeit willen befolgen müsse, sondern meine (äußere) Freiheit

---

1061 Willaschek, *IJPS*, Bd. 17 (2009), S. 54; vgl. auch B. Ludwig, *JRE*, Bd. 21 (2013), S. 303 Fn. 49, und Mosayebi, *Das Minimum der reinen praktischen Vernunft*, S. 224 ff.
1062 MdS VI, 231.
1063 Willaschek, *JRE*, Bd. 5 (1997), S. 220: „This would be astonishing if Kant held that this law was a special instance of a moral general principle whose validity Kant, on his own count, had proven in the *Critique of Practical Reason*"; vgl. auch Willaschek, *IJPS*, Bd. 17 (2009), S. 67.
1064 MdS VI, 231 – Hervorhebung im Original gesperrt.

lediglich mit äußerem Zwang eingeschränkt werden dürfe. Nur dieses Zweite „sagt" die Vernunft jedoch als ein Postulat, d.h. nur dieses ist Inhalt des allgemeinen Rechtsgesetzes.

Daraus folgt, dass der Begriff der Verbindlichkeit nicht durch das allgemeine Rechtsgesetz begründet, sondern vielmehr vorausgesetzt wird, nämlich durch den kategorischen Imperativ. In der *Grundlegung* versteht Kant demgemäß unter einer Verbindlichkeit „[d]ie Abhängigkeit eines nicht schlechterdings guten Willens vom Princip der Autonomie",[1065] d.h. die Notwendigkeit eines Handelns aus Pflicht, und auch in der *Metaphysik der Sitten* schreibt Kant dementsprechend noch, dass „*Verbindlichkeit* [...] die Nothwendigkeit einer freien Handlung unter einem kategorischen Imperativ der Vernunft" sei.[1066] Der Versuch einiger Autoren,[1067] durch das allgemeine Rechtsgesetz eine besondere Form von Verbindlichkeit zu begründen, die nicht auf der sittlichen Autonomie des Menschen beruht, sondern auf einer davon unabhängigen Form von rationaler Autonomie, schlägt daher fehl. Kersting schreibt zu Recht, dass Recht und Moral „verbindlichkeitstheoretische Schicksalsgenossen" sind.[1068]

Eine Reihe von Textstellen unterstreicht diesen Punkt bei Kant. In der *Friedensschrift* heißt es etwa, dass „die ganze praktische Weisheit und der Rechtsbegriff ein sachleerer Gedanke" wären, „wenn es keine Freiheit und darauf gegründetes moralisches Gesetz" gäbe[1069] und in der *Rechtslehre* schreibt Kant, dass „[w]ir [...] unsere eigene Freiheit (von der alle moralischen Gesetze, mithin auch alle Rechte sowohl als Pflichten ausgehen) nur durch den *moralischen Imperativ*" kennen würden, „welcher ein pflichtgebietender Satz" sei, „aus welchem nachher das Vermögen andere zu verpflichten, d.i. der Begriff des Rechts, entwickelt werden" könne.[1070] Wäre also „Freiheit nicht zu retten",[1071] gäbe es nach Kant keine praktischen Gesetze und damit auch keine *Rechtslehre*.[1072] Der Umstand, dass Kant das allgemeine Rechtsgesetz als ein Postulat bezeichnet, das keines Beweises weiter fähig ist, lässt sich damit nicht als Argument anführen, dass der kategorische Imperativ keine notwendige Bedingung des allgemeinen Rechtsge-

---

[1065] GMS IV, 439.
[1066] MdS VI, 222.
[1067] So etwa Müller, *Das Verhältnis von rechtlicher Freiheit und sittlicher Autonomie*, S. 121 ff.; Willaschek, *IJPS*, Bd. 17 (2009), S. 67; Willaschek, *JRE*, Bd. 5 (1997), S. 224 Fn. 30.
[1068] Kersting, „Vernunft, Verbindlichkeit und Recht bei Kant", S. 285.
[1069] ZeF VIII, 372.
[1070] MdS VI, 239; in der *Kritik der praktischen Vernunft* schreibt Kant dementsprechend, dass die „*Autonomie* des Willens [...] das alleinige Princip aller moralischen Gesetze und der ihnen gemäßen Pflichten" sei (KpV V, 33 – Hervorhebung im Original gesperrt).
[1071] KrV III, 564.
[1072] Vgl. auch Kersting, *Wohlgeordnete Freiheit*, S. 139 f.

setzes sei. Bei genauer Betrachtung erweist sich die fragliche Textstelle sogar als ein Gegenargument. Aus ihr folgt, dass der Begriff der Verbindlichkeit im allgemeinen Rechtsgesetz zwar vorausgesetzt, aber nicht eigens begründet wird. Die Verbindlichkeit des Rechts wird vielmehr durch den kategorischen Imperativ begründet und dieser stellt damit eine notwendige Bedingung zur Begründung des allgemeinen Rechtsgesetzes dar.[1073]

Noch nicht geklärt ist damit allerdings, warum das allgemeine Rechtsgesetz einschränkend postuliert, dass man aus rechtlicher Perspektive das Gesetz nicht um seiner Verbindlichkeit willen befolgen müsse, sondern die (äußere) Freiheit lediglich mit äußerem Zwang eingeschränkt werden dürfe. Fraglich ist deshalb, ob der kategorische Imperativ auch hinreichende Bedingung zur Begründung des allgemeinen Rechtsgesetzes ist.

2.1.2 Keine hinreichende Bedingung?

Ripstein vertritt im Anhang seines Buches *Force and Freedom* die Ansicht, dass der kategorische Imperativ zwar notwendige Bedingung des allgemeinen Rechtsgesetzes sei, nicht aber dessen hinreichende:

> [T]he Universal Principle of right really does follow from the Categorical Imperative, but is not equivalent to it.[1074]

Höffe geht ebenfalls davon aus, dass der kategorische Imperativ nicht hinreichende Bedingung für das allgemeine Rechtsgesetz sei. Vielmehr seien zusätzlich bestimmte „Anwendungsbedingungen des Rechts" notwendig.[1075]

Davon geht auch Kersting aus, wenn er schreibt, dass „[e]in immanenter Übergang von der Moralphilosophie zur Rechtsphilosophie [...] nicht möglich" sei.[1076] Alexy schließlich spricht in Bezug auf das allgemeine Rechtsgesetz von einer „*Erweiterung*"[1077] des kategorischen Imperativs, so dass auch bei ihm der kategorische Imperativ zwar als notwendige, nicht jedoch als hinreichende Bedingung des allgemeinen Rechtsgesetzes anzusehen ist.

1073 Siehe dazu auch Klemme, „Der Transzendentale Idealismus und die *Rechtslehre*", S. 48, der dementsprechend feststellt, dass bei Kant „Recht und Ethik [...] denselben Begriff der moralischen Verbindlichkeit" voraussetzen, „d. h. beide beruhen auf dem moralischen Imperativ".
1074 Ripstein, *Force and Freedom*, S. 358.
1075 Höffe, *Königliche Völker*, S. 128.
1076 Kersting, *Wohlgeordnete Freiheit*, S. 127.
1077 Alexy, „Ralf Dreiers Interpretation der Kantischen Rechtsdefinition", S. 102 Fn. 37.

Die Vertreter der These, dass der kategorische Imperativ keine hinreichende Bedingung zur Begründung des allgemeinen Rechtsgesetzes sei, tragen vor allen Dingen zwei Argumente vor: das Zwangsargument (2.1.2.1.) und das bereits angesprochene Postulatsargument (2.1.2.2.).

2.1.2.1 Zwangsargument

Das Zwangsargument besagt, dass die aus dem allgemeinen Rechtsgesetz folgende Befugnis zu zwingen, nicht allein aus dem kategorischen Imperativ abgeleitet werden könne. Vielmehr müsse noch die Möglichkeit äußeren Zwangs hinzukommen. Nach Alexys etwa fügt das allgemeine Rechtsgesetz dem moralischen Verbot eines Eingriffs „nichts hinzu außer der Befugnis [...], dem moralisch verbotenen Eingriff mit Zwang entgegenzutreten".[1078] Es gehe bei dem allgemeinen Rechtsgesetz um „die Verhinderung des moralisch unmöglichen Eingriffs durch Zwang".[1079] Auch nach Kersting bedarf es „eines vernunftexternen Differenzierungsanlasses, eines äußeren Grundes, um in der Gesetzgebungstätigkeit der Vernunft zwei Kompetenzbereiche [den der *Rechtslehre* und den der *Tugendlehre*, F.K.] zu unterscheiden".[1080] In dem „Problem der Zwangsbegründung" sei „[d]ieser Grund" zu sehen.[1081] „Das Rechtsgesetz" sei damit, so Kersting „eine auf die Begründung von Pflichten, denen Zwangsbefugnisse korrespondieren, spezialisierte Version des kategorischen Imperativs".[1082] Es erlaube, von dem „moralischen Standpunkt abzusehen", wonach „das den äußeren Freiheitsgebrauch regelnde praktische Gesetz um seiner Notwendigkeit willen zu erfüllen" sei.[1083]

Kersting verdeutlicht dieser Überlegungen mit der Unterscheidung zwischen Anlass und Begründung:[1084] Der *Anlass* für die Erlaubnis, „das Grundgesetz der

---

1078 Alexy, „Ralf Dreiers Interpretation der Kantischen Rechtsdefinition", S. 102 Fn. 37.
1079 Alexy, „Ralf Dreiers Interpretation der Kantischen Rechtsdefinition", S. 102 Fn. 37.
1080 Kersting, „Vernunft, Verbindlichkeit und Recht bei Kant", S. 280f.
1081 Kersting, „Vernunft, Verbindlichkeit und Recht bei Kant", S. 281. „[Z]wischen der Autonomie, dem Geltungsgrund aller moralischen Gesetze, und dem Zwang, der Heteronomie", könne, so Kersting, *ARSP*, Beiheft 37 (1990), S. 66f., „keinerlei Ableitungsbeziehung bestehen"; Kants „Gedankenweg" führe „nicht von der sittlichen Freiheit zum äußeren Zwang, sondern er nimmt die umgekehrte Richtung vom Zwang zu den allgemeinen Bedingungen seiner legitimen Handhabung".
1082 Kersting, *Wohlgeordnete Freiheit*, S. 128.
1083 Kersting, *Wohlgeordnete Freiheit*, S. 126f.
1084 Kersting, *Wohlgeordnete Freiheit*, S. 126: „Wie ist nun diese Erlaubnis, von dem Moment der vernünftigen Willensbestimmung abzusehen, zu begründen und aus welchem Anlaß wird sie eingeräumt?".

reinen praktischen Vernunft aus einer außermoralischen Perspektive zu betrachten", liege „in dem für die Rechtslehre zentralen Problem des äußeren Zwangs".[1085] Damit sei der Anlass für die Erlaubnis „außerhalb der moralischen Vernunft" zu finden.[1086]

Die *Begründung* für die Erlaubnis sei hingegen im kategorischen Imperativ zu finden. „Zwang" sei nur „als Nötigung zur Ausführung objektiv-notwendiger äußerer Handlungen" begründbar, „die um ihrer Verbindlichkeit willen auszuführen das Sittengesetz verlangt".[1087]

Auch wenn Kerstings Unterscheidung zwischen Anlass und Begründung nicht unmittelbar einsichtig ist, so wird diese Unterscheidung auf den zweiten Blick doch klarer: Kersting zufolge stützt sich das allgemeine Rechtsgesetz auf eine weitere *nicht-normative* Bedingung, nämlich auf die Möglichkeit äußeren Zwangs. Das allgemeine Rechtsgesetz bedarf nach Kersting hingegen keiner weiteren *normativen* Bedingung. Denn seine normative Legitimation erfährt das allgemeine Rechtsgesetz allein durch den kategorischen Imperativ.[1088]

Die Interpretation Kerstings, dass es zur Begründung des allgemeinen Rechtsgesetzes keiner weiteren normativen Bedingungen bedürfe, stimmt mit den Aussagen überein, die bereits bei der Erörterung des kategorischen Imperativs als notwendige Bedingung des allgemeinen Rechtsgesetzes getroffen wurden. Schließlich wurde bereits dort festgestellt, dass der normative Begriff der Verbindlichkeit nicht durch das Postulat des allgemeinen Rechtsgesetzes begründet wird, sondern diesen voraussetzt.[1089]

Auch die These Kerstings, dass es zur Begründung des allgemeinen Rechtsgesetzes zumindest einer weiteren nicht-normativen Bedingung bedürfe, erscheint überzeugend. Ob aber – wie Kersting meint –das Problem des äußeren Zwangs die einzige nicht-normative Anwendungsbedingung des Rechts darstellt, wird sich bei der Erörterung des Postulatsarguments klären.

1085 Kersting, *Wohlgeordnete Freiheit*, S. 127 – Hervorhebung vom Verfasser.
1086 Kersting, *Wohlgeordnete Freiheit*, S. 126.
1087 Kersting, *Wohlgeordnete Freiheit*, S. 132.
1088 Da Steigleder, *Kants Moralphilosophie*, S. 151 ff., diese Unterscheidung zwischen Anlass und Begründung nicht richtig nachzeichnet, schlägt seine Kritik an Kersting zum großen Teil fehl.
1089 Siehe oben Dritter Teil 2.1.1.2.

2.1.2.2 Postulatsargument

Es wurde bereits festgestellt,[1090] dass sich das Postulat nicht auf die Verbindlichkeit des Rechts bezieht. Vielmehr bezieht es sich auf den Umstand, dass das Gesetz nicht um seiner Verbindlichkeit willen befolgt werden müsse, sondern die äußere Freiheit lediglich mit äußerem Zwang eingeschränkt werden dürfe. „[D]ieses" sage die Vernunft „als ein Postulat, welches gar keines Beweises *weiter* fähig" sei.[1091] Offenbar stellt dieses Postulat also selbst eine Art von Beweis dar.[1092] Aufschlussreich für die Beantwortung der Frage, welche Art von Beweis dieses Postulat darstellt, ist, dass Kant die praktischen Gesetze mit den mathematischen Postulaten vergleicht.[1093] Zu den mathematischen Postulaten schreibt Kant in der *Kritik der reinen Vernunft* Folgendes:

> Nun heißt ein Postulat in der Mathematik der praktische Satz, der nichts als die Synthesis enthält, wodurch wir einen Gegenstand uns zuerst geben und dessen Begriff erzeugen, z. B. mit einer gegebenen Linie aus einem gegebenen Punkt auf einer Ebene einen Cirkel zu beschreiben; und ein dergleichen Satz kann darum nicht bewiesen werden, weil das Verfahren, was er fordert, gerade das ist, wodurch wir den Begriff von einer solchen Figur zuerst erzeugen.[1094]

Nach Kants Vorstellung sind mathematische Postulate demnach apriorische Regeln für die Erzeugung, d. h. Konstruktion, von Gegenständen der Anschauung, also etwa eines Kreises.[1095] Von einer Konstruktion spricht Kant demgemäß auch im Rahmen des Rechts:

> Das Gesetz eines mit jedermanns Freiheit nothwendig zusammenstimmenden wechselseitigen Zwangs, unter dem Princip der allgemeinen Freiheit, ist gleichsam die *Construction* jenes Begriffs, d.i. Darstellung desselben in einer reinen Anschauung *a priori* [...]. So wie wir nun in der reinen Mathematik die Eigenschaften ihres Objects nicht unmittelbar vom Begriffe ableiten, sondern nur durch die Construction des Begriffs entdecken können, so ists nicht sowohl der *Begriff* des Rechts, als vielmehr der unter allgemeine Gesetze gebrachte, mit ihm zusammenstimmende, durchgängig wechselseitige und gleiche Zwang, der die Darstellung jenes Begriffs möglich macht.[1096]

1090 Siehe oben Dritter Teil 2.1.1.2.
1091 MdS VI, 223 – Hervorhebung vom Verfasser.
1092 So auch Pippin, „Mine and thine?", S. 424: „Indeed the passage itself says that the law of right is a postulate incapable of *further* proof, implying that presenting a postulate *is* a proof of some kind".
1093 MdS VI, 225.
1094 KrV III, 287.
1095 Siehe dazu Beck, *Kommentar*, S. 232.
1096 MdS VI, 232f. – Hervorhebung im Original gesperrt.

Die Eigenschaften des Begriffs des Rechts sind folglich nicht unmittelbar ableitbar, sondern bedürfen „gleichsam" einer Konstruktion, d. h. einer „Quasi-Konstruktion".[1097] Ausgangspunkt dieser Quasi-Konstruktion ist nicht der Begriff des Rechts, sondern der unter allgemeine Gesetze gebrachte äußere Zwang. Höffe spricht diesbezüglich treffend von einer „quasimathematischen theoretischen Metaphysik".[1098]

Der moralische Begriff des Rechts setze sich damit, so Höffe weiter, „aus zwei verschiedenen gleichermaßen metaphysischen Momenten zusammen: aus einer genuin praktischen Metaphysik, der moralischen Verbindlichkeit, und aus einer in den Bereich theoretischer Metaphysik reichenden apriorischen Konstruktion".[1099] Diese Quasi-Konstruktion betreffe „den Menschen" und erweitere damit „den anthropologischen Anteil an Kants Moralphilosophie".[1100] Bei der „in der Rechtslehre praktizierte[n] Anthropologie" gehe es aber um die *„conditio humana* überhaupt", d. h. „nicht um besondere Gattungsmerkmale, sondern um davon unabhängige Elemente".[1101] Höffe identifiziert hierbei vier Elemente:

> (1) Zurechnungsfähige Personen, die (2) dieselbe Welt miteinander teilen, (3) beeinflussen sich wechselseitig und sind dabei (4) im Unterschied zu subhumanen Wesen zur Vernunft hin offen, im Gegensatz zu reinen Vernunftwesen von ihr aber nicht notwendig bestimmt.[1102]

Die Erörterungen im zweiten Teil dieser Arbeit bestätigen Höffes Auffassung: Zurechnungsfähige Personen „im Verhältnisse eines unvermeidlichen Nebeneinanderseins",[1103] die sich wechselseitig beeinflussen, setzt das Recht tatsächlich voraus. Da sich das Recht damit „auf einen elementaren empirischen Sachverhalt bezieht",[1104] ist Höffe auch darin zuzustimmen, dass sich das Recht nicht auf *reine* Vernunftwesen bezieht, sondern auf *endliche*, d. h. Menschen, die zwar nicht

---

1097 So etwa Höffe, *Königliche Völker*, S. 127.
1098 Höffe, *Königliche Völker*, S. 127.
1099 Höffe, *Königliche Völker*, S. 127.
1100 Höffe, *Königliche Völker*, S. 127 f.; diese Art von Anthropologie ist besonders von der „moralische[n]", d. h. didaktischen, „Anthropologie" zu unterscheiden, „welche [...] nur subjective, hindernde sowohl als begünstigende, Bedingungen der *Ausführung* der Gesetze der ersteren in der menschliche Natur, die Erzeugung, Ausbreitung und Stärkung moralischer Grundsätze [...] und dergleichen andere sich auf Erfahrung gründende Lehren und Vorschriften enthalten würde" (MdS VI, 217 – Hervorhebung im Original gesperrt). Kant bezeichnet diese moralisch-didaktische Anthropologie als „[d]as Gegenstück einer Metaphysik der Sitten, als das andere Glied der Eintheilung der praktischen Philosophie überhaupt" (MdS VI, 217).
1101 Höffe, *Königliche Völker*, S. 128.
1102 Höffe, *Königliche Völker*, S. 128.
1103 MdS VI, 307.
1104 Höffe, *Königliche Völker*, S. 129.

notwendig durch die Vernunft bestimmt werden, aber zumindest durch Vernunft bestimmbar sind.[1105]

Der im allgemeinen Rechtsgesetz vorausgesetzte elementare empirische Sachverhalt ist mit anderen Worten „die in der Anschauung gegebene und nicht weiter ableitbare Koexistenz endlicher Vernunftwesen in einem begrenzten Raum",[1106] oder in den Worten Ripsteins:

> [T]he embodiment of a plurality of rational beings – that is, the fact that they occupy space.[1107]

Ebenso wie das rechtliche Postulat der praktischen Vernunft das allgemeine Rechtsgesetz um eine neue Klasse von Objekten in Raum und Zeit erweitert,[1108] erweitert das allgemeine Rechtsgesetz den kategorischen Imperativ um eine neue Klasse von Objekten in Raum und Zeit: um sich wechselseitig beinflussende, d. h. interagierende, endliche Vernunftwesen in einer Welt, in der äußerer Zwang möglich ist, d. h. in einer Welt äußeren Zwangs. Das allgemeine Rechtsgesetz wird nach alldem daher nicht etwa aus einem empirischen Sachverhalt *abgeleitet*. Empirisch ist vielmehr lediglich „die Gegebenheit einer unvermeidbaren Sozialbeziehung", nicht-empirisch hingegen „das (moralische) Prinzip, nach dem die Beziehung gestaltet wird".[1109]

Die *differentia specifica* der *Rechtslehre* zur *Tugendlehre* ist dabei das von Kersting und Alexy benannte Zwangsproblem, das in der Möglichkeit äußeren Zwangs besteht: Es geht bei der *Rechtslehre* und dem allgemeinen Rechtsgesetz speziell um die Legitimationsbedingungen äußeren Zwangs. *Genus proximum* der *Rechts-* und *Tugendlehre* ist die Erweiterung des moralischen Gesetzes um das endliche Vernunftwesen. Erst dadurch wird das moralische Gesetz zu einem kategorischen Imperativ. Denn für reine Vernunftwesen würde das moralische Ge-

---

1105 Diese Schlussfolgerung ändert hingegen nichts an der oben im Zweiten Teil 3.1.2.2. vertretenen Auffassung, dass die Notwendigkeit eines Staates und damit auch des Rechts auch für ein „Volk von Engeln" bestünde, wenn es dieses denn in der empirischen Welt gäbe. Aus diesem Grund ist Höffes viertes Element etwas missverständlich.
1106 Höffe, *Königliche Völker*, S. 129.
1107 Ripstein, *Force and Freedom*, S. 387.
1108 Siehe dazu oben Zweiter Teil 2.4.1.2.2.
1109 Höffe, *Königliche Völker*, S. 130. Dass das allgemeine Rechtsgesetz einen sozialen Bezug voraussetzt, betont auch Willaschek, *IJPS*, Bd. 17 (2009), S. 65: „[I]t is impossible to exercise one's rights independently of what others are doing, since others can interfere with my rights in a way they cannot interfere with my will. In this way Kant's conception of right is intrinsically social in a way his moral theory is not". Ripstein, *Force and Freedom*, S. 367, schreibt dementsprechend: „If there were only one person, the Categorical Imperative would still be his or her autonomous principle of reason".

setz keine Nötigung des Willens darstellen und damit auch keinen Imperativ.[1110] Mit anderen Worten: Das moralische Gesetz wird um das endliche Vernunftwesen erweitert und wandelt sich dadurch zum kategorischen Imperativ; der kategorische Imperativ wird um die Sozialbeziehung endlicher Vernunftwesen und der damit verbundenen Möglichkeit äußeren Zwangs erweitert und wandelt sich dadurch zum allgemeinen Rechtsgesetz.

2.1.3 Zwischenergebnis

Ergebnis dieses Kapitels ist, dass der kategorische Imperativ zwar notwendige Bedingung des allgemeinen Rechtsgesetzes ist, aber nicht dessen hinreichende. Es bedarf einer weiteren nicht-normativen Bedingung: die Erweiterung des kategorischen Imperativs auf interagierende, endliche Vernunftwesen in einer Welt äußeren Zwangs.

2.2 Abhängigkeit vom kategorischen Imperativ

Bei der Frage nach der Abhängigkeit des allgemeinen Rechtsgesetzes vom kategorischen Imperativ ist demnach nicht mehr zu beantworten, „ob" das allgemeine Rechtsgesetz vom kategorischen Imperativ abhängig ist. Vielmehr sind nur noch die Fragen zu beantworten „wie", d. h. auf welche Art, das allgemeine Rechtsgesetz vom kategorischen Imperativ abhängt (2.2.1.), und „warum", d. h. aus welchem Grund, das allgemeine Rechtsgesetz vom kategorischen Imperativ abhängt (2.2.2.).

2.2.1 Art der Abhängigkeit

Zur Art der Abhängigkeit des allgemeinen Rechtsgesetzes vom kategorischen Imperativ schreibt Guyer Folgendes:

> Kant apparently does not mean that the principle of right is not derived from a more fundamental principle of the supreme value of freedom; rather, he seems to mean that the principle of rights needs no further proof just because it is derived *directly* from the application of the most fundamental concept of morality to the case of external action – that is, the

---

1110 Zur Nötigung als notwendiges Element eines Imperativs siehe oben Erster Teil 1.2.

case in which one persons' use of his freedom to act has the potential to limit or interfere with other persons' use of their freedom to act.[1111]

Nach Guyer wird das allgemeine Rechtsgesetz folglich *direkt* aus dem obersten Prinzip der Moral, d. h. dem sittlichen Begriff der Freiheit, abgeleitet. Fraglich ist, was darunter zu verstehen ist.

Zum einen könnte Guyer damit meinen, dass zwischen sittlicher Freiheit, d. h. der Autonomie, und allgemeinem Rechtsgesetz eine analytische Beziehung besteht. Diese Auffassung wäre jedoch abzulehnen: Das allgemeine Rechtsgesetz wendet den kategorischen Imperativ auf interagierende, endliche Vernunftwesen in einer Welt äußeren Zwangs an. Aus diesem Grund *erweitert* das allgemeine Rechtsgesetz den kategorischen Imperativ und ist somit in Bezug auf den kategorischen Imperativ – und damit auch in Bezug auf die Autonomie – als synthetisch anzusehen.[1112]

Zum anderen könnte Guyer aber auch der Auffassung sein, dass das Prinzip der Autonomie direkt auf die empirische Welt angewendet werde und auf diese Art und Weise das allgemeine Rechtsgesetz begründe. Auch diese Auffassung wäre aber unrichtig. Das Prinzip der Autonomie und der kategorische Imperativ lassen sich in der empirischen Welt nicht *direkt*, d. h. schematisch, sondern stets nur *indirekt*, d. h. symbolisch, darstellen.[1113] Kant hat in der „Dritten Antinomie"[1114] der *Kritik der reinen Vernunft* zu zeigen versucht, dass es nicht möglich ist, Kausalität aus Freiheit in der phänomenalen Welt zu erfahren; es sei stattdessen lediglich möglich, die Handlungsfolgen in der phänomenalen Welt als „sinnliche[s] Zeichen"[1115] der Kausalität aus Freiheit zu deuten.[1116]

In Anlehnung an Bielefeldt[1117] und Luf[1118] lässt sich demnach sagen, dass auch das allgemeine Rechtsgesetz den kategorischen Imperativ lediglich symbolisch darstellen kann, nicht aber schematisch. Anders ausgedrückt: Das allgemeine Rechtsgesetz ist nicht identisch mit dem kategorischen Imperativ, sondern es *repräsentiert* lediglich den kategorischen Imperativ in einer Welt, in der äußerer Zwang möglich ist. Diese Repräsentationsfunktion erklärt die zahlrei-

---

1111 Guyer, „Kant's Deduction of the Principles of Right", S. 34 – Hervorhebung vom Verfasser.
1112 Diese Feststellung schließt nicht aus, dass allgemeine Rechtsgesetz in Bezug auf die äußere Freiheit als analytisch anzusehen (siehe dazu oben Dritter Teil 2.1.1.1).
1113 Siehe dazu oben Erster Teil 2.1.4.1.
1114 KrV III, 472 ff.
1115 KrV III, 574.
1116 Siehe dazu Anacker, *Natur und Intersubjektivität*, S. 84, und Luf, „Die ‚Typik der reinen praktischen Urteilskraft'", S. 135.
1117 Bielefeldt, *Kants Symbolik*, S. 107 ff.
1118 Luf, „Die ‚Typik der reinen praktischen Urteilskraft'", S. 140 ff.

chenden Ähnlichkeiten des allgemeinen Rechtsgesetzes mit dem kategorischen Imperativ.

Zum einen ist hierbei die „strukturelle Analogie"[1119] zwischen allgemeinem Rechtsgesetz und kategorischem Imperativ zu nennen. Denn wie der kategorische Imperativ zeichnet sich das allgemeine Rechtsgesetz durch unbedingte Notwendigkeit und strenge Allgemeinheit aus. Zum anderen lässt sich aber auch die Figur des Endzwecks anführen. Ebenso wie der kategorische Imperativ hat nämlich auch das allgemeine Rechtsgesetz einen Endzweck. Während der Endzweck des kategorischen Imperativs das „höchste Gut" ist, ist der Endzweck des allgemeinen Rechtsgesetzes der „ewige Friede".[1120] Dies folgt aus dem *Beschluss zur Metaphysik der Sitten*. Kant schreibt darin:

> Man kann sagen, daß diese allgemeine und fortdauernde Friedensstiftung nicht bloß einen Theil, sondern den ganzen Endzweck der Rechtslehre innerhalb der Grenzen der bloßen Vernunft ausmache.[1121]

Diese Repräsentationsfunktion des allgemeinen Rechtgesetzes kann allerdings noch nicht erklären, warum der kategorische Imperativ überhaupt auf interagierende, endliche Vernunftwesen in einer Welt äußeren Zwangs anzuwenden ist und dabei diesen endlichen Vernunftwesen, d. h. den Menschen, eine Verbindlichkeit auferlegen kann.[1122] Die Frage, warum der kategorische Imperativ in Form des allgemeinen Rechtsgesetzes auf endliche Vernunftwesen in einer Welt äußeren Zwangs anzuwenden ist, was also der Grund für die Abhängigkeit des allgemeinen Rechtsgesetzes vom kategorischen Imperativ ist, bedarf daher noch einer näheren Klärung.

2.2.2 Grund der Abhängigkeit

Bei der Erörterung des Grundes für die Abhängigkeit des allgemeinen Rechtsgesetzes vom kategorischen Imperativs sind vier These zu unterscheiden: die För-

---

1119 So etwa Kaulbach, „Moral und Recht in der Philosophie Kants", S. 50.
1120 Siehe dazu Flickschuh, *JRE*, Bd. 12 (2004), S. 318 ff.
1121 MdS VI, 355.
1122 Wie gesehen (Dritter Teil 1.1.2.4.1.), stellt aus ganz anderen Gründen etwa auch die Kunst ein Symbol des sittlich Guten dar. Daraus folgt jedoch nicht, dass man sich die Kunstausübung notwendigerweise zur Pflicht machen muss. Die Kunstausübung kann zwar eine mögliche Handlung der unvollkommenen Pflicht zur Entwicklung der eigenen Talente, d. h. zur Förderung der eigenen Vollkommenheit, sein. Sie kann aber auch schlicht eine moralisch freigestellte Handlung sein und damit weder geboten noch verboten sein.

derungsthese (2.2.2.1.), die Realisierungsthese (2.2.2.2.), die Einschlussthese (2.2.2.3.) und die Zweck-an-sich-These (2.2.2.4.).

2.2.2.1 Förderungsthese

Nach der Förderungsthese findet das allgemeine Rechtsgesetz in der Förderung der Wirksamkeit des kategorischen Imperativs, d. h. in der Förderung der Verwirklichung von Moral in der Welt, seine Begründung. Die Förderungsthese verknüpft also den Wirksamkeits- mit dem Begründungszusammenhang und ist als eine „moralteleologische Rechtsauffassung" anzusehen.[1123] In der Literatur wird diese Auffassung, soweit zu sehen, nicht vertreten. Ihre Darlegung soll daher auch lediglich dazu dienen, sie von einer anderen, wichtigeren moralteleologischen Rechtsauffassung abzugrenzen: der Realisierungsthese.[1124] In der gebotenen Kürze sind deshalb die Argumente aufzuzeigen, die für und die gegen die Förderungsthese sprechen:

Für die Förderungsthese lässt sich anbringen, dass es nach Kant tatsächlich einen Wirksamkeitszusammenhang zwischen kategorischem Imperativ und allgemeinem Rechtsgesetz gibt. Das allgemeine Rechtsgesetz ist zwar nicht Wirksamkeitsbedingung des kategorischen Imperativs, dafür aber dessen Entwicklungsbedingung.[1125] Kant sieht in diesem Wirksamkeitszusammenhang auch den Zweck des Rechts:

> Man kann die Geschichte der Menschengattung im Großen als die Vollziehung eines verborgenen Plans der Natur ansehen, um eine innerlich- und *zu diesem Zwecke* auch äußerlich-vollkommene Staatsverfassung zu Stande zu bringen, als den einzigen Zustand, in welchem Sie alle ihre Anlagen in der Menschheit völlig entwickeln kann.[1126]

Aus diesem Grund ist Kerstings Aussage zumindest nicht ohne Weiteres zuzustimmen, wonach sich das Recht „jeder Mediatisierung und Instrumentalisierung" entziehe und es im Recht „keinen transzendenten Zweck" gebe.[1127] Auch in der *Kritik der Urtheilskraft* schreibt Kant etwa:

[1123] Zu dieser Bezeichnung siehe Kersting, *Wohlgeordnete Freiheit*, S. 142 ff., und Müller, *Das Verhältnis von rechtlicher Freiheit und sittlicher Autonomie*, S. 17 ff.
[1124] Dies ist notwendig, um zu zeigen, dass einige Argumente, die gegen die Realisierungsthese vorgebracht werden, allein die Förderungsthese betreffen.
[1125] Siehe dazu oben Dritter Teil 1.1.2.
[1126] IaG VIII, 27 – Hervorhebung im Original fett gedruckt und gesperrt.
[1127] Kersting, *Kant über Recht*, S. 36.

> Alles in der Welt ist irgend wozu gut; nichts ist in ihr umsonst.[1128]

Kersting ist jedoch insofern in seiner Aussage zuzustimmen, als dieser teleologische Zusammenhang zwischen Recht und Moral nicht zur Begründung, d.h. nicht zur „Legitimation",[1129] des Rechts dienen kann. Diesen teleologischen Zusammenhang zwischen Recht und Moral gibt es bei Kant nämlich lediglich aus *geschichtsphilosophischer* Perspektive, die, so Kersting zu Recht, „keinerlei theoretische Ansprüche erheben kann, weder Erklärungskraft besitzt noch deskriptive Prognosen abstützt".[1130] Nach Kant ist eine Geschichtsphilosophie lediglich dafür „*brauchbar*", die Vergangenheit unter ein übergeordnetes Organisationsprinzip zu stellen, ihr eine Erzählstruktur zu geben:

> Wenn man [...] annehmen darf: daß die Natur selbst im Spiele der menschlichen Freiheit nicht ohne Plan und Endabsicht verfahre, so könnte diese Idee doch wohl brauchbar werden; und ob wir gleich zu kurzsichtig sind, den geheimen Mechanism ihrer Veranstaltung durchzuschauen, so dürfte diese Idee uns doch zum Leitfaden dienen, ein sonst planloses *Aggregat* menschlicher Handlungen wenigstens im Großen als ein *System* darzustellen.[1131]

Die Geschichtsphilosophie ist demnach lediglich „ein Gedanke von dem, was ein philosophischer Kopf (der übrigens sehr geschichtskundig sein müßte) noch aus anderem Standpunkte versuchen könnte".[1132] Sie eröffne eine „tröstende Aussicht in die Zukunft".[1133]

Die Geschichtsphilosophie verhält sich damit zur Rechtsphilosophie wie die Religionsphilosophie zur Moralphilosophie: Weder die Geschichts- noch die Religionsphilosophie erheben „Erkenntnisansprüche, sondern postulieren nur die Existenz ihrer Gegenstände in praktischer Absicht".[1134] Ebenso wie der Glaube an Gott daher nicht in der Lage ist, Pflichten zu begründen, so ist auch der Glaube an die Geschichte, d.h. unter anderem der Glaube an einen Wirksamkeitszusammenhang zwischen allgemeinem Rechtsgesetz und kategorischem Imperativ, nicht in der Lage, Pflichten zu begründen.

1128 KdU V, 379; siehe dazu Kleingeld, *Fortschritt und Vernunft*, S. 38.
1129 Kersting, *Kant über Recht*, S. 36.
1130 Kersting, *Kant über Recht*, S. 167; vgl. auch Höffe, *Königliche Völker*, S. 194, der etwas umständlich in Bezug auf Kants Geschichtsphilosophie formuliert: „In erkenntnistheoretischer Hinsicht [...] zeichnet sich die kognitive Beziehung durch epistemische Bescheidenheit aus".
1131 IaG VIII, 29 – Hervorhebung im Original gesperrt.
1132 IaG VIII, 30.
1133 IaG VIII, 30; Pollmann, *Kant-Studien*, Bd. 102 (2011), S. 69, spricht diesbezüglich etwas ironisch zwar, aber dennoch treffend von „Kants Idee einer allgemeinen Geschichtsphilosophie in therapeutischer Absicht".
1134 So auch Kersting, *Kant über Recht*, S. 167.

Dass Kants Aussagen zur Wirksamkeitsbeziehung zwischen allgemeinem Rechtsgesetz und kategorischem Imperativ nicht dazu dienen können, das allgemeine Rechtsgesetz zu begründen, ergibt sich zudem bereits aus der *Einleitung in die Metaphysik der Sitten*. Denn die Frage, ob es zwischen allgemeinem Rechtsgesetz und kategorischem Imperativ einen Wirksamkeitszusammenhang gibt, gehört in die „moralische Anthropologie".[1135] Diese könne nach Kant „zwar nicht entbehrt werden", müsse hingegen „aber durchaus nicht vor jener [Metaphysik der Sitten, F.K.] vorausgeschickt, oder mit ihr vermischt werden [...]: weil man alsdann Gefahr" laufe, „falsche oder wenigstens nachsichtliche moralische Gesetze herauszubringen, welche das für unerreichbar vorspiegeln, was nur eben darum nicht erreicht" werde, „weil das Gesetz nicht in seiner Reinigkeit [...] eingesehen und vorgetragen worden".[1136] Es könnten dann nach Kant „gar unächte, oder unlautere Triebfedern zu dem, was an sich pflichtmäßig und gut" sei, „gebraucht werden, welche keine sicheren moralischen Grundsätze übrig" ließen; „weder zum Leitfaden der Beurtheilung, noch zur Disciplin des Gemüths in der Befolgung der Pflicht, deren Vorschrift schlechterdings nur durch reine Vernunft *a priori* gegeben werden" müsse.[1137] Kant zufolge kann deshalb „eine Metaphysik der Sitten [...] nicht auf Anthropologie gegründet" werden, sondern lediglich „auf sie angewandt".[1138] Dies ist der entscheidende Grund, weshalb die Förderungsthese im Rahmen des Begründungszusammenhangs abzulehnen ist.

Auch wenn es angesichts des großen Begründungsaufwands, der notwendig ist, um bei Kant einen Wirksamkeitszusammenhang zwischen Recht und Moral festzustellen, zwar übertrieben sein mag, mit Kersting von einer „trivialen empirischen Abhängigkeitsthese" zu sprechen,[1139] so trifft diese Kritik im Kern gleichwohl zu: Die Förderungsthese ist allein aus geschichtsphilosophischer Perspektive zutreffend. Diese Perspektive erlangt ihre Glaubhaftigkeit durch Kants moralische Anthropologie, ist aber nicht geeignet, das allgemeine Rechtsgesetz konstitutiv zu begründen. Die Förderungsthese ist deshalb abzulehnen.

[1135] MdS VI, 217
[1136] MdS VI, 217.
[1137] MdS VI, 217.
[1138] MdS VI, 217; siehe oben Dritter Teil 2.1.2.2.
[1139] Kersting, *Kant über Recht*, S. 36; in seiner Habilitationsschrift *Wohlgeordnete Freiheit*, S. 146 Fn. 77, spricht Kersting dementsprechend von einem „mögliche[n] anthropologisch-pragmatische[n] Zusammenhang von Zivilisierung und Moralisierung", der nicht „mit dem Begründungszusammenhang zwischen Sittengesetz und Rechtsgesetz zu verwechseln" sei.

2.2.2.2 Realisierungsthese

Nach der „Realisierungsthese"[1140] ist das Recht, d. h. die Befugnis zu zwingen, ein Mittel zu dem Zweck, die Verwirklichung sittlich-autonomen Handelns in der empirischen Welt zu schützen.[1141] Ebenso wie die Förderungsthese stellt daher auch die Realisierungsthese eine „moralteleologische Auffassung" dar.[1142] Im Unterschied zur Förderungsthese geht es bei dieser These aber nicht um eine unmittelbare Förderung der Moral, sondern lediglich um deren *Schutz*.[1143]

Die Realisierungsthese wird überwiegend von „rechtsphilosophierenden Juristen"[1144] vertreten. Bei Dulckeit heißt es etwa, dass „beim Recht die empirische Willkür des einen eingeschränkt werden" solle, „damit die erscheinungsmäßigen Wirkungen der transzendentalen Freiheit des anderen neben jener [...] Willkür bestehen können".[1145] Ähnlich klingt es bei Larenz. Er schreibt:

> Kants „allgemeines Rechtsgesetz" [...] verlangt von jedem, seine Willkür einzuschränken, nicht wie man oft angenommen hat, damit die Willkür aller anderen in möglichst großem Umfange bestehen könne, sondern damit die *transzendentale Freiheit* eines jeden, genauer: ihre Auswirkung durch Handlungen in der Sinnenwelt, nicht behindert werde.[1146]

Bauch vertritt ebenfalls diese Auffassung und schreibt, dass das, „was nun durch den Rechtszwang erzwungen werden" solle, „gerade das Recht, als Recht auf Freisein zur Pflichterfüllung in Kultur und Gemeinschaft" sei.[1147] Schreiber schließt sich Dulckeit, Larenz und Bauch an und meint, dass „[d]as Recht [...] die

---

[1140] So die Bezeichnung der These bei Alexy, „Ralf Dreiers Interpretation der Kantischen Rechtsdefinition", S. 101 Fn. 37.
[1141] Vgl. Alexy, „Ralf Dreiers Interpretation der Kantischen Rechtsdefinition", S. 101 Fn. 37.
[1142] So etwa Kersting, *Wohlgeordnete Freiheit*, S. 142ff., und Müller, *Das Verhältnis von rechtlicher Freiheit und sittlicher Autonomie*, S. 17ff.
[1143] Der Unterschied zwischen der Förderungs- und der Realisierungsthese wird deutlich, wenn man sich vergegenwärtigt, dass nach der Realisierungsthese die Verwirklichung der Autonomie in der empirischen Welt selbst dann schützenswert wäre, wenn es keinerlei oder sogar eine gegenläufige Wirksamkeitsbeziehung zwischen dem Schutz der Autonomie und sittlichautonomem Handeln gäbe. Um den Unterschied zur Förderungsthese noch stärker zu verdeutlichen, könnte man, anstatt von einer „Realisierungsthese", auch von einer „Schutzthese" sprechen.
[1144] So leicht abwertend etwa Geismann, *JRE*, Bd. 14 (2006), S. 23; vgl. Kersting, *Wohlgeordnete Freiheit*, S. 142.
[1145] Dulckeit, *Naturrecht und positives Recht bei Kant*, S. 5.
[1146] Larenz, „Sittlichkeit und Recht", S. 282; vgl. Larenz, *Die Rechts- und Staatsphilosophie des deutschen Idealismus und ihre Gegenwartsbedeutung*, S. 100f.
[1147] Bauch, *Grundzüge der Ethik*, S. 219. Haensel, *Kants Lehre vom Widerstandsrecht*, S. 9, bezieht sich zustimmend auf diese Aussage von Bauch.

Befugnis zur Pflichterfüllung" schaffe.[1148] Es sei nicht Aufgabe des Rechts „jedem ein gewisses ‚gemeinverträgliches' Maß empirischer Willkürfreiheit" zu sichern; Aufgabe des Rechts sei vielmehr der Schutz der „Erscheinung der transzendentalen Freiheit in der Sinnenwelt, die Möglichkeit ihrer Realisierung".[1149] Als Vertreter der Realisierungsthese ist abschließend noch Marcic zu nennen. Er schreibt anschaulich, dass nach Kant das „Recht [...] der Dienstbote der Ethik" sei.[1150]

Auf den ersten Blick erscheint die Realisierungsthese einleuchtend. Wie bereits erörtert,[1151] ist die Autonomie zwar nicht sinnlich erfahrbar, sie kann aber zumindest als „sinnliche[s] Zeichen"[1152] in der empirischen Welt Wirklichkeit erlangen. Dass dieses „sinnliche Zeichen" der Autonomie schützenswert ist, liegt nahe. Wenn es nämlich eine ethische Pflicht zu einer bestimmten Handlung gibt, dann ist es dem Menschen auch geboten, sie in der empirischen Welt zu verwirklichen. Der Umstand, dass die Nichtverwirklichung der Pflicht aufgrund äußerer Hindernisse nichts an der Wirksamkeit der sittlichen Autonomie ändert,[1153] steht dem nicht entgegen. Auch Kersting gesteht etwa ein, dass „mit der Setzung bestimmter Zwecke auch deren Verwirklichung geboten" sei; dies folge „schon aus dem Begriff des Zwecks".[1154]

Fraglich ist also, welche Einwände gegen die Realisierungsthese vorgebracht werden können. Zu nennen sind hierbei besonders das Problem freigestellter Handlungen (2.2.2.2.1.) sowie die Probleme der Zwangsbefugnis (2.2.2.2.2.), der Rechtspflichtbestimmung (2.2.2.2.3.) und der Vollständigkeit (2.2.2.2.4.).

2.2.2.2.1 Problem freigestellter Handlungen
Das Problem freigestellter Handlungen wird von Alexy,[1155] Kersting[1156] und Müller[1157] gegen die Realisierungsthese vorgebracht. Ihr Argument lautet wie folgt:

1148 Schreiber, *Der Begriff der Rechtspflicht*, S. 42 f.
1149 Schreiber, *Der Begriff der Rechtspflicht*, S. 42.
1150 Marcic, *Geschichte der Rechtsphilosophie*, S. 306. Weitere Nachweise bei Kühl, *Eigentumsordnung als Freiheitsordnung*, S. 51 ff.
1151 Siehe oben Dritter Teil 2.2.1.
1152 KrV III, 574.
1153 Siehe dazu oben Dritter Teil 1.1.1.
1154 Kersting, *Kant über Recht*, S. 48; siehe auch Gregor, „Kants System der Pflichten", S. LIV: „Definitionsgemäß ist es nicht möglich, sich einen Zweck zu setzen, ohne zugleich etwas zu seiner Verwirklichung beitragen zu wollen (sonst wäre es bloß ein Wunsch, kein Akt der Willkür)".
1155 Alexy, „Ralf Dreiers Interpretation der Kantischen Rechtsdefinition", S. 102 Fn. 37.
1156 Kersting, *Wohlgeordnete Freiheit*, S. 147 f.
1157 Müller, *Das Verhältnis von rechtlicher Freiheit und sittlicher Autonomie*, S. 58.

Wenn es Aufgabe des Rechts wäre, „die Erscheinung der transzendentalen Freiheit in der Sinnenwelt" [1158] zu schützen, dann müsste das nach dem kategorischen Imperativ Freigestellte[1159] rechtlich unbedeutsam sein. Es gäbe folglich nach der Realisierungsthese keinen Grund, moralisch freigestellte, d. h. „sittlich-gleichgültig[e]",[1160] Handlungen rechtlich zu schützen.

Dem ersten Eindruck nach ist dieser Einwand schlagend: Nach dem allgemeinen Rechtsgesetz ist eine Handlung schon dann rechtlich geschützt, wenn der Handelnde die Freiheit des anderen zu tun oder zu lassen, was er will, in größtmöglichem Maße achtet. Die Handlungsfreiheit des Einzelnen steht also schon dann unter rechtlichem Schutz, wenn sie sich mit der Freiheit von jedermann vereinbaren lässt. Auf die sittliche Bedeutung der Handlung kommt es – zumindest prima facie – nicht an. Die oben beschriebene Konsequenz, nach der die Realisierungsthese nicht erklären kann, weshalb auch moralisch freigestellte, d. h. sittlich-gleichgültige, Handlungen rechtlichen Schutz genießen, widerspricht dem.

2.2.2.2.1.1 Erkenntnisproblem hinsichtlich der Triebfeder

Es stellt sich aber zunächst die Frage, ob dieser Einwand dem Erkenntnisproblem hinsichtlich der Triebfeder einer menschlichen Handlung genügend Rechnung trägt. Denn klar ist, dass es sich auch nach der Realisierungsthese stets nur um alle *möglichen* erscheinungsmäßigen Wirkungen der sittlichen Autonomie handeln kann. Da „der menschliche Richter das Innere anderer Menschen nicht durchschauen" kann,[1161] kommt bei (äußeren) Handlungen stets eine Vielzahl von möglichen Triebfedern in Betracht. Dieses Erkenntnisproblem bezüglich der Triebfeder einer Handlung besteht überdies nicht nur von außen, d. h. für die Beurteilung anderer Personen, sondern selbst für die eigene Person:

> Denn es ist dem Menschen nicht möglich, so in die Tiefe seines eigenen Herzens einzuschauen, daß er jemals von der Reinigkeit seiner moralischen Absicht und der Lauterkeit seiner Gesinnung auch nur in *einer* Handlung völlig gewiß sein könnte, wenn er gleich über die Legalität derselben gar nicht zweifelhaft ist.[1162]

1158 Schreiber, *Der Begriff der Rechtspflicht*, S. 42.
1159 Zu den nach dem kategorischen Imperativ freigestellten Handlungen siehe oben Erster Teil 2.1.4.2.
1160 MdS VI, 223.
1161 Rel VI, 95.
1162 MdS VI 392f. – Hervorhebung im Original gesperrt.

Es lässt sich daher niemals eindeutig bestimmen, von welcher Triebfeder eine Handlung die erscheinungsmäßige Wirkung ist. Anders ausgedrückt: Eine Reihe von Handlungen könnte auf einer *moralischen* Triebfeder basieren oder aber auch auf einer *nicht-moralischen*. Da es sich bei diesem Erkenntnisproblem nicht um eine zufällige, sondern um eine *notwendige* Folge der Erweiterung des moralischen Gesetzes auf endliche Vernunftwesen handelt, ist dieses Erkenntnisproblem auch in der (apriorischen) *Rechtslehre* Kants beachtlich.

Das Erkenntnisproblem führt also dazu, dass im Zweifel auch nach der Realisierungsthese moralisch freigestellte Handlungen rechtlich geschützt sind. Häufig könnte zumindest die Möglichkeit bestehen, dass die fragliche Handlung zumindest eine mögliche Handlung einer moralisch gebotenen Maxime darstellt und damit eine unvollkommene Pflicht verwirklicht.

Das genannte Erkenntnisproblem hinsichtlich der Triebfeder einer Handlung lässt sich sogar zu der Frage hin zuspitzen, ob es nicht denkbar ist, dass jede Handlung, die moralisch freigestellt ist, stattdessen eine moralisch gebotene Handlung sein könnte. Diese Frage ist zu bejahen.

2.2.2.2.1.2 Umfang der Pflichten

Zur Stützung dieser Aussage lässt sich anführen, dass Kant eine Vielzahl möglicher moralischer Pflichten anerkennt, die auch vermeintlich banale Verhaltensweisen umfassen. Nach Kant könnte selbst ein Spaziergang oder Grimms[1163] „Reiten im Walde" auf der unvollkommenen Pflicht beruhen, sich selbst zu vervollkommnen und seine Talente zu entwickeln:

> Denn als ein vernünftiges Wesen will er [der Mensch, F.K.] nothwendig, daß alle Vermögen in ihm entwickelt werden, weil sie ihm doch zu allerlei möglichen Absichten dienlich und gegeben sind.[1164]

Der Begriff der Talente schließt daher auch die körperlichen Kräfte mit ein.[1165] Oder in der Formulierung Kants:

> Endlich ist die Cultur der *Leibeskräfte* [...] die Besorgung dessen, was das *Zeug* (die Materie) am Menschen ausmacht, ohne welches die Zwecke des Menschen unausgeführt bleiben würden; mithin die fortdauernde absichtliche Belebung des Thieres am Menschen Zweck des Menschen gegen sich selbst.[1166]

1163 Sondervotum *BVerfGE*, Bd. 80, S. 164 ff.
1164 GMS IV, 423.
1165 So explizit Paton, *Der Kategorische Imperativ*, S. 185.
1166 MdS VI, 445 – Hervorhebung im Original gesperrt.

Kurz davor spricht Kant in diesem Zusammenhang noch deutlicher von der „Pflicht des Menschen gegen sich selbst".[1167] Es ist demgemäß zumindest *möglich*, dass das Spazierengehen oder das Reiten im Walde Ausdruck der moralisch gebotenen Maxime ist, seine Talente zu entwickeln.

Denkbar wäre nun der Einwand, dass es in diesem Falle dennoch nicht um eine *bestimmte* Handlung ginge, die moralisch geboten sei.[1168] Denn die *bestimmte* Handlung des Spazierengehens oder des Reitens im Walde sei vielmehr auch hier möglich oder nicht möglich und damit moralisch freigestellt. Diesen Einwand zu bringen, hieße aber, den Unterschied zu verkennen, dass es zum einen mögliche Handlungen aufgrund moralisch *erlaubter* Maximen gibt und zum anderen mögliche Handlungen aufgrund moralisch *gebotener* Maximen. Nur die möglichen Handlungen auf Grund moralisch *erlaubter* Maximen sind als moralisch freigestellt zu bezeichnen. Die möglichen, d.h. die indefintiv gebotenen, Handlungen auf Grund moralisch *gebotener* Maximen sind mit Kant vielmehr als unvollkommene Pflichten anzusehen.[1169] Auch wenn bei den unvollkommenen Pflichten ein Spielraum von Handlungsmöglichkeiten besteht, ist die Handlung, für die sich letzthin entschieden wird, eben nicht moralisch freigestellt. Es ist vielmehr Pflicht, solange die Maxime nicht durch andere Pflichten eingeschränkt wird, dass diese *eine* Handlung auf Grund der moralisch gebotenen Maxime getätigt wird. In diesem Sinne können daher selbst das Spazierengehen oder das Reiten im Walde moralisch gebotene Handlungen sein.

Im Weiteren sind nach Kant etwa auch „Widerwärtigkeiten, Schmerz und Mangel [...] große Versuchungen zu Übertretung seiner Pflicht".[1170] Um „Armut, als eine große Versuchung zu Lastern, abzuwehren", könne deshalb sogar „Wohlhabenheit für sich selbst zu suchen [...] indirect" eine Pflicht sein.[1171] „[S]eine *eigene* Glückseligkeit zu befördern" sei in diesem Fall „nicht der Zweck, sondern die Sittlichkeit des Subjects ist es, von welchem die Hindernisse wegzuräumen, es blos das *erlaubte* Mittel ist".[1172]

1167 MdS VI, 444.
1168 So etwa Kersting, *Wohlgeordnete Freiheit*, S. 149: „Ethische oder Tugendpflichten scheiden von vornherein aus: da das Tugendprinzip nur die Setzung bestimmter Zwecke gebietet, bleibt der Handlungsbereich unbestimmt".
1169 Zu den unvollkommenen Pflichten siehe oben Erster Teil 2.1.4.3.
1170 MdS VI 388.
1171 MdS VI, 388; siehe auch GMS IV, 399: „Seine eigene Glückseligkeit sichern, ist Pflicht (wenigstens indirect), denn der Mangel der Zufriedenheit mit seinem Zustande, in einem Gedränge von vielen Sorgen und mitten unter unbefriedigten Bedürfnissen, könnte leicht eine große *Versuchung zur Übertretung der Pflichten* werden" (Hervorhebung im Original gesperrt).
1172 MdS VI, 388 – Hervorhebung im Original gesperrt.

Selbst ohne eine moralisch-indirekte Pflicht im genannten Sinne zu sein, ist die Förderung der eigenen Glückseligkeit zudem nicht gänzlich moralisch unerheblich. Denn nach Kant bin ich nur deshalb nicht verbunden, „mich selbst zu lieben", d. h. meine eigene Glückseligkeit zu fördern, da dies ohnehin „unvermeidlich" geschehe.[1173] Die Förderung eigener Glückseligkeit stehe dabei „unter der Bedingung, daß du auch jedem Anderen wohl willst; weil so allein deine Maxime (des Wohlthuns) sich zu einer allgemeinen Gesetzgebung qualifizirt, als worauf alles Pflichtgesetz gegründet ist".[1174] Dementsprechend sind alle *anderen* Menschen (außer mir) *verpflichtet*, mein Streben nach Glückseligkeit zu fördern (unvollkommene Pflicht gegen andere) oder zumindest zu achten (vollkommene Pflicht gegen andere). Wenn ausnahmsweise aber bei einer Person „die allgemeine Neigung zur Glückseligkeit seinen Willen nicht bestimmte, [...] so bleibt noch hier [...] ein Gesetz übrig, nämlich seine Glückseligkeit zu befördern, nicht aus Neigung, sondern aus Pflicht".[1175]

Angesichts dieses Umfangs von möglichen Pflichten, der unter Umständen sogar die Pflicht zur Förderung der eigenen Glückseligkeit beinhaltet, lässt sich kaum eine moralisch freigestellte Handlung vorstellen, die nicht auch stattdessen eine moralisch gebotene Handlung darstellen könnte und damit nach der Realisierungsthese rechtlich schutzwürdig ist.

Fraglich ist aber, ob es nicht doch bestimmte Handlungen gibt, die in jedem Fall, d. h. unter allen denkbaren Umständen, moralisch freigestellte Handlungen darstellen. Kant selbst bringt in der *Tugendlehre* ein Beispiel, das er offenbar in jedem Fall für moralisch freigestellt hält: das der Wahl, „ob ich mich mit Fleisch oder Fisch, mit Bier oder Wein, wenn mir beides bekömmt, nähre".[1176] Eine derartige Wahl moralisch aufzuladen, sei eine „Mikrologie, welche, wenn man sie in die Lehre der Tugend aufnähme, die Herrschaft derselben zur Tyrannei machen würde".[1177] In diesem Fall – so scheint es – kann die Realisierungsthese nur sehr

---

1173 MdS VI, 451; siehe auch MdS VI, 386: „Denn *eigene Glückseligkeit* ist ein Zweck, den zwar alle Menschen (vermöge des Antriebes ihrer Natur) haben, nie aber kann dieser Zweck als Pflicht angesehen werden, ohne sich selbst zu widersprechen. Was ein jeder unvermeidlich schon von selbst will, das gehört nicht unter den Begriff von *Pflicht*; denn diese ist eine *Nöthigung* zu einem ungern genommenen Zweck" (Hervorhebung im Original gesperrt); siehe auch GMS IV, 399.
1174 MdS VI, 451.
1175 GMS IV, 399. Vgl. auch KpV V, 108: „Der Mensch ist ein bedürftiges Wesen, so fern er zur Sinnenwelt gehört und so fern hat seine Vernunft allerdings einen nicht abzulehnenden Auftrag, von Seiten der Sinnlichkeit, sich um das Interesse derselben zu bekümmern und sich praktische Maximen, auch in Absicht auf die Glückseligkeit dieses, und, wo möglich, auch eines zukünftiges Leben, zu machen".
1176 MdS VI, 409; siehe zu diesem Beispiel bereits oben Erster Teil 2.1.4.2.
1177 MdS VI, 409.

schwer begründen, weshalb eine derartige Wahl rechtlich schützenswert ist. Auch diese Wahl fällt aber unter den rechtlichen Schutz des allgemeinen Rechtsgesetzes.

2.2.2.2.1.3 Erkenntnisproblem hinsichtlich des Umfangs

Dieser Einwand lässt sich jedoch entkräften, indem man feststellt, dass es nicht nur ein Erkenntnisproblem im Hinblick auf die *Triebfeder* einer menschlichen Handlung gibt, sondern ein zweites Erkenntnisproblem im Hinblick auf den *Umfang* der aus dem kategorischen Imperativ folgenden Pflichten.[1178] Selbst wenn Kant es also als „[p]hantastisch-tugendhaft" ansehen sollte, wenn jemand es etwa „nicht gleichgültig findet, ob ich mich mit Fleisch oder Fisch, mit Bier oder Wein, wenn mir beides bekömmt, nähre",[1179] so mag jemand anderes der Auffassung sein, dass es auch bei derartig scheinbar sittlich-gleichgültigen Dingen eine moralisch relevante Wahl gebe. Kant schreibt dementsprechend in der *Tugendlehre*, dass „die Vollkommenheit eines anderen Menschen, als einer Person", darin bestehe, „daß er selbst vermögend ist, sich seinen Zweck nach seinen *eigenen* Begriffen von Pflicht zu setzen".[1180] Dies schließt nach Kant mögliche (dann aber zu verbessernde) Irrtümer bei der Anwendung des kategorischen Imperativs ein.[1181] Da dieses Erkenntnisproblem hinsichtlich des Umfangs der aus dem kategorischen Imperativ folgenden Pflichten *notwendig* aus der Erweiterung des moralischen Gesetzes auf endliche Vernunftwesen folgt, hatte Kant auch dieses Problem im Rahmen seiner *Rechtslehre* zu berücksichtigen.

2.2.2.2.1.4 Zwischenergebnis

Das Problem freigestellter Handlungen stellt nach alldem kein schlagendes Argument gegen die Realisierungsthese dar: Jegliches mögliche Handeln, das auf einer moralisch erlaubten Maxime beruht, könnte stattdessen auf einer moralisch gebotenen Maxime beruhen und ist bereits deshalb nach der Realisierungsthese als rechtlich schützenswert anzusehen.

1178 Siehe oben Erster Teil 2.1.4.1.
1179 MdS VI, 409.
1180 MdS VI 386 – Hervorhebung vom Verfasser.
1181 Mds VI 387.

2.2.2.2.2 Problem der Zwangsbefugnis

Kersting[1182] und Müller[1183] bringen als weiteres Argument gegen die Realisierungsthese vor, dass nach dieser These die Legitimitätsbedingungen für die rechtliche Zwangsbefugnis überhaupt nicht feststellbar seien: Werde „an der Pflichterfüllung aus sittlicher Freiheit als der teleologischen Bestimmung des Rechts festgehalten, dann" sei „letztlich die Konsequenz unabweisbar, daß erst die Selbstverpflichtung über das Vorliegen einer Berechtigung" entscheide „und sich das Recht hinsichtlich seiner Geltungskraft von der Bedingung subjektiver Sittlichkeit abhängig" mache.[1184] „Diese Bindung der Berechtigung an die moralische Wahrhaftigkeit" habe allerdings „die objektive Unentscheidbarkeit der Berechtigungsfrage zur Folge".[1185] Anders ausgedrückt: Da die Moralität einer Handlung (jedenfalls) von außen nicht erkennbar ist, sei es unsinnig, die rechtliche Zwangsbefugnis von der Moralität der Handlung abhängig zu machen, die es zu schützen gelte. Dies aber folge aus der Realisierungsthese.

Dem ersten Anschein nach ist diesem Einwand zuzustimmen: In der Tat erscheint es abwegig, die nichtfeststellbare, subjektive Sittlichkeit als Legitimitätsbedingung der rechtlichen Zwangsbefugnis statuieren zu wollen. Genau das ist aber der Grund – so ist auf diesen Einwand zu erwidern – weshalb auch nach der Realisierungsthese darauf zu verzichten ist: Bei der Anwendung des kategorischen Imperativs auf die empirische Welt stößt der Imperativ an seine *faktischen* Grenzen. Eben deshalb ist es notwendig, die Legitimitätsbedingungen von Zwang in der empirischen Welt mit einem Postulat neu zu konstruieren. Das rechtliche Postulat verwandelt demzufolge die ethische Pflicht, den kategorischen Imperativ in der empirischen Welt zu verwirklichen, in eine rechtliche Pflichteinforderungsbefugnis, unabhängig davon, ob der Schutzbereich der äußeren Freiheit tatsächlich zur ethischen Pflichterfüllung genutzt wird oder nicht. Das Postulat des allgemeinen Rechtsgesetzes führt damit notwendigerweise zu einem *Perspektivwechsel:*[1186] Der Blick richtet sich nicht auf die *eigene* Pflichterfüllung. Denn diese ist zwar der ethische *Grund* für die Ausübungsbefugnis von Zwang, jedoch nicht die rechtliche *Bedingung* für die Ausübung von Zwang. Der Blick richtet sich vielmehr auf die (fehlende) *fremde* Pflichterfüllung.

Verständlich ist nach alldem aber, dass sich diese rechtliche Pflichteinforderungsbefugnis wiederum lediglich auf eine äußere Pflichterfüllung des Ge-

---

1182 Kersting, *Wohlgeordnete Freiheit*, S. 145 f.
1183 Müller, *Das Verhältnis von rechtlicher Freiheit und sittlicher Autonomie*, S. 56 f.
1184 Kersting, *Wohlgeordnete Freiheit*, S. 146.
1185 Kersting, *Wohlgeordnete Freiheit*, S. 146; vgl. Müller, *Das Verhältnis von rechtlicher Freiheit und sittlicher Autonomie*, S. 57.
1186 Vgl. dazu Steigleder, *Kants Moralphilosophie*, S. 147.

genübers beziehen kann. Eine Pflichteinforderungsbefugnis, die sich auch auf die innere Pflichterfüllung des Gegenübers bezöge, stieße ebenfalls an faktische Grenzen. Schließlich ist auch die innere Pflichterfüllung des Gegenübers weder erkennbar noch mit äußerem Zwang durchsetzbar. Neben den genannten Erkenntnisproblemen kommt damit noch das Durchsetzungsproblem hinzu, das für die Begrenzung des Rechts auf bloß äußere Handlungen spricht.[1187]

Aus diesem Durchsetzungsproblem folgt zudem, dass die Pflichteinforderungsbefugnis sich lediglich auf Pflichten beziehen kann, die ein definitives Handlungsgebot oder -verbot betreffen. Denn auch wenn sich unter Umständen der Zweck einer Handlung erschließen lässt, so ist doch die Zwecksetzung jedenfalls nicht mit äußerem Zwang durchsetzbar.[1188] Außerdem muss es sich um Pflichten gegen andere handeln. Ansonsten könnte der Zwangsbefugte überhaupt nicht in seiner eigenen Handlungsfreiheit beeinträchtigt sein. Kurz gesagt: Die Pflichteinforderungsbefugnis kann sich lediglich auf vollkommene Pflichten gegen andere beziehen, wobei zudem weder die Triebfeder der Handlung noch deren Zweck eingefordert werden kann.

Das Problem der Zwangsbefugnis stellt damit kein überzeugendes Argument gegen die Realisierungsthese dar. Da das Problem der Zwangsbefugnis mit dem Durchsetzungsproblem verbunden ist, kann es jedoch – wie gesehen – zu einer Klärung der rechtlich einforderbaren Pflichten beitragen.

2.2.2.2.3 Problem der Rechtspflichtbestimmung

Der dritte Einwand, der gegen die Realisierungsthese vorgebracht wird, lautet, dass die „[r]echtliche Freiheit als Befugnis zur Pflichterfüllung [...] zu einer Sinnentleerung des Begriffs der Rechtspflicht" führe.[1189] Denn die Befugnis zur Pflichterfüllung könne sich nur auf die Befugnis zur *Rechts*pflichterfüllung beziehen:

> Ethische oder Tugendpflichten scheiden von vornherein aus: da das Tugendprinzip nur die Setzung bestimmter Zwecke gebietet, bleibt der Handlungsbereich unbestimmt. [...] Überdies

---

[1187] Vgl. dazu auch Schadow, „Recht und Ethik in Kants *Metaphysik der Sitten*", S. 103, die in diesem Zusammen ebenfalls darlegt, dass die „Grundsätze des Handelns", d. h. die Moralität der Handlungen, „weder beobachtbar sind noch von außen (d. h. durch die Willkür eines andern) erzwungen werden können".
[1188] Siehe oben Zweiten Teil 2.2.
[1189] So explizit Müller, *Das Verhältnis von rechtlicher Freiheit und sittlicher Autonomie*, S. 59. Vgl. Kersting, *Wohlgeordnete Freiheit*, S. 149.

sind die Tugendpflichten nicht aus dem Moralprinzip [...] ableitbar, so daß die Befugnis zur Pflichterfüllung sich gar nicht auf die material-ethischen Pflichten erstrecken kann.[1190]

„Rechtspflichten" aber seien „Pflichten, die wir gegen andere haben" und „die möglichen Verhinderer einer Rechtspflichterfüllung" seien deshalb „immer zugleich deren Nutznießer".[1191] Kerstings rhetorische Frage lautet daher:

> Wer also könnte ein Interesse haben, die Erfüllung von Rechtspflichten zu hintertreiben?[1192]

Das Problem der Rechtspflichtbestimmung besteht dieser Auffassung zufolge also darin, dass nach der Realisierungsthese die „Nichterfüllung einer Rechtspflicht"[1193] nur in der Behinderung der Ausübung einer Rechtspflicht der anderen liegen könne. Da aber Rechtspflichten lediglich Pflichten seien, die wir gegen andere haben, d. h. demjenigen von Nutzen sind, der diese behindern müsste, sei dies widersinnig.

Nach den vorangegangenen Überlegungen lässt sich dieser Einwand aber leicht entkräften: Ohne zunächst auf den Begriff der Rechtspflicht näher eingehen zu müssen, ist festzustellen, dass sich die Befugnis zur Pflichterfüllung nicht nur auf die Befugnis zur *Rechts*pflichterfüllung bezieht. Es gibt nämlich keinen überzeugenden Grund dafür, weshalb die ethische Pflichterfüllungsbefugnis, die der Realisierungsthese zufolge durch das allgemeine Rechtsgesetz unter rechtlichen Schutz gestellt wird, nicht *alle* Pflichten, d. h. die vollkommenen und unvollkommenen Pflichten gegen sich selbst und andere, umfassen sollte. Bei der Erörterung des Problems freigestellter Handlungen[1194] wurde dargelegt, dass auch mögliche, d. h. indefinitiv gebotene, Handlungen auf Grund moralisch gebotener Maximen als unvollkommene Pflichten anzusehen sind. Der Umstand, dass der Handlungsbereich dadurch unbestimmt bleibt, führt lediglich dazu, dass nach dem allgemeinen Rechtsgesetz im Grundsatz die *gesamte* äußere Handlungsfreiheit rechtlichen Schutz genießt. Ein Argument gegen eine Einbeziehung auch

---

1190 So Kersting, *Wohlgeordnete Freiheit*, S. 149, der an dieser Stelle noch ein drittes Argument anführt, wonach die Realisierungsthese „einem materialen Zweck dienenden Recht das Wort" rede „und damit auch einer obrigkeitlichen Glücksverordnung, die der Rechtswidrigkeit zu überführen Kant sich in seiner Rechts- und Staatslehre zum Ziel gemacht" habe. Auf dieses Argument soll aber erst bei der Erörterung des Problems der Vollständigkeit (Dritter Teil 2.2.2.2.4.) eingegangen werden.
1191 Kersting, *Wohlgeordnete Freiheit*, S. 149; vgl. Müller, *Das Verhältnis von rechtlicher Freiheit und sittlicher Autonomie*, S. 59.
1192 Kersting, *Wohlgeordnete Freiheit*, S. 149.
1193 Kersting, *Wohlgeordnete Freiheit*, S. 149.
1194 Siehe dazu oben Dritter Teil 2.2.2.2.1.

dieser Pflichten in die ethische Pflichterfüllungsbefugnis stellt dies nicht dar. Im Weiteren wurde im ersten Teil[1195] dieser Arbeit ausgeführt, dass nicht nur die konkreten Handlungsabsichten, sondern auch die moralisch-gebotenen Zwecke, d. h. die material-ethischen Pflichten, aus dem Moralprinzip, d. h. dem kategorischen Imperativ, ableitbar sind. Auch wenn man das Verhältnis zwischen dem kategorischen Imperativ und den material-ethischen Pflichten berücksichtigt, ist deshalb nicht zu sehen, weshalb nicht alle Pflichten in die (nach der Realisierungsthese) rechtlich geschützte, ethische Pflichterfüllungsbefugnis einbezogen werden könnten.

Der Begriff der Rechtspflicht steht den vorangegangenen Ausführungen nicht entgegen. Naheliegend ist, dass man nur diejenigen Pflichten, die nach Kant rechtlich eingefordert werden können, als Rechtspflichten ansieht. Kant bringt diesen Gedanken mit folgender Aussage aus der *Tugendlehre* zum Ausdruck:

> Aller Pflicht korrespondiert ein Recht, als Befugnis [...] betrachtet, aber nicht aller Pflicht korrespondieren Rechte eines Anderen [...], jemanden zu zwingen, sondern diese heißen besonders *Rechtspflichten*.[1196]

Angelehnt an Kants Terminologie könnte man demnach wie folgt formulieren: Die ethische Pflich*terfüllungs*befugnis, die sich auf alle Pflichten bezieht, d. h. auf die vollkommenen und unvollkommenen Pflichten gegen sich selbst und andere, wandelt sich durch das allgemeine Rechtsgesetz in eine rechtliche, d. h. zwangsbewehrte, Pflich*teinforderungs*befugnis, die sich allerdings nicht auf alle Pflichten bezieht, sondern lediglich auf vollkommene Pflichte gegen andere, wobei aus rechtlicher Perspektive hierbei zudem von der Triebfeder und vom Zweck zu abstrahieren ist. Die zuletzt genannten Pflichten, die rechtlich, d. h. zwangsbewehrt, eingefordert werden können, sind als Rechtspflichten zu bezeichnen. Alle anderen Pflichten, also auch die vollkommenen Pflichten gegen sich selbst, gehören grundsätzlich zu den Tugendpflichten.[1197]

1195 Erster Teil 2.1.4.3.2.
1196 MdS VI, 383 – Hervorhebung im Original gesperrt.
1197 Vgl. MdS VI, 383; eine Ausnahme bildet dazu lediglich die erste Ulpianische Rechtspflicht auf die Kant Bezug nimmt. Sie wurde aus diesem Grund auch als „Anomalie" bezeichnet (siehe dazu oben Zweiter Teil 3.1.2.3.2.). Zur im Einzelnen nicht ganz klaren Unterscheidung Kants zwischen Rechts- und Tugendpflichten siehe die Übersicht bei B. Ludwig, „Einleitung", XXII, und die Ausführungen bei Schönecker, „Duties to Others from Love", S. 313, der noch im Jahre 2013 feststellt: „[T]o the present day, there is no detailed and satisfying account of the basic distinction between wide and narrow duties on the one hand and duties of virtue and duties of right on the other".

Auch das Problem der Rechtspflichtbestimmung vermag somit die Realisierungsthese nicht zu entkräften, sondern nur zu bestärken. Die Realisierungsthese kann damit schlüssig begründen, warum die allgemeine Handlungsfreiheit des Einzelnen geschützt ist, solange sie sich mit der allgemeinen Handlungsfreiheit von jedermann vereinigen lässt. Sie kann dementsprechend auch erklären, weshalb nach Kant der kategorische Imperativ der oberste Grundsatz der Sittenlehre ist und damit den obersten Grundsatz der *Rechtslehre* und zugleich der *Tugendlehre* darstellt. Die Realisierungsthese, diese angeblich „aus- wie abgestandene These", die „in Zukunft innerhalb der Rechtsphilosophie denselben Status haben wird wie die These vom ‚horror vacui' der Natur innerhalb der Physik",[1198] erweist sich damit bereits an dieser Stelle als robuster als sie zunächst den Anschein hatte.

2.2.2.2.4 Problem der Vollständigkeit

Für die Besonderheiten des allgemeinen Rechtsgesetzes, d. h. für die Grenzen der Abhängigkeit vom kategorischen Imperativ, kann die Realisierungsthese damit aber zunächst lediglich faktische Gründe bieten: das Erkenntnis- und das Durchsetzungsproblem. Fraglich ist, ob diese faktischen Gründe bereits eine vollständige Begründung für das allgemeine Rechtsgesetz darstellen. Die bereits erwähnte[1199] *Bewusstseinsstelle* aus der *Rechtslehre*, die zwischen einem „Nicht-Können" und einem „Nicht-Dürfen" differenziert, deutet darauf hin, dass es neben faktischen Gründen auch normative Gründe für die Besonderheiten des allgemeinen Rechtsgesetzes gibt. Vollständig zitiert lautet die *Bewusstseinsstelle* aus der *Rechtslehre* wie folgt:

> Ein striktes (enges) Recht kann man also nur das völlig äußere nennen. Dieses gründet sich nun zwar auf dem Bewußtsein der Verbindlichkeit eines jeden nach dem Gesetze; aber die Willkür danach zu bestimmen, *darf* und *kann* es, wenn es rein sein soll, sich auf dieses Bewußtsein als Triebfeder nicht berufen, sondern fußt sich deshalb auf dem Princip der Möglichkeit eines äußeren Zwanges, der mit der Freiheit von jedermann nach allgemeinen Gesetzen zusammen bestehen kann.[1200]

Die faktische Begründung, die die Realisierungsthese bis jetzt nur liefert, stellt daher nur eine recht „schwache Begründung für die These" dar, „daß die Freiheit des Beliebens nur um ihrer selbst willen eingeschränkt werden darf".[1201]

[1198] Geismann, *JRE*, Bd. 14 (2006), S. 23.
[1199] Siehe oben Dritter Teil 1.2.2.
[1200] MdS VI, 232. – Hervorhebung vom Verfasser.
[1201] So etwa Stratenwerth, „Kritische Anfragen an eine Rechtslehre nach ‚Freiheitsgesetzen'", S. 497.

Womöglich kann aber die Realisierungsthese neben den faktischen Gründen, d. h. dem Erkenntnis- und Durchsetzungsproblem, noch einen normativen Grund für die Grenzen des Rechts anbieten. Dieser normative Grund ergibt sich aus folgender Überlegung: Ein Mensch verwirklicht nur dann die moralischen Pflichten, die der kategorische Imperativ fordert, in der empirischen Welt, wenn er aufgrund des Prinzips der Autonomie handelt. Dies ist wiederum nur dann der Fall, wenn er unabhängig von äußeren Einflüssen und Zwängen dem kategorischen Imperativ folgt. Einen Menschen zur Autonomie zu zwingen, wäre nach Kant demnach „ein Widerspruch (in adjecto); weil das letztere schon in seinem Begriffe die Zwangsfreiheit bei sich" führe.[1202] „Wünschen" könne es zwar „jedes politische gemeine Wesen, daß in ihm auch eine Herrschaft über die Gemüther nach Tugendgesetzen angetroffen werde", wegen des Wesens der Autonomie *dürfe* es dies aber nicht erzwingen wollen:[1203]

> Weh aber dem Gesetzgeber, der eine auf ethische Zwecke gerichtete Verfassung durch Zwang bewirken wollte! Denn er würde dadurch nicht allein gerade das Gegentheil der ethischen bewirken, sondern auch seine politische untergraben und unsicher machen.[1204]

Die sittliche Autonomie wird folglich nur dann hinreichend geschützt, wenn der Mensch die Möglichkeit hat, „sich gegen Zudringlichkeit eines autoritären gesellschaftlichen oder staatlichen Moralismus auf seinen Rechtsanspruch ‚zurückzuziehen' und sich notfalls hinter dem Recht zu verbergen".[1205] Es ist daher, so Bielefeldt treffend, „ein zentrales politisch-moralisches Gebot, der Tugend dadurch Achtung zu erweisen, daß man ihr die erzwungene Zurschaustellung im Tugendstaat erspart".[1206]

Kerstings Auffassung, wonach die Realisierungsthese „einem materialen Zweck dienenden Recht das Wort" rede „und damit auch einer obrigkeitlichen Glücksverordnung, die der Rechtswidrigkeit zu überführen Kant sich in seiner Rechts- und Staatslehre zum Ziel gemacht" habe,[1207] ist folglich abzulehnen. Ganz im Gegenteil ist nach der Realisierungsthese dem Einzelnen ein rechtlicher Schutzbereich – auch vor staatlichen Eingriffen – zu gewähren, damit dieser „sich seinen Zweck nach seinen *eigenen* Begriffen von Pflicht"[1208] setzen kann.

1202 Rel VI, 95.
1203 Rel VI, 95.
1204 Rel VI, 96.
1205 Bielefeldt, *Kants Symbolik*, S. 111.
1206 Bielefeldt, *Kants Symbolik*, S. 109.
1207 Kersting, *Wohlgeordnete Freiheit*, S. 149.
1208 MdS VI, 386 – Hervorhebung vom Verfasser.

Die Realisierungsthese kann nach alldem neben faktischen Gründen auch noch einen normativen Grund für die Grenzen des Rechts anbieten und stellt somit eine hinreichende und in diesem Sinne vollständige These zur Begründung des allgemeinen Rechtsgesetzes dar.

2.2.2.2.5 Zwischenergebnis

Ein wesentliches Ergebnis dieser Arbeit ist demnach die umfassende Rehabilitierung der heute kaum noch vertretenen Realisierungsthese. Zu prüfen ist aber gleichwohl, ob auch die beiden anderen Thesen, die Einschluss- und die Zweck-an-sich-These, die Besonderheiten des allgemeinen Rechtsgesetzes erklären können.

2.2.2.3 Einschlussthese

Die Einschlussthese erhebt ebenfalls den Anspruch, den Grund und die Grenzen für die Anwendung des kategorischen Imperativs auf endliche Vernunftwesen in einer Welt äußeren Zwangs erklären zu können. Sie verknüpft über den Begriff der Würde das allgemeine Rechtsgesetz mit dem kategorischen Imperativ. Das aus dem allgemeinen Rechtsgesetz folgende Recht auf äußere Freiheit gründe sich auf der Würde des Menschen, d.h. werde davon eingeschlossen, und die Würde des Menschen wiederum finde ihr Fundament in der Autonomie des Menschen, d.h. im kategorischen Imperativ.

Als Vertreter der Einschlussthese ist zunächst Alexy zu nennen, der ihr überhaupt erst diese Bezeichnung gab.[1209] „Grund" der Würde sei die Autonomie; „nicht eine hinreichende, wohl aber eine notwendige Bedingung der Würde" sei hingegen die äußere Freiheit des allgemeinen Rechtsgesetzes.[1210] Die Würde habe demnach „einen überschießenden Charakter, der die Willkür als allgemeine Handlungsfreiheit einschließt".[1211] Unter direkter Bezugnahme auf Alexy schließt sich auch Teifke der Einschlussthese an. Er schreibt ebenfalls, dass „die Willkürfreiheit, als das Prinzip der negativen Freiheit, eine notwendige Bedingung der Würde" sei.[1212]

Bereits vor Alexy und Teifke gibt es jedoch bei anderen Autoren Textstellen, die in der Sache der Einschlussthese entsprechen. Kersting etwa meint, dass

---

[1209] Alexy, „Ralf Dreiers Interpretation der Kantischen Rechtsdefinition", S. 102 Fn. 37; vgl. aber auch schon Alexy, *Theorie der Grundrechte*, S. 321.
[1210] Alexy, „Ralf Dreiers Interpretation der Kantischen Rechtsdefinition", S. 102 Fn. 37.
[1211] Alexy, „Ralf Dreiers Interpretation der Kantischen Rechtsdefinition", S. 102 Fn. 37.
[1212] Teifke, *Das Prinzip Menschenwürde*, S. 59.

„aufgrund seiner Vernunftnatur und der in ihr fundierten Persönlichkeit und Würde [...] jeder Mensch ein angeborenes Freiheitsrecht" besitze.[1213] Da das angeborene Freiheitsrecht aber die subjektive Seite des allgemeinen Rechtsgesetzes darstellt,[1214] verknüpft also auch Kersting das allgemeine Rechtsgesetz über den Begriff der Würde mit dem kategorischen Imperativ. Dasselbe gilt für Bielefeldt. Er meint in Bezug auf Kant, dass „die Würde des Menschen als sittlich-autonomes Subjekt [...] indirekt [...] politisch-rechtliche Anerkennung" finde, indem das Recht „die äußere Handlungsfreiheit" schütze.[1215] Das „*eine* Freiheitsrecht" verweise, so Bielefeldt an anderer Stelle, „auf die *eine und gleiche* Würde jedes Menschen".[1216]

Luf, der sich bei seiner Argumentation auf Bielefeldt stützt, ist ebenfalls der Auffassung, dass in der „rechtlichen Zurechnung von Freiheit [...] die Anerkennung menschlicher Würde auch im Rechtssinn" erfolge.[1217] „Wenn Autonomie den Grund der Würde des Menschen" ausmache, dann gehe es dabei im Recht „um die Anerkennung und den Schutz der vitalen Voraussetzungen sittlichen Subjektseinkönnens, also jener Bedingungen, die für die Garantie der körperlichen bzw. seelischen Integrität von Menschen maßgeblich und notwendig" seien.[1218]

Als weitere Vertreter der These, dass der Begriff der Würde das Recht mit der Moral verknüpfe, sind abschließend noch Lorz[1219] und Geddert-Steinacher[1220] zu nennen: Lorz meint, dass „[d]ie Würde des Menschen" bei Kant die „Fundamentalnorm des Rechts" sei und „letztlich den Grund seiner Verbindlichkeit" verkörpere und Geddert-Steinacher bezeichnet die „Menschenwürde" als „die gemeinsame Grundnorm von Recht und Sittlichkeit".

Ausgangspunkt der Erörterung der Argumente, die für und gegen die Einschlussthese sprechen, wird im Folgenden Alexys Dreischrittsargument sein, das die Einschlussthese begründen soll (2.2.2.3.1.). Als weiteres Argument ist das Zwei-Stufenargument zu besprechen (2.2.2.3.2.) und in einem Exkurs ist danach die damit zusammenhängende Frage zu erörtern, inwieweit nach Kant den Menschen auch dann Würde zukommt, wenn sie überhaupt nicht zur Autonomie fähig sind

---

1213 Kersting, *Wohlgeordnete Freiheit*, S. 203.
1214 Siehe dazu oben Zweiter Teil 2.4.1.
1215 Bielefeldt, *Kants Symbolik*, S. 110.
1216 Bielefeldt, *Philosophie der Menschenrechte*, S. 70.
1217 Luf, „Menschenwürde als Rechtsbegriff", S. 276.
1218 Luf, „Menschenwürde als Rechtsbegriff", S. 276 f.
1219 Lorz, *Modernes Grund- und Menschenrechtsverständnis und die Philosophie der Freiheit Kants*, S. 136.
1220 Geddert-Steinacher, *Menschenwürde als Verfassungsbegriff*, S. 36; vgl. auch Ju, *Kants Lehre vom Menschenrecht*, S. 117, der schreibt, dass „das angeborene Recht notwendig das ‚Recht der Menschheit in unserer eigenen Person' und dieses wiederum die Würde des Menschen" voraussetze.

(2.2.2.3.3.). Abschließend ist auf die Frage einzugehen, ob sich die Menschenwürde mit Lorz tatsächlich als Fundamentalnorm des Rechts einstufen lässt (2.2.2.3.4.).

2.2.2.3.1 Dreischrittsargument

Alexy[1221] versucht die These, dass die äußere Freiheit des allgemeinen Rechtsgesetzes notwendige Bedingung der Menschenwürde sei, mit einem „Dreischritt" zu belegen, der in Kants Argumentation angelegt sei: Den *ersten* Schritt könne man darin sehen, dass nach Kant die äußere Freiheit das „einzige, ursprüngliche, jedem Menschen kraft seiner Menschheit zustehende Recht"[1222] sei. Der *zweite* Schritt bestehe nun darin, dass Kant „[d]as Vermögen sich überhaupt irgend einen Zweck zu setzen" als „das Charakteristische der Menschheit"[1223] bezeichne und der *dritte* und letzte Schritt habe schließlich nur noch die Aufgabe, den Begriff der Menschheit mit dem Begriff der Würde zu verknüpfen. Eine derartige Verknüpfung ergebe sich aus der *Tugendlehre*, in der Kant schreibt, dass „die Menschheit selbst […] eine Würde"[1224] sei.

Der Dreischritt Alexys erscheint auf den ersten Blick einleuchtend. In der Tat gibt es – wie auch Kersting[1225] feststellt – einen „engen begrifflichen Verweisungszusammenhang" zwischen Menschheit und Würde; die beiden Begriffe werden „häufig synonym" verwendet. Dieser Verweisungszusammenhang zwischen dem Begriff der Menschheit und dem der Würde wird verständlich, wenn man berücksichtigt, dass Kant den Begriff der Menschheit nicht etwa auf ein Kollektiv von Menschen bezieht, sondern auf den homo noumenon, d. h. auf den Vernunftanteil im Menschen.[1226]

Wenn aber das Charakteristische der Menschheit, d. h. deren entscheidendes Wesensmerkmal, darin besteht, sich selbst Zwecke zu setzen, so liegt die Vermutung nahe, dass auch das Recht auf größtmögliche äußere Freiheit vom Umfang der Menschenwürde umfasst ist.

Auf den zweiten Blick erscheint allerdings genau dieser zweite Schritt in Alexys Dreischrittsargument problematisch. Alexy stellt zwar zu Recht fest, dass nach Kant das Vermögen zur Zweckwahl das Charakteristische der Menschheit sei,

---

1221 Alexy, „Ralf Dreiers Interpretation der Kantischen Rechtsdefinition", S. 102 Fn. 37.
1222 MdS VI, 237.
1223 MdS VI, 392.
1224 MdS VI, 462.
1225 Kersting, *Wohlgeordnete Freiheit*, S. 203f. Fn. 199. An anderen Stellen in der *Tugendlehre* spricht Kant etwa auch von der „Würde der Menschheit" (siehe z.B. MdS VI, 429 und 436).
1226 Siehe etwa MdS VI, 463; ganz ähnlich wird bei Kant zudem auch der Begriff der Persönlichkeit definiert (siehe dazu u. a. MdS VI, 418).

er setzt jedoch ohne weitere Textbelege dieses Vermögen zur Zweckwahl mit der äußeren Freiheit gleich. Unter einem Zweck ist jedoch nur dasjenige zu verstehen, was eine Person mit seiner Handlung erreichen will.[1227] Ob man diese bezweckte Handlung aber letzthin ausführen kann oder nicht, hat mit dem Vermögen zur Zweckwahl zumindest nicht unmittelbar etwas zu tun: „[S]ich [...] einen Zweck vorzusetzen" ist, so Kant, „ein *innerer* Act des Gemüths"[1228] und führt nicht notwendigerweise zu einer äußeren Handlung. Das Vermögen zur Zweckwahl ist nach Kant darüber hinaus allein deshalb das Charakteristische der Menschheit, weil darin „ein Act der Freiheit"[1229] zu sehen ist. Das Vermögen zur Zweckwahl stellt damit als negativer Aspekt der Autonomiefähigkeit des Menschen eine notwendige Bedingung für das Prinzip der Autonomie, d. h. für das Befolgen des kategorischen Imperativs, dar.[1230]

Noch nicht einmal das Vermögen zur Zweckwahl leistet nach Kant folglich einen unmittelbaren Beitrag zur Würde des Menschen.[1231] Kurz nach der Feststellung, dass dieses Vermögen das Charakteristische der Menschheit sei, stellt Kant vielmehr ausdrücklich klar, dass dieses Vermögen lediglich über den Preis, nicht aber über die Würde des Menschen bestimmt:

> Der Mensch im System der Natur [...] ist ein Wesen von geringerer Bedeutung und hat mit den übrigen Thieren, als Erzeugnissen des Bodens, einen gemeinen Werth [...]. Selbst, dass er vor diesen den Verstand voraus hat und sich selbst Zwecke setzen kann, das giebt ihm doch nur einen *äußeren* Werth seiner Brauchbarkeit [...], nämlich eines Menschen vor dem anderen, d.i. ein *Preis*, als einer Waare, in dem Verkehr mit diesen Thieren als Sachen.[1232]

Wenn aber schon das Vermögen zur Zweckwahl nicht unmittelbar eine notwendige Bedingung der Menschenwürde darstellt, sondern nur mittelbar als notwendiger Teilaspekt der Autonomiefähigkeit des Menschen, dann muss dies erst recht für die äußere Freiheit gelten. Denn die äußere Freiheit, die gewährleistet, dass die gewählten Zwecke auch in der empirischen Welt verwirklicht werden, ist

---

1227 Zum Begriff des Zwecks siehe oben Erster Teil 2.1.1.1.4.
1228 MdS VI, 239 – Hervorhebung vom Verfasser.
1229 MdS VI, 381. Vgl. auch MdS VI, 385: „Eine jede Handlung hat also ihren Zweck und da niemand einen Zweck haben kann, ohne sich den Gegenstand seiner Willkür *selbst* zum Zweck zu machen, so ist es ein Act der *Freiheit* des handelnden Subjects, nicht eine Wirkung der *Natur*, irgend einen Zweck der Handlungen zu haben" – Hervorhebung im Original gesperrt.
1230 Zum negativen und positiven Aspekt der Autonomiefähigkeit siehe oben Erster Teil 2.2.1.
1231 Dies meint allerdings auch Horn, „Die Menschheit als objektiver Zweck", S. 208, der schreibt, dass nach Kant „nicht erst realisierte Moral oder Vernunft, andererseits aber auch nicht einfache Gattungszugehörigkeit unbedingte Werthaftigkeit" begründe, „sondern die freie Zwecksetzungsfähigkeit".
1232 MdS VI, 434 – Hervorhebung im Original gesperrt.

noch nicht einmal notwendige Bedingung des Vermögens zur Zweckwahl und damit erst recht nicht notwendige Bedingung der Autonomiefähigkeit des Menschen.

Wenn überhaupt, dann kann daher die äußere Freiheit nur in Bezug auf den Inhalt, d. h. den Schutzbereich der Menschenwürde, ein notwendiger Bestandteil sein, nicht aber in Bezug auf den Grund. Dass Alexy auch selbst diese Ansicht vertritt, lässt sich aus seiner Aussage schließen, dass die Menschenwürde „einen *überschießenden* Charakter" habe, „der die Willkür als allgemeine Handlungsfreiheit"[1233] einschließe. Alexys Dreischrittsargument kann diesen überschießenden Charakter aber nicht hinreichend verdeutlichen und ist daher als zumindest missverständlich abzulehnen. Im Folgenden ist deshalb das Zwei-Stufenargument zu erörtern, das im Ergebnis der Auffassung Alexys entspricht.

2.2.2.3.2 Zwei-Stufenargument
Das Zwei-Stufenargument besagt, dass Kant gemäß dem traditionellen Begriff der Würde zwei Stufen von Würde kennt.[1234] Sensen beschreibt dieses traditionelle Verständnis von Würde wie folgt:

> Jedem Menschen kommt durch Vernunft (bzw. Freiheit) eine ursprüngliche Würde zu. Aus dieser Sonderstellung ergibt sich dann die Pflicht, dieser Würde gerecht zu werden und sie zu verwirklichen.[1235]

Diese zweistufige Struktur der Menschenwürde ergibt sich etwa aus einer *Reflexion* Kants:

> Die würde der Menschlichen Natur liegt blos in der freyheit. [...] Aber die würde eines Menschen (würdigkeit) beruht auf dem Gebrauch der freyheit, da er sich alles Guten würdig macht.[1236]

„Denselben Würdebegriff verwendet Kant", so Sensen, „auch an anderen Stellen, ohne ihm jedoch jemals eine systematische Behandlung zu geben".[1237] Als Beleg

---

1233 Alexy, „Ralf Dreiers Interpretation der Kantischen Rechtsdefinition", S. 102 Fn. 37 – Hervorhebung vom Verfasser.
1234 Zum Folgenden siehe Kalscheuer, *Der Staat*, Bd. 52 (2013), S. 405 ff.
1235 Sensen, „Kants Begriff der Menschenwürde", S. 224; ausführlich zum traditionellen Begriff der Würde Sensen, *Kant on Human Dignity*, S. 152 ff.
1236 Refl XIX, 181.
1237 Sensen, „Kants Begriff der Menschenwürde", S. 224.

für diese These führt Sensen einen Auszug aus Kants Schrift *Der Streit der Fakultäten* an:

> Diese Moralität und nicht der Verstand ist es also, was den Menschen erst zum Menschen macht. So sehr auch der Verstand ein völlig actives und in sofern selbstständiges Vermögen ist, so bedarf er doch zu seiner Action der Außendinge und ist auch zugleich auf sie eingeschränkt; da hingegen der freie Wille völlig unabhängig ist und einzig durch das innere Gesetz bestimmt werden soll: d. h. der Mensch bloß durch sich selbst, sofern er sich nur zu seiner *ursprünglichen Würde* und Unabhängigkeit von allem, was nicht Gesetz ist, *erhoben* hat.[1238]

Aus der Freiheit als ursprüngliche Würde ergibt sich demnach die Pflicht, die Freiheit im Sinne der Moral zu nutzen und sich der ursprünglichen Würde gemäß zu verhalten. Anders ausgedrückt: Es gibt einen durch den kategorischen Imperativ begründeten teleologischen Zusammenhang zwischen der Würde der ersten Stufe und der der zweiten Stufe. Dieser Zusammenhang lässt sich etwa auch aus Textstellen aus der *Religionsschrift*, der *Tugendlehre* und der *Pädagogik* schließen. In der *Religionsschrift* ist die Rede davon, dass der Mensch nach der Würde der Menschheit „strebt, um sie zu erreichen".[1239] In der *Tugendlehre* spricht Kant dementsprechend von der „Pflicht, in Beziehung auf die Würde der Menschheit in uns" [1240] und in der *Pädagogik* nimmt Kant ebenfalls auf die „Pflicht" Bezug, „diese Würde der Menschheit in seiner eignen Person nicht zu verleugnen".[1241]

Auch Kants Aussagen, die er in der *Tugendlehre* zu der Würde lasterhafter Menschen trifft, deuten schließlich auf eine Zwei-Stufenstruktur der Menschenwürde hin:

> Nichtsdestoweniger kann ich selbst dem Lasterhaften als Menschen nicht alle Achtung versagen, die ihm wenigstens in der Qualität eines Menschen nicht entzogen werden kann; ob er zwar durch seine That sich derselben unwürdig macht.[1242]

1238 SdF VII, 72 f. – Hervorhebung vom Verfasser.
1239 Rel VI, 183.
1240 MdS VI, 436; vgl. auch MdS VI, 420: „Was aber die Pflicht des Menschen gegen sich selbst *blos* als moralisches Wesen [...] betrifft, so besteht sie im *Formalen*, der Übereinstimmung der Maximen seines Willens mit der *Würde* der Menschheit in seiner Person; also im Verbot, daß er sich selbst des *Vorzugs* eines moralischen Wesens, nämlich nach Principien zu handeln, d.i. der inneren Freiheit, nicht beraube und dadurch zum Spiel bloßer Neigungen, also zur Sache machen" – Hervorhebung im Original gesperrt.
1241 Päd IX, 488.
1242 MdS VI, 463.

Der „Vorwurf des Lasters", so schreibt Kant kurz darauf, dürfe „nie zur völligen Verachtung und Absprechung alles moralischen Werths des Lasterhaften ausschlagen".[1243] Grund dafür sei die (objektiv notwendige)[1244] „Anlage" des Menschen „zum Guten", die auf Besserung hoffen lasse.[1245] Der tiefere Grund für die würdige Behandlung eines Lasterhaften ist demnach darin zu sehen, dass er sich noch zu einem würdigen Verhalten erheben, d.h. moralisch werden, kann.

Nach alldem ist daher festzuhalten, dass der Mensch auf der ersten Stufe Würde hat, weil er frei, d.h. zur Autonomie fähig, ist. Auf der zweiten Stufe erweist sich der Mensch dieser Würde aber nur dann als würdig, wenn er auch aufgrund des Prinzips der Autonomie, d.h. aus Pflicht, handelt. Die beiden Menschenwürdebegriffe entsprechen demnach den beiden Begriffen der Autonomie bei Kant: der Autonomie als Vermögen und der Autonomie als Prinzip.[1246]

Warum sollte aber aus rechtlicher Perspektive an der ersten Stufe anzusetzen sein und nicht erst an der zweiten Stufe? – Die Gründe dafür entsprechen den faktischen und normativen Gründen, die schon bei der Erörterung der Realisierungsthese angegeben wurden.[1247] Die Einschlussthese entpuppt sich mit anderen Worten nach hier vorliegender Interpretation als *Unterfall zur Realisierungsthese*: Dem Menschen wird ein rechtlicher Schutzbereich gewährt, um ihm die Möglichkeit zu geben, die moralischen Pflichten des kategorischen Imperativs in der empirischen Welt zu verwirklichen und sich dadurch seiner ursprünglichen Würde gemäß zu verhalten. Aufgrund der faktischen Erkenntnis- und Durchsetzungsprobleme sowie des im intelligiblen Begriff der Autonomie angelegten normativen Verbots, mit äußerem Zwang Moral in der empirischen Welt durchsetzen zu wollen, wandelt sich die Pflicht, den kategorischen Imperativ in der empirischen Welt zu verwirklichen, in eine bloße Pflichteinforderungsbefugnis und abstrahiert vom Zweck der Handlung und von jeglichem Erfordernis subjektiver Sittlichkeit.

Die Auffassung von der Pfordtens[1248] etwa, wonach die Menschenwürde „nur den Kern des inneren, moralischen „Handelns" bzw. Verpflichtetseins" umfasse und „vor aller äußeren Handlungsfreiheit" liege, ist daher abzulehnen. Dasselbe muss auch für die Ansicht H. Dreiers[1249] gelten, der ebenfalls meint, dass sich Kants Begriff der Menschenwürde nur auf die intelligible Welt beziehe und aus

---

1243 MdS VI, 463 Anm.
1244 Zur Notwendigkeit der Anlage des Menschen zum Guten siehe oben Dritter Teil 1.1.2.2.2.
1245 MdS VI, 464; siehe dazu Kalscheuer, *Der Staat*, Bd. 52 (2013), S. 406 f.
1246 Zu den zwei Begriffen der Autonomie siehe oben Erster Teil 2.2.1.
1247 Siehe oben Dritter Teil 2.2.2.2.
1248 Von der Pfordten, „Zur Würde des Menschen bei Kant", S. 26.
1249 H. Dreier, *Grundgesetz Kommentar*, Art. 1 I Rn. 13.

diesem Grund „eine Verletzung der Menschenwürde gar nicht möglich" erscheine. Richtig ist vielmehr, dass der Achtungsanspruch des Menschen und die daraus folgende Würde des Menschen das äußere Freiheitsrecht des allgemeinen Rechtsgesetzes umfasst.

Das Zwei-Stufenargument bietet zudem eine kohärente Erklärung für die Begriffsverschiebung der Menschenwürde von der *Grundlegung* zur *Tugendlehre*: Während es Kant bei der *Grundlegung* hauptsächlich um die Begründung der Menschenwürde geht und er deshalb vorwiegend die realisierte, zweite Stufe der Würde im Blickpunkt hat,[1250] behandelt Kant in der *Tugendlehre* die Anwendung des kategorischen Imperativs, bei dem aus den genannten faktischen und normativen Gründen, die erste Stufe der Menschenwürde, die ursprüngliche Würde, entscheidender ist. Kants Begriffsverschiebung beruht demnach – entgegen der Vermutung von der Pfordtens[1251] – nicht auf einer zwischenzeitlich geänderten (oder jedenfalls weiterentwickelten) Ansicht Kants, sondern auf den zwei verschiedenen Stufen der Menschenwürde, die Kant in den beiden Werken aus einleuchtenden Gründen unterschiedlich stark betont.

2.2.2.3.3 Menschenwürde als Fundamentalnorm?

Erachtet man das Zwei-Stufenargument für richtig, wonach sich die Einschlussthese letzthin als ein Unterfall der Realisierungsthese entpuppt, so ist fraglich, ob die Menschenwürde damit tatsächlich die „Fundamentalnorm des Rechts"[1252] ist und die „gemeinsame Grundnorm von Recht und Sittlichkeit"[1253] darstellt.[1254] Zweifel an dieser Schlussfolgerung kommen auf, wenn man beachtet, dass Kant in seiner *Rechtslehre* nicht auch nur ein einziges Mal den Ausdruck „Menschenwürde" verwendet.[1255] Dagegen kann man jedoch einwenden, dass nach Kant das angeborene Freiheitsrecht jedem Menschen „kraft seiner Menschheit" zusteht und die Begriffe der Menschheit und der Würde in einem engen begrifflichen Wechselseitigkeitsverhältnis stehen.[1256] Zumindest in Kants Schrift *Was ist Aufklärung?* findet sich zudem eine Textstelle, in der Kant in einem rechtlichen Zusammen-

---

1250 Siehe dazu oben Erster Teil 2.2.4.
1251 Von der Pfordten, „Zur Würde des Menschen bei Kant", S. 23 ff.
1252 Lorz, *Modernes Grund- und Menschenrechtsverständnis und die Philosophie der Freiheit Kants*, S. 136; siehe auch Teifke, *Das Prinzip Menschenwürde*, S. 149, der ebenfalls die Menschenwürdenorm als eine „Fundamentalnorm" bezeichnet.
1253 Geddert-Steinacher, *Menschenwürde als Verfassungsbegriff*, S. 36.
1254 Siehe dazu Kalscheuer, *Der Staat*, Bd. 52 (2013), S. 409 ff.
1255 So etwa H. Dreier, *Grundgesetz Kommentar*, Art. 1 I Rn. 13; vgl. auch Mohr, „Ein ,Wert, der keinen Preis hat'", S. 25 ff.
1256 Siehe oben Dritter Teil 2.2.2.3.1.

hang nicht auf den Begriff der Menschheit abstellt, sondern auf den Begriff der Würde:

> Wenn denn die Natur [...] den Kern, für den Sie am zärtlichsten sorgt, nämlich den Hang und Beruf zum freien Denken, auswickelt hat: so wirkt dieser allmählig zurück auf die Sinnesart des Volks (wodurch dieses der Freiheit zu handeln nach und nach fähiger wird) und endlich auch sogar auf die Grundsätze der Regierung, die es ihr selbst zuträglich findet, den Menschen, der nun mehr als Maschine ist, *seiner Würde gemäß* zu behandeln.[1257]

Trotz dieser Einwände bleiben jedoch Zweifel, ob man den Begriff der Menschenwürde bei Kant tatsächlich als eine Fundamentalnorm ansehen kann. Dafür behandelt Kant diesen Begriff insgesamt zu sporadisch und unsystematisch. Mit Sensen ist vielmehr festzuhalten, dass für Kant der Begriff der Menschenwürde lediglich ein „secondary concept" darstellt.[1258] Er ist nicht dazu in der Lage, originär Pflichten zu begründen. Der Mensch ist nach Kant nicht zu respektieren, weil er Würde hat, sondern er hat Würde, weil er zu respektieren ist.[1259] Dies ergibt sich etwa aus folgender Textstelle aus der *Tugendschrift*:

> Die Menschheit selbst ist eine Würde; denn der Mensch kann von keinem Menschen (weder von Anderen noch sogar von sich selbst) blos als Mittel, sondern muß jederzeit zugleich als Zweck gebraucht werden, und *darin* besteht eben seine Würde (Persönlichkeit), dadurch er sich über alle anderen Weltwesen, die nicht Menschen sind und doch gebraucht werden können, mithin über alle Sachen erhebt.[1260]

Anders ausgedrückt: Die Menschenwürde leitet sich aus dem kategorischen Imperativ ab und nicht umgekehrt.[1261] Die entscheidende Grenze des Rechts, nämlich die *normative* Grenze, unabhängig von äußeren Einflüssen und Zwängen, den kategorischen Imperativ in der empirischen Welt verwirklichen zu dürfen, ergibt sich daher – wie gesehen – nicht etwa aus der Würde des Menschen, sondern aus

---

[1257] WA VIII, 41 – Hervorhebung vom Verfasser; zu dieser Textstelle siehe Kalscheuer, *ARSP*, Bd. 99 (2013), S. 122.
[1258] Sensen, *Kant on Human Dignity*, S. 202; siehe dazu auch Kalscheuer, *ARSP*, Bd. 99 (2013), S. 122.
[1259] Siehe dazu Sensen, *Kant on Human Dignity*, S. 200 ff.
[1260] MdS VI, 462 – Hervorhebung vom Verfasser.
[1261] Siehe auch Kalscheuer, *Der Staat*, Bd. 52 (2013). Nach Kantischem Verständnis kommt damit „das *Richtige* vor dem *Guten*" (Sensen, „Kants Begriff der Menschenwürde", S. 231). In der *Kritik der praktischen Vernunft* führt Kant in diesem Zusammenhang aus, dass „der Begriff des Guten [...] von einem vorhergehenden praktischen Gesetze abgeleitet" werden müsse, anstatt „diesem [...] zum Grunde zu dienen"; ansonsten würde der Begriff des Guten nur „etwas sein, dessen Existenz Lust verheißt und so die Causalität des Subjects zur Hervorbringung desselben, d.i. das Begehrungsvermögen", bestimmen (KpV V, 58).

dessen Autonomie, d. h. aus der Fähigkeit, dem kategorischen Imperativ zu folgen. Mit Bielefeldt lässt sich deshalb sagen, dass „[d]ie sittliche Autonomie [...] gleichermaßen als tragender normativer *Grund* und als unüberschreitbare *Grenze* des Rechts anerkannt werden" muss.[1262]

Streng genommen stellt somit nicht etwa die Menschenwürde die gemeinsame Grundnorm von Recht und Sittlichkeit dar, sondern die Autonomie des Menschen und damit der kategorische Imperativ selbst. Allerdings erscheint es naheliegend und möglich, den Begriff der Menschenwürde bei Kant als eine Umschreibung der aus dem kategorischen Imperativ folgenden Pflichten gegenüber den Menschen zu verstehen. Versteht man den Begriff der Menschenwürde in diesem Sinne, so lässt sich sehr wohl sagen, dass der Begriff der Menschenwürde die gemeinsame Grundnorm von Recht und Sittlichkeit darstellt.

Fundamentalnorm allein des Rechts ist hingegen das allgemeine Rechtsgesetz.[1263] Schließlich begründet erst das allgemeine Rechtsgesetz die Legitimationsbedingungen äußeren Zwangs.

2.2.2.3.4 Exkurs: Extensionsproblem

Im Zusammenhang mit der Erörterung des Menschenwürdebegriffs bei Kant soll in einem Exkurs schließlich die Frage behandelt werden, welche Auffassung Kant in Bezug auf Menschen besitzt, die nicht nur nicht aufgrund des Prinzips der Autonomie handeln, sondern noch nicht einmal zur Autonomie fähig sind.[1264] Zu denken ist hierbei etwa an Säuglinge und an geistig Behinderte. Kommt nach Kant auch ihnen ein Achtungsanspruch und damit Würde zu?

Nach einer Ansicht ist der Personenbegriff bei Kant ein „Schwellenbegriff".[1265] Person sei nach Kant jedoch nur derjenige Mensch, dessen Handlungen zurechnungsfähig seien.[1266] Menschen, die dazu nicht in der Lage seien, käme daher kein Achtungsanspruch aufgrund von Würde zu. „Dieses Ergebnis" sei, so etwa Gutmann, „kein kontingentes Randergebnis der Kantischen Ethik", es folge „vielmehr unmittelbar aus den architektonischen Grundannahmen seiner Moraltheorie".[1267]

1262 Bielefeldt, *Neuzeitliches Freiheitsrecht und politische Gerechtigkeit*, S. 109; vgl. auch Bielefeldt, *Kants Symbolik*, S. 111.
1263 So auch bereits die im zweiten Teil dieser Arbeit formulierte Fundamentalnormthese (Zweiter Teil 3.2.2.).
1264 Zum Folgenden siehe Kalscheuer, *Der Staat*, Bd. 52 (2013), S. 407 ff.
1265 Gutmann, *JWE*, Bd. 15 (2010), S. 12; vgl. Geismann, *Kant-Studien*, Bd. 95 (2004), S. 442 ff.; Wood, *Kantian Ethics*, S. 95 f.
1266 Siehe dazu bereits oben Erster Teil 2.1.2.
1267 Gutmann, *JWE*, Bd. 15 (2010), S. 13.

Die Gegenthese dazu lautet, dass nach Kant die Menschheit als Gattung Gegenstand der Achtung sei.[1268] Da die Zugehörigkeit zur Gattung Mensch nach Kant aber nicht von dessen Autonomie- oder Zurechnungsfähigkeit abhängt,[1269] käme damit auch Säuglingen und geistig Behinderten Würde zu.

Auf den ersten Blick scheint die Schwellenbegriffsthese plausibler als die Gattungsthese zu sein: Dem Menschen kommt einzig und allein aufgrund seiner Autonomie Würde zu; sie hängt nicht von anderen besonderen menschlichen Eigenschaften oder Merkmalen ab. Gäbe es also andere vernünftige Wesen auf dieser Welt, so käme auch ihnen Würde zu. Kant schreibt dementsprechend:

> Autonomie ist also der Grund der Würde der menschlichen *und jeder* vernünftigen Natur.[1270]

Die Schlussfolgerung liegt deshalb nahe, dass Menschen, die nicht zur Autonomie fähig sind, keine Würde eigen ist. In der *Tugendlehre* schreibt Kant dementsprechend, dass „[d]as nöthigende (verpflichtende) Subject [...] eine Person sein" müsse.[1271]

Auf den zweiten Blick gibt es jedoch auch eine Reihe von Argumenten, die sich zugunsten der Gattungsthese anführen lassen: Wie bereits im ersten Teil dieser Arbeit erwähnt,[1272] ist zum einen zu beachten, dass Kant in der *Rechtslehre* ausdrücklich feststellt, dass dem (ungeborenen) Menschen schon mit dessen „*Zeugung*" Rechte gegenüber den Eltern zukommen:

> Denn da das Erzeugte eine Person ist, und es unmöglich ist, sich von der Erzeugung eines mit Freiheit begabten Wesens durch eine physische Operation einen Begriff zu machen: so ist es eine in *praktischer Hinsicht* ganz richtige und auch nothwendige Idee, den Act der Zeugung als einen solchen anzusehen, wodurch wir eine Person ohne ihre Einwilligung auf die Welt gesetzt und eigenmächtig in sie herüber gebracht haben; für welche That auf den Eltern nun

---

1268 Höffe, „Menschenwürde als ethisches Prinzip", S. 132; Honnefelder, „Die Frage nach dem moralischen Status des menschliche Embryos", S. 87; Hruschka, *ARSP*, Bd. 88 (2002), S. 478; Jaber, *Über den mehrfachen Sinn von Menschenwürde-Garantien*, S. 123; Kain, „Duties Regarding Animals", S. 219 f.; Lorz, *Modernes Grund- und Menschenrechtsverständnis*, S. 290 f.; Ricken, „Homo noumenon und homo phaenomenon", S. 239 f.; Sensen, *Kant on Human Dignity*, S. 133 Fn. 103.
1269 Dies zeigt sich etwa an einer Textstelle aus der *Tugendlehre*, wonach man nicht berechtigt sei, „Menschen", die „in *viehische* Laster fallen", als eigene „*Spezies*" zu betrachten; schließlich sei auch „die Verkrüppelung einiger Bäume im Walde" kein „Grund [...], sie zu einer besonderen *Art* von Gewächsen zu machen" (MdS VI, 461).
1270 GMS IV, 436 – Hervorhebung vom Verfasser.
1271 MdS VI, 442.
1272 Siehe oben Erster Teil 2.2.4.

auch eine Verbindlichkeit haftet, sie, so viel in ihren Kräften ist, mit diesem ihren Zustande zufrieden zu machen.[1273]

Der Hinweis Kants in dieser Textstelle, dass es „eine in *praktischer Hinsicht* ganz richtige und auch nothwendige Idee sei", auf den Akt der Zeugung abzustellen, deutet auf das entscheidende Argument hin, das zugunsten der Gattungsthese angeführt werden kann: das der *epistemischen Bescheidenheit*.[1274] Der Mensch kann noch nicht einmal in Bezug auf sich selbst vollkommen sicher sein, ob er autonomiefähig ist, d. h. aufgrund von Autonomie handeln kann oder nicht. Noch weniger sicher kann er sich folglich bei anderen Menschen sein. Es liegt daher nahe, jeden Menschen zumindest so anzusehen, *als ob* er autonomiefähig wäre und damit jedem Menschen Achtung und Würde zuzusprechen. Kant schreibt dementsprechend, dass „[e]in *jeder* Mensch [...] rechtmäßigen Anspruch auf Achtung von seinen Nebenmenschen" habe.[1275] Der Mensch sei „verbunden, die Würde der Menschheit an *jedem* anderen Menschen praktisch anzuerkennen; mithin" ruhe „auf ihm eine Pflicht, die sich auf die *jedem* anderen Menschen nothwendig zu erzeigende Achtung" beziehe.[1276] Dass damit der Menschheit als Gattung sehr wohl Achtungsansprüche zukommen, folgt auch aus Kants Aussagen zu den „schimpfliche[n] Strafen":

> So kann es schimpfliche, die Menschheit selbst entehrende Strafen geben (wie das Viertheilen, von Hunden zerreißen lassen, Nasen und Ohren abschneiden), die nicht blos dem Ehrliebenden [...] schmerzhafter sind, als der Verlust der Güter und des Lebens, sondern auch dem Zuschauer Schamröthe abjagen, zu einer *Gattung* zu gehören, mit der man so verfahren darf.[1277]

Nach alldem erscheint es daher insgesamt plausibler, dass Kant die Gattungsthese vertritt, wonach auch Säuglinge, geistig Behinderte und sogar ungeborenes Leben einen Achtungsanspruch haben und demzufolge auch Würde.

1273 MdS VI, 280 f. – Hervorhebung im Original gesperrt; siehe dazu Hruschka, *ARSP*, Bd. 88 (2002), S. 478, und Kain, „Duties Regarding Animals", S. 219 f.
1274 Dies ist auch das entscheidende Argument bei Sensen, *Kant on Human Dignity*, S. 133 Fn. 103: „Since one cannot experience freedom, even in one's own case, one cannot rule it out in others"; siehe zu dieser Argumentation auch Ricken, Homo noumenon und homo phaenomenon, S. 247 f., und Kalscheuer, *Der Staat*, Bd. 52 (2013), S. 408.
1275 MdS VI, 462.
1276 MdS VI, 462 – Hervorhebung vom Verfasser.
1277 MdS VI, 463.

2.2.2.3.5 Zwischenergebnis

Die mit der Einschlussthese zusammenhängenden Erörterungen zur Bedeutung und zum Umfang der Menschenwürde bei Kant sind damit beendet. Die im ersten Teil dieser Arbeit bloß behauptete *Kohärenzthese*[1278] ist damit belegt. Denn die auf den ersten Blick bestehenden Widersprüchlichkeiten bezüglich des Umfangs der Menschenwürde bei Kant sind nur scheinbare. Den dritten Teil dieser Arbeit abschließend soll nur noch kurz auf die Zweck-an-sich-These eingegangen werden.

2.2.2.4 Zweck-an-sich-These

Die Zweck-an-sich-These wird von Ricken,[1279] Kühnemund,[1280] Cattaneo,[1281] Steigleder[1282] und wohl auch von Fulda[1283] vertreten. Danach leitet sich das allgemeine Rechtsgesetz speziell aus der zweiten Formel des kategorischen Imperativs, d. h. der Zweck-an-sich-Formel, ab, die lautet:

> Handle so, dass du die Menschheit, sowohl in deiner Person, als in der Person eines jeden andern jederzeit zugleich als Zweck, niemals bloß als Mittel brauchst.[1284]

Der Grund für die Abhängigkeit des allgemeinen Rechtsgesetzes vom kategorischen Imperativ ist nach dieser Auffassung also nicht in der ersten Formel des kategorischen Imperativs, d. h. der Allgemeinen-Gesetzes-Formel, oder in der dritten Formel des kategorischen Imperativs, d. h. der Autonomieformel, zu finden.[1285]

Für diese Ansicht spricht zunächst, dass Kant in der *Rechtslehre* tatsächlich häufiger auf Formulierungen zurückgreift, die an die Zweck-an-sich-Formel angelehnt sind. Die Neuinterpretation der ersten Ulpianischen Rechtspflicht „Sei ein rechtlicher Mensch" erläutert Kant etwa wie folgt:

> Mache dich anderen nicht zum bloßen Mittel, sondern sei für sie zugleich Zweck.[1286]

[1278] Siehe oben Erster Teil 2.2.4.
[1279] Ricken, „Homo noumenon und homo phaenomenon", S. 249: „Der Rechtsbegriff ergibt sich aber aus der Selbstzweckformel".
[1280] Kühnemund, *Eigentum und Freiheit*, S. 54 ff.
[1281] Cattaneo, *ARSP*, Beiheft 101 (2004), S. 25.
[1282] Steigleder, *Kants Moralphilosophie*, S. 138 ff.
[1283] Fulda, *JRE*, Bd. 14 (2006), S. 181, bezeichnet die Ansicht Steigleders als „fast durchweg zutreffend".
[1284] GMS IV, 429.
[1285] Zu den einzelnen Formeln des kategorischen Imperativs siehe oben Erster Teil 2.
[1286] MdS VI, 236.

Kühnemund folgert daraus zu Recht, dass sich aus der Anwendung der Zweck-an-sich-Formel auf andere Personen „komplementär zur ersten Rechtspflicht die zweite Rechtspflicht" ergibt, „auch den anderen als Rechtsperson anzuerkennen".[1287] Die zweite Rechtpflicht lautet dementsprechend:

> Thue niemanden Unrecht.[1288]

Als weiteres Beispiel für Formulierungen, die an die Zweck-an-sich-Formel angelehnt sind, lässt sich zudem Kants Begründung der Ablehnung utilitaristischer Strafzwecktheorien anführen:

> Richterliche Strafe [...], die von der natürlichen [...], dadurch das Laster sich selber bestraft und auf welche der Gesetzgeber gar nicht Rücksicht nimmt, verschieden, kann niemals *bloß* als *Mittel* ein anderes Gute zu befördern für den Verbrecher selbst, oder für die bürgerliche Gesellschaft, sondern muß jederzeit nur darum wider ihn verhängt werden, weil er verbrochen hat; denn der Mensch kann nie *bloß* als *Mittel* zu den Absichten eines Anderen gehandhabt und unter die Gegenstände des Sachenrechts gemengt werden, wowider ihn seine angeborene Persönlichkeit schützt.[1289]

Neben diesen Argumenten, die dafür sprechen, dass die Zweck-an-sich-Formel eine spezielle Rechtsbegründungsfunktion hat, gibt es aber auch eine Reihe von Gegenargumenten: *Zum einen* lässt sich einwenden, dass Kant nicht nur in der *Rechtslehre*, sondern auch in der *Tugendlehre* zumeist Rückgriff auf die Zweck-an-sich-Formel nimmt, um die Anwendung des kategorischen Imperativs zu veranschaulichen.[1290] Offenbar hielt Kant also diese Formel zur Veranschaulichung des kategorischen Imperativs für besonders gut geeignet. *Zum anderen* ist nicht zu sehen, dass Kant von seiner Aussage aus der *Grundlegung* abgerückt ist, wonach „im Grunde" die drei Arten des kategorischen Imperativ „nur so viele Formen eben desselben Gesetzes" sind, „deren die eine die anderen zwei von selbst in sich vereinigt".[1291] Diese *Äquivalenzthese* soll anhand der Zweck-an-sich-Formel noch einmal in Kürze verdeutlicht werden:[1292] Während die Allgemeine-Gesetzes-For-

---

1287 Kühnemund, *Eigentum und Freiheit*, S. 56.
1288 MdS VI, 236.
1289 MdS VI, 331 – Hervorhebungen vom Verfasser.
1290 Siehe etwa MdS VI, 423; 430; 434f.; 462.
1291 GMS IV, 438.
1292 Die hier vorgelegte Interpretation der Zweck-an-sich-Formel folgt der Interpretation Sensens. Siehe dazu Sensen, „Dignity and the Formula of Humanity", S. 108 ff.; Sensen, „Duties to Others from Respect", S. 348 ff.; Sensen, „Kants Begriff der Menschenwürde", S. 232 ff.; Sensen, *Kant on Human Dignity*, S. 96 ff.; Kalscheuer, *ARSP*, Bd. 99 (2013), S. 121 f.

mel die „Form" des kategorischen Imperativs betont, gibt die Zweck-an-sich-Formel die „Materie" des kategorischen Imperativs an, *wer* also überhaupt Verpflichteter und Berechtigter des kategorischen Imperativs ist.[1293] Berücksichtigt man, dass Kant unter dem Begriff der Menschheit das homo noumenon versteht, so ist klar, dass Berechtigter und Verpflichteter des kategorischen Imperativs jedes vernünftige Wesen ist. Dies ergibt sich auch aus folgender Textstelle aus der *Grundlegung*:

> Denn daß ich meine Maxime im Gebrauche der Mittel zu jedem Zwecke auf die Bedingung ihrer Allgemeingültigkeit als eines Gesetzes für jedes Subject einschränken soll, sagt eben so viel, als: das Subject der Zwecke, d.i. das vernünftige Wesen selbst, muß niemals bloß als Mittel, sondern als oberste einschränkende Bedingung im Gebrauche aller Mittel, d.i. jederzeit zugleich als Zweck, allen Maximen der Handlungen zum Grunde gelegt werden.[1294]

Wenn man demnach die Maxime auf ihre Verallgemeinerbarkeit hin überprüft, so ist zu prüfen, ob jedes andere vernünftige Wesen sie auch annehmen könnte. Handelt man dementsprechend nicht nach einer verallgemeinerbaren Maxime, so können einige vernünftige Wesen nicht der Maxime und ihrem Zweck zustimmen. In diesem Fall behandelt man diese vernünftigen Wesen als bloßes Mittel:

> Es ist also *eine* Forderung, die gebietet, die Maxime zu verallgemeinern und Andere niemals als bloßes Mittel zu gebrauchen.[1295]

Der Zusammenhang zwischen der ersten und der zweiten Formel des kategorischen Imperativs wird auch aus einer Textstelle aus der *Kritik der praktischen Vernunft* deutlich, wonach aus dem kategorischen Imperativ folgt, andere vernünftige Wesen „keiner Absicht zu unterwerfen, die nicht nach einem Gesetze, welches aus dem Willen des leidenden Subjects selbst entspringen könnte, möglich ist; also dieses niemals blos als Mittel, sondern zugleich als Zweck zu gebrauchen".[1296] Sensen spricht in diesem Zusammenhang zutreffend davon, dass die Allgemeine-Gesetzes-Formel und die Zweck-an-sich-Formel nicht nur „extensionally equivalent" sind, d.h. dieselben Gebote und Verbote aufstellen, sondern auch „intensionally equivalent: They express one and the same requirement, merely in different ways".[1297] Die Zweck-an-sich-Formel verdeutlicht le-

---

1293 GMS IV, 436.
1294 GMS IV, 436.
1295 Sensen, „Kants Begriff der Menschenwürde", S. 233.
1296 KpV V, 87.
1297 Sensen, *Kant on Human Dignity*, S. 123.

diglich „die oberste einschränkende Bedingung"[1298] des kategorischen Imperativs, das nämlich über vernünftige Wesen verallgemeinert werden soll.[1299] Dieser Umstand gibt zu verstehen, weshalb die genannten Autoren davon ausgehen, dass sich besonders die Zweck-an-sich-Formel gut zur Begründung des Rechts eignet: Im Rahmen des Rechts geht es wesentlich um die Frage, *wer* gegenüber *wem* berechtigt oder verpflichtet ist. Diese größere Anschaulichkeit der Zweck-an-sich-Formel ändert nach alldem aber nichts daran, dass das allgemeine Rechtsgesetz zwar *auch* aus der Zweck-an-sich-Formel folgt, daneben aber ebenso aus der Allgemeine-Gesetzes-Formel und der Autonomieformel. Soweit die Vertreter der Zweck-an-sich-These also einen Spezialitätsanspruch erheben, ist dieser daher abzulehnen.

2.3 Zusammenfassung

Nachdem im ersten Abschnitt dieses dritten Teils der Wirksamkeitszusammenhang zwischen kategorischem Imperativ und allgemeinem Rechtsgesetz erörtert wurde, ging es im zweiten Abschnitt dieses Teils um deren Begründungszusammenhang. Dabei wurde festgestellt, dass das allgemeine Rechtsgesetz eine *Erweiterung* des kategorischen Imperativs um interagierende, endliche Vernunftwesen in einer Welt äußeren Zwangs darstellt. Der kategorische Imperativ wird damit um eine *nicht-normative* Bedingung erweitert.

Bei der Erörterung der Art der Anwendung des kategorischen Imperativs stellte sich sodann heraus, dass es sich dabei aber lediglich um eine indirekte, d. h. symbolische, Anwendung des kategorischen Imperativs handeln kann. Schließlich ist der kategorische Imperativ in der empirischen Welt nicht unmittelbar erfahrbar und deshalb auch nicht schematisch auf die empirische Welt übertragbar.

Wegen dieser lediglich indirekten Anwendbarkeit des kategorischen Imperativs erwies es sich als notwendig, noch genauer zu bestimmen, worin der genaue Grund für die Anwendung des kategorischen Imperativs liegt. Dabei zeigte sich, dass die *Realisierungsthese* hierfür die plausibelste Erklärung darstellt: Dem Menschen, d. h. dem endlichen Vernunftwesen, wird ein rechtlicher Schutzbereich gewährt, um ihm die Möglichkeit zu geben, die moralischen Pflichten des kategorischen Imperativs in der empirisch-sozialen Welt zu verwirklichen. Aufgrund der faktischen Erkenntnis- und Durchsetzungsprobleme sowie des im intelligiblen

---

[1298] GMS IV, 438.
[1299] Vgl. Sensen, „Dignity and the Formula of Humanity", S. 108: „One *should* treat others as ends-in-themselves because of the universalization requirement of the categorical imperative".

Begriff der Autonomie angelegten normativen Verbots, mit äußerem Zwang Moral in der empirisch-sozialen Welt durchsetzen zu wollen, verwandelt sich die ethische Pflicht, den kategorischen Imperativ in der empirisch-sozialen Welt zu verwirklichen, in eine rechtliche Pflichteinforderungsbefugnis. Notwendig ist dafür ein *Perspektivwechsel*. Legitimationsbedingung für die Ausübung von (äußerem) Zwang ist nicht die *eigene* Pflichterfüllung, sondern die fehlende *fremde*. Aus den genannten faktischen und normativen Gründen kann sich diese Pflichteinforderungsbefugnis aber wiederum lediglich auf vollkommene Pflichten gegen andere beziehen, wobei zudem weder die Triebfeder der Handlung noch deren Zweck eingefordert werden kann.

Die *Einschlussthese*, nach der der Begriff der Menschenwürde den Verknüpfungspunkt zwischen kategorischem Imperativ und allgemeinem Rechtsgesetz darstellt, präsentiert sich demgegenüber lediglich als *Unterfall zur Realisierungsthese*: Dem Menschen, d.h. dem endlichen Vernunftwesen, wird ein rechtlicher Schutzbereich gewährt, um ihm die Möglichkeit zu geben, sich seiner ursprünglichen Würde gemäß zu verhalten, indem er die moralischen Pflichten des kategorischen Imperativs in der empirisch-sozialen Welt zu verwirklichen sucht.

Bei der Erörterung der *Zweck-an-sich-These* wurde dementsprechend festgestellt, dass die größere Anschaulichkeit der zweiten Formel des kategorischen Imperativs, der Zweck-an-sich-Formel, nichts daran ändert, dass das allgemeine Rechtsgesetz zwar *auch* aus der Zweck-an-sich-Formel folgt, daneben aber ebenso aus der Allgemeine-Gesetzes-Formel und der Autonomieformel. Wesentliches Ergebnis dieser Arbeit ist daher die *vollständige Rehabilitierung der Realisierungsthese*.

Fazit

In der Einleitung dieser Arbeit wurde der Streit um die Auslegung von Art. 2 I GG erwähnt. Streitig ist diesbezüglich, ob Art. 2 I GG die vollumfängliche Handlungsfreiheit des Menschen schützt oder nur besonders wichtige Handlungen. Das Ergebnis dieser Arbeit zeigt, dass in diesem Streit beide Ansichten ein Stück Wahrheit enthalten: Grimms Auffassung, wonach es in Art. 2 I GG, gemäß dessen Wortlaut, um die Persönlichkeitsentfaltung geht und damit, in Anlehnung an die Terminologie Kants, um die Entfaltungsmöglichkeiten des Menschen als moralisch-autonomes Wesen, ist dem *Grunde* nach zuzustimmen. In Bezug auf den *Umfang* von Art. 2 I GG ist hingegen der Rechtsprechung des Bundesverfassungsgerichts beizupflichten: Die Entscheidung darüber, was für die Entfaltung der eigenen Persönlichkeit besonders wichtig ist, steht aus den in dieser Arbeit genannten erkenntnistheoretisch-faktischen und normativen Gründen nur dem Grundrechtsträger selbst zu. Die gesamte äußere Handlungsfreiheit eines Menschen ist deshalb als rechtlich schutzwürdig anzusehen.

Im Anschluss an die Ergebnisse dieser Arbeit lassen sich zudem weitere Überlegungen anstellen zum Verhältnis zwischen der allgemeinen Handlungsfreiheit nach Art. 2 I GG und der Menschenwürde gemäß Art. 1 I GG: Folgt man der *Rechtslehre* Kants, so stellt das allgemeine Rechtsgesetz, d. h. die allgemeine Handlungsfreiheit, die entscheidende Transformationsnorm von der Moral zum Recht dar. Sie formuliert die Legitimationsbedingungen rechtlichen Zwangs. Die Normierung der Menschenwürde hat dazu aber, so könnte man hinzufügen, noch eine notwendige *Ergänzungsfunktion*.[1300] Es geht bei ihr nicht primär um die *Legitimationsbedingungen* von Zwang, d. h. um das „Ob" des Zwangs, sondern um dessen *Art und Weise*, d. h. um das „Wie" des Zwangs. Vereinfacht (und etwas verzerrend)[1301] könnte man sagen: *Die spezifische Funktion der Menschenwürde besteht in der Gewährleistung von „Recht im Unrecht"*.[1302] Auch wenn Kant dies in seinen Schriften nicht weiter ausführt, so kann sich diese Interpretation zumindest auf eine Textstelle aus der *Tugendlehre* stützen. In dieser Textstelle geht es um die Verurteilung der „schimpfliche[n], die Menschheit selbst entehrende[n] Strafen [...] (wie das Viertheilen, von Hunden zerreißen lassen, Nasen und Ohren abschneiden)".[1303] Dass Kant diese Arten von Strafe lediglich in der *Tugendlehre*

1300 Siehe dazu Kalscheuer, *Der Staat*, Bd. 52 (2013), S. 411 ff.
1301 Vereinfacht und verzerrend deshalb, weil Zwang bei Kant nicht nur durch Sanktionsnormen ausgeübt werden kann; siehe dazu Willaschek, *IJPS*, Bd. 17 (2009), S. 56 f.
1302 Kalscheuer, *Der Staat*, Bd. 52 (2013), S. 411.
1303 MdS VI, 463.

erwähnt, nicht aber in der *Rechtslehre*, könnte dafür sprechen, seiner (moralischen) Verurteilung derartiger Arten von Strafe keinerlei rechtliche Bedeutung zuzuerkennen. Näherliegend erscheint jedoch eine andere Interpretation: Kant bespricht diese Arten von Strafe nicht in der *Rechtslehre*, sondern in der *Tugendlehre*, da ein Verbot dieser Arten von Strafe nicht aus dem allgemeinen Rechtsgesetz, d. h. der allgemeinen Handlungsfreiheit, folgt, sondern aus dem darüber hinausgehenden kategorischen Imperativ, d. h. der Menschenwürde. Bei den von Kant genannten Arten von Strafe geht es nämlich nicht um die Legitimationsbedingungen von Zwang, die Kant in den Mittelpunkt seiner *Rechtslehre* und des allgemeinen Rechtsgesetzes stellt, sondern um die Art und Weise der Zwangsausübung.[1304]

Folgt man dieser Kant-Interpretation, so leitet sich etwa auch der für die Rechtsprechung des Bundesverfassungsgerichts so wichtige Verhältnismäßigkeitsgrundsatz nicht aus dem Rechtsstaatsprinzip oder „aus dem Wesen der Grundrechte selbst"[1305] ab, sondern aus der Ergänzungsfunktion des kategorischen Imperativs, d. h. der Menschenwürde.[1306] Schließlich behandelt die Frage nach der Verhältnismäßigkeit eines staatlichen Eingriffs in die Grundrechte Einzelner weniger die Frage, ob *überhaupt* ein diesbezüglicher staatlicher Eingriff rechtmäßig ist, als vielmehr die Frage, ob die *Art und Weise* des staatlichen Eingriffs in die Grundrechte des Einzelnen als rechtmäßig zu bewerten ist.[1307]

Damit lässt sich festhalten, dass eine Kantisch geprägte Verhältnisbestimmung von allgemeiner Handlungsfreiheit und Menschenwürde auch für gegenwärtige Diskussionen im Verfassungsrecht von Bedeutung sein kann. An Aktualität und Anschlussfähigkeit hat Kants *Rechtslehre* folglich nicht eingebüßt. Sie „erweist sich" vielmehr „alles in allem als so lebendig wie am ersten Tage".[1308]

1304 So auch Kalscheuer, *Der Staat*, Bd. 52 (2013), S. 412.
1305 BVerfGE, Bd. 19, 342 (348 f.); 65, 1 (44).
1306 Wenn man allerdings davon ausgeht, dass das „Wesen der Grundrechte selbst" der Menschenwürdegehalt der Grundrechte ist, dann entspricht die Auffassung des Bundesverfassungsgerichts, wonach sich der Verhältnismäßigkeitsgrundsatz eben aus dem „Wesen der Grundrechte selbst" ergebe, weitgehend der hier vorgelegten Interpretation Kants. Weitere Beispiele für die Ergänzungsfunktion der Menschenwürde werden zudem von Kalscheuer, *Der Staat*, Bd. 52 (2013), S. 412, genannt.
1307 So bereits Kalscheuer, *Der Staat*, Bd. 52 (2013), S. 412.
1308 Alexy, „Ralf Dreiers Interpretation der Kantischen Rechtsdefinition", S. 109, in Bezug auf Kants Rechtsbegriff.

Literaturverzeichnis

1 Primärliteratur

Aristoteles, *Politik* (Titel der Originalausgabe: Politeia) übers. v. Olof Gigon, 4. Aufl., München 1981

Hegel, Georg Wilhelm Friedrich, „Grundlinien der Philosophie des Rechts oder Naturrecht und Staatswissenschaft im Grundrisse", in: *Werke*, Bd. 7, Frankfurt a.M. 1970

Hobbes, Thomas, *Leviathan*, hrsg. v. Crawford B. Macpherson, Harmondsworth 1979

Hume, David, „That Politics may be Reduced to a Science", in: *The Philosophical Works*, Bd. 3; Essays Moral Political and Literary Bd. 1, hrsg. v. Thomas Hill Green u. Thomas Hodge Grose, Aalen 1992 (Nachdruck von 1882), S. 98–108

Kant, Immanuel, „Anthropologie in pragmatischer Hinsicht", in: *Kant's gesammelte Schriften*, hrsg. v. d. Königlich Preußischen Akademie der Wissenschaften, Bd. VII, Berlin 1907/17, S. 117–334

Kant, Immanuel, „Beantwortung der Frage: Was ist Aufklärung?", in: *Kant's gesammelte Schriften*, hrsg. v. d. Königlich Preußischen Akademie der Wissenschaften, Bd. VIII, Berlin 1912/23, S. 33–42

Kant, Immanuel, „Der Streit der Fakultäten", in: *Kant's gesammelte Schriften*, hrsg. v. d. Königlich Preußischen Akademie der Wissenschaften, Bd. VII, Berlin 1907/17, S. 1–116

Kant, Immanuel, „Die Metaphysik der Sitten", in: *Kant's gesammelte Schriften*, hrsg. v. d. Königlich Preußischen Akademie der Wissenschaften, Bd. VI, Berlin 1907/14, S. 203–494

Kant, Immanuel, „Die Religion innerhalb der Grenzen der bloßen Vernunft", in: *Kant's gesammelte Schriften*, hrsg. v. d. Königlich Preußischen Akademie der Wissenschaften, Bd. VI, Berlin 1907/1914, S. 1–201

Kant, Immanuel, *Eine Vorlesung Kants über Ethik*, hrsg. v. Paul Menzer, Berlin 1924

Kant, Immanuel, „Grundlegung zur Metaphysik der Sitten", in: *Kant's gesammelte Schriften*, hrsg. v. d. Königlich Preußischen Akademie der Wissenschaften, Bd. IV, Berlin 1903/11, S. 385–464

Kant, Immanuel, „Idee zu einer allgemeinen Geschichte in weltbürgerlicher Absicht", in: *Kant's gesammelte Schriften*, hrsg. v. d. Königlich Preußischen Akademie der Wissenschaften, Bd. VIII, Berlin 1912/23, S. 15–32

Kant, Immanuel, „Kritik der praktischen Vernunft", in: *Kant's gesammelte Schriften*, hrsg. v. d. Königlich Preußischen Akademie der Wissenschaften, Bd. V, Berlin 1908/13, S. 1–164

Kant, Immanuel, „Kritik der reinen Vernunft", in: *Kant's gesammelte Schriften*, hrsg. v. d. Königlich Preußischen Akademie der Wissenschaften, Bd. III, 2. Auflage, Berlin 1907/14, S. 1–552

Kant, Immanuel, „Kritik der Urteilskraft", in: *Kant's gesammelte Schriften*, hrsg. v. d. Königlich Preußischen Akademie der Wissenschaften, Bd. V, Berlin 1908/13, S. 165–486

Kant, Immanuel, „Logik", in: *Kant's gesammelte Schriften*, hrsg. v. d. Königlich Preußischen Akademie der Wissenschaften, Bd. IX, Berlin 1923, S. 1–150

Kant, Immanuel, „Pädagogik", in: *Kant's gesammelte Schriften*, hrsg. v. d. Königlich Preußischen Akademie der Wissenschaften, Bd. IX, Berlin 1923, S. 437–500

Kant, Immanuel, „Prologomena zu einer jeden künftigen Metaphysik, die als Wissenschaft wird auftreten können", in: *Kant's gesammelte Schriften*, hrsg. v. d. Königlich Preußischen Akademie der Wissenschaften, Bd. IV, Berlin 1903/11, S. 253–384

Kant, Immanuel, „Reflexionen zur Rechtsphilosophie", in: *Kant's gesammelte Schriften* hrsg. v. der Preußischen Akademie für Rechtswissenschaften, Bd. XIX, Berlin 1934, S. 443–613

Kant, Immanuel, „Über den Gemeinspruch: Das mag in der Theorie richtig sein, taugt aber nicht für die Praxis", in: *Kant's gesammelte Schriften*, hrsg. v. d. Königlich Preußischen Akademie der Wissenschaften, Bd. VIII, Berlin 1912/23, S. 273–314

Kant, Immanuel, „Über ein vermeintes Recht, aus Menschenliebe zu lügen", in: *Kant's gesammelte Schriften*, hrsg. v. d. Königlich Preußischen Akademie der Wissenschaften, Bd. VIII, Berlin 1912/23, S. 423–430

Kant, Immanuel, „Versuch, den Begriff der negativen Größen in die Weltweisheit einzuführen", in: *Kant's gesammelte Schriften*, hrsg. v. d. Königlich Preußischen Akademie der Wissenschaften, Bd. II, Berlin 1905/12, S. 165–204

Kant, Immanuel, „Vorarbeiten zu Die Metaphysik der Sitten. Erster Teil: Metaphysische Anfangsgründe der Rechtslehre", in: *Kant's gesammelte Schrift*, hrsg. v. d. Deutschen Akademie der Wissenschaften zu Berlin, Bd. XXIII, Berlin 1955, S. 207–370

Kant, Immanuel, „Vorlesungen zur Moralphilosophie Collins", in: *Kant's gesammelte Schriften*, hrsg. v. d. Akademie der Wissenschaften der DDR, Bd. XXVII (Erste Hälfte), Berlin 1974, S. 243–473

Kant, Immanuel, „Vorlesungen zur Moralphilosophie, Metaphysik der Sitten Mrongovius", in: *Kant's gesammelte Schriften*, hrsg. v. d. Akademie der Wissenschaften der DDR, Bd. XXIX (Erste Hälfte, zweiter Teil), Berlin 1983, S. 747–940

Kant, Immanuel, „Vorlesungen zur Moralphilosophie, Metaphysik der Sitten Vigilantius", in: *Kant's gesammelte Schriften*, hrsg. v. d. Akademie der Wissenschaften der DDR, Bd. XXVII (Zweite Hälfte, erster Teil), Berlin 1975, S. 479–732

Kant, Immanuel, „Zum ewigen Frieden", in: *Kant's gesammelte Schriften*, hrsg. v. d. Königlich Preußischen Akademie der Wissenschaften, Bd. VIII, Berlin 1912/1923, S. 341–386

Locke, John, „Two Treatises of Government", in: *The Works of John Locke*, Bd. 5, London 1823 (Nachdruck: Aalen 1963), S. 207–485

de Montesquieu, Charles Louis de Secondat, *Vom Geist der Gesetze* (Titel der Originalausgabe: De l'esprit des lois), übers. v. Kurt Weigand, Stuttgart 1976

Schiller, Friedrich, „Die Worte des Glaubens", in: *Sämtliche Werke*. Berliner Ausgabe 1, hrsg. v. Hans-Günther Thalheim, Berlin 2005

Schiller, Friedrich, „Gewissensskrupel", in: *Sämtliche Werke*. Berliner Ausgabe 1, hrsg. v. Hans-Günther Thalheim, Berlin 2005

Schopenhauer, Arthur, *Metaphysik der Sitten. Philosophische Vorlesungen, Teil IV. Aus dem handschriftlichen Nachlass*, hrsg. v. Volker Spierling. 2. Aufl., München, Zürich 1988

Schopenhauer, Arthur, „Preisschrift über die Grundlage der Moral", in: *Die beiden Grundprobleme der Ethik*, hrsg. v. Ludger Lütkehaus, Zürich 1999, S. 323–632

2 Sekundärliteratur

Ackerman, Bruce, *We the People*, Bd. 1: Foundations, Cambridge, London 1993
Albrecht, Michael, *Kants Antinomie der praktischen Vernunft*, Hildesheim, New York 1978
Albrecht, Michael, „Kants Maximenethik und ihre Begründung", *Kant-Studien*, Bd. 85 (1994), S. 129–146
Alexy, Robert, *Begriff und Geltung des Rechts*, Freiburg, München 2002

ion Alexy, Robert, „Kants Begriff des praktischen Gesetzes", in: *Der biblische Gesetzesbegriff. Auf den Spuren seiner Säkularisierung*. 13. Symposium der Kommission „Die Funktion des Gesetzes in Geschichte und Gegenwart", hrsg. v. Okko Behrends, Göttingen 2006, S. 197–216

Alexy, Robert, „On the Concept and the Nature of Law", *Ratio Juris*, Bd. 21 (2008), S. 281–299

Alexy, Robert, „Ralf Dreiers Interpretation der Kantischen Rechtsdefinition", in: *Integratives Verstehen. Zur Rechtsphilosophie Ralf Dreiers*, hrsg. v. Robert Alexy, Tübingen 2005, S. 95–110

Alexy, Robert, „The Dual Nature of Law", *Ratio Juris*, Bd. 23 (2010), S. 167–182

Alexy, Robert, *Theorie der Grundrechte*, Frankfurt a.M. 1986

Allison, Henry E., *Kant's Theory of Freedom*, Cambridge, New York, Port Chester, Melbourne, Sydney 1990

Allison, Henry E., „Kant on Freedom: A Reply to my Critics", in: *Idealism and freedom. Essays on Kant's theoretical and practical philosophy*, Cambridge, New York, Melbourne 1996, S. 109–128

Anacker, Ulrich, *Natur und Intersubjektivität. Elemente zu einer Theorie der Aufklärung*, Frankfurt a.M. 1974

Auer, Marietta, „Normativer Positivismus – Positivistisches Naturrecht. Zur Bedeutung von Rechtspositivismus und Naturrecht jenseits von Rechtsbegriff und Rechtsethik", in: *Festschrift für Claus-Wilhelm Canaris zum 70. Geburtstag*, Bd. 2, hrsg. v. Andreas Heldrich, Jürgen Prölss, Ingo Koller, Katja Langenbucher, Hans Christoph Grigoleit, Johannes Hager, Felix Christopher Hey, Jörg Neuner, Jens Petersen, Reinhard Singer, München 2007, S. 931–962

Augsberg, Ino, „,Das moralische Gefühl in mir'. Zu Kants Konzeption menschlicher Freiheit und Würde als Auto-Heteronomie, *Juristenzeitung*, 2013, S. 533–539

Aune, Bruce, *Kant's Theory of Morals*, Princeton 1979

Avrigeanau, Tudor, *Ambivalenz und Einheit. Eine Untersuchung zur strafrechtswissenschaftlichen Grundlagendiskussion der Gegenwart anhand ihrer Bezüge zu Kants Philosophie*, Baden-Baden 2006

Baier, Kurt, *The Moral Point of View*, Ithaca, London 1958

Baron, Marcia, „Handeln aus Pflicht", in: *Kants Ethik*, hrsg. v. Karl Ameriks u. Dieter Sturma, Paderborn 2004

Bauch, Bruno, *Grundzüge der Ethik*, Darmstadt 1968

Baum, Manfred, „Freiheit und Verbindlichkeit in Kants Moralphilosophie", in: *Jahrbuch für Recht und Ethik*, Bd. 13, Philosophia Practica Universalis. Festschrift für Joachim Hruschka zum 70. Geburtstag, hrsg. v. B. Sharon Byrd u. Jan C. Joerden, Berlin 2005

Beck, Lewis W., *Kants „Kritik der praktischen Vernunft". Ein Kommentar* (Titel der Originalausgabe: A Commentary on Kant's Critique of Practical Reason), übers. v. Karl-Heinz Ilting, München 1974

Bendixen, Peter, *Die Unsichtbare Hand, die Freiheit und der Markt: Das weite Feld ökonomischen Denkens*, Berlin, Münster, Wien, Zürich, London 2009

Berlin, Isaiah, „Two Concepts of Liberty", in: *Four Essays on Liberty*, Oxford, New York 1969, S. 118–172

Bielefeldt, Heiner, *Kants Symbolik. Ein Schlüssel zur kritischen Freiheitsphilosophie*, Freiburg, München 2001

Bielefeldt, Heiner, *Neuzeitliches Freiheitsrecht und politische Gerechtigkeit. Perspektiven der Gesellschaftsvertragstheorien*, Würzburg 1990

Bielefeldt, Heiner, *Philosophie der Menschenrechte. Grundlagen eines weltweiten Freiheitsethos*, Darmstadt 1998
Binder, Julius, *Rechtsnorm und Rechtspflicht*, Leipzig 1912
Bittner, Rüdiger, „Kausalität aus Freiheit und kategorischer Imperativ", in: *Zeitschrift für Philosophische Forschung*, Bd. 32 (1978), S. 265–274
Bittner, Rüdiger, „Maximen", in: *Akten des 4. Internationalen Kant-Kongresses*. Mainz 1974. Teil II. 2: Sektionen, hrsg. v. Gerhard Funke, Berlin, New York 1974
Böckenförde, Ernst-Wolfgang, „Die Entstehung des Staates als Vorgang der Säkularisation", in: *Recht, Staat, Freiheit. Studien zur Verfassungstheorie und zum Verfassungsrecht*. Erweiterte Ausgabe, Frankfurt a.M. 2006, S. 92–114
Böckenförde, Ernst-Wolfgang, *Gesetz und gesetzgebende Gewalt – Von den Anfängen der deutschen Staatsrechtslehre bis zur Höhe des staatsrechtlichen Positivismus*, Berlin 1958
Bojanowski, Jochen, *Kants Theorie der Freiheit. Rekonstruktion und Rehabilitierung*, Berlin, New York 2006
Borries, Kurt, *Kant als Politiker*, Leipzig 1928
Brandt, Reinhard, „Antwort auf Bernd Ludwig: Will die Natur unwiderstehlich die Republik", *Kant-Studien*, Bd. 88 (1997), S. 229–237
Brandt, Reinhard, „Das Erlaubnisgesetz, oder Vernunft und Geschichte in Kants Rechtslehre", in: *Rechtsphilosophie der Aufklärung, Symposium in Wolfenbüttel 1981*, hrsg. v. Reinhard Brandt, Berlin, New York 1982, S. 233–285
Brandt, Reinhard, „Das Problem der Erlaubnisgesetze im Spätwerk Kants", in: *Klassiker Auslegen – Immanuel Kant. Zum ewigen Frieden*, hrsg. v. Otfried Höffe, Berlin 1995, 69–86
Brandt, Reinhard, „Die politische Institution bei Kant", in: *Politische Institutionen im gesellschaftlichen Umbruch*, hrsg. v. Gerhard Göhler, Kurt Lenk, Herfried Münkler u. Manfred Walther, Opladen 1990, S. 335–357
Brandt, Reinhard, *Eigentumstheorien von Grotius bis Kant*, Stuttgart, Bad Cannstatt 1973
Brandt, Richard B., *Ethical Theory. The Problems of Normative and Critical Ethics*, New York 1959
Brinkmann, Walter, *Praktische Notwendigkeit. Eine Formalisierung von Kants Kategorischem Imperativ*, Paderborn 2003
Brugger, Winfried, „Grundlinien der Kantischen Rechtsphilosophie", *Juristenzeitung*, 1991, S. 893–900
Byrd, B. Sharon; Hruschka, Joachim, *Kant's Doctrine of Right. A Commentary*, Cambridge, New York, Melbourne, Madrid, Cape Town, Singapore, São Paulo, Delhi, Dubai, Tokyo 2010
Byrd, B. Sharon, „Kant's Theory of Punishment: Deterrence in its Threat, Retribution in its Execution", in: *Kant and Law*, hrsg. v. B. Sharon Byrd u. Joachim Hruschka, Padstow 2006, S. 273–322
Cattaneo, Mario A., „Menschenwürde bei Kant", in: *Archiv für Rechts- und Sozialphilosophie*, Beiheft 101: Menschenwürde als Rechtsbegriff. Tagung der Internationalen Vereinigung für Rechts- und Sozialphilosophie (IVR), Schweizer Sektion Basel, 25. bis 28. Juni 2004, hrsg. v. Kurt Seelmann, Stuttgart 2004, S. 24–32
Cohen, Morris R., *Reason and Law: Studies in Juristic Philosophy*, Westport 1972 (Nachdruck von 1950)
Dahlstrom, Daniel O., „Ethik, Recht und Billigkeit", in: *Jahrbuch für Recht und Ethik*, Bd. 5, Themenschwerpunkt: 200 Jahre Kants Metaphysik der Sitten, hrsg. v. B. Sharon Byrd, Joachim Hruschka u. Jan C. Joerden, Berlin 1997, S. 55–72

Deggau, Hans-Georg, *Die Aporien der Rechtslehre Kants*, Stuttgart, Bad Cannstatt 1983
Dreier, Horst, *Grundgesetz Kommentar*, hrsg. v. Horst Dreier, Bd. 1: Artikel 1–19, 2. Aufl., Tübingen 2004
Dreier, Ralf, „Der moralische Standpunkt bei Kant und Hegel", in: *Staatsphilosophie und Rechtspolitik*. Festschrift für Martin Kriele, hrsg. v. Burkhard Ziemske, Theo Langheid, Heinrich Wilms u. Görg Haverkate, München 1997, S. 811–827
Dreier, Ralf, *Rechtsbegriff und Rechtsidee. Kants Rechtsbegriff und seine Bedeutung für die gegenwärtige Diskussion*, Frankfurt a.M. 1986
Dreier, Ralf, „Rechtsgehorsam und Widerstandsrecht", in: *Festschrift für Rudolf Wassermann*, hrsg. v. Christian Broda, Neuwied 1985, S. 299–316
Dreier, Ralf, „Zur Einheit der praktischen Philosophie Kants. Kants Rechtsphilosophie im Kontext seiner Moralphilosophie", in: *Recht – Moral – Ideologie*, Frankfurt a.M. 1981, S. 286–315
Dulckeit, Gerhard, *Naturrecht und positives Recht bei Kant*, Leipzig 1932
Düsing, Klaus, „Das Problem des höchsten Gutes in Kants praktischer Philosophie", *Kant-Studien*, Bd. 62 (1971), S. 5–42
Dworkin, Ronald, „Moral Pluralism", in: *Justice in Robes*, Cambridge, London 2006, S. 105–116
Ebbinghaus, Julius, „Das Kantische System der Rechte des Menschen und Bürger in seiner geschichtlichen und aktuellen Bedeutung", in: *Gesammelte Schriften*, Bd. 2. Philosophie der Freiheit: praktische Philosophie 1955–1972, hrsg. v. Georg Geismann u. Hariolf Oberer, Bonn 1988, S. 249–282
Ebbinghaus, Julius, „Deutung und Mißdeutung des kategorischen Imperativs", in: *Gesammelte Schriften*, Bd. 1. Sittlichkeit und Recht: praktische Philosophie 1929–1954, hrsg. v. Hariolf Oberer u. Georg Geismann, Bonn 1986, S. 279–296
Ebbinghaus, Julius „Die Formen des kategorischen Imperativs und die Ableitung inhaltlich bestimmter Pflichten", in: *Gesammelte Schriften*, Bd. 2. Philosophie der Freiheit: praktische Philosophie 1955–1972, hrsg. v. Georg Geismann u. Hariolf Oberer, Bonn 1988, S. 209–230
Ebbinghaus, Julius „Die Idee des Rechtes", in: *Gesammelte Schriften*, Bd. 2. Philosophie der Freiheit: praktische Philosophie 1955–1972, hrsg. v. Georg Geismann u. Hariolf Oberer, Bonn 1988, S. 141–198
Ebbinghaus, Julius, „Die Strafen für Tötung eines Menschen nach Prinzipien einer Rechtsphilosophie der Freiheit", in: *Gesammelte Schriften*, Bd. 2. Philosophie der Freiheit. praktische Philosophie 1955–1972, hrsg. v. Georg Geismann u. Hariolf Oberer, Bonn 1988, S. 283–380
Ebbinghaus, Julius „Kants Rechtslehre und die Rechtsphilosophie des Neukantianismus", in: *Gesammelte Schriften*, Bd. 2. Philosophie der Freiheit: praktische Philosophie 1955–1972, hrsg. v. Georg Geismann u. Hariolf Oberer, Bonn 1988, S. 231–248
Ebbinghaus, Julius „Kant und das 20. Jahrhundert", in: *Gesammelte Aufsätze*, Vorträge und Reden, Darmstadt 1968, S. 97–119
Ebbinghaus, Julius „Positivismus – Recht der Menschheit – Naturrecht – Staatsbürgerrecht", in: *Gesammelte Schriften*, Bd. 1. Sittlichkeit und Recht: praktische Philosophie 1929–1954, hrsg. v. Hariolf Oberer u. Georg Geismann, Bonn 1986, S. 349–366
Ebert, Theodor, „Kants kategorischer Imperativ und die Kriterien gebotener, verbotener und freigestellter Handlungen", *Kant-Studien*, Bd. 67 (1976), S. 570–583

Enskat, Rainer, „Universalität, Spontanität und Solidarität. Formale und prozedurale Grundzüge der Sittlichkeit", in: *Prinzip und Applikation in der praktischen Philosophie*, hrsg. v. Theodor M. Seebohm, Mainz 1990, S. 33–79

Epping, Volker, *Grundrechte*, 5. Aufl., Heidelberg, Dordrecht, London, New York 2012

Esser, Andrea M., *Kunst als Symbol. Die Struktur ästhetischer Reflexion in Kants Theorie des Schönen*, München 1997

Fischer, Peter, *Moralität und Sinn. Zur Systematik von Klugheit, Moral und symbolischer Erfahrung im Werk Kants*, München 2003

Flickschuh, Karin, „Ist das rechtliche Postulat ein Postulat der reinen praktischen Vernunft?", in: *Jahrbuch für Recht und Ethik*, Bd. 12, Themenschwerpunkt: Zur Entwicklungsgeschichte moralischer Grund-Sätze in der Philosophie der Aufklärung, hrsg. v. B. Sharon Byrd, Joachim Hruschka u. Jan C. Joerden, Berlin 2004, S. 299–330

Forschner, Maximilian, „Über die verschiedenen Bedeutungen des ‚Hangs zum Bösen'", in: *Klassiker Auslegen – Immanuel Kant. Die Religion innerhalb der Grenzen der bloßen Vernunft*, hrsg. v. Otfried Höffe, Berlin 2011, S. 71–90

Forsthoff, Ernst, „Der moderne Staat und die Tugend", in: *Rechtsstaat im Wandel: verfassungsrechtliche Abhandlungen 1950–1965*, Stuttgart 1964, S. 13–26

Friedrich, Rainer, *Eigentum und Staatsbegründung in Kants Metaphysik der Sitten*, Berlin, New York 2004

Fulda, Hans Friedrich, „Notwendigkeit des Rechts unter Voraussetzung des Kategorischen Imperativs der Sittlichkeit", in: *Jahrbuch für Recht und Ethik*, Bd. 14, Themenschwerpunkt: Recht und Sittlichkeit bei Kant, hrsg. v. B. Sharon Byrd, Joachim Hruschka u. Jan C. Joerden, Berlin 2006, S. 167–214

Galvin, Richard F., „Slavery and Universalizability", *Kant-Studien*, Bd. 90 (1999), S. 191–203

Geddert-Steinacher, Tatjana, *Menschenwürde als Verfassungsbegriff. Aspekte der Rechtsprechung des Bundesverfassungsgerichts zu Art. 1 Abs. 1 Grundgesetz*, Berlin 1990

Geismann, Georg, „Die Formeln des kategorischen Imperativs nach H. J. Paton, N. N., Klaus Reich und Julius Ebbinghaus", *Kant-Studien*, Bd. 93 (2002), S. 374–384

Geismann, Georg, *Ethik und Herrschaftsordnung*, Tübingen 1974

Geismann, Georg, „Kant und ein vermeintes Recht des Embryos", in: *Kant-Studien*, Bd. 95 (2004), S. 443–469

Geismann, Georg, „Recht und Moral in der Philosophie Kants", in: *Jahrbuch für Recht und Ethik*, Bd. 14, Themenschwerpunkt: Recht und Sittlichkeit bei Kant, hrsg. v. B. Sharon Byrd, Joachim Hruschka u. Jan C. Joerden, Berlin 2006, S. 3–124

Gregor, Mary J., „Kants System der Pflichten in der Metaphysik der Sitten", in: *Immanuel Kant. Metaphysische Anfangsgründe der Tugendlehre*; neu hrsg. u. eingeleitet v. Bernd Ludwig, 2. Aufl., Hamburg 2008, S. XXIX-LXV

Gregor, Mary J., *Laws of Freedom. A Study of Kant's Method of Applying the Categorical Imperative in the Metaphysik der Sitten*, Oxford 1963

Gutmann, Thomas, „Würde und Autonomie. Überlegungen zur Kantischen Tradition", in: *Jahrbuch für Wissenschaft und Ethik*, Bd. 15 (2010), S. 5–34

Guyer, Paul, „Kant's Deduction of the Principles of Right", in: *Kant's Metaphysics of Morals. Interpretative Essays*, hrsg. v. Mark Timmons, Oxford, New York 2002, S. 23–64

Guyer, Paul, „Kantian Foundations for Liberalism", in: *Kant on Freedom, Law and Happiness*, Cambridge, New York 2000, S. 235–261

Guyer, Paul, „The Crooked Timber of Mankind", in: *Kant's Idea for a Universal History with a Cosmopolitan Aim. A Critical Guide*, hrsg. v. Amélie Rorty u. James Schmidt, Cambridge 2009, S. 129–149

Habermas, Jürgen, *Faktizität und Geltung. Beiträge zur Diskurstheorie des Rechts und des demokratischen Rechtsstaats*, 4. Aufl., Frankfurt a.M. 1994

Haensel, Werner, *Kants Lehre vom Widerstandsrecht. Ein Beitrag zur Systematik der Kantischen Rechtsphilosophie*, Berlin 1926

Harzer, Regina, „Über die Bedeutsamkeit des Kategorischen Imperativs für die Rechtslehre Kants", in: *Jahrbuch für Recht und Ethik*, Bd. 14, Themenschwerpunkt: Recht und Sittlichkeit bei Kant, hrsg. v. B. Sharon Byrd, Joachim Hruschka u. Jan C. Joerden, Berlin 2006, S. 225–242

Henrich, Dieter, „Kant über die Revolution", in: *Materialien zu Kants Rechtsphilosophie*, hrsg. v. Zwi Batscha, Frankfurt a.M. 1976, S. 359–365

Herb, Karlfriedrich; Ludwig, Bernd, „Naturzustand, Eigentum und Staat. Immanuel Kants Relativierung des ‚Ideal des hobbes'", *Kant-Studien*, Bd. 84 (1993), S. 293–316

Herman, Barbara, „Moral Deliberation and the Derivation of Duties", in: *The Practice of Moral Judgment*, Cambridge, London 1993, S. 132–158

Herman, Barbara, „Training to Autonomy. Kant and the question of Moral Education", in: *Moral Literacy*, Cambridge, London 2008, S. 130–153

Hill, Thomas E. Jr., „Kant on Imperfect Duty and Supererogation", in: *Dignity and Practical Reason in Kant's Moral Theory*, Ithaca, London 1992, S. 147–175

Hill, Thomas E. Jr., „Kant on Punishment: A Coherent Mix of Deterrence and Retribution?", in: *Jahrbuch für Recht und Ethik*, Bd. 5, Themenschwerpunkt: 200 Jahre Kants Metaphysik der Sitten, hrsg. v. B. Sharon Byrd, Joachim Hruschka u. Jan C. Joerden, Berlin 1997, S. 291–314

Hill, Thomas E. Jr., „The Hypothetical Imperative", in: *Dignity and Practical Reason in Kant's Moral Theory*, Ithaca, London 1992, S. 17–37

Hoerster, Norbert, „Kants kategorischer Imperativ als Test unserer sittlichen Pflichten", in: *Rehabilitierung der praktischen Philosophie*, Bd. 2: Rezeption, Argumentation, Diskussion, hrsg. v. Manfred Reidel, Freiburg 1974, S. 455–475

Höffe, Otfried, „Der kategorische Imperativ als Grundbegriff einer normativen Rechts- und Staatsphilosophie", in: *Oikeiosis. Festschrift für Robert Spaemann*, hrsg. v. Reinhard Löw, Weinheim 1987, S. 87–100

Höffe, Otfried, *Ethik und Politik*, Frankfurt a.M. 1979

Höffe, Otfried, *Immanuel Kant*, 7. Aufl., München 2007

Höffe, Otfried, „Kants kategorischer Imperativ als Kriterium des Sittlichen", in: *Zeitschrift für philosophische Forschung*, Bd. 31 (1977), S. 354–384

Höffe, Otfried, *Kategorische Rechtsprinzipien. Ein Kontrapunkt der Moderne*, Frankfurt a.M. 1990

Höffe, Otfried, *„Königliche Völker". Zu Kants kosmopolitischer Rechts- und Friedenstheorie*, Frankfurt a.M. 2001

Höffe, Otfried, „Menschenwürde als ethisches Prinzip", in: *Gentechnik und Menschenwürde*, hrsg. v. Ottfried Höffe, Ludger Honnefelder, Josef Isensee u. Paul Kirchhof, Köln 2002, S. 110–141

Höffe, Otfried, Recht und Moral: Ein kantischer Problemaufriß, in: *Neue Hefte für Philosophie*, Bd. 17 (1979), S. 1–36

Hofmann, Hasso, *Repräsentation. Studien zur Wort- und Begriffsgeschichte von der Antike bis ins 19. Jahrhundert*, 4. Aufl., Berlin 2003

Honnefelder, Ludger, „Die Frage nach dem moralischen Status des menschlichen Embryos", in: *Gentechnik und Menschenwürde*, hrsg. v. Otfried Höffe, Ludger Honnefelder, Josef Isensee u. Paul Kirchhof, Köln 2002, S. 79–110

Horn, Christoph, „Die Menschheit als objektiver Zweck – Kants Selbstzweckformel des kategorischen Imperativs", in: *Kants Ethik*, hrsg. v. Karl Ameriks u. Dieter Sturma, Paderborn 2004, S. 195–212

Horn, Christoph, „Die menschliche Gattungsnatur: Anlagen zum Guten und Hang zum Bösen", in: *Klassiker Auslegen – Immanuel Kant. Die Religion innerhalb der Grenzen der bloßen Vernunft*, hrsg. v. Otfried Höffe, Berlin 2011, S. 43–70

Horn, Christoph; Mieth, Corinna; Scarano, Nico, Immanuel Kant. *Grundlegung zur Metaphysik der Sitten. Kommentar*, Frankfurt a.M. 2007

Hruschka, Joachim, „Die Würde des Menschen bei Kant", *Archiv für Rechts- und Sozialphilosophie*, Bd. 88 (2002), S. 463–480

Hruschka, Joachim, „The Permissive Law of Practical Reason in Kant's Metaphysics of Morals", *Law and Philosophy*, Bd. 23 (2004), S. 45–72

Ipsen, Jörn, *Staatsrecht II. Grundrechte*, 14. Aufl., München 2011

Jaber, Dunja, *Über den mehrfachen Sinn von Menschenwürde-Garantien. Mit besonderer Berücksichtigung von Art. 1 Abs. 1 GG Grundgesetz*, Frankfurt a.M. 2003

Joerden, Jan C. „Der Widerstreit zweier Gründe der Verbindlichkeit. Konsequenzen einer These Kants für die strafrechtliche Lehre von der ‚Pflichtenkollision'", in: *Jahrbuch für Recht und Ethik*, Bd. 5 (1997), S. 43–52.

Joerden, Jan C., „Zwei Formeln in Kants Zurechnungslehre", in: *Archiv für Rechts- und Sozialphilosophie*, Bd. 77 (1991), S. 525–538

Ju, Gau-Jeng, *Kants Lehre vom Menschenrecht und von den staatsbürgerlichen Grundrechten*, Würzburg 1990

Kain, Patrick, „Duties Regarding Animals", in: *Kant's Metaphysics of Morals. A Critical Guide*, hrsg. v. Lara Denis, Cambridge, New York, Melbourne, Madrid, Cape Town, Singapore, São Paulo, Delhi, Mexico City 2012, S. 210–233

Kain, Patrick, „Self-Legislation in Kant's Moral Philosophy", *Archiv für Geschichte der Philosophie*, Bd. 86 (2004), S. 257–306

Kalscheuer, Fiete, „Kants Theorie der Abwägung", *Archiv für Rechts- und Sozialphilosophie*, Bd. 99 (2013), S. 499–505

Kalscheuer, Fiete, „Menschenwürde als Recht im Unrecht. Zur Ergänzungsfunktion der Menschenwürde im Recht bei Kant", *Der Staat*, Bd. 52 (2013), S. 401–413

Kalscheuer, Fiete, „Rezension: Oliver Sensen. Kant on Human Dignity", *Archiv für Rechts- und Sozialphilosophie*, Bd. 99 (2013), S. 121–122

Kaufmann, Alexander A., *Welfare in the Kantian State*, Oxford, New York 1999

Kaufmann, Matthias, „The Relation between Right and Coercion: Analytic or Synthetic?", in: *Jahrbuch für Recht und Ethik*, Bd. 5, Themenschwerpunkt: 200 Jahre Kants Metaphysik der Sitten, hrsg. v. B. Sharon Byrd, Joachim Hruschka u. Jan C. Joerden, Berlin 1997, S. 73–84

Kaufmann, Matthias, Was erlaubt das Erlaubnisgesetz – und wozu braucht es Kant?, in: *Jahrbuch für Recht und Ethik*, Bd. 13, Festschrift für Joachim Hruschka zum 70. Geburtstag, hrsg. v. B. Sharon Byrd u. Jan C. Joerden, Berlin 2005, S. 195–219

Kaulbach, Friedrich, „Moral und Recht in der Philosophie Kants", in: *Recht und Ethik. Zum Problem ihrer Beziehung im 19. Jahrhundert*, hrsg. v. Jürgen Blühdorn u. Joachim Ritter, Frankfurt a.M. 1971, S. 43–58

Kelsen, Hans, *Reine Rechtslehre*, 2. Aufl., Wien 1960

Kersting, Wolfgang, „Der Geltungsgrund von Moral und Recht bei Kant", in: *Recht und Moral im Diskurs der Moderne: Zur Legitimation gesellschaftlicher Ordnung*, hrsg. v. Günter Dux u. Frank Welz, Opladen 2001, S. 193–220

Kersting, Wolfgang, „Der kategorische Imperativ, die vollkommenen und die unvollkommenen Pflichten", in: *Zeitschrift für philosophische Forschung*, Bd. 37 (1983), S. 404–421

Kersting, Wolfang, „Die verbindlichkeitstheoretischen Argumente der Kantischen Rechtsphilosophie", in: *Archiv für Rechts- und Sozialphilosophie*, Beiheft 37: Positives Recht und Wertbezug des Rechts, hrsg. v. Ralf Dreier, Stuttgart 1990, S. 62–74

Kersting, Wolfgang, „Ist Kants Rechtsphilosophie aporetisch? – Zu Hans-Georg Deggaus Darstellung der Rechtslehre Kants", in: *Kant-Studien*, Bd. 77 (1986), S. 241–251

Kersting, Wolfgang, *Kant über Recht*, Paderborn 2004

Kersting, Wolfgang, „Vernunft, Verbindlichkeit und Recht bei Kant", in: *Kants Ethik*, hrsg. v. Karl Ameriks u. Dieter Sturma, Paderborn 2004

Kersting, Wolfgang, *Wohlgeordnete Freiheit. Immanuel Kants Rechts- und Staatsphilosophie*, Frankfurt a.M. 1984

Kim, Chin-Tai, „Kant's Supreme Principle of Morality", *Kant-Studien*, Bd. 59 (1968), S. 296–308

Kirste, Stephan, *Die Zeitlichkeit des positive Rechts und die Geschichtlichkeit des Rechtsbewußtseins, Momente der Ideengeschichte und Grundzüge einer systematischen Begründung*, Berlin 1998

Klein, Hans-Dieter, „Formale und materiale Prinzipien in Kants Ethik", in: *Kant-Studien*, Bd. 60 (1969), S. 183–197

Kleingeld, Pauline, *Fortschritt und Vernunft: Zur Geschichtsphilosophie Kants*, Würzburg 1995

Klemme, Heiner F., „Der Transzendentale Idealismus und die *Rechtslehre*", in: *Kants „Metaphysik der Sitten" in der Diskussion. Ein Arbeitsgespräch an der Herzog August Bibliothek Wolfenbüttel 2009*, hrsg. v. Werner Euler u. Burkhard Tuschling, Berlin 2013, S. 43–53

Klemme, Heiner F., „Moralisches Sollen, Autonomie und Achtung", in: *Recht und Frieden in der Philosophie Kants. Akten des X. Internationalen Kant-Kongresses*, Bd. 3: Sektionen III-IV, hrsg. v. Valerio Rohden, Ricardo R. Terra, Guido A. de Almeida u. Margit Ruffing, Berlin, New York 2008, S. 215–227

Klemme, Heiner F., „Perspektiven der Interpretation: Kant und das Verbot der Lüge", in: *Kant verstehen. Über die Interpretation philosophischer Texte*, hrsg. v. Dieter Schönecker u. Thomas Zwenger, 2. Aufl., Darmstadt 2004, S. 85–105

Köhl, Harald, *Kants Gesinnungsethik*, Berlin, New York 1990

Körner, Stephan, *Kant* (Titel der Originalausgabe: Kant), übers. v. Elisabeth Serelman-Küchler u. Maria Nocken, 2. Aufl., Göttingen 1980

Korsgaard, Christine M., „Kant's Formula of Universal Law", in: *Creating the Kingdom of Ends*, Cambridge, New York, Melbourne 1996, S. 77–105

Kühl, Kristian, *Eigentumsordnung als Freiheitsordnung*, Freiburg, München 1984

Kühnemund, Burkhard, *Eigentum und Freiheit. Ein kritischer Abgleich von Kants Rechtslehre mit den Prinzipien seiner Moralphilosophie*, Kassel 2008

Larenz, Karl, *Die Rechts- und Staatsphilosophie des deutschen Idealismus und ihre Gegenwartsbedeutung*, München 1933

Larenz, Karl, „Sittlichkeit und Recht, Untersuchungen zur Geschichte des deutschen Rechtsdenkens und zur Sittenlehre", in: *Reich und Recht in der Deutschen Philosophie*, Bd. I, hrsg. v. Karl Larenz, Stuttgart, Berlin 1943, S. 169–412

Lege, Joachim, „Der Kategorische Imperativ im Lichte der Jurisprudenz. Kants *Grundlegung zur Metaphysik der Sitten* und die Autonomie des Rechts", in: *Systematische Ethik mit Kant. Gerold Prauss zum 65. Geburtstag gewidmet*, hrsg. v. Hans-Ulrich Baumgarten u. Carsten Held, Freiburg, München 2001, 262–285

van der Linden, Harry, *Kantian Ethics and Socialism*, Indianapolis 1988

Lorz, Ralph A., *Modernes Grund- und Menschenrechtsverständnis und die Philosophie der Freiheit Kants*, Stuttgart, München, Hannover, Berlin, Weimar 1993

Ludwig, Bernd, „Einleitung", in: *Immanuel Kant. Metaphysische Anfangsgründe der Tugendlehre*, 2. Aufl., Hamburg 2008, S. XIII-XXVVIII

Ludwig, Bernd, *Kants Rechtslehre*, Hamburg 1988

Ludwig, Bernd, „,Positive' Freiheit und ,negative' Freiheit bei Kant? – Wie begriffliche Konfusion auf philosophi(ehistori)sche Abwege führt", in: *Jahrbuch für Recht und Ethik*, Bd. 21, Themenschwerpunkt: Das Rechtsstaatsprinzip, hrsg. B. Sharon Byrd, Joachim Hruschka u. Jan C. Joerden, Berlin 2013, S. 271–305

Ludwig, Bernd, „Will die Natur unwiderstehlich die Republik? Einige Reflexionen anläßlich einer rätselhaften Textpassage in Kants Friedensschrift", *Kant-Studien*, Bd. 88 (1997), S. 218–228

Ludwig, Ralf, *Kategorischer Imperativ und Metaphysik der Sitten. Die Frage nach der Einheitlichkeit von Kants Ethik*, Frankfurt a.M. 1992

Luf, Gerhard, „Die ,Typik der reinen praktischen Urteilskraft' und ihre Anwendung auf Kants Rechtslehre", in: *Freiheit als Rechtsprinzip. Rechtsphilosophische Aufsätze*, hrsg. v. Elisabeth Holzleithner u. Alexander Somek, Wien 2008, S. 133–150

Luf, Gerhard, *Freiheit und Gleichheit – Die Aktualität im politischen Denken Kants*, Wien, New York 1978

Luf, Gerhard, „Menschenwürde als Rechtsbegriff. Überlegungen zum Kant-Verständnis in der neueren deutschen Grundrechtstheorie", in: *Freiheit als Rechtsprinzip. Rechtsphilosophische Aufsätze*, hrsg. v. Elisabeth Holzleithner u. Alexander Somek, Wien 2008, S. 265–282

Mandt, Hella, „Historisch-politische Traditionselemente im politischen Denken Kants", in: *Materialien zu Kants Rechtsphilosophie*, Frankfurt a.M. 1976, S. 292–330

Marcic, René, *Geschichte der Rechtsphilosophie. Schwerpunkt – Kontrapunkte*, Freiburg 1971

Medicus, Dieter; Petersen, Jens, *Bürgerliches Recht: Eine nach Anspruchsgrundlagen geordnete Darstellung zur Examensvorbereitung*, 23. Aufl., München 2011

Merle, Jean-Christoph, „Die zwei Kantischen Begriffe des Rechts", in: *Jahrbuch für Recht und Ethik*, Bd. 12, Themenschwerpunkt: Zur Entwicklungsgeschichte moralischer Grund-Sätze in der Philosophie der Aufklärung, hrsg. v. B. Sharon Byrd, Joachim Hruschka u. Jan C. Joerden, Berlin 2004, S. 299–330

Merle, Jean-Christoph, *Strafen aus Respekt vor der Menschenwürde: eine Kritik am Retributivismus aus der Perspektive des deutschen Idealismus*, Berlin, New York 2007

Mohr, Georg, „Ein ,Wert, der keinen Preis hat' – Philosophiegeschichtliche Grundlagen der Menschenwürde bei Kant und Fichte", in: *Menschenwürde. Philosophische, theologische und juristische Analysen*, hrsg. v. Hans Jörg Sandkühler, Frankfurt a.M., Berlin, Bern, Bruxelles, New York, Oxford, Wien 2007, S. 13–40

Mosayebi, Reza, *Das Minimum der reinen praktischen Vernunft. Vom Kategorischen Imperativ zum allgemeinen Rechtsprinzip bei Kant*, Berlin, Boston 2013

Mulholland, Leslie A., *Kant's System of Rights*, New York 1990

Müller, Andreas, *Das Verhältnis von rechtlicher Freiheit und sittlicher Autonomie in Kants Metaphysik der Sitten*, Frankfurt a.M. 1996

Murphy, Jeffrie G., *Kant: The Philosophy of Right*, London, Basingstoke 1994 (Nachdruck von 1970)

Naucke, Wolfgang, *Kant und die psychologische Zwangstheorie Feuerbachs*, Hamburg 1962

Nell, Onora, *Acting on Principle. An Essay on Kantian Ethics*, New York, London 1975

Niesen, Peter, „Volk-von-Teufeln-Republikanismus. Zur Frage nach den moralischen Ressourcen der liberalen Demokratie", in: *Die Öffentlichkeit der Vernunft und die Vernunft der Öffentlichkeit: Festschrift für Jürgen Habermas*, hrsg. v. Lutz Wingert u. Klaus Günther, Frankfurt a.M. 2001, S. 568–604

Oberer, Hariolf, „Buchbesprechung zu: Wolfgang Kersting: Wohlgeordnete Freiheit", *Kant-Studien*, Bd. 77 (1986) S. 118–122

O'Neill, Onora, *Constructions of reason. Explorations of Kant's practical philosophy*, Cambridge, New York, Melbourne 1989

Ortwein, Birger, *Kants problematische Freiheitslehre*, Bonn 1983

Paton, Herbert J., *Der Kategorische Imperativ. Eine Untersuchung über Kants Moralphilosophie* (Titel der Originalausgabe: The Categorical Imperative. A Study in Kant's Moral Philosophy), übers. v. Karen Schenk, Berlin 1962

Patzig, Günther, „Der Kategorische Imperativ in der Ethik-Diskussion der Gegenwart", in: *Gesammelte Schriften I*, Göttingen 1994, S. 234–254

Patzig, Günther, „Die logischen Formen praktischer Sätze in Kants Ethik", in: *Gesammelte Schriften I*, Göttingen 1994, S. 209–233

Patzig, Günther, „Immanuel Kant: Wie sind synthetische Urteile a priori möglich?", in: *Grundprobleme der großen Philosophen. Philosophie der Neuzeit II*, hrsg. v. Josef Speck, Göttingen 1988, S. 9–70

Patzig, Günther, „‚Principium diiudicationis' und ‚Principium executionis'", in: *Gesammelte Schriften I*, Göttingen 1994, S. 255–274

Pawlik, Michael, „Kants Volk von Teufeln und sein Staat", in: *Jahrbuch für Recht und Ethik*, Bd. 14, Themenschwerpunkt: Recht und Sittlichkeit bei Kant, hrsg. v. B. Sharon Byrd, Joachim Hruschka u. Jan C. Joerden, Berlin 2006, S. 269–294

Petersen, Jens, „Kants ‚Metaphysische Anfangsgründe der Rechtslehre", in: *Festschrift für Claus-Wilhelm Canaris zum 70. Geburtstag*, Bd. 2, hrsg. v. Andreas Heldrich, Jürgen Prölss, Ingo Koller, Katja Langenbucher, Hans Christoph Grigoleit, Johannes Hager, Felix Christopher Hey, Jörg Neuner, Jens Petersen, Reinhard Singer, München 2007, S. 1243–1261

von der Pfordten, Dietmar, „Kants Rechtsbegriff", in: *Menschenwürde, Recht und Staat bei Kant. Fünf Untersuchungen*, Paderborn 2009, S. 27–40

von der Pfordten, Dietmar, *Rechtsethik*, 2. Aufl., München 2011

von der Pfordten, „Zum Recht auf Widerstand bei Kant", in: *Menschenwürde, Recht und Staat bei Kant. Fünf Untersuchungen*, Paderborn 2009, S. 81–102

von der Pfordten, „Zur Würde des Menschen bei Kant", in: *Menschenwürde, Recht und Staat bei Kant, Fünf Untersuchungen*, Paderborn 2009, S. 9–26

Pippin, Robert B., „Mine and thine? The Kantian state", in: *The Cambridge Companion to Kant and Modern Philosophy*, hrsg. v. Paul Guyer, Cambridge, New York, Melbourne, Madrid, Cape Town, Singapore, São Paulo 2006, S. 416–446

Pogge, Thomas W., „Is Kant's *Rechtslehre* a 'Comprehensive Liberalism'?", in: *Kant's Metaphysics of Morals. Interpretative Essays*, hrsg. v. Mark Timmons, Oxford, New York 2002, S. 133–158

Pollmann, Arnd, „Der Kummer der Vernunft. Zu Kants Idee einer allgemeinen Geschichtsphilosophie in therapeutischer Absicht", *Kant-Studien*, Bd. 102 (2011), S. 69–88

Potter, Nelson, „Paton on the Application of the Categorical Imperative", in: *Kant-Studien*, Bd. 64 (1973), S. 411–422

Prauss, Gerold, *Kant über Freiheit als Autonomie*, Frankfurt a.M. 1983

Radbruch, Gustav, *Rechtsphilosophie. Studienausgabe*, hrsg. v. Ralf Dreier u. Stanley L. Paulson, 2. Aufl., Heidelberg 2003

Rawls, John, *Eine Theorie der Gerechtigkeit* (Titel der Originalausgabe: A Theory of Justice), übers. v. Hermann Vetter, Kulmbach 1975

Rawls, John, „Kantian Constructivism in Moral Theory", *Journal of Philosophy*, Bd. 77 (1980), S. 515–572

Reath, Andrews, „Autonomy of the Will as the Foundation of Morality", in: *Agency and Autonomy in Kant's Moral Theory*, Oxford, New York 2006, S. 121–172

Reich, Klaus, „Kant und Rousseau", in: *Gesammelte Schriften: Mit Einleitung und Annotationen aus dem Nachlass*, hrsg. v. Manfred Baum, Hamburg 2001, S. 147–165

Reiner, Hans, *Die Grundlagen der Sittlichkeit*, 2. Aufl., Meisenheim a. Glan 1974

Reinhold, Carl Leonhard, „Einige Bemerkungen über die in der Einleitung zu den ‚Metaphysischen Anfangsgründen der Rechtslehre' vonn. I. Kant aufgestellten Begriffe von der Freiheit des Willens", in: *Materialien zu Kants „Kritik der praktischen Vernunft"*, hrsg. v. Rüdiger Bittner u. Konrad Cramer, Frankfurt a.M. 1975, S. 252–274

Ricken, Friedo, „Homo noumenon und homo phaenomenon", in: *Grundlegung zur Metaphysik der Sitten. Ein kooperativer Kommentar*, hrsg. v. Otfried Höffe, Frankfurt a.M. 1989, S. 234–252

Riedel, Manfred, „Herrschaft und Gesellschaft. Zum Legitimationsproblem des Politischen in der Philosophie", in: *Materialien zu Kants Rechtsphilosophie*, hrsg. v. Zwi Batscha, Frankfurt a.M. 1976, S. 125–148

Ripstein, Arthur, *Force and Freedom. Kant's Legal and Political Philosophy*, Cambridge, London 2009

Ripstein, Arthur, „Hindering a Hindrance to Freedom", in: *Jahrbuch für Recht und Ethik*, Bd. 16, Themenschwerpunkt: Kants Metaphysik der Sitten im Kontext der Naturrechtslehre des 18. Jahrhunderts, hrsg. v. B. Sharon Byrd, Joachim Hruschka u. Jan C. Joerden, Berlin 2008, S. 227–250

Rohs, Peter, *Die Zeit des Handelns. Eine Untersuchung zur Handlungs- und Normentheorie*, Königstein i. Taunus 1980

Römpp, Georg, „Moralische und rechtliche Freiheit. Zum Status der Rechtslehre in Kants praktischer Philosophie", *Rechtstheorie*, Bd. 22 (1997), S. 287–305

Rosen, Allen D., *Kant's Theory of Justice*, Ithaca, London 1993

Ross, Sir David, *Kant's Ethical Theory. A Commentary on the Grundlegung zur Metaphysik der Sitten*, Oxford 1954

Saage, Richard, *Eigentum, Staat und Gesellschaft bei Kant*, 2. Aufl., Baden-Baden 1994

Sandermann, Edmund, *Die Moral der Vernunft. Transzendentale Handlung und Legitimationstheorie in der Philosophie Kants*, Freiburg, München 1989
Schadow, Steffi, „Recht und Ethik in Kants Metaphysik der Sitten (MS 6:239–242 und TL 6:390f.)", in: *Kant's „Tugendlehre". A Comprehensive Commentary*, hrsg. v. Andreas Trampota, Oliver Sensen u. Jens Timmermann, Berlin, Boston 2013, S. 85–111
Schild, Wolfgang, „Freiheit-Gleichheit-,Selbstständigkeit' (Kant): Strukturmomente der Freiheit", in: *Menschenrechte und Demokratie*, hrsg. v. Johannes Schwartländer, Kehl a. Rhein, Straßburg 1981, S. 135–176
Schnoor, Christian, *Kants Kategorischer Imperativ als Kriterium der Richtigkeit des Handelns*, Tübingen 1989
Scholz, Gertrud, *Das Problem des Rechts in Kants Moralphilosophie*, Köln 1972
Schönecker, Dieter, „Duties to Others from Love (TL 6:448–461)", in: *Kant's „Tugendlehre". A Comprehensive Commentary*, hrsg. v. Andreas Trampota, Oliver Sensen u. Jens Timmermann, Berlin, Boston 2013, S. 309–341
Schönecker, Dieter; Wood, Allen W., *Kants „Grundlegung zur Metaphysik der Sitten". Ein einführender Kommentar*, 3. Aufl., Paderborn 2007
Schreiber, Hans-Ludwig, *Der Begriff der Rechtspflicht. Quellenstudien zu seiner Geschichte*, Berlin 1966
Schwartländer, Johannes, *Der Mensch ist Person. Kants Lehre vom Menschen*, Stuttgart, Berlin, Köln, Mainz 1968
Schwemmer, Oswald, *Philosophie der Praxis: Versuch zur Grundlegung einer Lehre vom moralischen Argumentieren in Verbindung mit einer Interpretation der praktischen Philosophie Kants*, Frankfurt a.M. 1971
Seel, Gerhard, „How Does Kant Justify the Universal Objective Validity of the Law of Right?", in: *International Journal of Philosophical Studies*, Bd. 17 (2009), S. 71–94
Sensen, Oliver, „Dignity and the Formula of Humanity", in: *Kant's Groundwork of the Metaphysics of Morals. A Critical Guide*, hrsg. v. Jens Timmermann, Cambridge, New York Melbourne, Madrid, Cape Town, Singapore, São Paulo, Delhi, Dubai, Tokyo, Mexico City 2009, S. 102–118
Sensen, Oliver, „Duties to Others from Respect ((TL 6:462–468)", in: *Kant's „Tugendlehre". A Comprehensive Commentary*, hrsg. v. Andreas Trampota, Oliver Sensen u. Jens Timmermann, Berlin, Boston 2013, S. 343–363
Sensen, Oliver, „Kants Begriff der Menschenwürde", in: *Abwägende Vernunft. Praktische Rationalität in historischer, systematischer und religionsphilosophischer Perspektive*, hrsg. v. Franz-Josef Bormann u. Christian Schröder, Berlin, New York 2004, S. 220–236
Sensen, Oliver, „Kant's Conception of Human Dignity", *Kant-Studien*, Bd. 100 (2009), S. 309–331
Sensen, Oliver, *Kant on Human Dignity*, Berlin, Boston 2011
Singer, Marcus G., *Verallgemeinerung in der Ethik. Zur Logik moralischen Argumentierens* (Titel der Originalausgabe: Generalization in Ethics. An Essay in the Logic of Ethics, with the Rudiments of a System of Moral Philosophy), übers. v. Claudia Langer u. Brigitte Wimmer, Frankfurt a.M. 1975
Spaemann, Robert, „Kants Kritik des Widerstandsrechts", in: *Materialien zu Kants Rechtsphilosophie*, Frankfurt a.M. 1976, S. 347–358
Stammler, Rudolf, *Lehrbuch der Rechtsphilosophie*, 3. Aufl., Berlin, Leipzig 1928
Steigleder, Klaus, *Kants Moralphilosophie. Die Selbstbezüglichkeit reiner praktischer Vernunft*, Stuttgart, Weimar 2002

Stephani, Heinrich, *Anmerkungen zu Kants metaphysischen Anfangsgründen der Rechtslehre*, Erlangen 1797 (Nachdruck: Brüssel 1968)
Stratenwerth, Günter, „Kritische Anfragen an eine Rechtslehre nach ‚Freiheitsgesetzen'", in: *Festschrift für Ernst A. Wolff*, hrsg. v. Rainer Zaczyk, Michael Köhler, Michael Kahlo, Berlin 1998, S. 495–508
Struck, Peter, „Ist Kants Rechtspostulat der praktischen Vernunft aporetisch? Ein Beitrag zur neuerlich ausgebrochenen Kontroverse um Kants Rechtsphilosophie", *Kant-Studien*, Bd. 78 (1987), S. 471–476
Teifke, Nils, *Das Prinzip Menschenwürde. Zur Abwägungsfähigkeit des Höchstrangigen*, Tübingen 2011
Timmermann, Jens, *Kant's Groundwork of the Metaphysics of Morals. A Commentary*, Cambridge, New York, Melbourne, Madrid, Cape Town, Singapore, São Paulo, Delhi, Dubai, Tokyo, Mexico City 2007
Timmermann, *Sittengesetz und Freiheit*, Berlin, New York 2003
Trivisonno, Alexandre, „Kants Rechtstheorie und die Beziehung zwischen Recht und Moral", in: *Archiv für Rechts- und Sozialphilosophie*, Bd. 97 (2011), S. 291–304
Tugendhat, Ernst, *Vorlesungen über Ethik*, 3. Aufl., Frankfurt a.M. 1995
Unruh, Peter, *Die Herrschaft der Vernunft. Zur Staatsphilosophie Immanuel Kants*, Baden-Baden 1993
Vosgerau, Ulrich, „Der Begriff des Rechts bei Kant", *Rechtstheorie*, Bd. 30 (1999), S. 227–250
Waldron, Jeremy, „Kant's positivism", in: *The Dignity of Legislation*, Cambridge, New York, Melbourne, Madrid, Cape Town, Singapore, São Paulo 2009
Weiper, Susanne, *Triebfeder und höchstes Gut. Untersuchungen zum Problem der sittlichen Motivation bei Kant, Schopenhauer und Scheler*, Würzburg 2000
Westphal, Kenneth R., „Metaphysische und pragmatische Prinzipien in Kants Lehre von der Gehorsamspflicht gegen den Staat", in: *Recht, Staat und Völkerrecht bei Immanuel Kant. Marburger Tagung zu Kants ‚Metaphysischen Anfangsgründen der Rechtslehre'*, hrsg. v. Dieter Hünning u. Burkhard Tuschling, Berlin 1998, S. 171–202
Willaschek, Marcus, *Praktische Vernunft. Handlungstheorie und Moralbegründung bei Kant*, Stuttgart, Weimar 1992
Willaschek, Markus, „Recht ohne Ethik? Kant über Gründe, das Recht nicht zu brechen", in: *Kant im Streit der Fakultäten*, hrsg. v. Volker Gerhard, Berlin, New York 2005
Willaschek, Markus, „Right and Coercion: Can Kant's Conception of Right be Derived from his Moral Theory", in: *International Journal of Philosophical Studies*, Bd. 17 (2009), S. 49–70
Willaschek, Markus, „The Non-Derivability of Kantian Right from the Categorical Imperative: A Response to Nance", in: *Internal Journal of Philosophical Studies*, Bd. 20 (2012), S. 557–564
Willaschek, Markus, „‚Verhinderung eines Hindernisses der Freiheit' und ‚Zweiter Zwang'. Bemerkungen zur Begründung des Zwangsrechts bei Kant und Hegel", in: *Subjektivität und Anerkennung*, hrsg. von Barbara Merker, Georg Mohr u. Michael Quante, Paderborn 2003, 271–283
Willaschek, Markus, „Which Imperatives for Right? On the Non-Prescriptive Character of Juridical Laws in Kant's Metaphysics of Morals", in: *Kant's Metaphysics of Morals. Interpretative Essays*, hrsg. v. Mark Timmons, Oxford, New York 2002, S. 65–88
Willaschek, Markus, „Why the Doctrine of Right does not belong in the Metaphysics of Morals. On some Basic Distinctions in Kant's Moral Philosophy", in: *Jahrbuch für Recht und Ethik*,

Bd. 5, Themenschwerpunkt: 200 Jahre Kants Metaphysik der Sitten, hrsg. v. B. Sharon Byrd, Joachim Hruschka u. Jan C. Joerden, Berlin 1997, S. 205–228

Williams, Terence C., *The Concept of the Categorical Imperative. A Study of the Place of the Categorical Imperative of Kant's Ethical Theory*, Oxford 1968

Wimmer, Reiner, „Die Doppelfunktion des Kategorischen Imperativs in Kants Ethik", in: *Kant-Studien*, Bd. 73 (1982), S. 291–320

Wimmer, Reiner, *Kants kritische Religionsphilosophie*, Berlin, New York 1990

Wimmer, Reiner, *Universalisierung in der Ethik. Analyse, Kritik und Rekonstruktion ethischer Rationalitätsansprüche*, Frankfurt a.M. 1980

Wolff, Robert P., *The Autonomy of Reason. A Commentary on Kant's Groundwork of the Metaphysics of Morals*, New York 1973

Wood, Allen W., *Kant*, Malden, Oxford 2005

Wood, Allen W., *Kantian Ethics*, Cambridge, New York, Madrid, Cape Town, Singapore, São Paulo, Delhi 2008

Wood, Allen W., *Kant's Ethical Thought*, Cambridge, New York, Melbourne, Madrid 1999

Wood, Allen W., „The Final Form of Kant's Practical Philosophy", in: *Kant's Metaphysics of Morals. Interpretative Essays*, hrsg. v. Mark Timmons, Oxford, New York 2002, S. 1–21

Zobrist, Marc, „Kants Lehre vom höchsten Gut und die Frage moralischer Motivation", *Kant-Studien*, Bd. 99 (2008), S. 285–311

Sachregister

Achtung
- als subjektiver Bestimmungsgrund 152

Allgemeine Handlungsfreiheit
- Reiten im Walde 2, 209 f.

Allgemeines Rechtsgesetz
- als Entwicklungsbedingung 166, 185
- Doppelfunktionsthese 130, 142
- Eingeschränkte-Abhängigkeitsthese 177 f., 185
- Fundamentalnormthese 131, 142
- Gesetzesthese 102
- Repräsentationsfunktion 202

Arbeitstheorie des Eigentums 96

Äußerliche Handlung
- Triebfederthese 73

Autonomie
- als ein Prinzip 55, 64
- als ein Vermögen des Willens 55, 64
- als regulative Idee 58
- und Heteronomie 59 f.

Autonomie und Freiheit
- Inkorporationsthese 61

Begründung positiver Pflichten
- Doppelnegationsthese 44, 53

Demokratie
- und Repräsentation 133

Eigene Glückseligkeit
- als Pflicht 211

Erlaubnisgesetz
- als Ermächtigungsnorm 93, 97

Förderungsthese
- und Geschichtsphilosophie 204

Formeln des kategorischen Imperativs
- Äquivalenzthese 232

Freiheit
- als ratio essendi 189

Freiheit und Zwang
- Übertragbarkeitsthese 98

Handeln aus Pflicht
- starke Pflichtthese 28 f.

Kategorischer Imperativ
- und der Eudämonismusvorwurf 156
- und der Formalismuseinwand 33 f.
- und Menschenwürde 228
- und Typusbildung 40

Kunst
- als Symbol des Sittlich-Guten 169

Maximen
- als Lebensregeln im begrenzten Sinne 22 f.
- und Regeln 24
- und Vorsatz 23

Meinungsfreiheit
- und der kategorische Imperativ 168

Menschenwürde
- Ergänzungsfunktion der 236
- Kohärenzthese 64, 226, 231
- zweistufige Struktur der 225 f.

Moralisches Gesetz
- als ratio cognoscendi 189

Notwendigkeit positiven Rechts
- Erkenntnis- und Durchsetzungsproblem 110

Pflicht
- als objektiver Bestimmungsgrund 152
- Rechtspflichten 216
- Tugendpflichten 216

Positivismus oder Nichtpositivismus
- Mischthese 126, 142

Praktische Gesetze
- Anspruch auf intersubjektive Gültigkeit 20

Prinzip der Dijudikation 148, 152
Prinzip der Exekution 148, 152

Realisierungsthese
- Einschlussthese als Unterfall zur 225, 235
- Perspektivwechsel 213

– Zweck-an-sich-These als Unterfall zur Reform für die Sinnesart   234
– Kultivierungsthese   163

Regierungsart
– republikanische oder despotische   132 f.

Revolution und Reform
– Perspektiventhese   161

Sozialstaat bei Kant
– Vorrangthese   79, 106

Staatsbegründung und äußeres Mein und Dein
– Differenzierungsthese   118, 142

Umfang der Menschenwürde
– Gattungsthese   230

Unvollkommene Pflichten
– und Abwägung   47

Ursprünglicher Vertrag
– Notwendigkeitsthese   141

Vollkommene Pflichten
– und Subsumtion   47 f.

www.ingramcontent.com/pod-product-compliance
Lightning Source LLC
Chambersburg PA
CBHW070609170426
43200CB00012B/2631